普通高等教育"十三五"规划教材
高职院校"成果导向"教改系列

U0958162

审计基础

刘晓欧／主编
张然　杨继杰／副主编

立信会计出版社
LIXIN ACCOUNTING PUBLISHING HOUSE

图书在版编目(CIP)数据

审计基础 / 刘晓欧主编. —上海 ：立信会计出版社，2021.1

普通高等教育“十三五”规划教材

ISBN 978-7-5429-6602-5

Ⅰ.①审… Ⅱ.①刘… Ⅲ.①审计学—高等学校—教材 Ⅳ.①F239.0

中国版本图书馆 CIP 数据核字(2021)第 016184 号

策划编辑　赵志梅
责任编辑　赵志梅
封面设计　南房间

审计基础
Shenji Jichu

出版发行	立信会计出版社		
地　　址	上海市中山西路 2230 号	邮政编码	200235
电　　话	(021)64411389	传　　真	(021)64411325
网　　址	www.lixinaph.com	电子邮箱	lixinaph2019@126.com
网上书店	http://lixin.jd.com		http://lxkjcbs.tmall.com
经　　销	各地新华书店		

印　　刷	常熟市华顺印刷有限公司	
开　　本	787 毫米×1092 毫米	1/16
印　　张	21.5	
字　　数	565 千字	
版　　次	2021 年 1 月第 1 版	
印　　次	2021 年 1 月第 1 次	
印　　数	1—2 100	
书　　号	ISBN 978-7-5429-6602-5/F	
定　　价	49.00 元	

前言 preface

高职教育以培养生产、建设、服务、管理第一线的高端技能型专门人才为主要目的。结合当前高职会计人才培养要求，基于岗位的工作过程或典型情境引例推动课程改革，实施成果导向教学改革，改造传统课堂，突出职员化教育和职业能力的训练，教材是重要的载体。鉴于此，我们编写了本教材。

本教材的编写具有以下特色：

第一，教材以学习情境为导向。

本教材突破了以往会计专业课程的框架，以工作学习情境为中心来整合设计相应的知识和技能，以审计职业认知为起点，体现审计岗位的操作流程，并辅以相关理论知识、操作技能和职业素养。本教材有助于学生全面、系统地掌握审计的基本概念、基本方法与知识及基础审计程序，理解现代审计理论及规则的发展演变过程，在学习情境中学习知识，锻炼技能，养成良好的工作习惯，真正实现教、学、做一体化。

第二，教材体系结构完整。

本教材依次介绍了注册会计师为了实现审计目标，通过了解被审计单位及其环境来识别与评估财务报表层次和认定层次的重大错报风险，规划审计工作，实施审计程序，获取充分并适当的审计证据，将过去的审计证据分类规整加工成审计工作底稿，并以此作为出具审计报告的基础。

第三，教材内容紧跟审计准则等相关规定的变化。

2016 年 12 月，财政部印发《中国注册会计师审计准则第 1504 号——在审计报告中沟通关键审计事项》等 12 项审计准则；自 2014 年始，财政部陆续新增或修订 8 项企业会计准则、6 项企业会计准则解释、4 项会计处理规定及 7 项新增或修订的会计准则；2018 年 5 月 1 日起执行财政部、税务总局关于调整增值税税率的通知等。编者在这些规定的基础上编写本教材，确保了教学内容与新的审计执业技术标准等的一致性。

第四，教材涵盖丰富的教学资源。

本教材的教学案例针对性强，教学内容情景化，能大大激发学生的学习兴趣，可帮助学生实现对审计理论与实务从形象的感知到抽象的领悟，进而训练学生的创造性思维和动手实践能力。

本教材由刘晓欧担任主编，由张然、杨继杰担任副主编。具体编写分工如下：学习情境三、学习情境四、学习情境五由刘晓欧、张然编写，学习情境一、学习情境二由杨继杰、白雪凤、刘鹏编写。本教材由刘晓欧负责总体构架设计、修改、补充和定稿。

本教材是教师教学经验的总结和集体智慧合作的结晶。本教材在编写过程中得到了出版社有关领导和编辑的大力支持与帮助，在此一并表示感谢。由于编者水平有限，书中难免出现疏漏之处，敬请广大读者和同仁给予批评指正，以便再版时修改和完善。

编　者

Contents

目录

学习情境一

走进审计职业

学习目标

知识：

1. 描述国家审计、内部审计和注册会计师审计的产生背景与发展轨迹；
2. 描述审计概念与特征；
3. 明确审计要素、对象与分类；
4. 熟知国家审计、内部审计和注册会计师审计准则体系；
5. 明晰国家审计、内部审计和注册会计师审计机构的设置模式、领导体制、业务范围、职责及权限；
6. 明晰国家审计、内部审计和注册会计师审计人员的职业道德及审计流程。

技能：

1. 确定审计要素中的审计主体、审计客体和审计授权或委托人；
2. 明晰国家审计、内部审计和注册会计师审计三者之间的关系；
3. 根据职业道德守则判断是否存在违反行为；
4. 分清注册会计师的法律责任。

素养：

1. 具备团队精神及协作沟通能力；
2. 养成作为审计助理人员应有的严谨细致的工作习惯。

学习子情境一　领略审计的起源和发展

【情境引例 1-1】　英国南海股份有限公司泡沫事件

18 世纪初，随着大英帝国的殖民扩张，海外贸易有了很大发展。英国政府发行有奖债券，并用发行债券所募集到的资金于 1710 年创立了南海股份有限公司（简称南海公司），从事盈利前景诱人的殖民地贸易。然而，南海公司经过近 10 年的惨淡经营，表现平平。于是，1719 年，英国政府允许以有奖债券总额的 70%，即 1 000 多万英镑，与南海公司的股票进行转换。1719 年年底，恰逢英国政府扫除了殖民地贸易的障碍，所以，南海公司的董事们开始对外散布各种所谓的公司利好消息，即南海公司在年底将有大量利润实现，并煞有介事地预计，在 1720 年的圣诞节，公司可能要按债券面值的 60% 支付股利。此消息和公众对股价上扬的预期，促进了债券转换，进而带动股价上扬。1719 年年中，南海公司股价为 114 英镑；1720 年 3 月，股价劲升至 300 英镑；1720 年 7 月，股价已高达 1 050 英镑。此时，南海公司老板布伦特又想出新主意，以数倍于面额的价格发行可分期付款的新股。同时，南海公司将获取的现金转贷给购买股票的公众。这样，随着南海公司股价的扶摇直上，一场投机浪潮席卷全国。由此，170 多家新成立的股份公司的股票以及原有公司的股票都成了投机对象，股价暴涨五六倍，各种职业的人，包括军人和家庭妇女都卷入了这场旋涡。“政治家忘记了政治，律师忘记了法庭，贸易商放弃了买卖，医生丢弃了病人，店主关闭了铺子，教父离开了圣坛，甚至连高贵的夫人也忘记了高傲和虚荣。”（加尔布雷斯的《大恐慌》）

为了制止各类“泡沫公司”的膨胀，英国国会通过了《泡沫公司取缔法》。自此，许多公司被解散，外国投资者率先抛出南海公司股票，撤回资金。随着投机热潮的冷却，南海公司股价一落千丈，从 900 英镑下跌到 190 英镑，最终仅为 124 英镑。到 1720 年年底，政府对南海公司资产进行清理，发现其实际资本已所剩无几。南海公司不得不宣布破产倒闭，数以万计的债权人与股东蒙受了巨大损失。之后，民众对参股新兴股份公司闻之色变。

为了平息南海公司引发的经济恐慌，英国议会组织了一个 13 人的特别委员会对南海公司进行秘密查证。为进一步查清南海公司的财务状况，聘请了精通会计实务的查尔斯·斯耐尔对南海公司账目进行查询和审核。斯耐尔于 1721 年提交了一份报告，指出南海公司存在舞弊行为、会计记录严重不实等问题。

资料来源：刘静，《审计案例与模拟实验》，经济科学出版社 2007 年版。

请分析/思考：

1. 为什么需要注册会计师审计？

2. 在调查南海公司泡沫事件中，特别委员会委任了查尔斯·斯耐尔对南海公司查账，对注册会计师审计有什么社会意义？

3. 如果建立了审计机制，像南海公司一样的经营者，是否还可以为所欲为，损害投资者的利益？

分析提示：南海公司泡沫事件无论是在世界经济史、资本市场发展史上，还是在审计史上，都是一个极为重要的标志性事件，特别是它对世界注册会计师审计具有里程碑式的影响,被视为注册会计师审计的起源。

一、国家审计的起源和发展

当人类历史从原始社会过渡到奴隶社会后,阶级和国家就出现了。这时随着剩余产品的增多,统治者凭借国家权力征集的资产也越来越多,并将这些资产委托各级官吏经营、使用,从而使代表统治者去行使经济监督职责的专门机构成为必需,一些奴隶制国家先后设置相应机构去行使具有国家审计性质的经济监督职权,国家审计应运而生。

在漫长的历史长河中,推动国家审计向前发展的主要动力有两个:一是社会政治经济的发展,如社会制度的变革、文明程度的提高、民主进程的演进。政权的更迭、社会经济制度的变革、经济的发展、国家宏观经济政策的变化等,都有可能成为促使国家审计向前发展的动因。二是国家审计自身的发展。国家审计为适应社会政治经济发展的需要,在国家政治经济活动中发挥更大的作用,也在不断探索自身发展的规律。

古代的国家审计大多是为了适应君主专制统治的需要,直接对君主负责,代表君主对各级官吏进行监督,评价官吏的执政业绩。

随着生产力的发展和受托经济责任的出现,早期的国家审计也应运而生。据考证,早在奴隶制度下的古埃及、古罗马以及古希腊,就已出现建立官厅审计机构和实施国家审计的史实。公元前3500年左右,古埃及奴隶主阶级的最高统治者就设置了有较强独立性的监督机构,并委派“记录监督官”“谷物仓库监督官”以及从事国家财政监督和行政监督的监督官负责对政府的会计账簿、谷物税的征收及财政行政等具体行为进行审查和监督工作。监督官的职责实际上就是审计。2 000多年前,古希腊的雅典城邦就建立了官吏卸任经济责任审计制度,由审计官执行这种审计。当时,这些古国的审计官员,以“听证”的方式,对掌管国家财物和赋税的官吏进行审查和考核,成为具有审计性质的经济监督工作,古罗马时期更在老院之下设置了审计机构,负责监督行政官吏,并设财务官和监督官协助元老院处理国家财政事务,其中财务官负责国库记录和审计,监督官具有一定的独立审计职能。

时至中世纪,西方国家的封建王朝中大多设置审计机构,对国家财政收支进行审计监督。英国的亨利一世在财政部下设置两院,下院为收支局,上院为财政监督局,实行王权审计;法国的路易九世颁布法令,规定各所辖城市在每年的11月11日圣马丁节前,携带年度收支账目去巴黎接受王室审计官的审计;德国威廉一世则创立了独立于行政部门的“总会计院”,后称最高审计院,负责审计国家的财政收支情况。中世纪的西方国家审计相较之前有了较为专业的审计机构设置,并开始承担独立的审计职能,但在组织体制、方法上仍然处于很不完善的初始状态。

我国古代的国家审计最早产生于西周。其主要标志是“宰夫”这一官职的出现。在西周,周王是奴隶社会的最高统治者,其下设六卿,即天、地、春、夏、秋、冬六官。大宰乃天官之长,六卿之首,这个官职相当于后世的宰相。其中,国家机构大体可分为两大系统:一是掌握财政收入的“地官司徒”系统;二是掌握财政支出、会计核算和审计监督的“天官大宰”系统。当时,在天官之下有中大夫小宰,小宰之下配备下大夫宰夫。据《周礼》记载:“宰夫之职,掌治朝法,以正王及三公、六卿、大夫群吏之位。掌其禁令,叙群吏之治。”可见,宰夫实施国家审计的职责,负责政治监察,掌管治理朝政之法,并监督官吏严格遵守和执行朝法。宰夫按照朝规,考核百官及地方各级官吏的政绩,凡奢侈浪费、支出不当以及虚列账册的,根据治朝之法报请冢宰加以诛伐;凡节省开支、财政充裕、库府盈余又善于理财的,则随时上报,予以奖励。对宰夫的具体职权,《周礼》称:“宰夫岁终,则令群吏正岁会;月终,则令正月要;旬终,则令正日成。而考其治,治以不时举者,以造而诛之。”“宰夫考其出入,而定刑赏。”即每逢年终、月终、旬终,由宰夫命令各部门官吏对财计收支的情况予以上报,宰夫就地考核,发现违法乱纪的,可以越级向天官乃至周王报告,请求对其加以处罚。宰夫审查收支情况的优劣,以此作为赏罚的依据。可见,宰夫虽然是独立于财计部门之外的官职,但承办监察业务,具有相当的权威性。与当时的社会经济发展水平相适应,西周时期的审计实际上具有国家审计的性质,审计工作具有一揽子性质,审计工作尚未具有超然独立的特征。总之,西周审计制度的确立标志着我国 3 000 多年以前就已孕育了审计的萌芽,开始初步发展并形成制度,它在我国审计史上具有深远的影响。

秦汉时期是我国封建社会的建立和成长时期。封建社会经济的逐步发展和政治的逐步完善,促使我国确立了封建王朝的国家审计制度。秦朝实行御史制度,御史大夫是全国最高的监察长官,辅佐皇帝对国家政治和财政进行监督;全国 36 郡设监督御史,对郡、县的政治和财政进行监察。这一时期,实行上计制度,即由皇帝亲自听取和审核各地方官吏的钱粮收支情况报告以决定赏罚,同时由御史大夫主持上计工作,这实际上就是掌管全国的民政、财政及财粮收支的审计工作。另外,秦朝还设置“治粟内史”掌管国家的财粮保管、财物收支、会计核算等工作;设置“少府”掌管皇室的财计工作,行使的是内部审计权。汉承秦制,仍由御史大夫接上计的职责,行使监察职权,还设立了“计相”“司隶校尉”“刺史”等官职,建立了多层次的监察体系。尤为重要的是,汉代制定了《上计律》,使上计制度有法可依,标志着我国审计立法的开始。秦汉开创了御史大夫行使监督权的先河,御史组织系统的建立强化了国家对整个财政经济的控制和监督。但这一时期还未设有专门的审计机构,御史大夫行使的监督权涉及政治、经济、军事等各个方面,具有一揽子性质。上计制度是一种遏制贪污舞弊的有效形式,也是我国历史上最早的一套审计监督制度。总之,秦汉时期是我国审计发展历史上的一个重要时期。

隋唐两朝是我国封建社会的鼎盛时期,也是我国审计发展的主要时期,其中最重要的标志就是比部审计体制的健全完善。隋朝时期中央集权不断加强,官职系统日臻完善,社会经济快速发展,这对管理和监督提出了更高的要求。与之相适应,国家审计制度也相应地健全起来。隋朝开始设置比部(“比”就是考核审查的意思),隶属于都官或刑部,掌管国家财计监督,行使审计职权且具有司法监督的性质。唐朝改设三省六部,六部之中,刑部掌天下律令、刑法、徒隶等政令;比部仍置刑部之下,凡国家财计、军政内外,均实以勾稽,进行考核审理。唐朝比部开展审计的权力涵盖国家财经的各个领域,而且一直延伸至州、县。比部审查的范围极广,项目众多,而且具有很强的独立性和很高的权威性。唐代比部不受财务行政机构控制而直接与刑法结合,行使经济监督的职权。形成一个比较完整、科学的审计监督体系,是我国古代审计监督在组织形式上的一次重大变革,特别是在组织机构建设、审计职权、审计方式、审计人员的选用和考察上都进行了较大的变革,处于当时世界审计的领先水平。与之相应,唐朝在发展国家审计的过程中还建立了一些审计制度,规定了各种审计程序、送审时间和审计处理要求等重要事项,尤其是制定了考核审计官员的标准。据《新唐书·百官志》记载,唐朝对所有官吏按其所执掌事务的不同,分别制定不同的考功标准,其中,对审计官员提出“明于勘复,稽失毋稳,为勾检之最”的准则,足以为后人鉴戒。可见,唐朝应属我国封建王朝健全审计机构、完善审计建制的国家审计兴盛时期。

进入宋朝,审计一度并无发展。宋初至元丰改制,取消比部,审计隶属于财政系统,实行财审合一。但这种财审合一的体制势必削弱审计的独立性和权威性，其弊端是显而易见的。元丰改制后，恢复了唐朝的财计官制，财审分离，审计重归于刑部之下的比部执掌，审计机构又独立出来。比部主要掌握中央及全国各地的账簿审计之事，无论是仓场粮粟，还是库署钱帛，凡属官有财务支出者，均在审查范围之内。之后，专门设置“审计司”，隶属于太府寺（属内部审计性质），南宋初步设立了“审计院”。宋朝审计司（院）的建立标志着我国“审计”的正式定名，从此“审计”这个概念成为财政经济监督的专门用语。总之，宋代的审计监督制度是比较严格的，审计范围也较广，宋朝是我国审计发展史上的重要阶段。

元、明、清时期随着君主专制制度的日益强化，这一时期的审计总体而言处于停滞衰落状态。元朝取消比部，逐渐强化御史检查机构的审计职能，户部兼管财计报告的审查工作，独立的审计机构已告消亡，到中后期，审计体制建设已成为一个非常薄弱的环节。明朝是我国君主专制走向极端的朝代，这一时期的国家审计也深深打上了为君主独裁政治服务的烙印，完成了国家审计体制由隋唐以来形成的司法模式向检查模式的过渡。明初设比部，不久即取消；洪武二十三年至明末，设都察院，以左右都察使的长官，审查中央财计。清承明制，继续设置都察院，执掌对君主进行规谏，对政务进行评价，对大小官吏进行纠弹，都察院成为当时国家最高的监察、监督、弹劾和建议的机构。尽管明、清两代实施的都察院制度使审计工作有所加强，但审计缺乏了独立性，特别是取消比部这种独立的审计机构，使国家审计职能严重削弱。总之，元、明、清三代的国家审计制度与隋朝相比已经明显衰落。

在西方，随着资本主义制度的建立，资产阶级民主制度取代了封建专制制度，尤其是社会化大生产促进了社会经济的巨大发展，国家财政收支和其他领域的经济监督亟需加强。因此各国纷纷建立和完善了供应商审计制度。

现代资本主义国家大多实行议会制的政治制度，采用立法、行政、司法三权分立的国家政权组织形式，议会作为国家的最高立法机关，对政府行使包括财政监督在内的监督权，并在宪法或特别法令中规定了审计的法律地位，确定了国家审计机关的职权、地位和审计范围，授权其独立地对财政财务收支进行审计监督。西方国家多在议会下设立专门的审计机构，由议会或国会授权，对国家及公营企业、事业单位的财政财务收支进行独立的审计监督。例如，英国的王室财政审计制度始于 13 世纪。早期，英王一直控制着国家的财政大权，在财政部内设置审计监督部门，执行审计监督。1215 年，英国《大宪章》的颁布，使英王的权力受到制约，奠定了英国国家审计产生和发展的政治基础。1689 年，《权利法案》的通过，规定了财政权属于国会，之后又提出由国会审查国家预算和决算，并由财政大臣将上一年度的财税项目提交国会审议监督。到了 1785 年，根据《更好检查和审计国王公共账目的法案》，取消了国库审计官一职，组建五人审计委员会，执行国家审计监督。1834 年，颁布了修订审计制度的法案，改建国库审计部，设审计长负责国库公款的监督（审计长为终身职务）。之后，1866 年，《国库和审计部法》在伦敦议会通过，标志着英国国家审计制度的建立。1984 年 1 月 1 日起生效的《国家审计法》，取消国库审计部，成立了国家审计署，最高审计长官为主计审计长。英国的国家审计署独立于行政部门，代表议会对国家实行审计监督，向议会报告工作。

继英国 1866 年颁布《国库和审计部法》之后，其他国家大多也以法律形式规定了国家审计的各项制度。比如，美国早年没有独立的财政监督机构，只在财政部设审计官进行财政审计，财政审计缺乏独立性；直至 1919 年，经参众两院建议组成预算特别委员会后，才把国家的账目审计从财政部的业务中分离出来。1921 年，美国颁布《预算和会计法》，并根据该法建立了美国的最高审计机关——审计总署。美国的审计总署是世界上最典型的隶属于国会的审计机关，其审计长由国会提名，经参议院同意，由总统任命。但审计总署和审计长则被置于总统管辖之外，独立行使审计监督权。除英美之外，加拿大的审计长公署、西班牙的审计法院等都是隶属于国家立法部门的独立审计机关，其审计结果要向议会报告，享有独立审计监督权。

当然，西方还有一些国家的国家审计机关隶属于司法系统，即所谓司法型的审计体制。比如，法国的审计法院逐渐摆脱了法国议会和皇帝的控制，在 1869 年成为独立于立法系统（议会）与行政部门（内阁政府）的一个司法机构。法国审计法院的院长由总统任命并实行终身制。审计法院的裁决为终审裁决，具有很强的法律效力。1958 年，依据法国的新宪法，审计法院协助议会检查国家财政法令的具体实施情况。另外，还有一些国家因为最高权力机构的设置高于立法、行政、司法体系，隶属于它管辖的审计机构就具有极高的独立性，日本就是这种体制的典型。1889 年，日本建立了二元制君主立宪制，规定一切权力属于天皇，并于同年制定了《会计检查院法》，规定最高审计机关是会计检查院，同时规定会计检查员对国家财政预算的审计及结果均直接呈送天皇。1947 年，日本实施了新宪法，沿承审计传统，会计检查院仍然独立于国会、内阁等司法机关之外，具有很强的独立性和权威性。

1929—1933 年，资本主义遭受了严重的经济危机冲击，为了缓解经济危机对经济的冲击，各国都努力促进经济发展、维护社会经济稳定，国家干预经济的成分越来越多，公共资产参与社会经济活动的领域越来越广泛。为了加强对公共资产经营管理活动的监督，国家审计不仅在传统审计领域发挥作用，而且其审计范围不断扩大。第二次世界大战后，科学技术的进步促使世界经济得到迅速发展，同时也推动了西方国家审计制度的发展和日趋完善，使其审计理论与实务取得了难得的成就。

随着各国公共支出的急剧增加，经济资源日益短缺。一方面纳税人的纳税义务不断加重；另一方面纳税人又面临着诸如失业率高、社会保险水平低、生存和发展环境恶化等一系列社会问题，社会矛盾日益加剧。在这种情况下，国家和公众不仅关注公共资金的使用是否合法，更关注公共资金是否得到经济有效的使用，公共支出是否达到预期目标。这给国家审计提出了新的课题，需要不断完善国家审计的目标体系，以及实现这些目标的方式、方法。1945 年，美国国会通过《政府公司控制法》，规定美国审计总署不仅审查联邦政府供应企业财务活动的合法性，而且应对其管理效率和内部控制系统的效果进行评价。1972 年，美国审计总署颁布《政府机构、计划项目、活动和职责的审计标准》，确立了国家审计不仅监督财务活动的合法性，而且监督其经济性、效率性和效果性。继美国之后，加拿大、澳大利亚、英国等许多国家在财务合法性目标的基础上，相继确立了经济性，效率性，效果性审计目标，建立了现代国家审计目标体系。在这一目标体系指导下，国家审计的内容、方式、方法也都得到了发展。就审计内容而言，在传统财务审计的基础上，国家审计发展了对管理的经济性、效率性、效果性进行评价的绩效审计；就审计方式而言，为了降低审计成本，提高审计效率，减少审计风险，审计机关和审计人员不断探索新的审计方式，建立健全了被审计单位的内部控制，为审计人员从评审内部控制入手，根据评审结果开展抽样审计提供了客观基础；就审计方法而言，由传统的以会计资料为基础的详细审计，发展到了以评审内部控制为基础的详细审计，随后又出现了以风险为导向的审计模式，依托审计人员对企业环境和企业经营进行全面的风险分析，制定审计战略及多样化的审计计划，以保障审计工作的效率和效果。

20 世纪 70 年代之后，西方国家审计进入“绩效审计”时代。走在世界前列的是美国，

1972 年美国联邦审计总署发布的《政府机构、计划项目、活动和职责的审计标准》首次提出“绩效型审计”，将绩效审计注入了国家审计之中；1993 年的《政府绩效与结果法案》明确规定了政府各部门的具体任务，并制定了绩效衡量的标准；2003 年修订的《国家审计准则》，明确了国家绩效审计的目标是经济性、效率性和效果性。2004 年，在英文字面上美国联邦审计总署从“会计总署”正式更名为“政府问责办公室”，这一改变不仅仅是名称的转变，它表明了美国联邦审计总署的使命和发展方向，即强化政府责任，改进工作绩效，确保联邦政府尽到对国会和美国人民应尽的责任。2007 年，美国再一次对《国家审计准则》进行修订，涵盖了国家绩效审计方面的准则，指出绩效审计评价标准包括法律或规章制度，被审计单位管理部门确定的目的、目标及建立的政策和程序，技术标准，专家意见，以前年度的绩效，特定商业惯例，合同或付款协议的条款，其他企业或部门执行的特定的基本标准等。

在美国国家绩效审计的带动下，西方其他国家也开始了国家绩效审计建设的步伐，但侧重点有所不同。其中，澳大利亚审计署的国家绩效审计关注的是通过建立完备的信息模型和详细的审计标准，控制审计风险。英国 1983 年制定了《英国国家审计法》，按照管理项目的影响程度细分了国家绩效审计的类别，强调对严重现象、特定项目、管理活动和较小规模检查的国家绩效审计，赋予主计审计长开展绩效审计的职责。2009 年更新的《绩效审计手册》提出了绩效审计的基本原则，包括专业胜任能力、公正性、严密性、客观性、独立性、责任、增值性、沟通协调，并建立了适用于所有绩效审计项目的循环程序。加拿大则在 1999 年颁布了《绩效审计指南》，将国家绩效审计的内容确定为包括政府活动的经济性、效率、效果、成本效益、对环境的影响、对公共财产的保护及政府活动的合法性和合规性，并在具体做法中将绩效审计与常规审计结合，形成综合审计。可见，绩效审计已经成为当今世界国家审计的主流模式。

我国在辛亥革命后，结束了清王朝的封建统治，建立了中华民国。1912 年，当时的国民政府在国务院下设了中央审计处，各省设审计分处，并颁布《审计处暂行规定》等审计法规。1914 年，北洋政府将审计处改为审计院，同年颁布《审计法》和《审计法实施细则》。1928 年，南京国民政府重新颁布了《审计法》及实施细则，次年颁布了《审计法组织法》，仍设“审计院”，后改为“审计部”，隶属于监察院，各省(市)设审计处。无法按行政区域划分的企事业单位，如国库、铁路、税务机关等，则根据需要设审计办事处，形成国家审计体系，分别对中央和地方各级行政机关以及企事业单位的财政财务收支实行审计监督。民国时期国家审计的最重要的特点是：审计法规达到空前完备的程度。一方面，它突破了历代将审计内容附于其他刑法之内的习惯做法，公布了大量的专门的审计法规；另一方面，所颁布的审计法规涉及审计的各个领域，形成较为完整的审计法规体系。此时，我国国家审计处于逐步演进状态，接近欧美发达国家的国家审计发展水平。应当提及的是，这一时期，在中国共产党领导下的革命根据地也实行了较为严格的审计制度，有一定的审计组织，还颁布了审计法规。

中华人民共和国成立后，由于实行了高度集中的计划经济体制，国有资源财产的所有权与经营管理权一体化，国家没有设立独立的审计机构，基本上是以会计检查代替了审计监督。国家一方面赋予国有企业的会计人员对财政财务收支的监督职权，另一方面规定由企业主管部门对所属企业单位实行不定期的会计检查。同时，财政、税务、银行等部门也实施相应的业务监督。实践证明，这些检查和监督对保证社会经济的健康运行曾起到积极作用，但它们既不能有效地实施自我监督，也难以实现互相监督，难以适应经济发展的客观要求，具有很大的局限性。

中共十一届三中全会以来，党和政府的工作重点转移到经济建设上来。在经济体制改革过程中，人们逐渐认识到迅速建立社会主义审计制度、完善社会主义经济监督体系的必要性。国家审计首先需要组织上的法律设定。1982 年 12 月 5 日，第五届全国人民代表大会第五次会议通过了现行的《中华人民共和国宪法》(简称《宪法》)，规定我国建立审计机构，实行审计监督制度。1983 年 9 月，国务院设立了我国最高审计机关——中华人民共和国审计署，并在全国县以上的各级政府相继设置各级审计机关，从此国家审计呈现出蓬勃发展的新局面。随后就是国家审计法规体制的完善。1985 年 8 月，《国务院关于审计工作的暂行条例》公布；同年 10 月，《审计工作试行程序》公布；1988 年 12 月，国务院颁布了《中华人民共和国审计条例》。在此基础上，1994 年 8 月，第八届全国人大常委会第九次会议通过了《中华人民共和国审计法》(简称《审计法》)，并于 1995 年 1 月 1 日起实施。《审计法》对我国政府审计监督的基本原则、审计机关和审计人员、审计机关职责和权限、审计程序、法律责任等都作了明确的规定，这使我国国家审计正式进入法制化的轨道，为审计事业适应社会主义市场经济的发展奠定了基础。2000 年 1 月 28 日，中华人民共和国审计署第 1 号令发布了《中华人民共和国国家审计基本准则》《审计机关审计处罚的规定》《审计机关审计复议的规定》《审计机关项目质量检查暂行规定》。所有这些都表明，在社会主义市场经济持续发展的推动下，我国国家审计正在朝着民主化、法制化和规范化的方向阔步前进。从近几年的发展情况看，我国国家审计的范围也在进一步扩展，对一些社会公共资金，如环保资金、社会保障资金等开展了审计。同时，就国家审计方法体系而言，为了控制审计风险，一些政府审计机关在原有审计方法体系的基础上，探索、运用以评价审计风险为基础，综合运用包括信息技术审计在内的各种方法的审计方法体系，审计的手段更加现代化和科学化。但是，发展往往需要通过沉痛的教训来纠正自己的方向，我国 2003 年以来的“审计风暴”就是国家审计纠偏和曝光的例证。2003 年，审计署推出审计结果公开制度。6 月 25 日，李金华代表审计署提交了一份长达 22 页的审计报告，并首次在第一时间全文公布了牵涉很多重要部门的审计报告。一大批中央部委被公开曝光，人们用“审计风暴”来形容该审计报告所带来的冲击波。经过“审计风暴”的洗礼，2004 年以来的整改情况效果明显。为了促进审计效果，落实审计监督作用，2006 年 2 月 28 日，第十届全国人民代表大会常务委员会第 20 次会议审议通过了《关于修改〈中华人民共和国审计法〉的规定》，自 2006 年 6 月 1 日起施行。《审计法》(2006 年修订)的颁布实施，有利于加强政府审计监督，维护财政经济秩序，提高财政资金使用效益，并加强了我国国家审计民主法制化建设。

“审计风暴”的警醒毕竟属于事后督查，而审计的真正作用是做好事前防范。2008 年，审计署审计长刘家义指出，审计监督不仅是国家监督体系的重要组成部分，而且已经成为国家治理的重要工具和手段，是保障国家经济社会健康运行的“免疫系统”。审计机关以独立、客观、公正、超脱的优势，探知经济风险，揭露财政问题，防范消极因素入侵整个经济社会系统，提高经济社会运行质量和绩效，增强经济社会运行的“免疫力”，推动经济社会全面协调可持续发展。但随着经济环境日益复杂，《审计法》(2006 年修订)中的一些规定已不能适应社会的需要，审计体制的问题终究没有得到解决，国家审计权力运行依然有限，事后监督的问题还没有从根本上得以解决，国家审计遭遇制度困难。国务院于 2010 年 2 月 2 日颁布的《中华人民共和国审计法实施条例》(以下简称《审计法实施条例》)更细化和明确，具有更强的可操作性。

2011 年，为了规范和指导审计机关和审计人员执行审计业务的行为，保证审计质量，防范审计风险，发挥审计保障国家经济和社会健康运行的“免疫系统”功能，审计署以中华人民共和国审计署第 8 号令颁布了《中华人民共和国国家审计准则》(简称《国家审计准则》)，同时废止了 2000 年中华人民共和国审计署第 1 号令中的《中华人民共和国国家审计基本准则》和《审计机关审计处罚的规定》。《国家审计准则》的修订和颁布，是继《审计法》和《审计法实施条例》修订后我国审计法制建设的又一件大事，是完善我国审计法律制度的重大举措，是国家审计准则体系建设史上一个重要的里程碑。《国家审计准则》以贯彻落实科学发展观为指针，坚持运用科学的审计理念和先进的审计技术方法，体现了很强的科学性；同时，系统总结了我国国家审计 20 多年来的实践经验，将行之有效的做法确定下来，体现了很强的实用性。此外，《国家审计准则》还充分借鉴国际审计准则的内容和外国审计机关的有益做法，体现了很强的国际性。

中共十八大以来，党和政府对国家发展作出的重大战略部署使政府审计面临新的任务与挑战。2011 年 7 月 8 日，刘家义审计长在中国审计学会第三次理事论坛上提出了“国家审计是国家治理的重要组成部分……国家审计应在国家治理中发挥重要作用”这一论断。2013 年，中共十八届三中全会提出：“全面深化改革的总目标是完善和发展中国特色社会主义制度推进国家治理体系和治理能力现代化。”自此，引发了学术界和实务界对“国家审计与国家治理”议题的高度重视和广泛的讨论研究。国家审计机关作为国家权力监督的执行机构和国家权力制衡的组成部分，无疑成为新形势下推进国家治理体系和治理能力现代化的重要力量。国家审计也逐渐成为国家治理过程中推进民主与法治的有力工具，成为促进社会和谐、经济发展的有力助手。

基于我国目前处于全面深化改革的新时期，党中央、国务院对审计工作提出了新要求，2014 年 6 月 9 日发布了《国务院关于修改〈中华人民共和国审计法实施条例〉的决定征求意见稿》[以下简称《审计法实施条例(2014 年征求意见稿)》]。《审计法实施条例(2014 年征求意见稿)》细化、补充和完善了具体审计职责，在一定程度上扩大了审计机关的权限，将很多内容明确纳入审计监督，审计体制也作出了很大改进。它还明确指出，审计机关应当对审计发现的经济社会运行中的风险隐患、管理漏洞和体制、机制、制度缺陷，研究并提出改进意见。这次《审计法实施条例》的修改解决了以前遗留的很多问题，具有很强的前瞻性，意义重大。

为切实加强审计工作，推动国家重大决策部署和有关政策的措施的贯彻落实，更好地服务于改革发展，维护经济秩序，促进经济社会持续健康发展，国务院于 2014 年 10 月 27 日公布了《关于加强审计工作的意见》(以下简称《意见》)。《意见》对于加强审计力量，创新审计方式，提高审计效率，促进社会经济健康快速发展具有重大意义。《意见》指出，要坚持围绕中心，服务大局、发现问题、完善机制的原则要求，依法开展审计，秉公用好审计监督权。《意见》要求加大审计力度，创新审计方式，提高审计效率；要重点围绕稳增长、促改革、调结构、惠民生、防风险等政策措施落实情况，以及公共资金、国有资产、国有资源、领导干部经济责任履行情况进行审计，实现审计监督全覆盖。《意见》还要求狠抓审计发现问题的整改落实、被审计单位主要负责人作为整改第一责任人，要切实抓好审计发现问题的整改工作，各级政府要将整改纳入监察督办事项。各地区各部门要把审计结果及其整改情况作为考核、奖惩的重要依据，整改不力、屡审屡犯的，要严格追责问责。

由此可见，无论是事先预防，还是事后督查，都秉承着国家审计的战略意义，即通过国家审计维护国家经济安全，护卫国民经济的良性运行，推动国家治理能力现代化。国家审计是国家政治制度的重要组成部分，是依法用权力监督制约权力的制度安排。国家审计的本质是国家治理这个大系统中内生的具有预防、揭示和抵御功能的"免疫系统"，核心是推动民主法治，实现国家良好治理，促进国家经济社会健康运行和科学发展，从而更好地保障人民的根本利益。

在经济全球化的大背景下，我国经济的迅速崛起改变了世界经济的基本格局和利益关系，这种变化同时也使得冲击我国国家经济安全的外部因素骤然增加，我国经济发展所处的国际环境不确定性逐步加大。面对经济指标弄虚作假、专项资金肆意挪用、财政预算模糊不清等一系列危害国家经济安全的行为，国家需要通过国家审计来保障对国家的内部有效监督与控制，针对宏观经济调控的各个环节开展审计和审计调查，促进宏观调控政策的贯彻实施，维护国家主权经济安全，实现良治。国家治理的需求决定了国家审计的产生，国家治理的目标决定了国家审计的方向，国家治理的模式决定了国家审计的制度形态。新时期的国家审计工作，不能只停留在查处违法违规问题上，更要在国家治理中发挥重要作用，进而切实维护好国家经济安全，为我国经济在险象环生的国际竞争环境下提供可靠的安全保障。同时，从国家治理的角度，可以进一步深化对国家审计本质特征的认识，准确把握国家审计的发展规律，从而更好地发挥审计监督的作用，推动国家审计的科学发展。

二、内部审计的起源和发展

内部审计历史渊源流长，经历了漫长的发展过程，但审计师作为一项职业，还仅是近现代的事情。正如"内部审计之父"劳伦斯·索耶所言："内部审计在古代就有起源。但是，只有到近代这棵大树才开始根深叶茂。内部审计的历史从古到今，经历了一个缓慢而艰苦的过程。"综观历史，我们可以发现，内部审计从奴隶社会就已经出现了萌芽，几千年的历史长河中，内部审计经历了从萌芽、发展到成熟三个历史阶段。当前，内部审计已经成为企业内部控制与风险管理的重要组成部分，日益受到企业治理层与管理层的重视，尤其是对于那些已经进入成熟期的大型国有企业、上市公司、集团型企业、全球性跨国公司，内部审计更是受到前所未有的高度重视。

探寻中西方的内部审计的成长之路可以看到，在这个缓慢而艰苦的过程中，内部审计经历了一个从萌芽到逐步趋于完善的发展历程。

内部审计活动的萌芽最早出现在奴隶社会。当人类进入奴隶社会以后，奴隶主建立大庄园，使用大批奴隶种植葡萄、谷物、橄榄和开展畜牧业方面的生产，并将产品在市场上出售。奴隶主为了坐享其成，过上不劳而获的寄生虫生活，往往将自己的私有财产委托给精明能干的代理人去经营管理，同时委派亲信审查财产经营管理者是否切实地为奴隶主的利益诚实经营。这些亲信实际上就充当了内部审计的角色，这时的内部审计不仅有了服务的对象——奴隶主，也有了审计的对象——内部委托责任者，同时表明了内部审计的服务是内向的。只不过除了审计业务外，他们还要负责其他管理事务。这就是最早的内部审计雏形，但其专业化水平尚未达到一定程度，内部审计并非由独立的人员来承担，审计只是这些人员的多种责任之一。在古罗马，人们采用"听证账目"的方式来检查负责财务的官员有无欺诈、舞弊行为。"审计"一词在拉丁文中意为"听账人"。这一时期的内部审计是伴随财产所有权和经营管理权分离及由此导致的受托经济责任而出现的一种自发性的简单行为，但是由于分权的程度和范围并不深入，内部审计活动尚未与其他管理职责分开，内部审行为也并非由独立的人员来承担，且内部审计活动仅限于监督和验证。

到了中世纪的欧洲，随着分权思想不断深化和分工的出现，独立内部审计人员开始出现，同时复式记账基本原理产生并逐渐系统化，这促进了内部审计的发展。这一时期的内部审计在整个内部审计发展史上是承上启下的阶段，一方面继承了奴隶社会内部审计思想，另一方面也为将来内部审计快速发展奠定奠定了坚实的基础。但此时的内部审计仍并非一项独立的活动。内部审计人员在整个管理体系中承担着非常有限的责任。内部审计人员在当时还在充当着会计部门的附属角色，也只是独立审计的伴随者和附和者，很大程度上内部审计活动还是独立审计业务的延伸。此时的内部审计主要表现为城市审计、银行审计、寺院审计、行会审计以及庄园审计等形式。以下主要介绍寺院审计、行会审计和庄园审计。

(1) 寺院审计。寺院审计的产生是由于在西欧很多寺院兴办了各种类型的手工作坊，拥有大量的财产，交易十分频繁。为了加强管理，减少和防止管理人员舞弊，寺院配备了专职管理人员，用来监督检查管理人员经济责任的履行情况，同时还配备了具有专业会计知识的审计人员，负责对财务收支和会计账目进行检查。

(2) 行会审计。行会审计产生在英国，十一二世纪就出现了行会，行会是由生产者和商人出于共同的商业目的，按产区或地区结合在一起形成的组织，主要作用是使会员间在产品或商业贸易方面互相优惠，并对经济纠纷进行仲裁。每个行会 1 年要召开 1～4 次会议，议事内容是选举产生理事和审计人员。理事是行会的执行机构，主要负责征收会费和罚款、记录反映行会经济业务的会计事项、调查行会的财产状况和冲裁会员间的经济纠纷等事务。审计人员从行会成员中选举产生，是行会成员的代表，主要职责是定期检查理事报送的会计账簿，并在大会上向全体成员报告审查的结果。

(3) 庄园审计。中世纪的庄园审计被认为是现代内部审计的先驱，庄园既是封建社会的政治单元，同时也是独立的经济单位。与奴隶制庄园相比，封建庄园的等级制度更加严密、分工更为细化。当时庄园主不再亲自参与庄园的管理，而直接将管理庄园的责任委托给数名庄园管理者去执行。庄园主配备了审计人员负责对庄园财务总管编制的反映庄园经济事项的会计账簿定期进行检查，根据审查的结果，提出审计意见并呈送给庄园主或向其作口头汇报。

综上可以看出，封建时代出现了独立的内部审计人员，审计目的仍然是查错防弊，审查单位内部承担经济责任者的诚实性。

14 世纪，威尼斯由城市议会开设的造船厂已经在复式记账的基础上试行了成本控制，要求严格进行资金、材料和人力消耗的核算，每隔一段时间由议会派员对厂长进行审计，厂长也会派人对会计随时进行查账。复式记账使内部审计对象由资产、资金以及简单的账目转向建立在科学的核算原理基础上的会计账簿，使内部审计技术由简单的验证、核对转向了对账簿的审查。

这一时期的内部审计更多关注的是财产、资金保管的合法性以及账目的正确性，此时的内部审计思想、内部审计活动和相关的内部审计技术已经初步成型，而复式记账的使用和独立内部审计人员的出现则标志着内部审计正在逐步成长。

从 18 世纪 60 年代后期开始，内部审计迎来了快速发展的时期。这一时期，从工业革命到垄断的出现再到世界性的经济危机，西方的资本主义市场不断发生新的变化。为适应市场的变化，内部审计所涉及的业务事项和总体目标也跟随着市场的变化而进行调整，以便更符合市场和企业的需要。具体变化体现在以下方面。

第一，以财务为导向的内部审计。

18 世纪 60 年代至 19 世纪初，英国工业革命爆发，英国演变为机器大工业占统治地位的国家，出现了由股东融资的股份公司。股份公司的股东和债权人为了维护自己的利益，客观上需要由审计人员对企业的会计资料进行审查，并陈述审计意见。1844 年，英国国会颁布的《合资公司法》明确规定公司董事会负有登记账簿的义务，必须每年向股东提供详细、真实的资产负债表，为了保证所提供资料的真实性，还要求董事会会以外的第三者（监事）对资产负债表和账务处理的准确性和合理性作出报告，从而确立了内部审计制度。

19 世纪中叶至 20 世纪初，资本主义进入垄断阶段，托拉斯、康采恩等垄断组织迅速发展。这些垄断企业经营规模庞大，经营地点分散，经营业务复杂，高层管理人员再也不能像以前那样亲自观察和控制所有的经营活动，只能实行分权管理和多级控制。管理职责的履行状况如何，各部门的经营活动是否合规合理，各分支机构的经营目标是否实现，这都在客观上需要一个专门的职能部门去审查、评价和报告。这个时期，外部审计已经取得了很大发展，但是由于职业的限制，外部审计人员不可能像企业期望的那样经常性地对经营管理和财务状况作深入的检查，并提出切实可行的建议和方案，同时审计费用也比较高。因此，外部审计无法满足企业管理的需要。在这种情况下，企业管理者便将目光转向企业内部，从职工中挑选具有经营管理知识和能力的特殊人才，让他们从企业的利益出发，对分支机构或分公司进行经常性的监督，这就形成了一个与业务控制并列的相对独立的系统——内部审计部门。这些特殊人才就是内部审计人员，由他们组成的机构就是内部审计机构。

英国 1845 年的《公司法》从法律上确认了特许会计师（注册会计师）承担审计业务的定位，独立审计由此发展起来，独立审计的正式确立从审计对象、方法、技术上直接影响了内部审计实践的发展。1875 年，集采煤、冶金、机器和军火生产于一体的德国康采恩公司开始设置内部审计部门开展财务合规性审计。19 世纪中叶，美国具有显著规模经济性的铁路行业，开始配备内部审计人员，巡视各路站，他们被冠以"旅行审计师"的头衔，不仅检查公司财务制度的遵守情况和有关记录的真实性及正确性，还开展经营审计业务。

20 世纪初，美国通用电气公司成立了独立的内部审计部门，使得由企业规模和组织机构的迅速变化，资产不清、损失浪费甚至盗用公款与会计文书混乱等日益突出的问题得到有效控制。1934 年，美国证券交易委员会要求上市公司必须提供经过注册会计师审查的财务报表，促使公司设立内部审计机构来协助注册会计师的工作。从此，独立审计进入到财务报表审计的新阶段。

在这一时期，内部审计还有两个里程碑式的重要发展，大大推动了内部审计的前进。一个里程碑是 1941 年国际内部审计人员协会成立，这在很大程度上推进了内部审计理论和实务的发展。另一个里程碑是第一部论述内部审计的专著《内部审计——程序的性质、职能和方法》的出版，它标志着内部审计学诞生并开始有了自己的理论体系，此时内部审计才逐渐成为一门独立的学科并在真正意义上被确立起来。

在国际内部审计人员协会（简称 IIA）成立后的 10 年中，内部审计理论的发展是以财务导向内部审计实践为基础的。1947 年由 IIA 出台的第一号《内部审计人员责任说明书》（SRIA NO.1）认为，内部审计是组织内部检查会计、财务及其他业务的独立性的评价活动，以便向管理部门提供防护性和建设性服务。它主要涉及会计和财务事项，也可以适当涉及业务性质的事项。这为以财务为导向的内部审计朝以业务为导向的内部审计发展提供了条件，但此时 SRIA 业务审计是作为财务审计的附属存在的，认为内部审计的总体目标是帮助管理者有效管理组织的业务活动，以保护公司利益。这说明内部审计除以财务审计为核心内容之外，逐渐尝试向业务审计领域延伸。

第二，以业务为导向的内部审计。

以业务活动为关注点的内部审计在20世纪40年代末才开始出现，并于60年代发展到了顶峰。1948年，内部审计人员对梅迪希银行伦敦支行的管理当局及其所从事的业务活动进行审计，并出具了详细的业务审计报告。20世纪60年代，美国工业委员会以及IIA对内部审计实务的调查充分说明了内部审计人员已大量从事业务审计。美国工业委员会调查了177家公司的内部审计目标，调查结果显示，确定内部控制制度的恰当性、调查公司方针和规程的符合性、协助开展有利于增加盈利的活动、为管理当局提供全面服务、协助制定新的程序等业务审计的内容都已在公司内部审计目标中得到体现。而1968年IIA的调查结果显示，内部审计实务已大量涉及采购、库存规划与控制、保险计划、基建、运输、管理信息系统、广告、生产、组织控制等具体业务领域。其中，75%的受访公司的内部审计重点是财务审计与业务审计兼而有之。同时，内部审计机构的地位也日益提高，大部分受访公司内部审计负责人的报告对象是主计长以上的管理人员，内部审计人员与企业管理者的关系更为密切。而在内部审计的人员专业结构方面，41%的内部审计人员来自非会计专业。

IIA于1957年出台的SRIA NO.2认为，内部审计是组织内部检查会计、财务及其他业务，向管理当局提供服务的独立性评价活动。虽然此定义中仍保留了会计和财务活动，但已将对业务的检查与对财务、会计的检查等同视之。IIA于1971年颁布的SRIA NO.3认为，内部审计是组织内部审核经营业务的独立评价活动，它是一种管理控制，其作用是衡量和评价其他控制的有效性。在这一阶段，内部审计关注的受托责任内容是受托管理责任，目标是揭露公司经营管理的缺陷并提出建议，帮助管理人员有效履行其职责，通过提高业务活动、管理控制的效率而实现兴利。同时，业务导向内部审计采用访谈式审计技术，注重了解公司经营管理的意识和理念。可见，内部审计由财务导向转向业务导向后，拓展了范围，提高了地位，其目标由查错防弊走向兴利，由防护性走向建设性。

第三，以管理为导向的内部审计。

20世纪中后期，垄断的出现及世界性经济危机的爆发等外部经济环境的急剧变化对企业的内部管理产生了深远的影响，同时也促使人们对内部管理体系进行重新思考，管理理论和实践都要求更加关注外部环境的影响，用一种动态的、系统的眼光来看待现代管理。新的环境对内部审计提出了新要求，内部审计需要充分考虑外部多方利益相关者的影响，审计的关注点也需要从低层次的经营业务和内部控制转向高层次的决策和外部受托责任。而公司治理理论及实践的逐步成熟，特别是审计委员会制度的建立赋予了内部审计更高的地位，也为内部审计对高层受托管理责任的审查提供了保证。20世纪70年代开始，内部审计进入以管理为核心的管理导向审计阶段。

日本的九保田音二郎教授将内部审计划分为三种形态：以揭露经济业务和会计记录中发生的工作差错和舞弊行为等为目的；以会计事项为中心，对工作差错和舞弊行为进行审计；不仅针对会计事项，而且针对全部经营活动，其目的在于找出妨碍经济效益的问题所在，并采取改进措施。可见，以管理为导向的内部审计是传统内部审计发展的更高级别。

管理审计是区别于传统的财务审计的一种审计模式，根据内部审计的两个职能——验证和建设性服务，传统的财务审计偏重于验证服务，而管理审计偏重于建设性服务，但仍然是建立在验证服务基础上的，只有企业的信息是可靠的，才谈得上进行增值性服务，即通过验证服务促进企业有序运行，通过建设性服务促进企业有效运行。

从企业内部审计的产生和发展，我们能够清楚地看到，内部审计是随着经济的发展、企业内部管理层次的增多和控制范围的扩大，基于企业内部经济管理监督的需要而产生，并随着管理的需求提升而不断发展的。它是企业管理体系的重要组成部分。

围绕内部管理功能建立在内部审计体系并非就是内部审计的最终形式，宏观和微观环境的变化使管理导向内部审计的缺陷逐步暴露出来。由于审计工作的领导主体是企业的管理者，内部审计的范围受到了严格的制约，内部管理审计的治理功能受到了限制。现实的需求推动着内部审计继续前进，并将内部审计带到以公司治理为导向的新时代。

20 世纪 90 年代以后，世界经济呈多元化发展，新技术产业革命的加快，特别是信息技术和电子商务的发展、企业产品的多元化战略、企业发展的国际化扩张的思想、新兴业务的不断涌现，导致企业经营复杂多样，对组织的控制更加困难。组织分权的加大促使越来越多的评估和保证出现，如何在防范和控制企业经营风险上发挥积极作用，成为内部审计新的挑战。

外部环境的变化使内部审计不断接受新的挑战，但在内部企业组织也同样发生着重大的转变。在外部环境的推动下，仅局限于传统的对内部控制的再控制已经不能满足企业发展的需要。为适应环境的变化，首先，企业积极实现战略经营，对外部威胁与机会进行分析，制定高标准的战略目标，组织机构、文化资源以及生产过程不断整合。内部审计部门需要更多关注组织的战略目标，在战略管理中发生作用。其次，战略重组成为企业谋求发展的重要途径。企业为了降低成本，增强竞争力，纷纷进行内部组织机构的重构与调整，将一些非核心、不能为组织实现价值增值的职能外包给外部的专业公司来承担。同样的威胁也对内部审计机关的生存和发展造成了巨大的影响。为此，内部审计部门必须重新思考其职能定位，立足于为组织总体目标服务。面对外部经济环境的剧烈变化，管理层需要积极作出反应，包括主动提高质量和防范管理风险，进行结构与流程再造即承担更大的受托责任。在这种趋势下，内部审计部门被视为帮助改善治理、支持关键治理程序的职业团体就成为必然。

21 世纪初，安然、世通等公司财务丑闻催生了内部审计的一部重要法案——《萨班斯-奥克斯利法案》。而此时的社会大环境同样为内部审计提供了新的机遇，这一时期的内部审计被提升到公司治理层面，并对整个公司治理产生作用，内部审计活动也不再是低层次的管理活动而是更高层次的治理活动，内部审计被纳入了公司价值链的轨道，关注公司治理、协助公司治理的完善，促进整个公司治理的有效性并为企业价值增值和利益的合理分配提供支持成为新型内部审计的使命。总之，为了适应不同的内外部经济、社会、法律环境，内部审计必须寻求生存和发展的道路，在公司治理中发挥更大的作用是新世纪赋予内部审计的新职责。

综观西方国家内部审计的发展历史，其从最初的会计查错防弊、执行控制制度，演进到了评价控制流程和改进风险管理、内部控制和公司治理过程的最高阶段。在这一过程中，内部审计职业的关注点也逐步从财务导向、经营导向、管理导向演进到以治理为导向，其服务的对象也逐步从财务部门、管理部门演进到董事会和利益相关者。

我国内部审计的产生历史同样可以追溯到奴隶社会。在西周时期，朝廷设有天、地、春、夏、秋、冬六卿管理朝政，六卿下面分设若干官职。其中，司会是天官之长，设在大宰之下，其职责主要是负责稽核全国财计，同时还负责对上报的财产和业绩资料进行审查。西周时期的司会是我国内部审计人员的最初萌芽。据《周礼》记载，在中央政权设置的官员中，就设有“宰夫”一职，负责审查“财用之出人”，并拥有“考其出入，而定刑赏”的职权。这个职位虽不高，但其所从事的工作却具有审计的性质。其后，秦汉两代都采用“上计制度”，以审查监督财务收支有无错弊，并借以评价有关官吏的政绩。但秦汉官制中，尚无专司审计职责的官员，也无专职审计机构。到了唐朝，由于经济发达，政治稳定，审计地位提高，对中央和地方的财务收支实行定期的审计监督，国家审计有了明显发展。隋唐时期是我国封建王朝审计日臻完备的阶段。宋代设立审计司和审计院，标志着我国用“审计”一词命名的审计机构的产生。元、明、清三时期均未设专门的审计机构，国家审计陷于衰退时期。

在封建社会，由于封建王朝的专制统治，王权、皇权处于至高无上的地位，“普天之下，莫非王土，率土之滨，莫非王臣”，整个国家的一切经济活动都体现为皇室朝廷的活动，从决策到立法、行政和司法权，都集中于皇帝或君主。因此，这段时期的审计活动均体现为国家审计。内部审计在这个漫长的历史时期几乎没有发展和提高。

19 世纪下半叶，随着民族资本主义工商业的产生和发展，我国出现了按照西方企业管理模式建立的银行、造船厂、矿山和兵工厂等较大型的企业，它们纷纷在企业内部设立“稽核”职务和部门，实行内部审计制度。

整体来看，我国的内部审计制度起步较晚，发展历程不同于西方，但是，随着我国改革开放的不断深入、经济社会的日益进步及企业组织的发展变化，我国的内部审计重新焕发了青春。自 1983 年成立审计署至今，我国的内部审计事业迅猛发展，各种法律、法规的相继出台标志着内部审计向着规范化、法制化的道路前进，加入国际内部审计人员协会(IIA)更是将我国的内部审计推向国际化。

我国的内部审计萌芽很早，在西周时期就已经出现了内部审计的雏形，但是漫长的封建统治抑制了内部审计早期的发展，甚至到了元、明、清时期，内部审计已经开始衰退，清朝的闭关锁国政策更使内部审计发展跌至谷底。辛亥革命后，北洋政府在 1914 年设立审计院，颁布了《审计法》。1928 年，国民政府设立审计院，后改为审计部，隶属监察院。国民政府的审计法虽几经补充修改，但是由于政府贪污腐败，审计制度徒具形式，并没有发挥应有的作用。当时中国共产党在其领导下的革命根据地颁布了《审计条例》，实行审计监督制度，对战争年代节约财政支出、保障战争供给、树立廉洁作风都起到了积极的作用。

内部审计真正开始发展是中华人民共和国成立以后，1983 年，国家成立审计署才正式结束自中华人民共和国成立起 34 年间我国一直没有独立的国家审计机关的时代。同年国务院转发审计署《关于开展审计工作几个问题的请示》，首次提出建立内部审计监督制度问题，这标志着我国现代内部审计正式启动。

1978 年，中共十一届三中全会将我国的发展转移到经济建设的轨道上来。1982 年修订的《宪法》明确规定我国应该实施审计监督制度。1983 年，审计署正式成立前夕，根据国务院转发审计署《关于开展审计工作几个问题的请示》的指示精神，有关部门和单位已经开始边组建边开展内部审计活动。同年 9 月，中国石化总公司率先成立审计部，开展内部监督活动。此后，在审计署的组织、推动和指导下，多个部门、单位根据国家的要求，相继成立了内部审计机构。

1985 年 8 月，国务院发布《关于审计工作的暂行规定》，为内部审计工作的开展提供了法律依据。要求政府部门和大中型全事业单位实行内部审计监督制度，根据审计业务的需要，分别设立审计机构或审计人员，在本部门、本单位主要负责人的领导下，负责对本部门、本单位的财务收支及经济效益进行审计。同年 12 月，审计署发布《关于内部审计工作的若干规定》，具体规定了内部审计的机构、任务、职权以及其他有关事项，这也是审计署成立后的第一个内部审计的法律法规文件。这样，内部审计就开始在国家各级行政机关、大中型企事业单位中全面展开，并成为我国社会主义审计监督制度的重要组成部分。1988 年，《中华人民共和国审计条例》的颁布实施，推动了内部审计工作的开展。1989 年 12 月，审计署发布了《关于内部审计工作的规定》，对内部审计机构的隶属关系、审计范围、主要职权、工作程序、干部任免、职责要求等作了具体的规定。这一时期，我国主要是通过行政立法确立了内部审计的基本制度，界定了内部审计并非国家审计而是整个审计体系的重要组成部分，应该单独存在，促使我国内部审计走上了依法审计的轨道。

这个阶段是我国现代内部审计的起步阶段，审计的侧重点是包括揭露错误和舞弊行为在内的财务会计事项的审计，属于消极的防弊功能。我国现代内部审计的产生和建立不同于西方国家，并非起源于内部受托责任，而是强制性建立，从属于国家审计，是国家审计职能的延伸。此时，我国内部审计的主要职责就是监督控制，对部门、单位的财务收支、财务决算进行审计，即通过稽核单位财务状况和经营成果，评价内部控制效果，履行监督职能，维护本部门、本单位的合法经济效益，维护国家经济利益。另外，内部审计也开展经济效益审计，但这种经济效益更注重减少损失浪费，防止国有资产流失，而非促进企业管理。例如，1992 年，审计署印发的《改进内部审计制度增强大中型企业活力》要求，大中型企业内部审计机构应将提高经济效益作为审计工作的重点，围绕影响经济效益的因素，积极开展经营决策审计、成本费用审计、资金使用效果审计、工程决算审计、内部控制系统评审、财务收支审计，并继续搞好承包经营责任审计。

在审计职业组织方面，1987 年 4 月，中国内部审计学会成立，并于同年加入国际内部审计人员协会，成为其国家分会。

1993 年 11 月，中共十四届三中全会召开，明确了我国建立社会主义市场经济的总基调，国有企业开始转换经济体制，公有制为主体多种所有制并存的方针为企业发展带来了活力，这时的内部审计主要围绕国有企业转换经营机制，建立现代企业制度展开。为了适应环境的变化，我国内部审计也进入了一个稳步发展的时期，也可以说是由消极防弊向积极兴利发展过渡的阶段。这个阶段的内部审计已由财务审计逐步扩展为包括财务事项和非财务事项在内的业务审计，除了具有传统的防弊功能外，更具有积极的兴利功能，虽然还是国家审计的从属，但这种从属关系正在变淡。

1995 年 7 月，审计署发布《关于内部审计工作的规定》，对内部审计定义、机构设置、职责权限、审计程序、职业道德以及审计机关对内部审计的指导、监督职责等作了全面具体的规定。该规定中增加了一条："非国有经济组织开展内部审计工作，可参照本规定的有关条款执行。"虽然只有区区的二十几个字，但意义非同小可，这说明当时非国有经济组织也开始注重内部审计，内部审计作为国家审计辅助力量的职能在退化，逐渐成为真正意义上的内部审计——对单位内部的活动进行监督审计并提出建议。相应地，内部审计的职责也扩大了，不再局限于对与财政财务收支有关的经济活动及其经济效益的审计监督，而是对整个部门、单位的经济效益、经济责任进行审计监督，注重提出改进管理的建议，提高单位的经济效益。这标志着我国内部审计由消极防弊走向积极兴利。

2002 年 5 月，中国内部审计学会正式更名为中国内部审计协会，成为对企事业单位、行政机关和其他组织的内部审计机构进行行业自律管理的全国性社会团体组织。其主要职能是管理、服务、宣传、交流，即对内部审计实行行业自律管理，为内部审计机构和内部审计人员提供业务服务和开展各种交流活动。中国内部审计协会的成立，意味着我国内部审计开始实行国际上通行的行业自律管理，推动我国内部审计走向职业化。我国也逐步正式形成了以国家审计为指导，内部审计行业协会自律的中国特色的内部审计运行机制。

2003 年 3 月，审计署发布新的《关于内部审计工作的规定》，与原来的规定相比，发生了本质上的变化：

首先，内部审计机构的领域拓宽到所有组织，从国家审计中脱离出来。另外，审计机关对内部审计的直接领导和监督变为通过内部审计协会进行间接的指导、监督和管理，这充分表明我国的内部审计已从国家审计的辅助地位转向独立行使监督职能，成为真正意义上的内部审计。

其次，内部审计的职责进一步拓宽，涉及企业经营的方方面面，包括事前、事中、事后的全过程审计。此时，内部审计不再侧重于监督控制，而是着重于服务，即评价和改善组织的风险管理、内部控制、管理过程的有效性，为提升组织的价值和改善组织的经营管理服务。这要求内部审计人员除及时准确地报告有关查错防弊和资产保护信息，更重要的是针对管理和控制的缺陷，提出建设性意见和改进措施，协助管理人员更有效地管理和控制各项活动以提高经济效益，寓监督于服务之中。

最后，内部审计的范围扩展到经济活动，使内部审计的外延大大扩展，以“促进加强经济管理和实现经济目标”，此时不再单单局限于积极兴利，更着重于增加企业价值。

从 2003 年至 2005 年年底，中国内部审计协会陆续颁布了中国内部审计基本准则、20 项具体准则和两个内部审计实务指南，对内部审计的基本概念以及内部审计活动的目标、宗旨、范围、性质与功能等皆有所指导，也为内部审计活动和工作的有效开展提供了一套完整、科学、权威的准则。大多数企业也认识到内部审计是经营管理不可或缺的一个重要环节。这些审计准则的发布标志着我国内部审计准则体系基本框架的初步建立。另据不完全统计，截至 2006 年，我国企业建立内部审计职能的已超过 7.3 万个，内部审计人员更高达 20 多万人。此外，内部审计的独立性也不断为相关监管机关、学术机构以及企业所重视。

2008 年 5 月，财政部等五部委共同制定了被称为中国版“萨班斯法案”的《企业内部控制基本规范》，此规范的颁布是中国内部审计发展的一个重要里程碑。2010 年，财政部、审计署等五部委再次联合发布了《企业内部控制配套指引》。至此，内部审计的独立性和客观性已被视为企业内部控制是否完善的必要评估条件之一。

2012 年，为了适应内部审计的最新发展，更好地发挥内部审计准则在规范内部审计行为、提升内部审计质量方面的作用，中国内部审计协会对 2003 年以来发布的内部审计准则进行了全面、系统的修订。此次修订将内部审计具体准则分为作业类、业务类和管理类三大类。在分类的基础上，对准则体系采用四位数编码进行编号，借鉴国际内部审计准则的经验，体现准则体系的系统性和准则之间的逻辑关系，为准则的未来发展预留了空间。修订后的内部审计准则体系由内部审计基本准则、内部审计人员职业道德规范、20 项具体准则、5 个实务指南构成。

2013 年新修订的《中国内部审计准测》发布，自 2014 年 1 月 1 日起执行，原执行的《内部审计基本准则》《内部审计人员职业道德规范》以及第 1～第 29 号具体准则同时废止。随着我国内部审计的转型和发展，内部审计的理念、目标和定位也逐渐由查错纠弊朝防范风险和增加价值方向转变。内部审计机构和内部审计人员在审计实践中，不断创新审计方法，拓展审计领域，积累了许多宝贵经验，这些都需要进行总结并通过准则予以规定。原来的审计准则体系存在逻辑性和系统性不足的问题，需要对其加以修订，以进一步提高准则的科学性、实用性和先进性。

2014年，审计署开始修订《内部审计工作规定》并面向全社会公开征求意见（以下简称《征求意见稿》）。《征求意见稿》规定，大型国有和国有资本占控股地位或者主导地位的企业，或者有关规定对设立首席审计官有明确要求的企业，应设置首席审计官，对内部审计的整体质量负责。《征求意见稿》还提出，是否设立以及如何设立内部审计机构，既要考虑落实内部审计法律的制度的需要，也需要考虑单位性质、实际审计需求、内部治理结构和经营规模等因素，因此，《征求意见稿》从实际出发，区分企业和非营利组织的不同特点，并根据企业规模和性质分四种情况对内部审计机构的设置进行了规定：

一是大型国有和国有资本占控股地位或者主导地位的企业或者有关规定对设立内部审计机构有明确要求的企业，应当设立内部审计机构。

二是中小型国有资本占控股或者主导地位的企业根据需要设立内部审计机构。

三是鼓励其他企业设立内部审计机构，包括民营企业等其他所有制性质的企业。

四是财政财务收支数额较大，下属单位较多或者实行系统垂直管理的国家机关、事业单位、社会团体以及其他单位，可以根据需要和国家编制管理规定设置内部审计机构。

2016年1月18日，为了进一步完善内部审计准则体系，指导内部审计实践，中国内部审计协会制定印发了《第2205号内部审计具体准则——经济责任审计》《第2308号内部审计具体准则——审计档案工作》两项具体准则。经济责任审计准则适用于各类组织的内部审计机构、内部审计人员所从事的经济责任审计活动。审计档案工作是指内部审计机构对应纳入审计档案的材料进行收集、整理、立卷、移交、保管和利用的活动。该准则适用于各类组织的内部审计机构、内部审计人员及其从事的内部审计活动。

至此，我国的内部审计进入了一个快速发展的新阶段。步入21世纪，随着全球经济的快速发展，新知识、新技术、新思维对传统的理念形成巨大的冲击，电子信息技术、通信技术的日益发达，对单位的外部经营环境和生产经营方式产生了重大的影响，特别是计算机会计信息系统的广泛应用和发展，对审计人员、审计技术的要求越来越高，这样瞬息万变的时代也给内部审计带来了新的机遇和挑战。近年来，内部审计的发展及其作用的发挥在世界各国产生了广泛的影响，得到了产业界、政府部门和学术界的充分肯定。

三、注册会计师审计的起源和发展

注册会计师审计起源于意大利合伙企业制度，形成于英国股份制企业制度，发展和完善于美国发达的资本市场，是伴随着商品经济的发展而产生和发展起来的。

16世纪，意大利商业城市威尼斯出现了最早的合伙企业。合伙经营方式不仅提出了会计主体的概念，促进了复式簿记在意大利的产生和发展，也产生了对注册会计师审计的最初需求。尽管当时合伙制企业的合伙人都是出资者，但是有的合伙人参与企业的经营管理，有的合伙人则不参与，所有权与经营权开始分离。未参与企业经营管理的合伙人需要了解掌握企业的财务状况，而参与企业经营管理的合伙人有责任向他们证明合伙契约得到了认真履行，利润的计算与分配是正确、合理的，这就在客观上产生了一个与任何一方均无利害关系的第三者对合伙企业进行监督、检查的需求，于是人们开始聘请会计专家担任查账和公证的工作。这样，在16世纪意大利的商业城市中出现了一批具有良好会计知识、专门从事查账和公证工作的专业人员。他们所进行的查账与公证工作，可以说是注册会计师审计的起源。1581年，世界上第一个会计职业团体——威尼斯会计协会创立，其后米兰等城市的职业会计师也成立了类似的组织。

注册会计师审计真正产生并形成制度的历史进程是在英国完成的。18世纪下半叶，英国的资本主义经济迅速发展，生产社会化程度大大提高，企业的所有权与经营权进一步分离。企业主希望由外部的会计师来检查他们所雇佣的管理人员是否存在贪污、盗窃和其他舞弊行为，于是英国出现了第一批以查账为职业的独立会计师。他们受企业主委托，对企业会计账目进行逐笔检查，目的是查错防弊，检查结果也只向企业主报告，此时的独立审计尚为任意审计。

股份有限公司的兴起，使公司的所有权与经营权进一步分离，绝大多数股东已完全脱离经营管理。股东和潜在的市场投资者非常关心企业的经营成果，以便作出是否继续持有或购买公司股票的决策。而公司的财务状况和经营成果，只能通过公司提供的财务报表加以反映。因此，在客观上产生了由独立会计师对公司财务报表进行审计，以保证财务报表真实可靠的需求。值得一提的是，注册会计师审计的"催产剂"是1721年英国的南海公司事件。当时的南海公司以虚假会计信息诱骗投资者上当，最终导致公司破产，股东和债权人损失惨重。英国议会聘请会计师查尔斯·斯耐尔对南海公司进行审计，斯耐尔以"会计师"名义出具了"查账报告书"，从而宣告了独立会计师——注册会计师的诞生，查尔斯·斯耐尔也由此成为世界上第一位注册会计师。

为了监督经营者的经营管理，防止其徇私舞弊，保护投资者、债权人利益，避免南海公司事件重演，1844年，英国政府颁布《公司法》，规定股份公司必须设置一名以上的股东作为监察人，负责审查公司账目。1845年，修订后的《公司法》要求股份公司账目必须经董事以外的人员审计。于是，独立会计师业务迅速发展，独立会计师队伍日益壮大。此后，英国政府对一批精通会计业务、熟悉查账知识的独立会计师进行了资格确认。1853年，苏格兰爱丁堡创立了世界上第一个注册会计师的专业团体——爱丁堡会计师协会，标志着注册会计师职业的诞生。1856年，又对《公司法》进行修订，取消了审计师必须是股东的要求，允许从公司外部聘请审计师。1862年，英国《公司法》确定注册会计师为法定的破产清算人，规定必须对有限责任公司进行年度审计，从而奠定了注册会计师审计的法律地位。

从1844年到20世纪初，是注册会计师审计形成的时期。这一时期英国注册会计师审计的主要特点是：注册会计师审计的社会地位得到了法律确认；审计报告使用人主要是企业股东等；审计目的是查错防弊，保护企业资产的安全与完整；审计方法是对会计账目进行详细审计。

美国南北战争后，英国巨额资本开始流入美国，促进了美国经济的发展，出现了一些民间的会计师组织。为了保护广大投资者和债权人的利益，英国的注册会计师远涉重洋到美国开展审计业务。同时，美国本身也很快形成了自己的注册会计师队伍。1887年，美国公共会计师协会成立。注册会计师审计逐步渗透到社会经济领域的不同层面。20世纪初期，由于金融资本对产业资本更为广泛的渗透，企业与银行利益关系更加紧密，银行逐渐将企业资产负债表作为了解企业信用的主要依据，于是在美国产生了帮助贷款人及其他债权人了解企业信用的资产负债表审计，即美国式注册会计师审计。这一时期，美国式注册会计师审计的主要特点是：审计对象从会计账目扩大到资产负债表；审计报告使用人从企业股东扩大到了债权人；审计的主要目的是通过对资产负债表数据的检查，判断企业信用状况；审计方法从单纯的详细审计过渡到初期的抽样审计。

20世纪三四十年代，资本主义国家出现了严重的经济危机，大批企业倒闭，投资者和债权人遭受了巨大的经济损失。这迫使企业利益相关者关心企业的经营成果，产生了对企业利润表进行审计的客观要求。1933 年，美国《证券法》规定，在证券交易所上市企业的财务报表必须接受注册会计师审计，并向社会公众公布注册会计师出具的审计报告。这一时期注册会计师审计的主要特点是：审计对象转为以资产负债表和利润表为中心的全部财务报表及相关财务资料；审计报告使用人扩大到整个社会公众，包括股东、债权人、证券交易机构、税务、金融机构及潜在投资者；审计的主要目的是对财务报表发表审计意见，以确定其可信性，查错防弊转为次要目的；审计范围扩大至测试相关内部控制，并以控制测试为基础进行抽样审计；审计准则开始拟定，审计工作向标准化、规范化过渡；注册会计师资格考试制度广泛推行，注册会计师专业素质普遍提高。

第二次世界大战以后，跨国公司得到空前发展，国际资本的流动带动了注册会计师审计的国际化，形成了一大批国际性的会计师事务所(如历史上曾经先后出现过的国际"八大""六大"和"五大")。时至今日，国际性的会计师事务所已经合并为四大会计师事务所，它们是普华永道、安永、毕马威、德勤。与此同时，审计业务范围不断拓展，扩大到代理纳税、会计服务、投资与管理咨询等领域，审计技术也在不断发展，抽样审计方法得到普遍运用，计算机辅助审计技术被广泛采用，风险导向审计方法开始应用。

中国注册会计师审计的历史比西方国家要短得多。1918 年 9 月，北洋政府农商部颁布了我国第一部注册会计师法规——《会计师暂行章程》，并于同年批准著名会计学家谢霖先生为中国的第一位注册会计师。1921 年，谢霖先生创办的中国第一家会计师事务所——正则会计师事务所也在北京获准成立。此后，北洋政府又逐步批准了一批注册会计师，建立了一批会计师事务所。1925 年，在上海成立中国第一个注册会计师职业组织——上海会计师公会，随后各地的会计师公会相继成立。1930 年，国民政府颁布《会计师条例》，确立了会计师的法律地位。1933 年，成立"全国会计师协会"。至 1947 年年底，全国已拥有注册会计师 2 619 人，并建立了一批会计师事务所。当时的会计师事务所主要集中在上海、天津、广州等沿海城市，注册会计师业务主要是为企业设计会计制度、代理纳税申报、培训会计人才和提供其他会计咨询服务。

注册会计师审计在中华人民共和国建立初期的经济恢复工作中曾发挥过积极作用，但后来由于推行高度集中的计划经济模式，中国的注册会计师审计便悄然退出了经济舞台。中共十一届三中全会以后，我国实行"对外开放、对内搞活"的方针，商品经济迅速发展，外商来华投资日益增多。1980 年 12 月 14 日，财政部颁布了《中华人民共和国中外合资经营企业所得税法实施细则》，规定外资企业财务报表须由注册会计师进行审计，这为恢复我国注册会计师制度提供了法律依据。1980 年 12 月 23 日，财政部发布《关于成立会计顾问处的暂行规定》，标志着我国注册会计师职业开始复苏。1981 年 1 月 1 日，新中国第一家会计师事务所——上海会计师事务所成立。我国注册会计师制度恢复后，注册会计师的服务对象主要是三资企业。1984 年 9 月 25 日，财政部印发《关于成立会计咨询机构问题的通知》，明确了注册会计师应该办理的业务。1985 年开始实施的《中华人民共和国会计法》规定："经国务院财政部门批准组成会计师事务所，可以按照国家有关规定承办查账业务。"1986 年 7 月 3 日，国务院颁布新中国第一部注册会计师法规——《中华人民共和国注册会计师条例》，同年 10 月 1 日起实施。1988 年 11 月 15 日，财政部领导下的中国注册会计师协会正式成立。1991 年，我国恢复全国注册会计师统一考试。1993 年 10 月 31 日，第八届全国人民代表大会常务委员会第四次会议审议通过了新中国第一部注册会计师法律——《中华人民共和国注册会计师法》，自 1994 年 1 月 1 日起实施。1995 年 12 月，我国正式颁布第一批独立审计准则，并于1996年1月1日起开始施行。1996年10月4日，中国注册会计师协会加入亚太会计师联合会。1997年5月8日，国际会计师联合会接纳中国注册会计师协会为正式会员，并同时成为国际会计准则委员会的正式成员。1999年2月，发布第三批独立审计准则，并于1999年7月1日起开始施行。2006年2月15日，财政部发布了由中国注册会计师协会拟定、修改的48个中国注册会计师执业准则，并自2007年1月1日起施行。新审计准则修正了传统审计风险模型，注重从宏观层面上把握财务报表可能存在的重大错报风险，实行风险导向审计。这套新审计准则的发布，标志着我国已经建立起一套适应社会主义市场经济发展要求、顺应国际趋同大势的中国注册会计师执业准则体系。它有利于提升我国注册会计师行业的整体执业水平，有利于注册会计师应对执业实践中遇到的问题。可以预见，我国的注册会计师审计也必将在市场经济的发展与进一步完善的历史进程中发挥更大作用。

【能力拓展】

请分析/思考：什么是审计？

分析提示：审计自产生起，经过不断完善和发展，到今天已经形成了一套比较完备的科学体系。人们对审计的概念也进行了深入的研究，最具代表性的是美国会计学会（AAA）在其颁布的“基本审计概念说明”的公告中，把审计概念描述为：“为确定关于经济行为及经济现象的结论和所制定的标准之间的一致程度，而对这种结论有关的证据进行客观收集、评定，并将结果传达给利害关系人的系统的过程。”

注册会计师审计作为审计的一种类型，其内涵具有特殊性。因此，国内外许多会计职业组织都对注册会计师审计概念下了定义，其中，影响较大的是国际会计师联合会和美国注册会计师协会的定义。国际会计师联合会（IFAC）的国际审计实务委员会在《国际审计准则》中把审计概念描述为：“审计人员对会计报表在所有重要方面是否按照确定的财务报告框架编制发表意见。”

美国注册会计师协会（AICPA）在《审计准则说明书》第1号中把审计的概念描述为：“独立审计人员对会计报表审计的目标是对会计报表是否按照公认会计原则在所有重大方面公允地反映财务状况、经营成果和现金流量发表意见。”

简而言之，审计是由独立的专职机构和人员接受委托或根据授权，对国家行政、事业单位和企业单位及其他经济组织的财务报表和其他资料及其所反映的经济活动进行审查并发表意见。

四、审计要素

从审计的概念中不难看出，审计关系中有三个必不可少的基本要素：审计主体、审计客体、审计授权或委托人。它们是审计活动中的审计关系人。

审计主体也称审计人，是指审计行为的执行者，即专职机构和人员。专职机构包括国家审计机关、内部审计机构、会计师事务所等；专职人员包括国家审计人员、内部审计人员、注册会计师及审计助理人员等。

审计客体也称被审计人，是指审计行为的接受者，即被审计单位，是分离于所有权的资产的代管者或经营者，如国家法规所确定的机关、团体、行政、事业和企业等受审单位。审计客体实质上还应包括上述单位中的有关人员，因为单位的经营行为是由有关人员实施或授权、授意实施的。

审计授权或委托人也可统称为审计委托人，是指审计行为的授予者，即依法授权或委托审计主体行使审计职责的单位和人员。比如，我国的国家审计机关根据宪法授权行使审计职责，其审计授权人就是国家；会计师事务所接受企业委托进行审计鉴证，其审计委托人就是企业。

一般情况下，审计委托人是资产的所有者，而被审计人是资产的代管或经营者，他们之间是一种经济责任关系。审计人则处于中间人地位，即接受审计委托人的授权或委托对被审计人进行认真审查，但他又独立存在，与第一关系人和第二关系人都不存在任何经济利益上的关系。审计关系如图 1-1 所示。

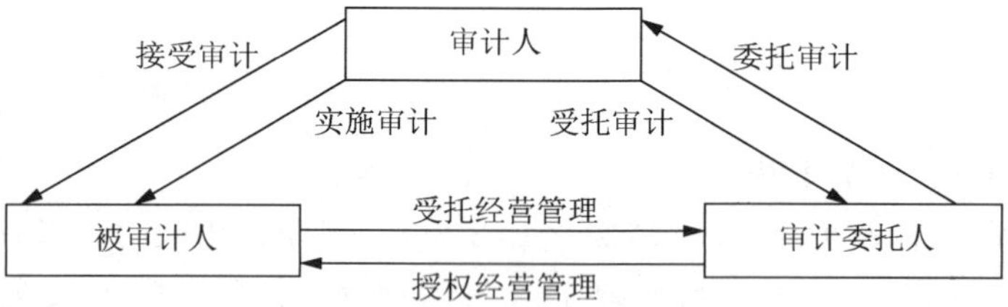

图 1-1　审计关系图

五、审计对象

审计对象即审计的范围和内容。审计对象具体包括以下两个方面的内容。

(一) 被审计单位的财政收支、财务收支及其有关的经济活动

不论是国家审计还是内部审计或注册会计师审计，都要求以被审计单位客观存在的财政收支、财务收支及其有关的经济活动为审计对象，对其真实性、合法性及效益性进行审查和评价，以便对其所负受托经济责任是否认真履行进行确定、证明和监督。

(二) 被审计单位的会计资料及有关经济资料

审计对象的内容都是通过一定的载体反映出来的，这个载体就是会计报表、会计账簿、会计凭证等会计资料，以及计划、预算、统计、合同、章程等相关经济资料。除此之外，载体还包括经营目标、预测、决策方案、经济活动分析资料以及计算机磁盘等会计信息载体。

六、审计的职能

审计的职能是审计客观上所固有的、不受人们主观意志所支配的内在功能。审计职能是审计的本质属性。审计具有经济监督、经济评价和经济鉴证三项职能。

(一) 经济监督

经济监督是审计的基本职能，是指监察和督促被审计单位的经济活动，使其按照正常的经济规律和法规制度运行。审计监督是整个经济监督体系中的一个重要组成部分。通过审计监督，审计人员可以对被审计单位的财政收支、财务收支及其有关经济活动的真实性、合法性、效益性进行审查，促使其符合国家的方针、政策、法规、制度、计划和预算的要求，借以维护财经法纪。

（二）经济评价

经济评价是指审计人员通过对被审计单位的财政收支、财务收支和有关经济活动进行审核检查，就其经济决策、预算、计划和方案是否先进可行，执行情况如何，经济效益高低优劣，以及内部控制是否健全、严密、有效等内容作出评价，为有关方面提供决策信息。

审核检查被审计单位的财政收支、财务收支及其有关的经济活动，是进行经济评价的前提。只有查明了被审计单位的客观事实真相，才能按照一定的标准进行对比分析，形成各种经济评价意见。

（三）经济鉴证

经济鉴证又称审计公正，是指通过审核鉴定，确认被审计单位的财务报表和经济资料是否真实、正确，是否可以信赖，并作出书面证明，以供审计委托人或其他相关各方使用。

七、审计的特征

审计的特征主要表现在以下几个方面。

（一）审计主体的独立性

审计主体的独立性是指审计机构和人员依法独立行使审计监督权，不受其他行政机关、社会团体和个人的干涉。

审计主体的独立性主要表现在组织上的独立性、人员上的独立性、工作上的独立性和经济上的独立性。在组织上，审计机构必须是单独设置的独立的专职机构，既不能与被审计单位有组织上的关系，也不能附属于其他部门；在人员上，审计人员必须依法审计、公正无私、不偏不倚，其任免应受到国家法律的保护；在工作上，审计人员依法独立行使审计监督权，独立进行审查，作出审计判断，并提出审计报告；在经济上，审计机构应有自己专门的经费来源，有足够的经费，独立自主地从事审计工作。

（二）审计对象的广泛性

审计对象的广泛性是指审计实体和内容在范围上的广泛性。具体来说，凡是负有财政、财务和经营管理责任的政府机关、社会团体和企事业单位，都具有一定的经济责任关系，因而都是审计授权人授权审计的对象，即审计对象。

审计对象的广泛性是由审计在经济监督体系中所处的较高层次的地位所决定的。在我国社会主义经济监督体系中，企事业单位内部的经济监督，属于单位内部的自我约束，它作为整个经济监督的基础，主要解决微观经济活动中出现的问题。财政、税务、金融、物价、工商行政等部门的专业经济监督，虽然是整个经济监督体系的中坚，但由于其受专业的局限和条块分割体制的制约，往往侧重于本部门、本单位的经济利益，因而只能是在其专业范围内的经营管理，与审计授权人、被审计人之间均不存在经济利害关系，处于客观超脱地位。因此，它可以按照授权人的授权，不仅可以对企事业单位等经济组织的微观经济活动进行监督，而且可以对专业经济监督部门的经济活动进行再监督；审计组织是专司经济监督的，审计监督处于较高层次的地位并受法律的保护，这决定了审计对象的广泛性。

（三）审计监督的权威性

审计监督的权威性是指审计组织的工作过程具有法律保障，且审计结果具有法律效力的特征。审计监督的权威性是审计独立性的明显体现，审计组织只有独立行使监督权，不受其他行政机关、社会团体和个人的干涉，才能确立审计组织的权威性。

在我国，审计的权威性主要表现在三个方面：审计组织是根据《宪法》规定建立的，《宪法》对审计组织赋予了依照法律独立行使审计监督的权力；审计组织按照授权人的委托依法行使职权时，有权要求被审计人提供有关资料，政府审计组织还有权追究违法乱纪的原因和经济责任，有权纠正违反国家规定的收支，制止损失浪费；审计组织出具的审计报告具有法律效力，政府审计机关的审计决定可以作为处理和处罚的依据。

（四）审计监督的专职性

审计监督的专职性是指审计监督专司经济监督，不兼负其他经济管理工作的特征。

审计监督的专职性是审计监督区别于其他专业经济监督的主要特征。财政、税务、金融、工商管理等专业经济监督是结合本身行政管理业务工作进行的专业监督。这些部门参与本专业的经济管理。以管理为主，监督为辅，监督只是强化管理的一种辅助手段；而审计组织则不参与具体经济管理，不受其他专业的局限，依据法规标准和业务规范标准监督被审计单位的行为，进而查明和评价被审计单位经济责任的履行情况。

（五）审计手段的科学性

审计手段的科学性是指审计工作程序和方法符合审计工作客观规律的特征。

为了完成审计任务，注册会计师采用了各种科学严密的审计程序和方法。这些程序和方法，不仅吸收了其他学科的程序和方法的优点，也形成了审计学特有的方法体系。在审计活动中，注册会计师利用各种审计手段，对被审计单位的经济活动进行审查，确认其是否执行了审计准则，并对其执行、不执行或违背标准的行为进行取证，形成充分有效的审计证据。在此基础上，对比审计准则与审计证据，揭示出被审计单位行为的差异，然后对其差异进行评价，形成审计意见，以审计报告形式提供给审计授权人。审计通过科学严密的审计手段，保证了审计任务的完成。

八、审计的分类

按照审计主体、范围、时间、地点等不同标准，审计可分为不同的类型。

（一）按审计主体分类

按审计主体分类，审计可分为国家审计、内部审计和注册会计师审计三种。

1. 国家审计

国家审计是指由国家审计机关所实施的审计，在我国一般称为政府审计。国家审计的主要目标是通过监督被审计单位财政收支、财务收支以及有关经济活动的真实性、合法性、效益性，维护国家经济安全，推进民主法治，促进廉政建设，保障国家经济和社会健康发展。

2. 内部审计

内部审计是指由部门、单位内部专门的审计机构和人员所实施的审计，包括部门内部审计和单位内部审计两类。这种审计是一种独立、客观的确认和咨询活动，它通过运用系统、规范的方法，审查和评价组织业务活动、内部控制和风险管理的适当性和有效性，具有显著的建设性和内向服务性，其目的在于帮助本单位健全内部控制，改善经营管理，提高经济效益，以促进组织完善治理、增加价值和实现目标。

3. 注册会计师审计

注册会计师审计是指由政府有关部门批准成立的民间审计机构所实施的审计，也称独立审计、社会审计、民间审计。我国注册会计师协会(CICPA)在其发布的《独立审计基本准则》中指出："独立审计是指注册会计师依法接受委托，对被审计单位的会计报表及其相关资料进行独立审查并发表审计意见。"

(二) 按审计内容和目的分类

按审计内容和目的分类，审计可分为财政财务审计、财经法纪审计、经济效益审计和经济责任审计。

1. 财政财务审计

财政财务审计是指通过对被审计单位会计资料及其相关资料的审查，查明被审计单位的财政收支和财务收支是否真实、合法、合规的一种审计。财政财务审计又分为财政审计和财务审计。财政审计又包括财政预算执行审计、财政决算审计和其他财政收支审计。财务审计则是指对企事业单位的资产、负债和损益的真实性和合法、合规性进行审查。由于企业的财务状况、经营成果和现金流量是以会计报表为载体集中反映的，因而财务审计通常又表现为财务报表审计。

2. 财经法纪审计

财经法纪审计也称法纪审计，是对被审计单位或被审计人员是否贯彻执行和严格遵守财经政策、法令、制度的一种审计。从严格的意义上讲，财经法纪审计是财政财务收支审计的一个特殊类别，包括在财政财务收支审计之中，但其内容突出以下两点：突出对违反财经法律行为的审查，诸如乱挤成本、乱摊费用、偷税漏税、化公为私等行为；突出对违法犯罪案件的审查，诸如贪污盗窃、投机倒把、行贿受贿等情况。该审计的目的在于通过监督、检查，促使被审计单位和有关人员遵守财经法纪，防止经济违法犯罪案件的发生。

3. 经济效益审计

经济效益审计是指对被审计单位经济活动的效益性所进行的审计。审计重点是审查和评价被审计单位经营管理活动的经济性、效率性和效果性。其中，经济性是对投入的要求；效率性是对速度的要求；效果性是对产出的要求。对这三个方面进行审计，实质是审查经济活动是否有效地进行。具体审计内容包括：对经营方针决策、各项计划目标和投资方案的经济性、合理性和可行性的审计；对管理素质和管理水平的审计；对经营活动中人力、物力、财力等资源利用的节约或浪费的专项审计；对生产经营成果和财务成果等效益实现程度及其影响因素的审计。

4. 经济责任审计

经济责任审计是指以审查经营者应负经济责任为主要目的的审计。经济责任审计有广义和狭义之分。广义的经济责任审计包括一切审计，审计产生的客观条件之一就是财产所有权与经营管理权的分离，其主要目的就是为了保护财产的安全和完整，保证会计资料的真实和可靠，明确财产经营管理者的经营管理责任。因此，从根本上看，任何一种审计都是经济责任审计。狭义的经济责任审计则是特指我国在近些年来出现的旨在明确国家机关和国有企事业单位领导人经营管理责任而进行的一种审计活动，也就是通常所说的任期经济责任审计或者离任审计。狭义的经济责任审计所称的经济责任，是指领导干部在任职期间因其所任职务，依法对本地区、本部门(系统)、本单位的财政收支、财务收支以及有关经济活动应当履行的职责与义务。

（三）其他分类

1. 按审计实施时间分类

审计按实施时间相对于被审计单位经济业务发生的前后分类，可分为事前审计、事中审计和事后审计。

（1）事前审计。它是指在被审计单位经济业务实际发生之前进行的审计。审计的主要内容是审查被审计单位经济计划、预算、决算、方案是否切实可行，各项工程项目的预算是否经济有效，以及签订的经济合同是否合理、合法等，其目的是事先纠正计划、预算、决策等方面的失误，预防舞弊，防患于未然，保证经济行为的合理性、合法性和合规性，促使被审计单位正确处理各方面的经济关系，不断提高经营管理水平。事前审计一般由内部审计组织进行。

（2）事中审计。它是指在被审计单位经济业务发生期间所进行的审计。审计的主要内容是审查被审计单位经济计划、预算、决算、方案、合同等执行情况，审查经济责任的履行情况，审查基建工程的施工进度、施工质量、施工效益等，其目的是确保内部控制的贯彻落实，及时发现舞弊行为和纠正偏差，保证经济计划、预算、决算、方案、合同按预期目标合理、合法且有效地进行。

（3）事后审计。它是指在被审计单位经济业务结束后所进行的审计。大多数审计活动都属于事后审计，其包括的内容较多，目的是为了评价经济活动的真实性、合法性和效率性，确认经济责任，总结经验和教训，为今后编制计划、预算、决算、方案等提供参考依据。

2. 按审计范围分类

审计按其范围不同，可分为全部审计、局部审计和专项审计。

（1）全部审计。它是指对被审计单位在审计期内的全部经营活动及其经济资料所作的审计。全部审计的结果比较准确可靠，但审计业务量过于繁重，一般适用于内部控制不健全、会计基础工作比较薄弱的单位，或经济业务简单、凭证账册等经济资料较少的小型企业。

（2）局部审计。它是指对被审计单位在审计期内的部分经营活动及其经济资料所进行的审计。局部审计所需时间短、费用少，便于帮助被审计单位及时发现问题、解决问题。但在实际过程中，可能会遗漏那些具有严重问题的事件和存在违法或非法行为的经济业务。

（3）专项审计。它是指对被审计单位某一特定项目所进行的审计，如对国债资金抗震救灾资金的审计。

3. 按审计执行地点分类

审计按执行地点分类，可分为就地审计和报送审计。

（1）就地审计。它是指由审计机构派出审计人员到被审计单位所在地进行的现场审计。这类审计可以深入地进行实际调查研究，易于全面了解和掌握被审计单位的实际情况，一般适用于经济活动频繁、审计内容较多且有些项目需要通过实地审查方能确定问题性质的审计对象。

（2）报送审计。报送审计又称送达审计，是指被审计单位将各项预算、计划、决算报表和其他有关资料等，按照规定的日期（月、季、年）送达审计机构所进行的审计。这类审计一般适用于行政事业单位的经费收支审计。

4. 按审计技术模式分类

按采用的技术模式分类，审计可以分为账项基础审计、系统基础审计和风险基础审计三种。这三种审计代表了审计技术的不同发展阶段。

（1）账项基础审计。它是审计技术发展的第一阶段，是指审计人员顺着或逆着财务报表的生成过程，通过对会计账簿和凭证进行详细审阅，以及对会计账表之间的勾稽关系进行逐一核实，来检查是否存在会计舞弊行为或技术性措施。在进行财务报表审计，特别是专门的舞弊审计时，采用这种技术有利于得出可靠的审计结论。

(2) 系统基础审计。它是审计技术发展的第二阶段，建立在健全的内部控制系统可以提高会计信息质量的基础上。也就是说，应先进行内部控制系统的测试和评价，当评价结果表明被审计单位的内部控制系统健全且运行有效、值得信赖时，可以在随后对报表项目的实质性测试工作中仅抽取小部分样本进行审查；相反，则须扩大实质性测试的范围。这样能够提高审计的效率，有利于保证抽样审计的质量。

(3) 风险基础审计。它是审计技术的最新发展阶段。采用这种审计技术时，审计人员一般从对被审计单位委托审计的动机、经营环境、财务状况等方面进行全面的风险评估出发，利用审计风险模型，规划审计工作，积极运用分析性复核，力争将审计风险控制在可以接受的水平上。

学习子情境二　熟知执业准则

【情境引例 1-2】 2005 年，财政部发现了四大会计师事务所（德勤、普华永道、安永、毕马威）4 起公司上市公司审计失败案例，对有关会计师事务所通报批评并责令整改。这 4 起案例分别是普华永道对黄山旅游（600054/900942）的审计、普华永道对京东方（000725/200725）的审计、德勤对古井贡（000596/200596）的审计，毕马威对锦州港（600190/900952）的审计。

资料来源：根据中华会计网校论坛有关内容整理得到。

请分析/思考：

1. 为什么会屡屡出现审计失败的案例？
2. 若你是一名审计人员，你认为审计准则是对你的约束吗？为什么？

分析提示：

1. 请上网查询，列举 4 起以上发生在我国的审计失败的案例。
2. 审计准则的概念是什么？有什么作用？
3. 我国审计准则体系中包括哪几种审计准则？请上网查询并下载最新的审计准则。

一、审计准则的含义

审计准则是由国家有关部门或审计职业团体制定颁布的，用以规范审计组织和注册会计师资格条件和执业行为，衡量和评价审计工作质量的尺度或标准。

二、审计准则分类

审计准则根据审计主体及其作用范围的不同可分为国家审计准则、内部审计准则和注册会计师审计准则，如图 1-2 所示。其中，国家审计准则是规范政府审计的行为依据，内部审计准则是规范内部审计的行为依据，注册会计师审计准则是规范注册会计师审计的行为依据。

(一) 国家审计准则

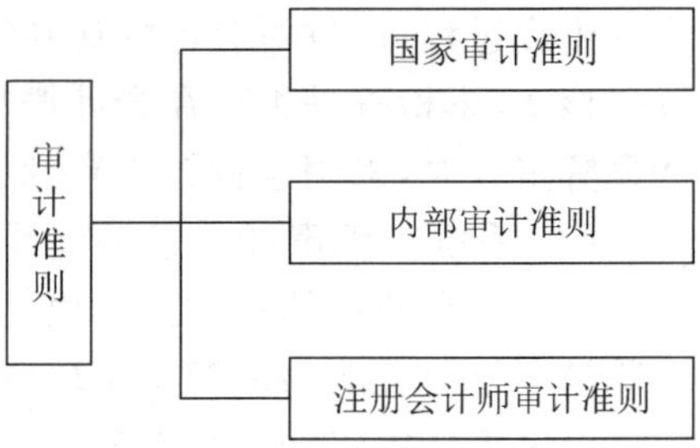

图 1-2 审计准则体系

国际政府审计组织——最高审计机关国际组织的宗旨是进行各国政府审计在准则、方法和技术等方面的交流。该组织成立以来,已连续发表了一系列的文件和声明。其中包括《利马宣言——审计规则指南》《悉尼声明——关于业绩审计、公营企业审计和审计质量的总声明》《巴黎宣言——关于审计在促进政府行政管理和公司管理改革中的作用》和《东京宣言——公共会计责任制指导方针》等。这些文件和声明,都从不同角度和方面阐述了国际政府审计界对一些问题的共识,对做好政府审计工作很有指导意义。

美国国家审计机构——会计总署(General Accounting Office,简称 GAO)1972 年发布《政府机构、计划项目、活动和责任的审计准则》。此后,有几十个国家的审计机关建立了各自的政府审计准则。

我国政府审计准则是审计署制定的规范全国审计机关依法审计的部门规章,适用于各级审计机关和审计人员依法开展的审计工作,其他审计组织承办国家审计机关的审计事项也应当遵守本准则。

自中华人民共和国审计署成立以来,我国已接连发布了一批国家审计准则。这些准则大多是对审计程序、方法及人员方面的行为规范,具体包括《中华人民共和国国家审计基本准则》《审计机关审计方案编制准则》《审计机关审计证据准则》《审计机关审计工作底稿准则》《审计机关审计事项评价准则》《审计机关审计报告编审准则》《审计机关审计人员职业道德准则》《审计机关国家建设项目准则》《审计机关审计重要性与审计风险评价准则》《审计机关分析性复核准则》等。

中国国家审计准则是一种重要的审计规章,是中国审计法律规范体系的重要组成部分。它是由中国国家审计基本准则、通用审计准则和专业审计准则、审计指南三个层次组成的有机整体。

国家审计基本准则是制定其他审计准则和审计指南的依据,是中国国家审计的总纲,是审计机关和审计人员依法办理审计事项时应当遵循的行为规范,是衡量审计质量的基本尺度。它包括一般准则、作业准则、报告准则、报告处理、处罚准则等。通用审计准则是依据基本准则制定的,是审计机关和审计人员在依法办理审计事项、提交审计报告、评价审计事项,出具审计意见书、作出审计决定时,应当遵循的一般具体规范。通用审计准则一般应包括了解被审计单位情况、审计通知书、审计计划、审计抽样、审计证据、审计工作底稿、内部控制与审计风险、审计重要性、分析性复核、错误与舞弊、期初余额、期后事项、财务报告审计、经济责任审计、效益审计、利用其他社会组织和专家的工作、计算机信息系统,违反法规的行为、延伸审计、管理当局承诺书与已审信息同时披露的其他信息等内容的规范。专业审计准则是依据国家审计基本准则制定的,是审计机关和审计人员依法办理特定行业的审计事项时,在遵循通用审计准则的基础上,同时应当遵循的特殊具体规范,如专门对内部控制制度进行评价、公共事业或自然垄断的国有企业、一般性国有及国有控股企业、不同类型国家机关与事业单位、公共基金会、反舞弊等特殊行业、特殊事项的具体规范。其审计指南是对审计机关和审计人员办理审计事项提出的审计操作规程和方法,为审计机关和审计人员从事专门审计工作提供可操作的指导性意见。

中国国家审计基本准则和通用审计准则是审计署依照《审计法》规定制定的部门规章，具有行政规章的法律效力，全国所有审计机关和审计人员依法开展审计工作时必须遵照执行。其审计指南是指导审计机关和审计人员办理审计事项的操作规程和方法，不具有行政规章的法律效力，全国审计机关和审计人员应当参照执行。

（二）内部审计准则

国际内部审计组织——国际内部注册会计师协会的主要任务是交流内部审计的经验，提供内部审计的实务标准，培训内部注册会计师，并对经过推荐或考试合格的内部审计人员授予内部注册会计师证书。

国际内部注册会计师协会成立以来，相继发表了一些适用于内部审计工作的声明和准则，主要有《国际内部注册会计师协会关于内部审计责任的声明》《国际内部注册会计师协会会员职业道德准则》《国际内部注册会计师协会内部审计从业标准》《关于审计委员会的立场》等。这些声明和准则从不同角度和方面阐述了国际内部审计界对一些问题的共识，对做好内部审计工作具有很重要的指导意义。国际内部注册会计师协会制定的内部审计准则主要由独立性、业务能力、工作范围、审计工作的实施和审计部门的管理五个部分组成。

中国内部审计协会制定的内部审计准则由内部审计基本准则、内部审计具体准则和内部审计实务指南三个层次组成。其中，内部审计基本准则是内部审计准则的总纲，是内部审计机构和人员进行内部审计时应当遵循的基本规范，是制定内部审计具体准则、内部审计实务指南的基本依据。它包括一般准则、作业准则、报告准则和内部管理准则。内部审计具体准则是依据内部审计基本准则制定的，是内部审计机构和人员在进行内部审计时应当遵循的具体规范，包括审计计划、审计通知书、审计证据、审计工作底稿、内部控制审计、舞弊的预防、检查与报告、审计报告、后续审计、内部审计督导、内部审计与外部审计的协调、结果沟通、遵循性审计、评价外部审计工作量、利用外部专家服务、分析性复核、风险管理审计、重要性与审计风险、审计抽样、内部审计质量控制、人际关系等。内部审计实务指南是依据内部审计基本准则、内部审计具体准则制定的，为内部审计机构和人员进行内部审计提供具有可操作性的指导意见。

内部审计基本准则、内部审计具体准则是内部审计机构和人员进行内部审计的职业规范，内部审计机构和人员在进行内部审计时应当遵照执行。内部审计实务指南是对内部审计机构和人员实施内部审计的具体指导，内部审计机构和人员在进行内部审计时应当参照执行。

（三）注册会计师审计准则

注册会计师审计准则是用来规范注册会计师执行审计业务，获取审计证据，形成审计结论，出具审计报告的专业标准。

1. 美国审计准则

美国会计师协会授权成立审计程序委员会。1947 年，审计程序委员会发表了《审计准则说明草案——其公认的意义和范围》。它标志着世界上第一部审计准则的初步成形，具有划时代的历史意义。这份报告确认了审计程序与审计准则有本质的区别：审计程序是应该执行的审计行为，审计准则是衡量这些应该执行的审计行为的质量的标准与依据。这份报告经修订后于 1954 年以《公认审计准则——其意义及范围》为题重新发布。GAAS 设立了 10 条内容，成为对审计工作的原则性规定。1972 年，审计程序委员会改称审计准则执行委员会，把已经发布的 54 个审计程序说明（SAP）进行必要修改后，作为《审计准则说明书》的第一辑予以发布。1978年，审计准则委员会成立，取代了审计准则执行委员会的工作，陆续发布了100多号审计准则说明书。

公认审计准则的内容范围有狭义和广义之分。从狭义上讲，它仅仅指《公认审计准则》的三部分共十条，即一般准则三条、外勤工作准则三条和报告准则四条。从广义上讲，公认审计准则还包括《审计准则说明书》。

1)《公认审计准则》

(1) 一般准则(general standards)。

➢ 审计工作应由受过充分技术训练且精通业务的一位或多位审计人员执行。

➢ 对一切与业务有关的问题，审计人员均应保持独立的精神状态。

➢ 在实施审计与编制报告中，要保持职业应有的谨慎。

(2) 外勤工作准则(standards of field work)。

➢ 审计工作应有充分的计划，如果有助手参加，则需要对他们进行适当的监督。

➢ 在制定审计计划时，应对内部控制进行充分了解，以确定将要执行的实质性测试的性质、时间和范围。

➢ 应通过检查、观察、询问和函证等方法，取得充分适当的审计证据，以便对被审计财务报表发表审计意见提供合理的基础。

(3) 报告准则(standards of reporting)。

➢ 审计报告应指出财务报表的编制是否符合公认会计原则。

➢ 审计报告应说明本期所采用的公认会计原则是否与上期一致。

➢ 除非在审计报告中另有说明，财务报表中的资料披露应视为充分和适当的。

➢ 审计报告应对财务报表整体发表审计意见，或说明不能表示意见。若不能表示意见，应说明理由。如果财务报表经过审计人员签署，就应在审计报告中明确说明审计工作的性质和所负的责任。

2)《审计准则说明书》

《公认审计准则》是对审计工作的原则性规定，为了便于其执行和落实，美国注册会计师协会(AICPA)下属的审计准则委员会还颁布了《审计准则说明书》，它是对《公认审计准则》的解释和说明。

《审计准则说明书》主要是针对财务报表审计而制定的。在美国，执业的注册会计师除从事财务报表审计以外，其业务范围还包括其他鉴证服务、税务代理、管理咨询、资产评估及会计服务。由于一个实体同时从事多项服务，各项工作势必互相影响。为避免其他业务的开展有损注册会计师的独立形象，美国注册会计师协会各专门委员会还制定了各种服务准则，包括：

➢ 审计准则委员会发布的《注册会计师提供未来财务信息服务准则说明书》。

➢ 审计准则委员会和会计与复核服务委员会等联合发布的《鉴证业务准则说明书》。

➢ 审计准则委员会和会计与复核服务委员会等联合发布的《认证服务准则说明书》。

➢ 会计与复核服务委员会发布的《会计与复核服务准则说明书》。

➢ 管理咨询服务执行委员会发布的《管理咨询服务准则》。

➢ 税务服务责任委员会和联邦税务执行委员会颁布的《税务活动中责任说明书》。

《公认审计准则》和《审计准则说明书》是两个权威性文件，所有从事审计工作的人员在情况许可的条件下都必须遵守其规定。

在美国，不管被审计单位经营规模大小、企业组织形式、所属行业种类、是营利组织还是非营利组织，审计人员在对它们的会计报表执行审计时都必须遵守审计准则。《公认审计准则》各条之间相互联系，重要性和风险概念对所有准则的应用都有影响，特别是对外勤工作准则和报告准则影响更大。

2. 中国注册会计师执业准则

注册会计师执业准则体系由注册会计师职业道德守则统御，还包括注册会计师业务准则和质量控制准则，如图 1-3 所示。注册会计师业务准则包括鉴证业务准则、相关服务准则，如图1-4所示。鉴证业务准则由鉴证业务基本准则统领，按照鉴证业务提供的保证程度和鉴证对象的不同，分为审计准则、审阅准则和其他鉴证业务准则。

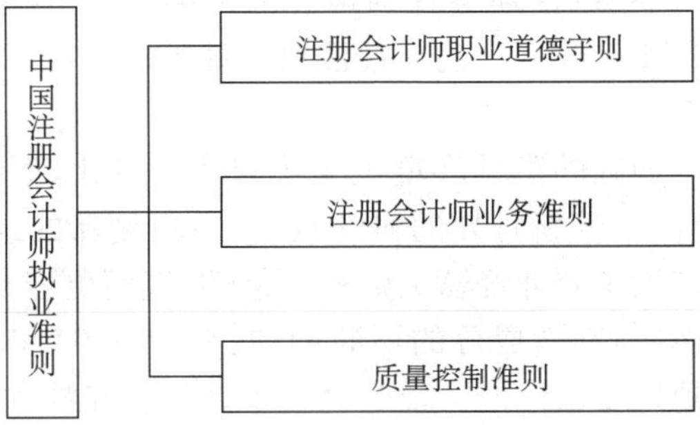

图 1-3 注册会计师职业准则体系

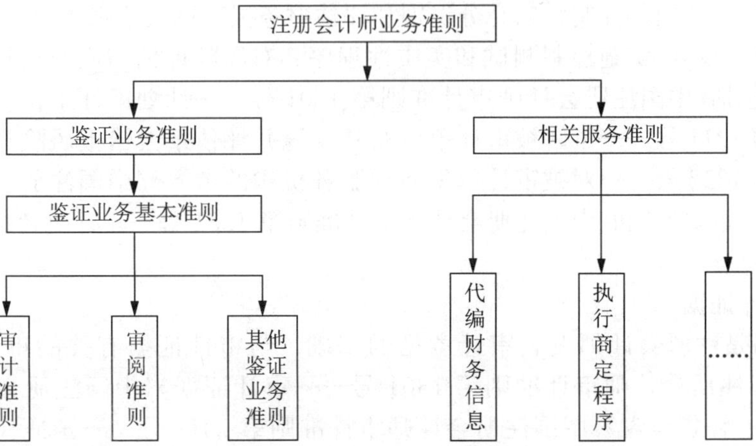

图 1-4 注册会计师业务准则体系

1）注册会计师鉴证业务基本准则

《中国注册会计师鉴证业务基本准则》共九章六十条，分别从鉴证业务的定义、要素和目标，业务承接，鉴证业务的三方关系，鉴证对象，标准，证据及鉴证报告这 7 个方面给出了注册会计师执行鉴证业务的基本原则、态度和规范。注册会计师执行历史财务信息审计业务、历史财务信息审阅业务和其他鉴证业务时，应当遵守该准则及依据该准则制定的审计准则、审阅准则和其他鉴证业务准则。

2）注册会计师审计准则

审计准则共 44 项，用以规范注册会计师执行历史财务信息的审计业务。在提供审计服务时，注册会计师对所审计信息是否不存在重大错报提供合理保证，并以积极方式提出结论。审计准则涉及审计业务的一般原则与责任、风险评估与应对、审计证据、利用其他主体的工作、审计结论与报告和特殊领域审计 6 个方面。

第一，一般原则与责任。

规范审计业务的一般原则与责任的准则具体包括《中国注册会计师审计准则第 1101 号——财务报表审计的目标和一般原则》《中国注册会计师审计准则第 1111 号——审计业务约定书》《中国注册会计师审计准则第 1121 号——历史财务信息审计的质量控制》《中国注册会计师审计准则第 1131 号——审计工作底稿》《中国注册会计师审计准则第 1141 号——财务报表审计中对舞弊的考虑》《中国注册会计师审计准则第 1142 号——财务报表审计中对法律法规的考虑》《中国注册会计师审计准则第 1151 号——与治理层的沟通》《中国注册会计师审计准则第 1152 号——前后任注册会计师的沟通》，共 8 项。

第二，风险评估与应对。

最近几年，注册会计师面临的审计环境发生了很大的变化，面临的审计风险日益加剧。一方面，复杂多变的市场环境、日新月异的科学技术、不断创新的经营模式和市场工具增加了企业面临的经营风险，加大了企业经营失败的可能性，进而更容易引致注册会计师的审计风险；另一方面，会计中估计与判断成分的不断增加、审计对象由有形资产向无形资产转变及信息技术的不断发展，迫切要求注册会计师创新审计理念和技术。在此背景下，中国注册会计师协会制定了审计风险准则，改进了传统的审计风险模型，以提高注册会计师识别、评估和应对重大错报风险的能力。通过修订审计风险模型，新准则强调审计人员了解被审计单位及其环境（包括内部控制），以充分识别和评估财务报表重大错报的风险，以及针对评估的重大错报风险设计、实施控制测试和实质性程序。对风险评估与应对进行规范的审计准则共有 5 项，包括《中国注册会计师审计准则第 1201 号——计划审计工作》《中国注册会计师审计准则第 1211 号——了解被审计单位及其环境并评估重大错报风险》《中国注册会计师审计准则第 1212 号——对被审计单位使用服务机构的考虑》《中国注册会计师审计准则第 1221 号——重要性》和《中国注册会计师审计准则第 1231 号——针对评估的重大错报风险实施的程序》。

第三，审计证据。

审计证据是注册会计师发表审计意见的基础。与审计证据有关的审计准则共有 12 项，包括《中国注册会计师审计准则第 1301 号——审计证据》《中国注册会计师审计准则第 1311 号——存货监盘》《中国注册会计师审计准则第 1312 号——函证》《中国注册会计师审计准则第 1313 号——分析程序》《中国注册会计师审计准则第 1314 号——审计抽样和其他选取测试项目的方法》《中国注册会计师审计准则第 1321 号——会计估计的审计》《中国注册会计师审计准则第 1322 号——公允价值计量和披露的审计》《中国注册会计师审计准则第 1323 号——关联方》《中国注册会计师审计准则第 1324 号——持续经营》《中国注册会计师审计准则第 1331 号——首次接受委托时对期初余额的审计》《中国注册会计师审计准则第 1332 号——期后事项》《中国注册会计师审计准则第 1341 号——管理层声明》。

第四，利用其他主体的工作。

涉及利用其他主体的工作的审计准则共有 3 项，包括《中国注册会计师审计准则第 1401 号——利用其他注册会计师的工作》《中国注册会计师审计准则第 1411 号——考虑内部审计工作》和《中国注册会计师审计准则第 1421 号——利用专家的工作》。

第五,审计结论与报告。

涉及审计结论与报告的审计准则共有 4 项,包括《中国注册会计师审计准则第 1501 号——审计报告》《中国注册会计师审计准则第 1502 号——非标准审计报告》《中国注册计师审计准则第 1511 号——比较数据》和《中国注册会计师审计准则第 1521 号——含有已审计财务报表的文件中的其他信息》。

第六,特殊领域审计。

与特殊领域审计有关的审计准则共有 9 项,包括《中国注册会计师审计准则第 1601 号——对特殊目的审计业务出具审计报告》《中国注册会计师审计准则第 1602 号——验资》《中国注册会计师审计准则第 1611 号——商业银行财务报表审计》《中国注册会计师审计准则第 1612 号——银行函证程序》《中国注册会计师审计准则第 1613 号——与银行监管机构的关系》《中国注册会计师审计准则第 1621 号——对小型被审计单位审计的特殊考虑》《中国注册会计师审计准则第 1631 号——财务报表审计中对环境事项的考虑》《中国注册会计师审计准则第 1632 号——衍生金融工具的审计》和《中国注册会计师审计准则第 1633 号——电子商务对财务报表审计的影响》。这些审计准则涵盖了对特殊行业、特殊性质的企业和企业特殊业务、特殊事项的审计。

3) 注册会计师审阅准则

审阅准则用来规范注册会计师执行历史财务信息的审阅业务。在提供审阅服务时,注册会计师对所审阅信息是否不存在重大错报提供有限保证,并以消极方式提出结论。目前,执业体系中只有 1 项审阅准则,即《中国注册会计师审阅准则第 2101 号——财务报表审阅》,该准则共七章三十一条,对审阅范围和保证程度、业务约定书、审阅计划、审阅程序和审阅证据、结论和报告等进行了重点说明,明确了审阅报告应当包括的要素,规定审阅报告应包括结论,并说明了每种结论的适用情况。

4) 注册会计师其他鉴证业务准则

其他鉴证业务准则用来规范注册会计师执行历史财务信息审计或审阅以外的其他鉴证业务,根据鉴证业务的性质和业务约定的要求,提供有限保证或合理保证,包括《中国注册会计师其他鉴证业务准则第 3101 号——历史财务信息审计或审阅以外的鉴证业务》和《中国注册会计师其他鉴证业务准则第 3111 号——预测性财务信息的审核》2 项。

值得一提的是,注册会计师接受委托对预测性财务信息实施审核并出具报告,以增强该信息的可信赖程度。注册会计师的责任不包括对预测性财务信息的结果能否实现发表意见,但需要对管理层采用的假设是否合理发表有限保证的审核意见,对预测性财务信息是否依据这些假设恰当编制并按照适用的会计准则和相关会计制度的规定进行列报发表合理保证的审核意见。

5) 注册会计师相关服务准则

服务准则用来规范注册会计师代编财务信息,执行商定程序,提供管理咨询等其他服务。在提供相关服务时,注册设计师不会提供任何程度的保证。中国注册会计师职业准则体系中的相关服务准则有 2 项,即《中国注册会计师相关服务准则第 4101 号——对财务信息执行商定程序》和《中国注册会计师相关准则第 4111 号——代编财务信息》,分别对注册会计师执行商定程序和代编财务信息这 2 项服务提供指引。注册会计师执行这两种相关服务都没有独立性要求,且出具的报告不发表任何鉴证意见。

6）质量控制准则

质量控制准则用来规范会计师事务所在执行各类业务时应当遵守的质量控制政策和程序，是对会计师事务所质量控制提出的制度要求。

学习子情境三　认知审计组织和人员

【情境引例 1-3】　内部审计处处长的烦恼案

郑直是一家国有大型企业审计处处长，具有注册会计师资格证和国际注册内部会计师资格证。他为人正直，业务水平高，工作一贯认真负责。最近，在财务收支审计项目中将会计虚列资产、虚构年度利润、会计基础工作薄弱等问题如实地列入了审计报告，并提出了改进管理、加强监督的几项建议。审计报告报到主管领导王帅总会计师处，已过时日，迟迟未得到批示，反而遭到了会计处处长李意的冷落和嘲笑，为此，郑直十分烦恼，感到身居其位，思想压力远远大于业务压力。

请分析/思考：

1. 审计处处长烦恼的根源在哪里？如何具体解决这个问题？
2. 内部审计的目标和作用与注册会计师审计有何不同？

分析提示：内部审计与注册会计师审计的目标和作用。

【情境引例 1-4】　两家会计师事务所的“合作”案

长春市诚信会计师事务所利用其可以承办大型企业年报审计业务和审计上市公司的资格，与该市天地会计师事务所及仁和会计师事务所达成“联营”，在年报审计旺季，由诚信会计师事务所出面与企业签订审计业务约定书并出具审计报告，天地会计师事务所与仁和会计师事务具体操办所有审计业务，审计费收入三家均分。

请分析/思考：具体列出诚信会计师事务所与天地会计师事务所、仁和会计师事务所的行为违背了注册会计师职业道德规范的哪几条规定？

分析提示：此案中，诚信会计师事务所与天地会计师事务所、仁和会计师事务所的行为似乎各得其所，合作愉快。然而，最终的审计质量如何保证？如果天地会计师事务所、仁和会计师事务所具有审计上市公司的水平，为什么自己不申请相关证券资格？诚信会计师事务所看似轻松，如何把握其他两个会计师事务所的审计质量？最后的审计风险和责任都要其独自承担。

一、审计组织

审计组织一般分为三类：国家审计机关、内部审计机构和注册会计师审计机构。相应地，审计人员也分为三类，即国家审计人员、内部审计人员和注册会计师审计人员。

（一）国家审计机关

1. 国家审计机关的组织模式

国家审计组织体制按审计机关的隶属关系可以划分为立法型审计体制、司法型审计体制、行政型审计体制和独立型审计体制四种类型。因此，按照审计权力与立法权、司法权、行政权是否直接具有隶属关系，可以将国家审计的组织模式划分为四种类型，即立法模式、司法模式、行政模式和独立模式。

1）立法模式

这种审计模式下的审计机关由议会直接领导，根据国家法律所赋予的权力，对各级政府部门和国家企事业单位的财务收支活动等独立行使审计监督权，直接对议会负责并报告工作，不受行政当局的控制和干涉。这种完全独立于各级政府的政府审计模式，在西欧、北美等发达国家和许多发展中国家十分普遍，是目前国家审计组织模式的主流。其主要职能是协助立法机关对政府进行监督，并在一定程度上影响立法机关的决策，它拥有调查权和建议权，没有处理权。该隶属关系下的审计机关依法独立履行职责，完全不受行政当局的控制和干扰，其地位极高，独立性和权威性较强。立法型审计组织模式下，审计机关代表立法者（代表全体纳税人或社会全体成员或社会福利）对政府的经济行为，包括其产业经济活动的规划、组织和管理及效果进行监督，并将审计监督的结果向立法机关报告。目前，实行立法、行政、司法三权分立政治制度的国家大多数倾向于选择立法模式。英国是这一类型审计制度的先驱，其最高审计机关——审计署就隶属于议会，对议会负责并报告工作。美国是采用立法模式较为成熟的国家，其国家最高审计机关——审计总署隶属于国会，并对国会负责，不受行政当局的控制和干涉，地位较高，独立性较强。此外，世界上还有许多国家实行这一类型审计模式，如加拿大、澳大利亚、奥地利等。

2）司法模式

司法模式下，审计机关独立于国家立法和行政系统，隶属于国家司法部门，拥有一定的司法权，注册会计师多是法官并拥有司法地位，享有司法权力，政府审计具有审计和经济审判的双职能。最高审计机关一般称审计法院。由于审计与司法结合，审计机关的地位及权威性较高，审计的职能和作用以完整法律形式固定下来，成为社会法制链条的重要环节。在这种审计体制下，审计机关拥有最终判决权，有权直接对违反财经法规、制度的任何事项和人员进行处理，从而具有很高的权威性。其审计范围包括政府部门、国有企业等。这一类型的审计制度起源于法国，法国设立审计法院，独立于政府，拥有充分独立的调查权和审判权，可以对违法或造成损失的事件进行审理并予以处罚，审计机关的独立性和权威性都很强。注册会计师多为法官，审计的主要对象是国家财政。同时，负责管理财政部派出的公共会计。意大利、西班牙等西欧大陆、南美和非洲的一些国家的审计制度也属于这一模式。

3）行政模式

行政模式起源于苏联，并主要为欧洲东部一些社会主义国家所采用。我国的审计署隶属于国务院，也属于此类。在行政模式下，审计机关隶属于国家行政部门或隶属于政府某一部门。审计机关根据国家法律赋予的权限，对政府所属各部门、各单位的财政预算和收支活动进行审计，并对政府负责，保证政府财经政策、法令、计划和预算等的正常实施。行政模式下，最高审计机关的独立性和权威性不强，其审计监督属于行政监督，是政府经济管理的自然延伸和必要补充，与政府经济管理的定位高度吻合。在此模式下，审计机关既是政府的职能部门，执行政府的指令，完成政府交办的各项任务，能够在政府授权下直接实施审计监督，或直接为政府经济管理服务，同时又是政府的监督部门，代表社会公众利益对政府经济管理进行监督，对政府行政权力进行制约和规范，所以审计机关又可以在法定范围内对政府这一规制制定者进行再规制。

目前采取这种模式的国家不多，主要有中国、瑞典、巴基斯坦、泰国、越南等。其中，泰国和中国的审计署在总理领导下工作，巴基斯坦审计长公署隶属于财政部门，瑞典政府审计局则对政府负责并向其报告工作。不过在这些国家中，瑞典又比较特殊，其地方审计机关在审计职责和隶属关系上与国家最高审计机关有所不同，仅对地方立法部门负责并向其汇报工作。

4）独立模式

在独立模式下，审计机关以会计检查院或审计院为组织形式，独立于立法、司法和行政三权之外，单独形成国家政权的一个分支，以民间或半民间半官方的身份从事独立的审计监督和审计规制活动，它与议会没有领导关系，也不是政府的职能部门。在审计监督过程中，审计机关坚持依法审计的原则，客观公正地履行监督职能，只对法律负责，不受议会各政党或任何政治因素的干扰，但对审计出来的问题没有处理权，须交给司法机关审理。在独立型审计组织模式下，审计规制的定位主要是社会性规制，旨在代表社会公众利益对政府经济活动和产业规制实施监控，或协助政府解决市场经济运行和产业规制中涉及公众利益或公众关注的难点、疑点和热点问题。独立模式是对政府经济行为的体外监控，这种规制或监督不代表任何政党和利益集团，而只能是代表社会绝大多数成员的利益，所以规制的力量源于社会民众，这样才能保证其明确的价值取向和独立的地位。因此，无论从理论上看，还是从形式上看，独立模式下的审计机关的独立性都是最强的。属于这一类型的国家主要有德国、日本、孟加拉国、阿尔及利亚、尼泊尔、不丹、塞浦路斯、斯里兰卡等。其中，德国联邦审计院和日本会计检查院在这类审计模式中最具有代表性。例如，德国最高审计机关是联邦审计院，独立于立法、司法和行政部门，仅对法律负责，并依法向立法部门提供咨询和提出审计报告；而地方审计机关——州审计院也依据法律独立审计，向地方立法部门、行政部门及司法部门提供有价值的建议和信息。在日本，最高审计机关——会计检查院既不隶属于国会和内阁，也不隶属于法院和行政当局，而是独立于内阁且平行于内阁，独立地检查国家财政的预算执行情况并定期向国会报告工作。

总之，审计机关是国家政权的一个组成部分，其体制模式取决于该国的经济发展状况、政治制度结构特征和历史传统。审计机关的不同组织模式之间不存在孰优孰劣的问题，每一种模式都有其产生发展的历史背景和环境，都有其不同的审计职责、职权和隶属关系。可以说，能够存在并为政府提供审计监督服务就有它存在的必要性。因此，国家审计的组织模式的选取应在国家权力架构内，结合一国经济、政治制度的发展要求去选取国家的审计体制。没有哪一种审计体制是最优的，只要适应国家的整体环境，能够充分发挥审计监督作用、实现审计监督目标，这样的审计体制就是最适宜的。

2. 国家审计机关领导体制

国家审计机关领导体制主要是指审计机关的隶属关系和权力划分等方面的制度和体系的总称，即审计机关受哪个国家机关领导，以及上下级审计机关之间的领导关系。综观世界各国，国家审计机关的领导体制主要分为以下三种。

1）分级领导体制

分级领导体制产生于联邦制国家，这些国家地域广阔，联邦与地方之间互相独立，实行地区自治的分权原则，地方有独立的立法权。与这种政体相适应，地区审计机关也有自主权，不受联邦审计机关的领导，中央审计机关和地方审计机关各自独立，没有任何领导关系。美国、法国、德国和日本等国家采用的就是分级领导体制。例如，美国地方审计机关主要对当地的立法机关负责，其在实现各自的审计职能和向各州和地方议会报告方面所起的作用与审计总署基本相同，但并不接受中央审计机关的领导。各州和地方国家审计局直接对各州和地方议会负责，有权对该州政府和地方政府的任何官方事务或与政府有关的事务进行审查和监察。审计总署与各州或地方审计局之间没有上下级的隶属关系，它们之间不存在任何领导或指导的关系。为了排除外来压力的影响，中央和地方审计机关的经费分别由联邦和各州议会单列预算予以保证。

2）垂直领导体制

垂直领导体制是指某一机关由其上级机关进行领导的体制。因此，中央审计机关对地方审计机关实行垂直的领导和管理，如印度和菲律宾等国家。在垂直领导体制下，审计机关与地方审计机构可以分别专门负责中央与地方的财政资金的监督，各司其职，强化监督力度。同时，地方审计机构又在业务上接受审计机关的领导。这种模式，有利于对中央、地方两级财政资金的监督；有利于审计系统内部加强业务建设，在全国形成一个有机的整体；也有利于加强中央对地方的控制，使最高领导机关的决定能够贯彻执行。这种体制适用于计划经济和中央集权的国家和一些小国。其特点是行政级别较少，决议的传递和执行情况的反馈较为迅速；其缺点是地方审计机关没有自主权，不能针对本地区的实际情况开展必要的审计工作。

3）双重领导体制

双重领导体制是指某一机关由两个上级领导机关同时进行领导的体制。世界上只有少数国家采用这种体制，我国是其中之一。我国《宪法》规定："县级以上的地方各级人民政府设立审计机关。地方各级审计机关依照法律规定独立行使审计监督权，对本级人民政府和上一级审计机关负责。"《审计法实施条例》（2014 年征求意见稿）第十条也规定："省、自治区人民政府设有派出机关的，派出机关的审计机关对派出机关和省、自治区人民政府审计机关负责并报告工作，审计业务以省、自治区人民政府审计机关领导为主。"由此可见，根据这些规定，我国审计机关的双重领导体制具有三个基本特征：审计机关直接受本级人民政府行政首长领导；地方审计机关实行双重领导体制，同时受本级人民政府行政首长和上一级审计机关领导；地方审计机关的审计业务以上级审计机关领导为主。例如，地方审计机关要遵照执行上级机关颁布的审计规章和作出的审计工作决定；地方审计机关要认真办理上级审计机关布置的工作任务；地方审计机关的工作情况和在审计中查出的重要问题，要及时向上级审计机关报告；地方审计机关如遇有地方政府对审计工作的指示、决定与上级审计机关的决定、规章相违背时，应按上级审计机关的执行，上级审计机关当然也要考虑下级审计机关及其政府的意见。

设立双重审计领导体制的初衷是加强国家财政审计机关工作的一致性和独立性，减少地方政府对审计工作的影响。但在实际工作中，这种体制恰恰严重地影响着审计的独立性，制约着审计监督作用的发挥。首先，在双重领导体制下，存在一个地方审计机关是按照上级审计机关的要求如实反映反映情况还是听从地方政府的指示保留或夸大实际的问题。这在主观上反映的是地方审计机关从上还是从下的矛盾，在客观上反映的是国家利益和地方利益的冲突。只要存在国家与地方之间的利益冲突，只要实行的是这种双重领导体制，审计机关就必定会在夹缝之中处于两难之境，审计工作必定阻碍重重，难以达到预期效果。其次，审计的独立性要求审计机关独立于被审计单位，但中央审计机关和地方审计机关不仅在组织关系上隶属于其要审计的行政部门，而且其经济命脉也被被审计单位掌握，独立性无从谈起。虽然在我国颁布的《审计法实施条例》（2014 年征求意见稿）第十二条中已经规定，"国务院和地方各级人民政府应当保证审计机关履行职责所需人力和经费，并为审计机关提供相应的工作条件"，但实际上许多地方审计机关的经费只是按照当地定员定额标准列入财政预算，而其他履行职责所必需的经费则未列入预算，往往需要审计机关临时单独报批，这既影响审计机关的工作效率，也限制了审计机关的工作范围。但是，现行审计体制出现的有碍审计独立性的问题，症结不在于审计体制的隶属关系，而是源于双重领导的内在矛盾。因此，我国审计机关领导体制的改革方向应为垂直领导体制，切断审计机关与地方政府的组织设置、人员任免、经费来源等行政关系，使地方机关在"业务上和行政上都直接接受审计署的领导"。

3. 国家审计机关的设置

我国的审计机关是国家行政机关的组成部分，是根据《宪法》《审计法》的规定建立起来并实施审计工作的。根据《宪法》以及《审计法》(2006 年修订)的规定，国家实行审计监督制度，国务院和县级以上的地方各级人民政府都应设立相应的审计机关。

从地域而言，审计机关分为中央审计机关和地方审计机关；从组织形式上看，有常设机关，也有派出机关。我国审计机关由审计署和地方审计机关组成，各级审计机关的审计范围按照被审计单位财政财务的隶属关系来划分，如属于中央的企事业单位由审计署负责审计；属于地方的企事业单位，分别由省、市、县审计机关负责审计。

1) 中央审计机关

中央审计机关是在国务院总理直接领导下的审计机关，在我国，中央的审计机关为审计署，成立于 1983 年 9 月 15 日，它是国务院所属部委级的国家机关，是我国最高审计机关。它具有双重法律地位：一方面，它作为中央政府的组成部门，要接受国务院的领导，执行法律、行政法规和国务院的决定、命令，以独立的行政主体从事活动，直接审计管辖范围内的审计事项；另一方面，审计署作为我国的最高审计机关，在国务院总理的领导下，主管全国的审计工作，它又有自己的职责范围，对自己所管辖的事项，以独立的行政主体从事活动，并承担由此而产生的责任。根据《审计法实施条例》(2014 年征求意见稿)的规定，国务院设立审计署，在国务院总理领导下，主管全国的审计工作。审计署的基本任务是：任务一，接受委托起草、修改审计法律、行政法规草案；任务二，研究、制定审计工作的方针、政策，发布审计工作的命令、指示和规章，确定审计工作重点，指导编制全国审计工作计划；任务三，办理审计署管辖范围内的审计事项，组织对全国财政收支有关的特定事项的专项调查研究；任务四，领导管理全国审计机关的审计业务以及其他审计工作；任务五，依照法律、法规规定，指导、监督全国的内部审计和注册会计师审计工作。

审计署由署机关、派出机关和直属事业单位组成。署机关可以分为专业审计司和综合行政部门两类。其中，审计署内设的专业审计司有财政审计司、金融审计司、行政事业审计司、农业与资源环保审计司、社会保障审计司、固定资产投资审计司、外资运用审计司、经济责任审计司、境外审计司。它们主要负责直接进行审计，开展专项审计调查，组织派出机关和地方审议机关进行行业审计，对派出机关和地方审计机关进行业务指导等。综合行政部门包括办公厅、法规司、国际合作司、人事教育司、直属机关党委等，主要负责机关内部综合行政工作、信息传递与对外宣传、审计计划统计、政策法规的制定、审计执法检查与审计质量管理、受理被审计单位提出的对下级审计机关或者派驻派出机关的复议申请、人事调配、党群工作等。

此外，《审计法实施条例》(2014 年征求意见稿)第十条规定："省、自治区人民政府没有派出机关的，派出机关的审计机关对派出机关和省、自治区人民政府审计机关负责并报告工作，审计业务以省、自治区人民政府审计机关领导为主。”我国审计机关设立的派出机构有两类，即审计机关驻地方派出机构和驻部门派出机构。审计机关派出机构是审计机关派出的工作机构，其审计职权依靠派出的审计机关授予，因此，它不是一级审计机关，而是审计机关的内部机构，只能在审计机关授权范围内以自己的名义开展活动，作出具体行政行为。同时，为了就近审计和同行业审计的需要，审计机关有必要在重点地区和部门派出审计特派员，需经国务院批准。审计特派员工作机关根据审计署的授权，依法独立进行审计工作，审计终结后，出具审计意见书，作出审计决定。现在审计署在国务院 25 个部门设立了派出机构，在地方 18 个城市设立了驻地方派出机构，称审计署驻×××特派员办事处。一些地方审计机关也根据实际情况设立了驻部门派出机构。驻部门派出机构是审计机关派驻本级政府其他部门的审计机构。

2) 地方审计机关

地方审计机关是指省、自治区、直辖市、设区的市、自治州、县、自治县、不设区的市、直辖区人民政府设立的审计组织，负责本行政区域内的实际工作。地方审计机关也是根据《宪法》《审计法》有关条文规定设立的，同样也具有法律地位。

省、自治区审计机关称审计厅，其他地方各级审计机关统称为审计局。地方各级审计机关在法律上也具有双重地位：一方面，它是各级政府的一个职能部门，直接对本级政府行政首长负责；另一方面，地方审计机关对自己管辖范围内的审计事项，又以独立的行政主体资格从事活动。地方审计机关按照国家法律和本级政府的政策、决议行使权力，处理行政事务。地方审计机关的基本任务是：任务一，制定审计规章制度，根据本级人民政府和上一级审计机关的要求，确定本行政区域内的审计工作重点，编制审计项目计划；任务二，办理本级管辖范围内的审计事项，组织与本级财政收支有关的特定事项的专项审计调查；任务三，领导、管理下级审计机关的审计业务以及其他审计工作；任务四，根据规定，具体指导、监督本行政区域内的内部审计和注册会计师审计工作；任务五，办理法律、有关规章规定的，以及本级人民政府和上级审计机关交办的其他事项。

4. 国家审计的业务范围

根据我国《审计法》的规定，国家审计机关的业务范围主要集中在以下九个方面：

(1) 财政收支审计。审计机关对本级各部门（含直属单位）和下级政府预算的执行情况和决算以及其他财政收支情况，进行审计监督。审计署在国务院总理领导下，对中央预算执行情况和其他财政收支情况进行审计监督，向国务院总理提出审计结果报告。地方各级审计机关分别在省长、自治区主席、市长、县长、区长和上一级审计机关的领导下，对本级预算执行情况和其他财政收支情况进行审计监督，向本级人民政府和上一级审计机关提出审计结果报告。

(2) 财务收支审计。审计署对中央银行的财务收支，进行审计监督。审计机关对国有金融机构的资产、负债、损益，进行审计监督；对事业组织的财务收支，进行审计监督；对国有企业的资产、负债、损益，进行审计监督；对国有资本占控股地位或主导地位的企业、金融机构进行审计监督。

(3) 建设项目审计。审计机关对政府投资和以政府投资为主建设项目预算执行情况和决算，进行审计监督。

(4) 基金资金审计。审计机关对政府部门管理的和其他单位受政府委托管理的社会保障基金、社会捐赠资金以及其他有关基金、资金的财务收支，进行审计监督。审计机关对国际组织和外国政府援助、贷款项目的财务收支，进行审计监督。

(5) 经济责任审计。审计机关按照国家有关规定，对国家机关和依法属于审计机关审计监督对象的其他单位的主要负责人，在任职期间对本地区、本部门或者本单位的财政收支、财务收支以及有关经济活动应负经济责任的履行情况，进行审计监督。

(6) 专项审计调查。审计机关有权对与国家财政收支有关的特定事项，向有关地方、部门、单位进行专项审计调查，并向本级人民政府和上一级审计机关报告审计调查结果。

(7) 内部审计监督。依法属于审计机关审计监督对象的单位，应当按照国家有关规定建立健全内部审计制度；其内部审计工作应当接受审计机关的业务指导和监督。

(8) 民间审计监督。民间审计机构审计的单位依法属于审计机关审计监督对象的，审计机关按照国务院的规定，有权对该民间审计机构出具的相关审计报告进行核查。

(9) 其他事项审计。审计机关对其他法律、行政法规规定应当由审计机关进行审计的事项，依照《审计法》和有关法律、行政法规的规定进行审计监督。

5. 国家审计机关的法定职责

1) 审计署的主要职责

(1) 审管全国审计工作。负责对国家财政收支和法律法规规定属于审计监督范围的财务收支的真实、合法和效益进行审计监督，维护国家财政经济秩序，提高财政资金使用效益，促进廉政建设，保障国民经济和社会健康发展。对审计、专项审计调查和核查注册会计师审计机构相关审计报告的结果承担责任，并负有督促被审计单位整改的责任。

(2) 起草审计法律、法规草案，拟定审计政策，制定审计规章、审计准则和指南并监督执行。制定并组织实施审计工作发展规划和专业领域审计工作规划，制定并组织实施年度审计计划。参与起草财政经济及其相关的法律法规草案。对直接审计、调查和核查的事项依法进行审计评价，作出审计决定或提出审计建议。

(3) 向国务院总理提出年度中央预算执行和其他财政收支情况的审计结果报告。受国务院委托向全国人民代表大会常务委员会提出中央预算执行和其他财政收支情况的审计工作报告、审计发现问题的纠正和处理结果报告。向国务院报告对其他事项的审计和专项审计调查情况及结果。依法向社会公布审计结果。向国务院有关部门和省级人民政府通报审计情况和审计结果。

(4) 直接审计下列事项，出具审计报告，在法定职权范围内作出审计决定或向有关主管机关提出处理处罚的建议：中央预算执行情况和其他财政收支，中央各部门(含直属单位)预算的执行情况、决算和其他财政收支；省级人民政府预算的执行情况、决算和其他财政收支，中央财政转移支付资金；使用中央财政资金的事业单位和社会国体的财务收支；中央投资和以中央投资为主的建设项目的预算执行情况和决算；中国人民银行、国家外汇管理局的财务收支，中央国有企业和金融机构、国务院规定的中央国有资本占控股或主导地位的企业和金融机构的资产、负债和损益；国务院部门、省级人民政府管理和其他单位受国务院及其部门委托管理的社会保障基金、社会捐赠资金及其他有关基金、资金的财务收支；国际组织和外国政府援助、贷款项目的财务收支以及法律、行政法规规定应由审计署审计的其他事项。

(5) 按规定对省部级领导干部及依法属于审计署审计监督对象的其他单位主要负责人实施经济责任审计。

(6) 组织实施对国家财经法律、法规、规章、政策和宏观调控措施的执行情况、财政预算管理或国有资产管理使用等与国家财政收支有关的特定事项进行专项审计调查。

(7) 依法检查审计决定执行情况，督促纠正和处理审计发现的问题，依法办理被审计单位对审计决定提请行政复议、行政诉讼或国务院裁决中的有关事项，协助配合有关部门查处相关重大案件。

(8) 指导和监督内部审计工作，核查注册会计师审计机构对依法属于审计监督对象的单位出具的相关审计报告。

(9) 与省级人民政府共同领导省级审计机关。依法领导和督促地方审计机关的业务，组织地方行政机关实施特定项目的专项审计或审计调查。纠正或责成地方审计机关违反国家规定作出的审计决定，按照干部管理权限协管省级审计机关负责人。负责管理派驻地方的审计特派员办事处。

(10) 组织审计国家驻外非经营性机构的财务收支，依法通过适当方式组织审计中央国有企业和金融机构的境外资产、负债和损益。

(11) 组织开展审计领域的国际交流与合作，指导和推广信息技术在审计领域的应用，组织建设国家审计信息系统。

审计署驻地方特派办根据审计署的授权，依据法律、法规和审计署的规定，履行下列职责：

(1) 审计省级人民政府的预算执行情况、决算和其他财政收支、中央财政转移支付资金。

(2) 审计海关总署，国家税务总局等中央单位驻地方分支机构或派出机构的预算执行情况和其他财政收支情况；审计中国人民银行、国家外汇管理局驻地方分支机构的财务收支。

(3) 审计中央所属驻地方的事业单位和社会团体的财务收支；审计中央投资和以中央投资为主的建设项目的预算执行情况和决算。

(4) 审计中央国有企业、中央国有资本占控股地位或主导地位的企业的资产、负债和损益。

(5) 审计中央金融机构、中央国资占控股地位或主导地位的金融机构驻地方分值机构的资产、负债和损益。

(6) 审计省级人民政府管理和其他单位受国务院及其部门委托管理的社会保障基金、社会捐赠资金及其他有关基金、资金的财务收支。

(7) 审计国际组织和外国政府援助、贷款项目的财务收支。

(8) 对国家财经法律、法规、规章、政策和宏观调控措施的执行情况、财政预算管理或国有资产管理使用等与国家财政收支有关的特定事项进行专项审计调查。

(9) 承办审计署交办的其他事项。

2) 地方审计机关的主要职责

(1) 审计本级财政预算执行情况和其他财政收支。

(2) 审计下级人民政府预算的执行情况和决算以及预算外资金的管理和使用情况。

(3) 审计地方国有和国有资产占控股地位的金融机构的资产、负债和损益。

(4) 审计地方国家事业组织的财务收支。

(5) 审计地方国有资产占控股地位或者主导地位的企业。这些企业包括：国有资本占企业资本总额的50%(含)以上的企业；国有资本占企业资本总额的比例不足50%，但是国有资产投资者实质上拥有控制权的企业。

(6) 审计地方政府投资、国有企业投资的建设项目和以政府投资、国有企业投资为主的建设项目的预算执行情况和决算，与国家建设项目直接有关的建设、设计、施工、采购等单位的财务收支。

(7) 审计本级政府部门管理的和社会团体受政府委托管理的社会保障基金、社会捐赠资金、环境保护资金及其他有关基金、资金的财务收支。这里的社会保障基金包括养老、医疗、工伤、失业、生育等社会保险基金，救济、救灾、扶贫等社会救济基金，以及发展社会福利事业的社会福利基金。

(8) 审计署授权的国际组织和外国政府援助、贷款项目的财务收支。

(9) 受本级组织人事等部门的委托，对本地区有关国家机关、国有及国有资产占控股地位的企业和金融机构、国家的事业组织及管理、使用财政资金的其他负责人，在任职期间对本地方、本部门或者本单位的财政收支、财务收支以及有关经济活动所负经济责任的履行情况进行审计监督。

(10) 承办法律、行政法规规定的应当审计的其他事项。

6. 国家审计机关的权限

国家审计机关权限是国家立法赋予审计机关的法定权力，是审计机关有效履行审计监督职责的重要保证。《审计法》(2006 年修订)及其实施条例及其他法规赋予审计机关的审计监督权县比较广泛，主要包括以下内容。

1) 要求报送资料权

要求报送资料权是审计机关最基本的权力，是履行审计监督职责的前提条件。它是指审计机关有权要求被审计单位按照审计机关的规定提供预算或者财务收支计划、预算执行情况、决算、财务会计报告，运用电子计算机存储处理的财政收支、财务收支电子数据和必要的电子计算机技术文档，在金融机关开立账户的情况，注册会计师审计机关出具的审计报告，以及其他与财政收支或者财务收支有关的资料，被审计单位不得拒绝、拖延、谎报。同时，要求被审计单位负责人对本单位提供的财务会计资料的真实性、完整性负责。审计机关有权要求被审计单位负责人对本单位提供的资料的真实性、完整性作出书面承诺。

2) 检查权

检查权是审计机关权限的核心内容，是指审计机关有权检查被审计单位的会计凭证、会计账簿、财务会计报告和运用电子计算机管理财政收支、财务收支电子数据的系统，以及其他与财政收支、财务收支有关的资料和资产，被审计单位不得拒绝，不得转移、隐匿所持有的违反规定取得的资产。

《审计法实施条例》(2014 年征求意见稿)第三十八条规定，审计机关依照审计法第三十二条规定进行检查时，有权检查被审计单位记载财政收支、财务收支及其相关经济业务活动的电子数据的真实性、完整性和可靠性，以及被审计单位管理财政收支、财务收支及其相关经济业务活动的计算机信息系统的安全性、可靠性和经济性。这主要是考虑到目前被审计单位普遍采用计算机信息系统处理财政收支、财务收支数据，计算机信息系统是否安全可靠直接关系到财政收支、财务收支数据的真实和完整。利用信息系统进行审计是审计工作适应信息化发展的必然要求。从国外审计机构的权限内容来看，已经普遍被赋予检查被审计单位的电子数据及其管理系统的权限。

3) 调查取证权

审计机关有权就审计事项的有关问题向有关单位和个人进行调查，并取得有关证明材料；经县级以上人民审计机关负责人批准，有权查询被审计单位在金融机关的账户；有证据证明被审计单位以个人名义存储公款的，经县级以上人民审计机关主要负责人批准，有权查询被审计单位以个人名义在金融机关的存款。其中，赋予审计机关查询被审计单位在金融机关的账户的权限，为修订后的《审计法》新增加的审计机关权限，这是根据《审计法实施条例》的相关规定制定的。对被审计单位在金融机关的账户进行监督，既是审计机关审计监督的重要内容，又是审计机关履行审计职责的必要手段。赋予审计机关查询被审计单位以个人名义在金融机关的存款的权限，也主要是考虑到被审计单位可能存在将公款以个人名义存储在金融机关的行为，其背后往往隐藏着挪用公款等严重违法犯罪问题。此外，《国务院关于加强审计执法几个问题的通知》已经授权省级机关查询单位以个人名义在金融机关的存款，并且按照现行规定，监察机关、银行业监管机关和证券监管机关都享有查询个人存款的权限。

4）行政强制措施权

审计机关对被审计单位正在进行的违反国家规定的财政财务收支行为，有权予以制止或通知，暂停拨付款项、责令暂停使用款项；对被审计单位转移、隐匿、篡改、毁弃会计凭证、会计账簿、财务会计报告以及其他与财政收支或者财务收支有关的资料，或者转移、隐匿所持有的违反国家规定取得的资产的行为，经县级以上人民审计机关负责人批准，有权封存有关资料和违反国家法律规定取得的资产，对其中在金融机关的有关存款需要予以冻结的，应当向人民法院提出申请。其中封存有关资料和资产，是审计机关查清事实，顺利取证，维护国家利益的有效手段。申请法院采取财产保全措施改为审计机关直接封存有关资产，有利于分清责任，提高效率。

5）建议纠正处理权

当审计机关认为被审计单位所执行的上级主管部门有关财政收支、财务收支的规定与法律、行政法规相抵触的，应当建议有关主管部门纠正；有关主管部门不予纠正的，审计机关应当提请有权处理的机关依法处理。

6）移送权

移送权是指需要给予有关责任人员行政处分或者纪律处分的，有权移送纪检监察机关；需要追究有关责任人员刑事责任的，有权移送司法机关；有权建议有关主管部门纠正被市级单位执行的违法规定；有权向有关立法机关，政府及有关部门提出修改完善有关法律规定、政策措施和加强与改进宏观调控的建议。

7）处理处罚权

处理处罚权是我国审计机关一项十分重要的权限，它直接关系审计职责的实现。它对被审计单位违反国家规定的财政财务收支行为，有权依法予以处理处罚；审计机关的处理处罚权具体包括处理权和处罚权。其中处理权是指审计机关依法享有的对被审计单位违反国家规定的财政财务收支行为，采取纠正措施的权力，包括责令限期交纳应当上交的款项，责令限期退还被侵占的国有资产，责令限期退还违法所得等。处罚权是指审计机关依法享有的对被审计单位违反国家规定的财政财务收支行为，采取制裁措施的权力，包括警告、通报批评、罚款、没收违法所得等处罚措施。

8）通报或公布审计结果权

通报或公布审计结果权即审计机关有权向政府有关部门通报或者向社会公布审计结果。审计机关通报或者公布审计结果，应当依法保守国家秘密和被审计单位的商业秘密，遵守国务院的有关规定。审计机关可以向社会公布下列审计事项的审计结果:第一,本级人民政府或者上级审计机关要求向社会公布的;第二,社会公众关注的;第三,法律、法规规定向社会公布的其他审计事项的审计结果。

9) 提请协助权

提请协助权是指审计工作遇到困难时,审计机关请求有关职能部门予以协助的权力。审计机关履行审计监督职责,可以提请公安、监察、财政、税务、海关、价格、工商行政管理等机关予以协助。

(二) 内部审计机构

根据《审计法》的规定:“依法属于审计机关审计监督对象的单位,应当按照国家有关规定建立健全内部审计制度。”2018 年 1 月 12 日,审计署发布了中华人民共和国审计署令第 11 号《审计署关于内部审计工作的规定》,于 2018 年 3 月 1 日起施行。本规定所称内部审计,是指对本单位及所属单位财政收支、财务收支、经济活动、内部控制、风险管理实施独立、客观的监督、评价和建议,以促进单位完善治理、实现目标的活动。本规定对内部审计机构设置和人员管理、内部审计机构职责权限和程序、审计结果运用和责任追究以及审计机关对内部审计工作的指导和监督等方面提出了要求。

1. 内部审计机构的设置

内部审计机构是指在部门、单位内部从事内部审计业务的专门组织。一方面,内部审计成为公司治理结构中不可或缺的部分;另一方面,一个企业的内部审计机构在公司治理中的设置影响到内部审计功能的发挥和内部审计在公司治理中的职能与定位。当然,内部审计机构设置好与坏的衡量标准是内部审计机构的独立性和权威性。如果这种设置不能够保证内部审计机构的独立性和权威性,内部审计作为公司治理基石的作用将很难得到发挥。目前来看,根据企业规模、管理方式、企业目标等实际情况的不同,内部审计机构的设置也有所不同。在公司治理框架内,常见的内部审计机构设置有以下几种模式。

1) 财务部门领导模式

这种设置模式的内部审计机构在公司治理框架内层级较低,其地位与财务部平行,审计结果向财务部门负责人汇报,如图 1-5 所示。这种设置模式下的内部审计机构很容易将审计对象锁定在财务部门。这种设置模式很容易混淆内部审计与会计监督的区别,有时甚至会认为内部审计部门的设置缺乏必要性。这种设置模式对于审计人员胜任能力的需求往往局限于财务知识。内部审计在这种环境下,往往只能开展部分日常性的财务审计或者与财

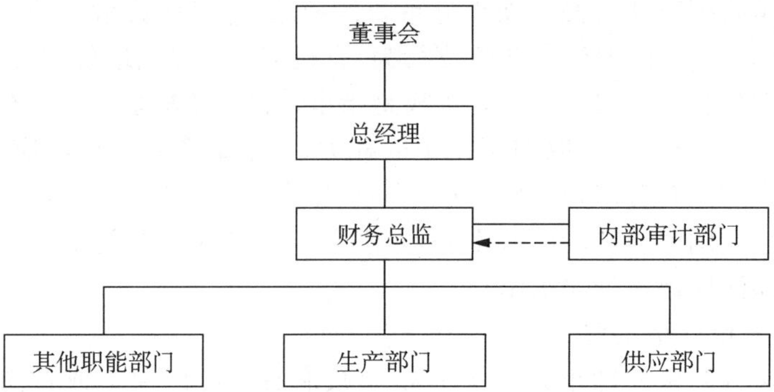

图 1-5　财务部门领导的内部审计机构设置

务相关的专项审计工作，由于不能直接为经营决策服务，更多的是履行财务监督检查功能，并未涉及内部审计咨询活动。加之内部审计结构与财务部门接受同一人领导，独立性较差、权威性不足。这种设置模式多见于规模较小、股权结构简单的企业。

2）总经理领导模式

内部审计机构设置于总经理领导下，并向总经理汇报工作，是一种比较普遍的设置模式，如图 1-6 所示。目前，我国许多大型国有企业及上市公司开始采用这种模式。由于总经理在企业中的权威性较强，总经理领导下的内部审计机构所做的内部审计工作受到前所未有的重视，审计内容从过去的财务审计转向经营审计，内部审计机构实现了机构独立、人员独立、经费独立。总经理领导下的内部审计机构设置模式保证了内部审计机构的独立性，可以为决策层提供经营决策服务，有利于监督总经理领导的下属部门责任的履行情况。内部审计逐步形成以内部控制监督为核心的审计模式，并尝试通过建议的形式提供咨询服务。显然，总经理领导下的内部审计机构更容易实现审计目标，更容易落实审计的结果。总体来看，这种设置模式有利于发挥内部审计在提高经营管理水平方面的作用，保持审计的独立性和较高的组织地位，但难以对总经理和本级财务的受托管理责任进行独立的监督和评价，这也是这种设置模式的最大缺陷。

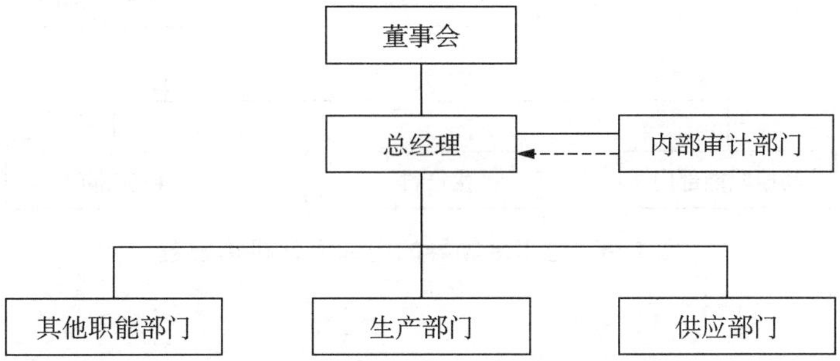

图 1-6　总经理领导的内部审计机构设置

3）监事会领导模式

在现代公司治理结构中，股东大会及各利益相关方作为委托人，分别将各自的资源交董事会代理，并委托与董事会平行的监事会对其进行监督。监事会作为公司治理结构中的监督机构存在，其成员由职工代表和股东代表组成。监事会领导下的内部审计机构地位较高，独立性较强，有利于履行内部审计的检查、评价、鉴证功能，监事会也能够更好地利用内部审计工作履行其监督职能。如图 1-7 所示，在这种结构下，由于监事会属于公司高层制衡机制

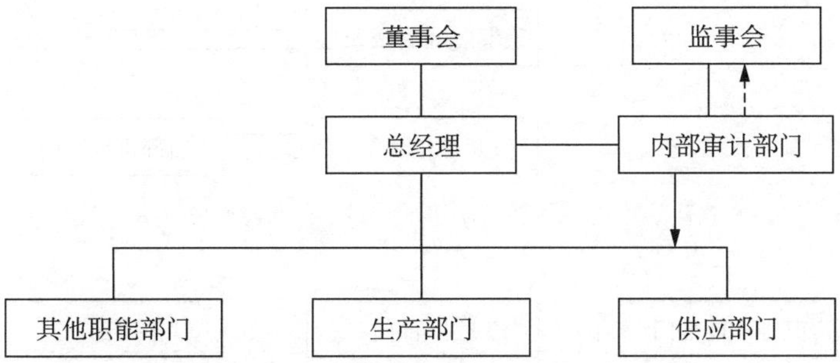

图 1-7　监事会领导的内部审计机构设置

组成部分，不参与公司的日常经营管理，相应地内部审计部门不能直接服务于经营决策，难以通过内部审计改善经营管理、提高经济效益，从而难以实现其对企业的增值功能。而且监事会的监督大多是事后监督，难以发挥内部审计事前与事中监督功能。

4）董事会或审计委员会领导模式

董事会是公司的经营决策机构，其职责是执行股东大会的快议，决定企业的生产经营策略等重大事项，在公司治理结构中地位较高，审计委员会作为董事会下设的一个专业委员会，代表董事会对管理层进行监督，同时制衡董事会的内部董事。董事会或董事会下设的审计委员会领导的内部审计部门能够保持较高的独立性、权威性和组织地位，更强调完成董事会的责任，有利于内部审计的检查、评价、鉴证和咨询功能的发挥，如图 1 8 所示。这种设置模式也并非完美无缺，董事会领导下的内部审计机构会受制于董事会召开的时间和纷繁复杂的事务性工作，从而显得力不从心，难以发挥内部审计的日常监督功能。审计委员会领导的内部审计机构会由于审计委员会形同虚设，也难以发挥其日常监督功能。

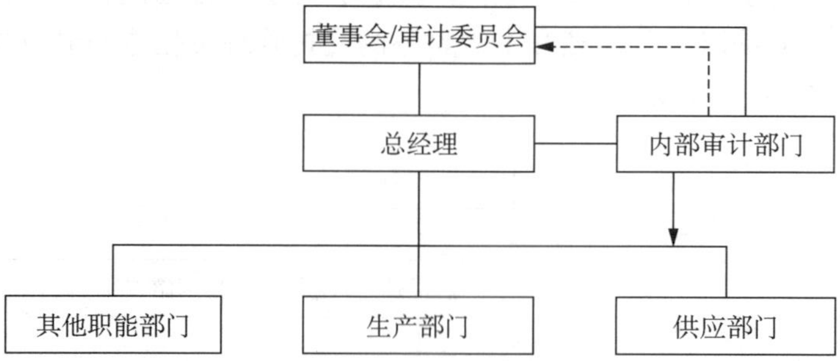

图 1-8　监事会领导的内部审计机构设置

5）双重领导模式

以上几种设置模式都不能同时平衡内部审计职能与独立性之间的关系，因此产生了一种新的组织结构——双重领导模式，即在职能上向审计委员会报告业绩，在行政上向总经理负责并报告工作，如图 1-9 所示。这种双向负责、双轨报告、保持双重关系的设置模式，符合公司治理对其履行报告受托责任的要求，能够最大限度地发挥内部审计的检查、评价、鉴证和咨询的功能，而且保证了内部审计的独立性。其中，审计委员会的职责主要包括：第一，负责对公司内部审计部门的业务指导工作，以保证公司对外公布的财务信息的真实性、可靠性，避免对公众产生误导；第二，选择并审查企业的首席审计执行官，审批内部审计章程，审

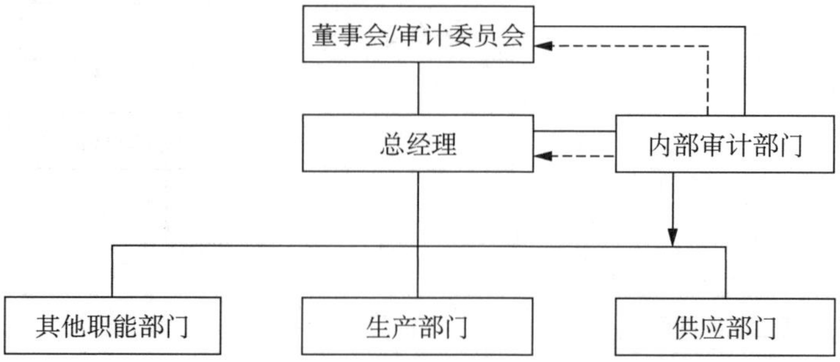

图 1-9　双重领导的内部审计机构设置

查内部审计的范围、适用性和审计结果等，以提高内部审计工作的独立性、规范性和可操作性；第三，审查公司的财务政策，运营及控制系统的状况，保证企业监控的充分和完整；第四，负责聘请并监督外部审计机构，作为协调与的通外部审计、内部审计和董事会的渠道；第五，参加董事会会议，对董事会的决策提出恰当的建议，以保证决策的有效性：第六，监督企业文件、财务、责任、法律方面有无违规之举，检查公司的方针、政策及审计原则，为创建良好的企业文化环境作出积极的贡献。

目前来看，双重领导的设置模式是一种最优的设置模式，也是 IIA 所推崇的一种设置模式。但是在实践中，内部审计机构设置会直接受到企业管理理念、企业规模、内部治理结构、人员水平和胜任能力等各方面因素的影响。尤其是针对我国企业股权结构、治理模式的不同现状，在进行内部审计机构设置时还要遵循科学性、适应性和可操作性原则。对于一些特殊类型的或管理上有特殊要求的企业，可根据自己的实际情况，灵活设置。无论选择哪种设置模式，都要兼顾内部审计的独立性、专业性、高效性与权威性。

事实上，关于内部审计机构的设置还有一种分类方法，即根据分散和集中的程度分为分级管理模式和集中管理模式，这种管理模式大多是针对企业集团的内部审计机构而言的。分级设置内部审计机构是指一级组织设置一级内部审计部门。本级内部审计机构通常对下一级所属内部审计机构进行统一指导，下属机构可以独立行使职权。分级设置内部审计机构，有利于内部审计人员熟悉本单位的实际情况和内部审计环境，此时内部审计机构的设置具有较强的针对性和适应性。集中设置的内部审计机构往往是在集团设置的最高层次内部审计机构，下属单位一般不单独设置，下属单位的内部审计人员往往由集团统一派出，审计人员对下属单位具有较高的权威性，独立性也很高。对于超大规模的企业集团，往往通过在各大区域设置审计中心的模式来设置内部审计机构。

2. 内部审计的业务范围

内部审计的业务范围根据审计署《关于内部审计工作的规定》的要求，内部审计机构的业务范围主要包括：

(1) 对本单位及所属单位(含占控股地位或者主导地位的单位，下同)的财政收支、财务收支及其有关的经济活动进行审计。

(2) 对本单位及所属单位预算内、预算外资金的管理和使用情况进行审计。

(3) 对本单位内设机构及所属单位领导人员的任期经济责任进行审计。

(4) 对本单位及所属单位固定资产投资项目进行审计。

(5) 对本单位及所属单位内部控制制度的健全性和有效性以及风险管理进行评审。

(6) 对本单位及所属单位经济管理和效益情况进行审计。

(7) 其他审计事项。

3. 内部审计机构的权限

根据审计署《关于内部审计工作的规定》的要求，内部审计机构的权限主要有：

(1) 要求被审计单位按时报送生产、经营、财务收支计划、预算执行情况、决算、会计报表和其他有关文件、资料。

(2) 参加本单位有关会议，召开与审计事项有关的会议。

(3) 参与研究制定有关的规章制度，提出内部审计规章制度。

(4) 检查有关生产、经营和财务活动的资料、文件和现场勘查实物。

(5) 检查有关的计算机系统及其电子数据和资料。

(6) 对与审计事项有关的问题向有关单位和个人进行调查,并取得证明材料。

(7) 对正在进行的严重违法违规、严重损失浪费行为,作出临时制止决定。

(8) 对可能转移、隐匿、篡改、毁弃会计凭证、会计账簿、会计报表以及与经济活动有关的资料,经本单位主要负责人或者权力机构批准,有权予以暂时封存。

(9) 提出纠正、处理违法违规行为的意见以及改进经济管理、提高经济效益的建议。

(10) 对违法违规和造成损失浪费的单位和人员,给予通报批评或者提出追究责任的建议。

(三) 注册会计师审计机构

会计师事务所是注册会计师依法承办业务的机构。根据《中华人民共和国注册会计师法》的规定,我国会计师事务所分为合伙会计师事务所和有限责任会计师事务所两种形式。综观各国会计师事务所的组织形式,会计师事务所主要有独资、普通合伙、有限责任、有限责任合伙四种组织形式。

1. 注册会计师审计机构组织形式

(1) 独资会计师事务所。独资会计师事务所又称个人会计师事务所,由具有注册会计师执业资格的个人独立开业,承担无限责任。它的优点是对执业人员的需求不多,容易设立,执业灵活,能够在代理记账、代理纳税等方面很好地满足小型企业对注册会计师服务的需求;虽承担无限责任,但实际发生风险的程度相对较低。其缺点是无力承担大型业务,缺乏发展后劲。

(2) 普通合伙会计师事务所。普通合伙会计师事务所是指由两名以上符合规定条件的合伙人,以书面协议形式,共同出资、共同执业,以各自财产对事务所的债务承担无限连带责任的会计师事务所。它的优点是在风险的牵制和共同利益的驱动下,促使事务所提高执业质量,扩大业务规模,提高控制风险的能力。其缺点是建立一个跨地区、跨国界的大型会计师事务所要经历一个漫长的过程。同时,任何一个合伙人执业中的失误或舞弊行为,都可能给整个会计师事务所带来灭顶之灾。

(3) 有限责任会计师事务所。有限责任会计师事务所由注册会计师认购会计师事务所股份,以其认购股份为限对会计师事务所承担有限责任,会计师事务所以其全部资产为限对其债务承担有限责任。它的优点是可以通过公司制形式迅速聚集一批注册会计师,组成大型会计师事务所,承办大型业务。其缺点是降低了风险责任对执业行为的高度制约,弱化了注册会计师的个人责任。

(4) 有限责任合伙会计师事务所。有限责任合伙会计师事务所在我国又称为特殊的普通合伙会计师事务所。在该种组形式中,无过失的合伙人对其他合伙人的过失或不当执业行为以自己在事务所的财产为期承担有限责任,有过失的合伙人承担无限责任。这种组织形式的最大特点在于既融入了普通合伙和有限责任会计师事务所的优点,又摒弃了它们的不足。

会计师事务所的设立条件如下:

第一,设立合伙会计师事务所的条件:有 2 名以上的合伙人,有书面合伙协议,有会计师事务所的名称,有固定的办公场所。

第二,设立有限责任会计师事务所的条件:有 5 名以上的股东,有一定数量的专职从业人员,有不少于人民币 30 万元的注册资本,有股东共同制定的章程,有会计师事务所的名称,有固定的办公场所。

第三，成为会计师事务所合伙人或者股东的条件：持有注册会计师证书；在会计师事务所执业；成为合伙人或股东前3年没有因执业行为受到行政处罚；有取得注册会计师证书后最近连续5年在会计师事务所从事法定审计业务的经历，其中在境内会计师事务所的经历不少于3年；成为合伙人或者股东1年内没有因隐瞒或提供虚假材料、欺骗、贿赂等不正当手段申请设立会计师事务所而被省级财政部门作出不予受理、不予批准或者撤销的批复。

2. 注册会计师审计的业务范围

注册会计师可以承办鉴证业务和相关服务。鉴证业务包括审计业务、审阅业务和其他鉴证业务。相关服务包括对财务信息执行商定程序、代编财务信息、税务服务、管理咨询以及会计服务等。

1）审计业务

第一，审查企业财务报表，出具审计报告。

《公司法》要求各类公司依法接受注册会计师的审计。《公司法》规定：监事会、不设监事会的公司的监事发现公司经营情况异常，可以进行调查；必要时，可以聘请会计师事务所等协助其工作，费用由公司承担。一人有限责任公司应当在每一会计年度终了时编制财务会计报告，并经会计师事务所审计。公司应当在每一会计年度终了时编制财务会计报告，并依法经会计师事务所审计。

第二，验证企业资本，出具验资报告。

我国实行注册资本实收制度。根据《公司法》《公司登记管理条例》等法律、法规的规定，公司及其他企业在设立审批时，必须提交注册会计师出具的验资报告。验资是指注册会计师接受委托，对被审计单位注册资本实收情况或注册资本的变更情况进行审验，并出具相应报告。

第三，办理企业合并、分立、清算事宜中的审计业务，出具有关报告。

企业在合并、分立或终止清算时，应当分别编制合并、分立财务报表以及清算财务报表。为了帮助财务报表使用人增强对这些报表的信赖程度，企业需要委托注册会计师对其编报的财务报表进行审计。

第四，办理法律、行政法规规定的其他审计业务，出具相应的审计报告。

在实际工作中，注册会计师还可根据国家法律、行政法规的规定接受委托，对以下特殊目的业务进行审计：按照特殊目的编制基础编制的财务报表，单一财务报表或财务报表的特定要素，简要财务报表。

2）审阅业务

审阅业务的目标是注册会计师在实施审阅程序的基础上，说明是否注意到某些事项，使其相信财务报表没有按照适用的会计准则和相关会计制度的规定编制，未能在所有重大方面公允反映被审阅单位的财务状况、经营成果和现金流量。相对审计而言，审阅程序简单，保证程度有限，审阅成本也较低。为了降低成本，小企业可能聘请注册会计师对年度财务报表进行审阅。此外，有些国家的证券监管机构要求上市公司聘请注册会计师对中期财务报表进行审阅，以提高中期报表中披露信息的可信度。

3）其他鉴证业务

除了审计和审阅业务，注册会计师还承办其他鉴证业务，如预测性财务信息审核等。预测性财务信息是指企业依据对未来的假设而编制的财务信息。在经济决策中，除了历史财务信息，企业还经常需要面向未来的预测性信息。例如，在对一项投资进行可行性研究时需要该项投资的未来现金流量信息;申请贷款时需向银行提供未来现金流量的预测等。注册会计师接受委托对预测性财务信息实施审核并出具报告,可增强该信息的可信赖程度。

4) 相关服务

(1) 对财务信息执行商定程序。对财务信息执行商定程序,是注册会计师对特定财务数据、单一报表或整套报表等财务信息执行与特定主体商定的具有审计性质的程序。

(2) 代编财务信息。代编财务信息,是注册会计师运用会计的专业知识和技能,代客户编制财务报表,或代为收集、分类和汇总其他信息。

(3) 税务服务。税务服务包括税务代理和税务筹划。税务代理是注册会计师接受企业或个人委托,为其填制纳税申报表,办理纳税事项。税务筹划是由于纳税义务发生的范围和时间不同,注册会计师从客户利益出发,代替纳税义务人设计可替代的或不同结果的纳税方案。

(4) 管理咨询。管理咨询范围很广,主要包括对公司治理结构、信息系统、预算管理、人力资源管理、财务会计等提供诊断及专业建议。从20世纪50年代起,注册会计师的管理咨询服务收入开始增长,并保持了强劲的增长势头。最近几年,大型会计师事务所越来越明显地成为管理咨询服务的主要提供者。

(5) 会计服务。注册会计师提供的会计咨询和会计服务业务,除了代编财务信息,还包括对会计政策的选择和运用提供建议、担任常年会计顾问等。

二、审计人员

(一) 国家审计人员

1. 国家审计人员的组成

国家审计人员是指审计机关中接受国家委托,依法行使审计监督权,从事审计事务的人员,即审计"公务员"。国家审计人员专指在中央审计机关、地方审计机关和派出审计机构中工作的人员,不包括在其他行政机关、国家权力机关、审判机关、检察机关中的工作人员,也不包括在内部审计机构、注册会计师审计组织中工作的人员。

国家审计拥有其特定的审计人员组成结构和形式。根据我国《宪法》和有关规定,审计署设审计长一人,副审计长若干人。审计长是审计署的行政首长,由国务院总理提名,由全国人民代表大会决定人选,由国家主席直接任免;每届任期5年,可以连任。审计署设副审计长4名,协助审计长的工作,并对审计长负责。副审计长则由国务院任免。县级以上地方各级审计局局长是本级人民政府的组成人员,由本级人民代表大会常务委员会决定任免,副局长由本级人民政府任免;审计机关负责人依照法定程序任免,审计机关负责人没有违法失职或者其他不符合任职条件情况的,不得随意撤换。地方各级审计局局长、副局长的任免、调动和纪律处分,均应事前征得上级审计机关的同意。如此设置审计组织是为了保障审计机关的相对独立性和公允性。

2. 国家审计人员的职业道德

国家审计人员的职业道德包括审计机关审计人员的职业道德、职业纪律、职业胜任能力和职业责任。

1) 职业品德

审计人员应当依照法律规定的职责、权限和程序,进行审计工作,并遵守国家审计准则。审计人员办理审计事项时,应当遵循正直坦诚、客观公正、勤勉尽责的职业品德。

审计人员应当正直坦诚，做到崇尚国家利益和公共利益，坚持原则，不屈从于外部压力，不隐瞒审计发现的问题，不歪曲审计结论。审计人员应当客观公正，做到以适当、充分的审计证据支持审计结论，实事求是地评价和处理审计发现的问题，保持不偏不倚的立场和态度，避免偏见。审计人员应当勤勉尽责，做到敬业奉献，认真履行应尽的审计职责，严谨细致，保证审计工作的质量，勤勉高效，及时完成所承担的审计业务，廉洁自律，不利用职权谋取私利。

2）职业纪律

审计人员应当遵守国家的法律、法规和规章以及审计工作纪律和廉政纪律。审计人员应当认真履行职责，维护国家审计的权威，不得有损害审计机关形象的行为，同时审计人员应当维护国家利益和被审计单位的合法权益。

为此，审计人员在执行审计时，必须保持应有的独立性，不受其他行政机关、社会团体和个人的干涉。所以，审计人员在实施国家审计时应当避免与被审计单位负责人或者有关主管人员有夫妻关系、直系血亲关系、三代以内旁系血亲以及近姻亲关系，避免与被审计单位或者审计事项有直接经济利益关系，避免对曾经管理或者直接办理过的相关业务进行审计等情况发生。审计机关则需要采取相关人员依法回避制度，限制相关人员审计范围，并对相关审计人员的工作追加必要的复核程序等措施来保障审计独立性纪律的实现。

此外，审计人员在执行职务时，还应当忠诚老实，不得隐瞒或者曲解事实，审计人员在工作中特别是作出审计评价、提出处理处罚意见时，应当做到依法办事，实事求是，客观公正，不得偏袒任何一方。

3）职业胜任能力

审计人员应当具有符合规定的学历，通过岗位任职资格考试，具备与从事的审计工作相适应的专业知识、职业技能和工作经验，并保持和提高职业胜任能力。同时，审计人员还应当合理运用审计知识、技能和经验，保持职业谨慎，不得对没有证据支持的、未经核实的、法律依据不当的和超越审计职责范围的事项发表审计意见。

审计人员不得从事不能胜任的业务，应当遵守审计机关的继续教育和培训制度，参加审计机关举办或者认可的继续教育、岗位培训活动，学习会计、审计、法律、经济等方面的新知识，掌握与从事工作相适应的计算机、外语等技能，不断优化知识结构，更新职业技能，积累工作经验，保持持续的职业胜任能力。

同时，为了保障审计工作的顺利进行，弥补审计职业胜任能力的差异，审计机关应当合理配备审计人员，组成审计组，确保其在整体上具备与审计项目相适应的职业胜任能力，以此来保障审计组织整体的胜任能力。

4）职业责任

审计人员应当遵守国家的法律、法规和规章以及审计工作纪律和廉政纪律。审计人员应当认真履行职责，维护国家审计的权威，不得有损害审计机关形象的行为。同时，审计人员还需要对其执行职务时知悉的国家秘密和被审计单位的商业秘密负有保密的义务，尤其是对执行职务中取得的资料和审计工作记录，未经批准不得对外提供和披露，不得用于与审计工作无关的目的。

3. 国家审计流程

国家审计流程是审计机构及其审计人员在项目审计中自始至终必须遵循的工作步骤和操作规程。国家审计流程的安排遵循标准的审计流程，包括国家审计项目计划阶段、国家审计准备阶段、国家审计实施阶段和国家审计终结阶段四个阶段。具体操作流程如下。

1）国家审计项目计划阶段

国家审计项目计划是指审计机关按年度对审计项目和专项审计调查项目预先作出的统一安排。国家审计项目计划按规定经审计机关或同级人民政府审核批准后执行，是检查考核审计工作的主要依据。

一是国家审计项目的构成。

第一，上级审计机关统一组织项目。

这是指上级审计机关为了更好地发挥审计在宏观调控中的作用，围绕政府工作重心所确定的在所辖区域内由下属各级审计机关统一开展的审计项目。每年由上级审计机关对所辖区域内的审计工作作出统一部署和安排，是体现审计业务以上级审计机关领导为主的重要方式和手段。

第二，自行安排项目。

这是指各级审计机关根据自己的审计力量情况，在本机关审计管辖和分工范围内自行安排开展的审计项目。审计机关应在充分考虑本级政府的工作重心、社会关注的热点和难点问题，并兼顾审计覆盖面的基础上，对审计项目计划作出统一安排。

第三，授权审计项目。

这是指由上级审计机关授权下级审计机关实施的、属于上级审计机关管辖范围内的审计项目。上级审计机关除统一组织审计项目外，还可以将所辖范围内的部分审计项目授权给下级审计机关实施，以充分发挥审计体系的整体功能。授权审计项目计划，由下级审计机关提出申请，报上级审计机关统一协调后依法审批。授权审计项目的确定，要从有效利用审计资源和有利于加强对上级所属基层单位的审计监督出发，注意上下结合，重点解决一些带有普遍性、倾向性的问题，不断提升审计成果的质量和水平，更好地发挥审计监督作用。授权申请应说明审计或审计调查的目的、理由、范围和内容等。署办公厅负责汇总审核，统一征求有关部门意见，报审计长审定后，批复地方审计机关执行。

第四，政府交办项目。

这是指各级政府要求审计机关实施审计的项目。由于我国的审计机关是政府的组成机构之一，各级审计机关在接受上级审计机关领导的同时，还要接受本级人民政府的领导，因此，对于政府交办的属于审计机关法定职责范围内的审计事项，各级审计机关也必须及时列入项目计划。

第五，其他交办、委托或举报项目。

一类是由本级政府以外的其他领导或权力部门要求审计机关实施审计的项目，如本级人民代表大会或政治协商会议等交办的项目；另一类是由其他部门委托审计机关实施审计的项目或提请审计机关配合审计的项目，如纪律检查委员会、监察部门、组织人事部门和业务主管部门委托的项目；还有一类是接受群众举报，审计机关快定应当实施审计的项目。

二是国家审计项目计划的内容及管理。

国家审计项目计划由文字和表格两部分组成。文字部分的内容包括上年度政府国家审计项目计划完成情况，本年度审计项目安排的依据和指导思想，审计目的，完成计划的主要措施等。表格部分的内容包括审计项目名称、类别、级别和数量，完成审计项目的时间要求和责任，被审计单位名称及其主管部门和所在地区等。与我国审计体制相适应，审计机关的审计项目计划管理工作实行统一领导、分级负责的制度。审计署负责管理审计署统一组织的国家审计项目计划和署本级政府审计项目计划，指导全国政府审计项目计划管理工作。县级以上地方各级审计机关分别负责本地区政府审计项目计划管理工作。

三是国家审计项目计划的编制。

为保证国家审计项目计划的科学有效和切实可行，既要注意充分利用审计资源，又要留有一定机动余地；既要注意突出重点，安排任务均衡，又要避免出现重复。尤其应注意在规定的时间内，按照规定的程序，按时完成计划的编制。为此，审计机关在编制国家审计项目计划时，要依据国家社会经济发展的方针政策审核工作发展纲要，严格执行《审计法》及其实施条例，有关法律、法规和审计准则，确保履行法定职责。编制国家审计项目计划，要紧紧围绕国家工作中心，明确具体审计目标，合理选择审计重点，注重提高审计成果的质量和水平。

审计机关编制国家审计项目计划时，除上级审计机关统一组织的审计项目外，应当在规定的审计管辖范围内安排。审计署统一组织的国家审计项目计划，由审计署各专业审计司于每年 11 月提出安排意见，并填制统一印发的审计项目工作量测算报表，审计署办公厅汇总提出计划草案，经审计长会议审定后下达。署各专业审计司提出的国家审计项目计划安排意见，应在充分调查研究，认真听取地方审计机关和署各派出机构意见的基础上，对拟安排审计项目的审计目标、重点内容、主要方法、实施时间、地域分布所需审计人员数量和工作量等，进行详细说明和测算，科学、合理、均衡地安排全年工作任务。省级审计机关根据审计署统一组织的审计项目、授权审计项目和当地实际情况，编制本地区政府审计项目计划，于每年 4 月底前报审计署备案。

四是国家审计项目计划的调整。

经过审批确定的国家审计项目计划，规定了审计机关在一定时期内的工作目标和责任，是审计机关开展审计工作的重要依据。政府审计项目计划一经下达，审计机关应当努力完成，并制定初步的审计方案。没有特殊情况，国家审计项目计划不应变更和调整。年度审计项目计划在执行过程中，遇有下列情形之一的，应当按照原审批程序调整：本级政府行政首长和相关领导机关临时交办的审计项目；省级审计机关临时安排或者授权的审计项目；突发重大公共事件需要进行审计的；原定审计项目的被审计单位发生重大变化，导致原计划无法实施的；需要更换审计项目实施单位的；审计目标、审计范围等发生重大变化需要调整的；需要调整的其他情形。如果国家审计项目确因特殊情况需要调整，应当按照规定的程序报批，经批准后方可进行调整。具体程序为：程序一，审计署统一组织国家审计项目计划的调整，由审计署有关专业审计司提出意见，送审计署办公厅协调办理，报审计署领导批审批后，通知有关单位执行；程序二，授权地方审计机关国家审计项目计划调整，由省级审计机关提出意见，报审计署审批；程序三，地方政府审计项目计划调整，由下达计划的审计机关审批；程序四，领导交办项目及时报批、调整。

五是制定国家审计工作方案。

国家审计项目计划下达后，审计机关应当及时编制审计工作方案。审计工作方案的内容主要包括审计目标、审计范围、审计内容和重点、审计工作组织安排、审计工作要求。在审计实施前，有关审计组应当依据审计工作方案、结合实际情况编制审计实施方案。审计署统一组织项目的审计工作方案，由审计署有关专业审计司编制，经审计长会议审定后下达。地方审计机关组织的审计项目的审计工作方案，经厅(局)长会议研究确定。

六是国家审计项目计划执行情况的报告、检查和考核。

为了使国家审计项目计划真正落到实处，审计机关必须建立国家审计项目计划执行情况的报告制度。审计署统一组织国家审计项目计划的执行，由审计署有关专业审计司和省级审计机关分别于每年7月和次年2月向审计署提出上半年及全年计划执行情况的综合报告。报告的主要内容包括计划执行进度、审计的主要成果、计划执行中存在的主要问题及改进措施与建议等。

此外，审计机关应组成审计项目质量检查组，根据有关法律、法规和规章的规定，对本级派出机构或下级审计机关完成审计项目的质量情况进行检查和考核。检查和考核的主要内容包括计划编报及计划执行情况报告的及时性、完整性，计划安排的科学性、合理性，计划完成的质量和效果等。例如，审计署每年有重点地对中央授权项目的审计质量进行抽查。对未按规定认真履行职责，或审计质量未能达到要求的地方，予以通报批评，并暂停对其授权。凡因审计机关和审计人员工作失职、渎职等造成重大审计质量问题的，要依法追究有关领导和直接责任人员的责任。在实施检查前，审计署应向被检查的审计机关送达审计项目质量检查通知书。审计项目质量检查结束后，应向被检查的审计机关下达审计项目质量检查结论。

2）国家审计准备阶段

首先，组成审计组，进行调查了解。

审计机关应当根据国家审计项目计划所确定的审计事项，按照其特点和要求，在实施项目审计前组成审计组。审计组由审计组组长和其他成员组成。审计组实行审计组组长负责制。审计组组长由审计机关确定，审计组组长可以根据需要在审计组成员中确定主审，主审应当履行其规定职责和审计组组长委托履行的其他职责。

成立国家审计组时，应注意考虑三个方面的问题：其一，人员素质。要根据审计项目的性质和预计工作量，以及项目的复杂程度和完成时限等因素，确定所需的审计人员数量及知识结构。对于一些较大型的审计项目，可以在必要时打破部门界限，由审计机关统一组织审计力量。审计中如有特殊需要，审计机关还可从外部聘用有关专家。其二，保持连续性。为了提高审计效率，审计分工应相对稳定，对某些审计项目，审计组中应尽量包括曾经对该项目进行过审计的人员或以此类人员为主。保持审计人员的连续性，还有利于检查被审计单位对以往审计决定的落实情况。当然，在必要时也需对审计人员作适当轮换。其三，严格遵守回避制度。为了保证审计工作的客观公正，凡是与被审计单位有利害关系的人员，均不得进入审计组。

为了合理确定审计风险，突出审计重点，并确保审计方案的切实可行，国家审计组成立后，应进行初步的调查了解。审计组应当调查了解被审计单位及其相关情况，评估被审计单位存在重要问题的可能性，确定审计应对措施，编制审计实施方案。调查了解的内容包括：其一，单位性质、组织结构；其二，职责范围或者经营范围、业务活动及其目标；其三，相关法律、法规、政策及其执行情况；其四，财政财务管理体制和业务管理体制；其五，适用的业绩指标体系以及业绩评价情况；其六，相关内部控制及其执行情况；其七，相关信息系统及其电子数据情况；其八，经济环境、行业状况及其他外部因素；其九，以往接受审计和监督及其整改情况；其十，需要了解的其他情况。具体来看，调查了解被审计单位相关内部控制及其执行情况时应该关注以下方面：其一，控制环境，即管理模式、组织结构、责权配置、人力资源制度等；其二，风险评估，即被审计单位确定、分析与实现内部控制目标相关的风险，已经采取的应对措施；其三，控制活动，即根据风险评估结果采取的控制措施，包括不相容职务分离控制、授权审批控制、资产保护控制、预算控制、业绩分析和绩效考评控制等；其四，信息与沟通，即收集、处理、传递与内部控制相关的信息，并能有效沟通的情况；其五，对控制的监督，即对各项内部控制设计、职责及其履行情况的监督检查。调查了解被审计单位信息系统控制情况时，应该关注以下方面：一般控制，即保障信息系统正常运行的稳定性、有效性、安全性等方面的控制；应用控制，即保障信息系统产生的数据的真实性、完整性、可靠性等方面的控制。

审计人员应根据审计目标和被审计单位的实际情况，运用职业判断确定调查了解的范围和程度。对于定期审计项目，审计人员可以利用以往审计中获得的信息，重点调查了解已经发生变化的情况。在调查了解被审计单位及其相关情况的过程中，审计人员可以选择下列标准作为职业判断的依据：其一，法律、法规、规章和其他规范性文件；其二，国家有关方针和政策；其三，会计准则和会计制度；其四，国家和行业的技术标准；其五，预算、计划和合同；其六，被审计单位的管理制度和绩效目标；其七，被审计单位的历史数据和历史业绩；其八，公认的业务惯例或者良好实务；其九，专业机构或者专家的意见；其十，其他标准。审计人员在审计实施过程中需要持续关注标准的适用性，并结合适用的标准，分析调查了解的被审计单位及其相关情况，判断被审计单位可能存在的问题。

审计人员在调查了解被审计单位及其相关情况时，可以采取下列方法：其一，书面或者口头询问被审计单位内部和外部相关人员；其二，检查有关文件、报告、内部管理手册、信息系统的技术文档和操作手册；其三，观察有关的业务活动及其场所、设施和有关内部控制的执行情况；其四，追踪有关业务的处理过程；其五，分析相关数据。

审计人员应根据审计目标和被审计单位的实际情况，运用职业判断确定调查了解的范围和程度。对于定期审计项目，审计人员可以利用以往审计中获得的信息，重点调查了解已经发生变化的情况。在调查了解被审计单位及其相关情况的过程中，可以选择下列标准作为职业判断的依据：其一，法律、法规、规章和其他规范性文件；其二，国家有关方针和政策；其三，会计准则和会计制度；其四，国家和行业的技术标准；其五，预算、计划和合同；其六，被审计单位的管理制度和绩效目标；其七，被审计单位的历史数据和历史业绩；其八，公认的业务惯例或者良好实务；其九，专业机构或者专家的意见；其十，其他标准。审计人员在审计实施过程中还需要持续关注标准的适用性。

职业判断所选择的标准应当具有客观性、适用性、相关性、公认性。标准不一致时，审计人员应当采用权威的和公认程度高的标准，分析调查了解被审计单位及其相关情况，判断被审计单位可能存在的问题。根据职业判断，再结合可能存在问题的性质、数额及其发生的具体环境，审计人员就可以判断其重要性。判断重要性时，审计人员可以关注下列因素：其一，是否属于涉嫌犯罪的问题；其二，是否属于法律、法规和政策禁止的问题；其三，是否属于故意行为所产生的问题；其四，可能存在问题涉及的数量或者金额；其五，是否涉及政策、体制或者机制的严重缺陷；其六，是否属于信息系统设计缺陷；其七，政府行政首长和相关领导机关及公众的关注程度；其八，需要关注的其他因素。

其次，根据项目初步调查结果，编制具体的国家审计项目实施方案。

国家审计项目实施方案是国家审计组实施审计项目的具体安排和内容，是保证审计工作取得预期效果的重要手段，也是审计机关检查、控制审计质量和审计工作进度的基本依据。审计组应当调查了解被审计单位及其相关情况，评估被审计单位存在重要问题的可能性，确定审计应对措施，编制审计实施方案。对于审计机关已经下达的审计工作方案，审计组应当按照审计工作方案的要求编制审计实施方案。

审计实施方案的内容主要包括审计目标、审计范围、审计内容、重点及审计措施，审计工作要求，项目审计进度安排、审计组内部重要管理事项及职责分工等。采取跟踪审计方式实施审计的，审计实施方案应当对整个跟踪审计工作作出统筹安排。专项审计调查项目的审计实施方案应当列明专项审计调查的要求。

遇有下列情形之一的，审计组应当及时调整审计实施方案：其一，年度审计项目计划、审计工作方案发生变化的；其二，审计目标发生重大变化的：其三，重要审计事项发生变化的；其四，被审计单位及其相关情况发生重大变化的；其五，审计组人员及其分工发生重大变化的；其六，需要调整的其他情形。

再次，开展审前培训。

审前培训是紧紧围绕本次审计的工作目标，组织人员对审计组进行的培训。其内容包括认真学习与审计项目有关的财经制度和政策法规，掌握与被审计企业相关的国家政策、行业规范、制度规定、会计准则，明确审前调查工作的思路和方向。审前培训形式可以多种多样：编制审计讲解提纲；请专家介绍情况；集思广益，审计人员互相交流审计方法和经验。审计人员通过座谈等形式，各抒己见，介绍好的做法和经验，相互之间取长补短，共同提高。同时，在审前培训时，要锁定培训重点，结合行业或专项资金的业务特点，有重点、有针对性地进行深入的分析和研讨，重实用，讲实效。

最后，送达国家审计通知书。

国家审计通知书是审计机关通知被审计单位接受审计的书面文件，是国家审计组执行审计任务，进行审计取证的依据。审计通知书的主要内容包括被审计单位名称，审计依据、范围内容和方式，必要的追溯、延伸事项，审计起始和终结日期，审计组组长及成员姓名职务，以及对被审计单位配合审计工作提出的要求、审计机关公章及签发日期等。在国家审计通知书正文之后，通常还有两类附件，一类是要求被审计单位配合审计工作的一些调查材料和表格；另一类是对审计成员提出的廉政要求和规定。

根据《国家审计准则》第五十五条的规定："审计机关应当依照法律法规的规定，向被审计单位送达审计通知书。"审计通知书除包括上述内容外，还应当向被审计单位告知审计组的审计纪律要求。采取跟踪审计方式实施审计的，审计通知书应当列明跟踪审计的具体方式和要求。专项审计调查项目的审计通知书应当列明专项审计调查的要求。审计通知书应由审计机关的负责人签发，在发送被审计单位的同时，还应抄送被审计单位的上级主管部门和有关部门。为了明确被审计单位与审计机关的责任，审计机关在向被审计单位送达审计通知书的同时，还应当书面要求被审计单位的法定代表人和财务主管人员就与审计事项有关的会计资料的真实、完整和其他相关情况作出承诺。承诺书可以与审计通知书一起送达被审计单位。审计组在实施审计过程中，还可随时向被审计单位提出书面承诺要求。被审计单位要对其所作出的承诺承担责任。承诺书经被审计单位法定代表人或财务负责人签字后，应作为审计证据编入审计工作底稿。

3）国家审计实施阶段

一是进驻被审计单位。

下发审计通知书后，国家审计组可以进入被审计单位实施审计工作。在向有关单位人员进行调查取证时，审计人员应出示工作证件和审计通知书副本。为了保证审计工作中沟通有效以及审计工作的顺利进行，为取得被审计单位领导及其工作人员的配合，可以召开由被审计单位负责人、财会人员、相关负责人和审计人员参加的审计启动工作会议。在此期间，被审计单位应当配合审计机关的工作，明确审计机关的纪律，按照审计机关的规定权限和要求，积极提供相关情况和资料，并提供必要的工作条件。当然，如果在审计通知书下发前对被审计单位没有进行必要的调查了解，审计人员还应进行调查了解工作，具体内容与准备阶段调查了解内容相同。

二是对内部控制进行符合性测试。

国家审计组应当根据对被审计单位内部控制初步调查的结果，对内部控制的可信赖程度作出进一步的测试、评价，评估相应的重大舞弊、错报、控制风险，并重新审查原拟定审计方案的可行性。如果发现原审计方案所确定的审计重点、范围、具体实施步骤和方法与符合性测试的结果不相吻合，则必须按照规定的程序及时修订审计方案，对实质性测试的范围和重点作出切合实际的调整，修订后的审计方案须经派出国家审计组的审计机关主管领导批准后，方可组织实施。

三是对审计项目进行实质性测试。

国家审计组在完成对被审计单位内部控制的符合性测试与评价后，即可开始对被审计单位的经济业务进行有重点、有目的的实质性测试与评价。实质性测试是项目审计工作的中心环节，它既是审计人员收集、鉴定和综合审计证据的过程，也是审计机关出具审计意见书和作出审计决定的基础。这一阶段的工作主要是正确运用各种审计方法，例如检查、观察、询问、外部调查、重新计算、重新操作以及分析等方法，取得充分可靠的审计证据和认真编制审计工作底稿等。

第一步，收集审计证据。

审计证据是指审计人员获取的能够为审计结论提供合理基础的全部事实，包括审计人员调查了解被审计单位及其相关情况和对确定的审计事项进行审查所获取的证据。审计人员可以采取下列方法向有关单位和个人获取审计证据：其一，检查，即对纸质、电子或者其他介质形式存在的文件、资料进行审查，或者对有形资产进行审查；其二，观察，即察看相关人员正在从事的活动或者执行的程序；其三，询问，即以书面或者和口头方式向有关人员了解关于审计事项的信息；其四，外部调查，即向与审计事项有关的第三方进行调查；其五，重新计算，即以手工方式或者使用信息技术对有关数据计算的正确性进行核对；其六，重新操作，即对有关业务程序或者控制活动独立进行重新操作验证；其七，分析，即研究财务数据之间、财务数据与非财务数据之向可能存在的合理关系，对相关信息作出评价，并关注异常波动和差异。审计人员进行专项审计调查，可以使用上述方法以及其他方法。审计人员除了应当依照法定权限和程序获取审计证据，还应当确保获取的审计证据具有适当性和充分性。

收集审计证据时，审计人员应该注意：其一，从被审计单位外部获取的审计证据比从内部获取的审计证据更可靠；其二，内部控制健全有效情况下形成的审计证据比内都控制缺失或者无效情况下形成的审计证据更可靠；其三，直接获取的审计证据比间接获取的审计证据更可靠；其四，从被审计单位财务会计资料中直接采集的审计证据比经被审计单位加工处理后提交的审计证据更可靠；其五，原件形式的审计证据比复制件形式的审计证据更可靠。不同来源和不同形式的审计证据不一致或者不能相互印证时，审计人员应当追加必要的审计措施，确定审计证据的可靠性。

审计人员根据实际情况，可以在审计事项中选取全部项目或者部分特定项目进行审查，也可以进行审计抽样，以获取审计证据。存在下列情形之一的，审计人员可以对审计事项中的全部项目进行审查：其一，审计事项由少量大额项目构成的；其二，审计事项可能存在重要问题，而选取其中部分项目进行审查无法提供适当、充分的审计证据的；其三，对审计事项中的全部项目进行审查符合成本效益原则的。审计人员可以在审计事项中选取下列特定项目进行审查：大额或者重要项目；数量或者金额符合设定标准的项目；其他特定项目。选取部分特定项目进行审查的结果，不能用于推断整个审计事项。在审计事项包含的项目数量较多，需要对审计事项某一方面的总体特征作出结论时，审计审计人员可以进行审计抽样。审计人员进行审计抽样时，可以参照中国注册会计师执业准则的有关规定。

审计人员应当依照法律、法规规定，取得被审计单位负责人对本单位提供资料真实性和完整性的书面承诺。

第二步，检查重大违法行为。

重大违法行为是指被审计单位和相关人员违反法律、法规，涉及金额比较大，造成国家重大经济损失或者对社会造成重大不良影响的行为。审计人员检查重大违法行为时，应当评估被审计单位和相关人员实施重大违法行为的动机、性质、后果和违法构成。审计人员调查了解被审计单位及其相关情况时，可以重点了解可能与重大违法行为有关的下列事项：其一，被审计单位所在行业发生重大违法行为的状况；其二，有关的法律、法规及其执行情况；其三，监管部门已经发现和了解的与被审计单位有关的重大违法行为的事实或者线索；其四，可能形成重大违法行为的动机和原因；其五，相关的内部控制及其执行情况；其六，其他情况。

审计人员可以通过关注下列情况，判断可能存在的重大违法行为：其一，具体经济活动中存在的异常事项；其二，财务和非财务数据中反映出的异常变化；其三，有关部门提供的线索和群众举报；其四，公众、媒体的反映和报道；其五，其他情况。

审计人员应根据被审计单位实际情况、工作经验和审计发现的异常现象，判断可能存在的重大违法行为的性质，并确定检查重点。审计人员在检查重大违法行为时，应当关注重大违法行为的高发领域和环节。发现重大违法行为的线索，审计组或者审计机关可以采取下列应对措施：其一，增派具有相关经验和能力的人员；其二，避免让有关单位和人员事先知晓检查的时间、事项、范围和方式；其三，扩大检查范围，使其能够覆盖重大违法行为可能涉及的领域；其四，获取必要的外部证据；其五，依法采取保全措施；其六，提请有关机关予以协助和配合；其七，向政府和有关部门报告；其八，其他必要的应对措施。

第三步，做好审计记录。

审计记录是2010年颁布的《国家审计准则》规定的一项重要审计文书，包括调查了解记录，审计工作底稿和重要事项管理记录。其中，调查了解记录是编制审计实施方案的最重要的依据。审计工作底稿是审计人员在从事具体审计项目中所采集和撰写的原始证据，也是编写审计报告、作出审计决定的主要依据；重要事项管理记录是记录审计过程和控制审计质量的重要载体。审计记录的好坏不仅直接影响审计工作的质量及审计工作的效果，而且能够充分体现审计人员的综合素质，在具体审计项目中起着至关重要的作用。

首先，调查了解记录。调查了解记录是审计记录的一种，也是审计实施阶段审计人员了解被审计单位相关情况的重要载体。调查了解记录主要包括调查了解的事项，对重要问题的可能性评估并根据评估结果进一步确定审计事项和审计应对措施。《国家审计准则》虽然不再将审前调查作为项目审计工作的一个单独阶段，但这并不等于说就不需要审计调查，而是将调查了解工作贯穿于审计实施过程的始终，将调查了解记录作为编制和调整审计实施方案的重要参考依据，是实现审计预定目标的前提和保证。

其次，审计工作底稿。审计工作底稿的内容主要包括：其一，审计项目名称；其二，审计事项名称；其三，审计过程和结论；其四，审计人员姓名及审计工作底稿编制日期和签名；其五，审计人员姓名、审核意见及审核日期和签名；其六，索引号及页码；其七，附件数量。审计工作底稿记录的审计过程和结论主要包括：其一，实施审计的主要步骤和方法；其二，取得的审计证据的名称和来源；其三，审计认定的事实摘要；其四，得出的审计结论及其相关标准。审计证据材料应当作为调查了解记录和审计工作底稿的附件。一份审计证据材料对应多个审计记录时，审计人员可以将审计证据材料附在与其关系最密切的审计记录后面，并在其他审计记录中予以说明。审计组起草审计报告前，审计组组长应当对审计工作底稿的下列事项进行审核：其一，具体审计目标是否实现；其二，审计措施是否有效执行；其三，事实是否清楚；其四，审计证据是否适当、充分；其五，得出的审计结论及其相关标准是否适当；其六，其他有关重要事项。审计组组长审核审计工作底稿时，应当根据不同情况分别提出下列意见：予以认可；责成采取进一步审计措施，获取适当、充分的审计证据；纠正或者责成纠正不恰当的审计结论。

最后，重要管理事项记录。重要管理事项记录应当记载与审计项目相关并对审计结论有重要影响的下列管理事项：其一，可能损害审计独立性的情形及采取的措施；其二，所聘请外部人员的相关情况；其三，被审计单位承诺情况；其四，征求被审计对象或者相关单位及人员意见的情况、被审计对象或者相关单位及人员反馈的意见及审计组的采纳情况；其五，审计组对审计发现的重大问题和审计报告讨论的过程及结论；其六，审计机关业务部门对审计报告、审计决定书等审计项目材料的复核情况和意见；其七，审理机构对审计项目的审理情况和意见；其八，审计机关对审计报告的审定过程和结论；其九，审计人员未能遵守《国家审计准则》规定的约束性条款及其原因；其十，因外部因素使审计任务无法完成的原因及影响以及其他重要管理事项。其最终目的是保证审计的独立性和审计结论的客观公正，证明审计行为的合规性、充分性和恰当性，并为复核、审理和以后的检查提供依据。

4）国家审计终结阶段

一是汇总审计资料，并由国家审计组编写审计报告。

国家审计组在撰写审计报告之前，应把分散在审计人员手中的审计工作底稿集中起来，并按照审计项目的性质和内容进行分类、归集、排序和分析整理。如果发现审计工作底稿中有事实不清、证据不足的情况，应及时采取补救措施，以保证审计证据的真实性、充分性。最后，国家审计组应将汇总的审计资料按问题的性质和情节进行分类组合，附上相关资料，为撰写审计报告提纲做好准备工作。

审计报告是审计人员对审计工作的全面总结，也是审计人员所做审计工作的最终成果，是对被审计单位财政收支、财务收支的真实性、合法性和效益性发表审计意见的书面文书，集中反映了审计工作的质量。审计组实施审计或者专项审计调查后，应当向派出审计组的审计机关提交审计报告。审计机关审定审计组的审计报告后，应当出具审计机关的审计报告。遇有特殊情况，审计机关可以不向被调查单位出具专项审计调查报告。

审计组在起草审计报告前，应当讨论确定下列事项：其一，评价审计目标的实现情况；其二，审计实施方案确定的审计事项的完成情况；其三，评价审计证据的适当性和充分性；其四，提出审计评价意见；其五，评估审计发现问题的重要性；其六，提出对审计发现问题的处理处罚意见；其七，其他有关事项。审计组应当对讨论前款事项的情况及其结果作出记录。

审计组组长应当确认审计工作底稿和审计证据已经审核，并从总体上评价审计证据的适当性和充分性。审计组应根据不同的审计目标，以审计认定的事实为基础，在防范审计风险的情况下，按照重要性原则，从真实性、合法性、效益性方面提出审计评价意见。审计组应当只对所审计的事项发表审计评价意见。对审计过程中未涉及、审计证据不适当或者不充分、评价依据或者标准不明确以及超越审计职责范围的事项，不得发表审计评价意见。

审计组应当根据审计发现问题的性质、数额及其发生的原因和审计报告的使用对象，评估审计发现问题的重要性，如实在审计报告中予以反映。

二是征求被审计单位意见。

审计组实施审计或者专项审计调查后，应当提出审计报告，按照审计机关规定的程序审批后，以审计机关的名义征求被审计单位、被调查单位和拟处罚的有关责任人员的意见，经济责任审计报告还应当征求被审计人员的意见；必要时，征求有关干部监督管理部门的意见。审计报告中涉及的重大经济案件调查等特殊事项，经审计机关主要负责人批准，可以不征求被审计单位或者被审计人员的意见。

被审计单位、被调查单位、被审计人员或者有关责任人员对征求意见的审计报告有异议的，审计组应当进一步核实，并根据核实情况对审计报告作出必要的修改。审计组应当对采纳被审计单位，被调查单位、被审计人员、有关责任人员意见的情况和原因，或者上述单位或人员未在法定时间内提出书面意见的情况作出书面说明。

三是对审计报告进行复核、审定和审理。

审计机关业务部门在收到国家审计组提交的审计报告后，应由专门的复核机构或专职的复核人员，对以下事项进行复核，并提出书面复核意见：其一，审计目标是否实现；其二，审计实施方案确定的审计事项是否完成；其三，审计发现的重要问题是否在审计报告中反映；其四，事实是否清楚，数据是否正确；其五，审计证据是否适当、充分；其六，审计评价、定性、处理处罚和移送处理意见是否恰当，适用法律、法规和标准是否适当；其七，被审计单位、被调查单位、被审计人员或者有关责任人员提出的合理意见是否采纳；其八，需要复核的其他事项。

审计报告经复核后，由审计机关进行审定。一般审计事项的审计报告，可以由审计机关主管领导审定；重大事项的审计报告，应由审计机关审计业务会议审定。审计机关业务部门应当将复核修改后的审计报告、审计决定书等审计项目材料连同书面复核意见，报送审理机构审理。

审理机构以审计实施方案为基础，重点关注审计实施的过程及结果，主要审理下列内容：其一，审计实施方案确定的审计事项是否完成；其二，审计发现的重要问题是否在审计报告中反映；其三，主要事实是否清楚，相关证据是否适当、充分；其四，适用法律、法规和标准是否适当；其五，评价、定性、处理处罚意见是否恰当；其六，审计程序是否符合规定。审计机构审理时，应当就有关事项与审计组及相关业务部门进行沟通。必要时，审理机构可以参加审计组与被审计单位交换意见的会议，或者向被审计单位和有关人员了解相关情况。审理机构审理后，可以根据情况采取下列措施：其一，要求审计组补充重要审计证据；其二，对审计报告、审计决定书进行修改。审理过程中遇有复杂问题的，经审计机关负责人同意后，审理机构可以组织专家进行论证。审理机构审理后，应当出具审理意见书。审计机关将审理后的审计报告、审计决定书连同审计意见书报送审计机关负责人。审计报告、审计决定书原则上应当由审计机关审计业务会议审定；特殊情况下，经审计机关主要负责人授权，可以由审计机关其他负责人审定。

四是作出审计处理,起草审计移送处理书。

审计组需要对发现的审计问题作出审计处理,起草审计移送处理书。对审计发现的问题提出处理处罚意见时,审计组应当关注下列因素:其一,法律、法规的规定;其二,审计职权范围,属于审计职权范围的,直接提出处理处罚意见,不属于审计职权范围的,提出移送处理意见;其三,问题的性质、金额、情节、原因和后果;其四,对同类问题处理处罚的一致性;其五,需要关注的其他因素。审计发现被审计单位信息系统存在重大漏洞或者不符合国家规定的,应当责成被审计单位在规定期限内整改。

审计组应当针对经济责任审计发现的问题,根据被审计人员履行职责情况,界定其应当承担的责任。对被审计单位或者被调查单位违反国家规定的财政收支、财务收支行为,依法由审计机关进行处理处罚的,审计组应当起草审计决定书。对依法应当由其他有关部门纠正、处理处罚或者追究有关责任人员责任的事项,审计组应当起草审计移送处理书。

对于在审计或者专项审计调查中发现的被审计单位违反国家规定的财政收支、财务收支行为,依法应当由审计机关在法定职权范围内作出处理处罚决定的,审计机关应当出具审计决定书。审计决定书的内容主要包括:其一,审计的依据、内容和时间:其二,违反国家规定的财政收支、财务收支行为的事实、定性、处理处罚决定以及法律、法规依据;其三,处理处罚决定执行的期限和被审计单位书面报告审计决定执行结果等要求;其四,依法提请政府裁决或者申请行政复议、提起行政诉讼的途径和期限。

对于在审计或者专项审计调查中发现的依法需要移送其他有关主管机关或者单位纠正、处理处罚或者追究有关人员责任的事项,审计机关应当出具审计移送处理书。审计移送处理书的内容主要包括:其一,审计的时间和内容;其二,依法需要移送有关主管机关或者单位纠正、处理处罚或者追究有关人员责任事项的事实、定性及其依据和审计机关的意见;其三,移送的依据和移送处理说明,包括将处理结果书面告知审计机关的说明:其四,所附的审计证据材料。

五是整理审计文件,建立审计档案。

审计档案是审计活动的真实记录,是审计工作的重要历史资料,也是国家档案的一个组成部分。审计档案实行国家审计组负责制,国家审计组组长对审计档案反映的业务质量进行审查验收。国家审计组在将审计报告报送后,就应着手项目审计立卷归档工作。

审计文件材料应当按照结论类、证明类、立项类、备查类 4 个单元进行归档。具体而言,审计文件材料的归档范围包括:其一,结论类文件材料,包括上级机关(领导)对该审计项目形成的审计要情、重要信息要目等审计信息批示的情况说明、审计报告、审计决定书、审计移送处理书等结论类报告,以及相关的审理意见书、审计业务会议记录、纪要、被审计对象对审计报告的书面意见、审计组的书面说明等。其二,证明类文件材料,包括被审计单位承诺书、审计工作底稿汇总表、审计工作底稿及相应的审计取证单、审计证据等。其三,立项类文件材料,包括上级审计机关或者本级政府的指令性文件,与审计事项有关的举报材料及领导批示、调查了解记录、审计实施方案及相关材料、审计通知书和授权审计通知书等。其四,备查类文件材料,包括被审计单位整改情况、该审计项目审计过程中产生的信息等不属于前三类的其他文件材料。

当所有属于国家审计组的审计工作程序完成后,国家审计组应及时对本项目进行总结,以便在今后工作中发扬优点,克服不足,不断提高审计工作质量。

六是复议和审计整改检查。

① 行政复议。审计决定书经审定，处罚的事实、理由、依据、决定与审计组征求意见的审计报告不一致并且加重处罚的，审计机关应当依照有关法律、法规的规定及时告知被审计单位、被调查单位和有关责任人员，并听取其陈述和申辩。对于拟作出罚款的处罚决定，符合法律、法规规定的听证条件的，审计机关应当依照有关法律、法规的规定履行听证程序。

② 审计整改检查。审计机关应当建立审计整改检查机制，督促被审计单位和其他有关单位根据审计结果进行整改。审计机关主要检查或者了解下列事项：其一，执行审计机关作出的处理处罚决定情况；其二，对审计机关要求自行纠正事项采取措施的情况；其三，根据审计机关的审计建议采取措施的情况；第四，对审计机关移送处理事项采取措施的情况。

审计组在审计实施过程中，应当及时督促被审计单位整改审计人员发现的问题。在出具审计报告、作出审计决定后，应当在规定的时间内检查或者了解被审计单位和其他有关单位的整改情况。决定机关可以采取下列方式检查或者了解被审计单位和其他有关单位的整改情况：实际检查或者了解；取得并审阅相关书面材料；其他方式。对于定期审计项目，审计机关可以结合下一次审计，检查或者了解被审计单位的整改情况。检查或者了解被审计单位和其他有关单位的整改情况应当取得相关证明材料。

审计机关指定的部门负责检查或者了解被审计单位和其他有关单位整改情况，并向审计机关提出检查报告，检查报告的内容主要包括：其一，检查工作开展情况，主要包括检查时间、范围、对象和方式等；其二，被审计单位和其他有关单位的整改情况；其三，没有整改或者没有完全整改事项的原因和建议，审计机关对被审计单位没有整改或者没有完全整改的事项，依法采取必要措施。审计机关对审计决定书中存在的重要错误事项，应当予以纠正。审计机关汇总审计整改情况，向本级政府报送关于审计工作报告中指出问题的整改情况报告。

（二）内部审计人员

内部审计人员是指在部门、单位内部审计机构从事审计事务的人员以及在部门、单位内设置的专职从事审计事务的人员。内部审计人员中除熟悉会计、财务、审计的专业人员以外，也可视工作需要配备其他专业人员，如经济师、工程师、律师等。

1. 内部审计职业道德

1）诚信原则

诚信是指内部审计人员在从事内部审计活动时，应当保持诚实守信，不得歪曲事实、隐瞒审计发现的问题、进行缺少证据支持的判断抑或是作出误导性的或者含糊的陈述等行为。

诚信是内部审计人员基于诚实建立的一种信任关系。内部审计人员的诚信缺失将严重削弱内部审计的监督职能，还可能助长组织内部的不正之风。内部审计工作相当于在组织内部建立的组织自我完善、健康发展的免疫机制，这一免疫机制效用的发挥首先取决于内部审计人员是否具有诚实守信的职业道德和品质。如果内部审计人员不诚信，在实施审计活动的过程中歪曲的事实、隐瞒审计发现的问题或者据以作出判断的审计证据不充分，那么内部审计活动的效率和效果都将大打折扣，内部审计这一监督控制机制也将失去其存在的意义。为此，内部审计人员应当诚实、勤恳并负责地开展工作；应当遵守法律，按照法律及其职业要求进行披露；不得蓄意参与非法活动，或参加有损内部审计职业或其所属组织的行为；应当遵守并协助实现组织的法律和道德目标。

2）正直原则

正直原则是指内部审计人员在实施内部审计业务时，应当廉洁、正直，不应有利用职权谋取私利、屈从于外部压力违反原则等行为。

廉洁是指不从被审计单位获得任何可能有损职业判断的利益，包括内部审计人员自己或其亲属可能从被审计单位获取的各种直接和间接的利益。从被审计单位获取利益会使内部审计人员的独立性和客观性受到损害，内部审计人员对被审计单位所作审查和评价的公正性、客观性不可避免地都会被质疑，从而与组织的利益相悖，甚至给组织带来损害。

正直是指内部审计人员将国家、组织、员工利益置于个人利益之上，明辨是非，坚持正确的观点，不屈服于压力，按照法律及职业要求，不偏不倚地对待各利益相关方，不以牺牲一方利益为条件而使另一方受益。内部审计人员在实施内部审计业务时，不仅要求做到用权为公，不得以权谋私，还要求做到在任何情况下都不屈从于外部压力，违反原则。

3）客观性原则

客观性原则是指内部审计人员实施内部审计业务时，应当实事求是，不得由于偏见、利益冲突而影响职业判断。

内部审计人员的客观性是指内部审计人员执行内部审计业务时，应当以事实为依据，保持公正、不偏不倚的态度。客观性是发自内心的，是内部审计人员在从事内部审计活动时要保持的精神态度。不论内部审计旨在查找组织经营活动或内部控制中的差异或缺陷，从而发挥监督的功能，还是旨在对经营活动或内部控制进行评价，或者希望借助自身的专业素质和技能为组织增加价值而服务，客观性都是对内部审计人员的最基本要求。

客观性要求内部审计人员在执行审计工作的时候始终保持一种独立的个人思考状态，不掺杂个人感情或偏见，不受任何利益或他人观点左右。内部审计人员在作出职业判断的时候，应该忠于自己的意见判断，不因其他因素的影响而作出重大的质量妥协，也不能把对其他事务的判断凌驾于对审计事务的判断之上。在提交审计报告之前，应该对内部审计工作的结果进行审查，以评估是否存在有违客观性的情况或内容。在现实工作中，一些内部审计人员的业务素质很不理想，执行业务时缺乏实事求是、客观独立的精神态度，因而影响到内部审计监督职能的充分发挥。还有一些内部审计人员在实施审计工作时处理简单，没有客观仔细地检查和提出问题，特别是在一些经营者的授意、强令和指使下参与或纵容会计造假，导致发布错误的审计报告。

为此，内部审计人员应该：不参与可能损害或被认为会损害其公正评价的活动，包括参与跟组织利益相冲突的活动；不接受可能损害或被认为会损害其职业判断的任何物品，披露已知的信息，以及如果不予披露可能会歪曲检查工作报告的所有重大事实。

4）专业胜任能力

专业胜任能力是指内部审计人员为履行职责所应具备的专业知识、职业技能和实践经验。作为21世纪对复合型内部审计人员的要求，内部审计人员必须适应内部审计领域不断扩展的发展趋势，掌握全方位、多层次的专业知识和技能，丰富自身的专业经验，提升自身的职业判断能力。

内部审计活动涉及大量的专业知识，内部审计人员不仅要具备会计、审计等方面的知识，还要掌握经营、管理、信息技术、风险管理和法律等方面的知识，并灵活运用所掌握知识的技能和经验。为此，内部审计人员应当保持并提高专业胜任能力，接受必要的专业教育，通过权威性的职业资格认证，并按照规定参加后续教育及岗位培训。

我国内部审计人员职业道德规范明确规定："内部审计人员实施内部审计业务时，应当保持职业谨慎，合理运用职业判断。"

内部审计人员在实施内部审计活动时，应保持谨慎的态度，根据所审查项目的复杂程度，合理使用职业判断，运用必需的审计程序，警惕可能出现的错误、遗漏、浪费、效率低下和利益冲突等情况，还应小心避免可能发生的违法乱纪的情形。对于审查中发现的内部控制不够有效的环节，内部审计人员应提出合理、可行的改进措施。当然，应有的职业谨慎只是合理的谨慎，并不意味着永远正确、毫无差错，内部审计人员只能在合理的程度上开展检查和核实的工作，而不可能对所有事项都进行详细的检查，内部审计工作并不能保证发现所有存在的问题。

审计职业判断是审计工作的重要组成部分，它贯穿于审计工作的全过程，从对被审计单位的选择、对内部控制测试结果的评估、重要性原则的运用、审计抽样方法的选择及其结果的评价，直至决定审计意见的表述，都离不开审计人员的职业判断。职业判断水平的高低直接影响着审计工作的成败。因此，合理运用职业判断、提高职业判断的准确性是降低审计风险、实现审计目标的一个重要途径。内部审计人员在作出职业判断时，除了依据专业标准外，在较大程度上还依赖于审计人员的自身经验，通过内部审计人员的职业判断可以将审计风险降低到一个合理的可接受水平。职业判断的准确性越高，审计风险水平就越低；反之，则审计风险水平就越高。职业判断能力是内部审计人员学识、经验、能力和道德水平的综合反映。

内部审计人质必须具备并保持合理的谨慎。内部审计人员应有的职业谨慎并不是指没有任何过错。

所谓职业谨慎，是指内部审计人员在复杂的环境中，运用自己的专业熟练性和技巧，识别损害组织利益的行为，对故意做假犯错、发生错误和遗漏、消极怠工、浪费、工作无效、利益冲突和不正当的行为，以及对最有可能发生违法乱纪现象的情形和活动保持警惕。此外，在控制不够充分的领域，还应该提出可遵守的程序和实务的改进意见。职业谨慎意味着审计人员应有的谨慎和能力，但是应有的职业谨慎并不意味着永不犯错或永不出现反常工作表现。它要求审计人员在合理程度上开展检查和核正工作。相应地，内部审计人员不能完全保证组织机构不存在不遵守规定或违法乱纪现象。然而，无论何时开展内部审计，审计人员都应该考虑存在重大违法乱纪现象或不遵守有关规定的现象的可能性。

一般情况下，我们认为，确认业务应该保持职业谨慎，事实上，咨询业务也要保持谨慎。内部审计人员缺乏完成全部或部分咨询业务所必需的知识、技能或其他能力时，内部审计部门负责人必须谢绝开展此项业务或寻求充分的建议和协助。

5）保密原则

我国内部审计人员职业道德规范明确规定："内部审计人员应当对实施内部审计业务所获取的信息保密，非因有效授权、法律规定或其他合法事由不得披露。"

内部审计人员应当履行保密义务，对于实施内部审计业务所获取的信息保密。由于内部审计工作的性质决定了内部审计人员经常会接触到组织的一些机密的内部信息，内部审计人员对于执行业务过程中知悉的商业秘密、掌握的被审计单位的资料和情况，应当严格保守保密，这一责任也不因审计业务结束而终止。为此，内部审计人员在社会交往中，应当履行保密义务，警惕非故意泄密的可能性。

我国内部审计人员职业道德规范明确规定："内部审计人员不得利用其在实施内部审计业务时获取的信息牟取不正当利益，或者以有悖于法律法规、组织规定及职业道德的方式使用信息。"

在内部审计机构及外勤工作处所以外的任何地点和场所均不应谈论可能涉及被审计单位机密的情况。除得到被审计单位的书面允许或法律法规要求公布者外，不得提供或泄露给第三者，也不能将其用于私人目的，要防止因为这些信息与资料的泄露给组织带来损失。

此外，内部审计人员还应当采取措施，确保协助其工作的业务助理人员和专家信守保密原则。当然，保密责任不能成为内部审计人员拒绝按专业标准要求揭示有关信息、拒绝出庭作证的借口。

在通常情况下，内部审计人员应当对执业过程中获悉的被审计单位的信息保密，但是如果被审计单位存在违法违规行为，内部审计人员应按法律法规要求披露信息。内部审计人员职业道德规范规定，内部审计人员在法律、法规允许或要求披露的情况下可以披露被审计单位的有关信息，例如，在法律、法规允许披露并且取得被审针单位授权的情况下，可以披露涉密信息；根据法律、法规要求，为法律诉讼准备文件或提供证据，向有关机构报告发现的违反法规行为，以及向组织适当管理层报告有关信息时，也可以对有关信息进行披露。

除上述情况外，内部审计人员应当遵循保密原则，按照规定使用其在履行职责时获取的信息。

2. 内部审计流程

1）内部审计准备阶段

第一步，审前会议。

审前会议是指在内部审计项目的现场工作开始之前审计组进行的项目初次会议。审计组全体成员和外部专家将在审前会议上围绕即将开展的内部审计项目进行必要的沟通。审前会议的主要目的在于使审计组全体成员知晓本次审计项目的所有相关事宜，明确计划阶段应当完成的主要工作，确定每项具体审计工作的分工和协作，以确保整个内部审计工作能够以讲究效率和效果的方式顺利实施。

在审前会议上，内部审计经理和审计项目组长应当先说明所有与完成本次审计任务相关的重要事项，包括介绍被审计单位或活动的基本情况、上一次或以前年度审计的结果、组织管理层的特殊要求等。与此同时，审计项目组长还需要说明审计目标、范围和流程，就完成现场审计工作所需要的时间和预算进行必要的沟通，确定是否需要外部专家的帮助以及被审计单位的配合，例如，委派专门的联络员、提供审计所需要的资料、协助某些审计程序的实施，以及安排会议、会见或会谈等。

第二步，审前资料收集。

为了更好地开展内部审计的现场审计工作，收集充分、全面的资料也是审前的一项重要工作。资料收集得越充分、越完整，审计的现场工作越能够有效地进行。因此，审计组在实施项目审计计划和具体的审计方案之前，应当以各种可能的方式，通过各种可能的渠道收集与被审计单位所处行业和经营性质相关的资料和信息，充分了解被审计单位的情况和特点，并对获取的各种资料和了解到的各种情况进行必要的分析和研究，识别和评估风险点，确定审计重点领域，以进一步完善初步制定的审计计划和审计方案。

第三步，编制和发送审计通知书。

审计通知书是指内部审计机构在实施审计之前，告知被审计单位或者人员接受审计的书面文件。内部审计人员在实施内部审计之前，应以审计通知书的形式事先告知被审计单位本次审计项目的审计目的、审计范围、要求被审计单位事先准备的具体资料和必要的协助等相关信息，以便被审计单位做好相应的准备工作。审计通知书是内部审计机构与被审计单位之间相互沟通的媒介之一，也是与被审计单位协调关系、促进合作、保证审计项目顺利进行的手段。

审计通知书应当包括下列内容：其一，审计项目名称；其二，被审计单位名称或者被审计人员姓名；其三，审计范围和审计内容；其四，审计时间；其五，需要被审计单位提供的资料及其他必要的协助要求；其六，审计组组长及审计组成员名单；其七，内部审计机构的印章和签发日期。

被审计单位接到审计通知书后，应当根据通知书上说明的事项进行准备。如果内部审计项目计划实施的时间表与被审计单位的经营活动发生冲突，并可能产生不利影响的话，被审计单位可以与内部审计人员协商，更改审计时间表。双方的有效沟通可以尽可能减少内部审计活动对被审计单位正常经营活动的影响。

但是，如果存在证据表明被审计单位要求推迟审计项目实施的目的是逃避审计，或者推迟审计可能会产生某些不利影响，例如不利于及时解释某些已经存在的错误和舞弊现象，从而给被审计单位或组织带来较大风险，内部审计机构可以决定不更改时间表，继续按照审计通知书规定的审计时间进行审计。

在某些特殊情况下，当内部审计人员认为有必要进行突击审计，例如出现突发事件或对舞弊进行查证等，事先向被审计单位送交审计通知书会使被审计单位的管理层或职员有时间为隐瞒真相作准备时，内部审计人员可以在到达审计现场时再将审计通知书送交被审计单位。另外，特殊审计业务的审计通知书也可以在实施审计时送达。内部审计通知书是内部审计机构用于通知被审计单位相关事项的载体，应在开始审计之前送达被审计单位。审计通知书主送被审计单位，如果审计项目可能涉及其他相关部门，或者需要其他部门的协助，也可以在必要时抄送组织内部相关部门。经济责任审计项目的审计通知书送达被审计人员及其所在单位，并抄送有关部门。

2）内部审计实施阶段

在内部审计的实施阶段，内部审计人员应当依据项目审计方案，采取适当的审计方法，获取充分适当的审计证据，揭示审计发现的事实、原因和后果，为形成审计结论和意见以及提出有价值的审计建议创造必要的条件和基础。具体程序和内容包括以下方面。

一是召开审计进点会。

审计进点会是审计组在进驻被审计单位之后与其管理层和相关人员的初次正式沟通，是保证审计工作顺利完成的重要保障。通过召开审计进点会可以促使被审计单位积极主动地配合审计工作，明确双方的职责，并实现信息的共享和误解的消除。因此，在审计进点会上应该注意沟通的语气要谦虚、不卑不亢。沟通的氛围应该是友好、和谐、讲求效率、务实的，而不要盛气凌人的。

在审计进点会上，审计组应当向被审计单位管理层了解各方面与审计相关的情况，介绍审计组成员，说明审计目标、工作范围、时间安排、要求提供的资料和协助。双方还可以就对审计具有重大影响的经营战略、经营情况、法律法规、管理状况、内部控制、信息系统等情况的变化进行共同的讨论。当然审计进点会的沟通不是单向的，而是双向的。在审计进点会上，被审计单位负责人也要对总体情况进行介绍，可以对本次审计工作提出疑问，如果是经济责任审计，被审计人还需进行现场述职。最后，被审计单位需要签署或者回复已经签署完毕的管理当局声明书。

审计进点会后应该形成会议纪要，并进行分享，以明确双方的责任及审计目标。

二是现场观察与走访。

审计进点会结束之后，审计组可以要求被审计单位管理层安排人员和时间带领审计组成员对被审计单位的经营场所，如办公地点、车间厂房、存货的存放地点等进行走访。审计组应当充分利用走访的机会观察被审计单位的经营活动、内部控制和资产状况等。尤其是对本期发生重大变化的新部门或者新的子公司，该程序更加必要。在现场观察与走访过程中，内部审计人员应该注意多问多听，少给予评论。此外，内部审计人员还应该注意养成记录的习惯，以备随后在正式的审计过程中继续跟踪可疑的事项。

三是对内部控制的了解和测试。

第一，了解内部控制。

内部审计人员需要对被审计单位的内部控制获得初步的了解，以便充分合理地计划审计工作。审计人员对内部控制进行初步了解的主要目的在于摸清被审计单位内部控制是否存在以及是否得到执行，而设计是否合理、运行是否有效则是控制测试的主要关注点。了解内部控制可以通过以下几个阶段来进行。

阶段一，了解内部控制的制度和程序。

内部审计人员可以根据以往的知识与经验，询问被审计单位的有关人员、查询相关内部控制的资料及文件、检查内部控制的执行记录和纠正备忘录、观察或浏览业务活动及内部控制运行状况等来获取初步信息，对组织的内部控制有一个了解，以备更充分的审计工作。对询问的结果还应进一步核实，因为询问得到的证据只能作为间接证据，间接证据必须经过进一步复核及调查方可成为直接证据。

阶段二，了解内部控制环境。

内部环境是企业实施内部控制的基础，一般包括治理结构、机构设置及权责分配、内部审计、人力资源政策、企业文化等。内部环境是整个企业内部控制系统的基础，直接影响企业内部控制效果及内部控制目标的实现。内部审计人员通过进一步了解控制环境，可以深入剖析内部控制实质。例如，通过咨询组织高层管理者对于内部控制制度情况的正面及负面反馈，以及其对于内部控制程序的积极或消极态度，最终得知该组织内部控制的真正执行效果。

阶段三，借助外部审计对内部控制的了解。

外部审计包括国家审计和注册会计师审计两种力量。它们对于任何组织的内部控制审计都是带有强制性和绝对独立性的，并且往往是涉及国家法律、法规、能够提高公正性的审计活动，因而其审计质量是很高的。内部审计可以充分借助外部审计力量，发挥各种监督优势。内部审计人员通过查阅外部审计师保留在企业的历次审计档案及文件，可以了解内部控制的相关信息，外部审计的程序、范围和深度，管理当局对外部审计的回复或反馈。

阶段四，初步评价控制风险。

初步评价控制风险是为了发现和纠正组织内部的重要失误和重大违规违纪。内部审计人员可以设定初步评价的记分标准，通过对内部控制的打分结果来初步判断组织内部控制的效果。

第二，测试内部控制。

内部审计人员在获得对内部控制的初步了解之后，应根据内部控制的可信赖程度确定控制风险的初步水平。如果将控制风险的初步水平定为低于最高水平就需要执行控制测试。控制测试是为证实被审计单位内部控制政策和程序设计的适当性及其运行的有效性而执行的测试。审计人员可以采用检查凭证或文件、向被审计单位员工询问或观察控制程序的执行情况、穿行测试、重新执行某项控制程序等控制测试的具体程序。

经过这几个步骤，审计人员对内部控制的设计以及运行情况有了比较全面的了解，在此基础上要对整个内部控制的情况，即关键控制是否充分设计、关键控制是否有效运行、关键控制的设计和运行是否有利于经营目标的实现等三个问题作出最终评价，以确定其控制风险的大小，并根据控制风险的大小确定实质性测试的性质、数量和范围。

四是实施分析程序。

分析程序是内部审计人员对被审计单位重要的比率或趋势进行的分析，包括调查异常变动以及这些重要比率或趋势与预期数额和相关信息的差异。一旦内部审计人员发现异常的差异或不正常的关系就预示着存在错报的可能性，所以内部审计人员执行分析程序的主要目的就是寻找审计线索，确定重点审计领域。

五是实施实质性程序。

实质性程序是直接针对审计目标而实施的程序，例如针对交易类别的管理层认定和针对期末余额的管理层认定所执行的实质性测试。在各种审计程序中，实质性程序是内部审计人员获取直接的审计证据的测试类型，因此也是在每个审计项目中必须执行的程序。但是，由于实质性程序的实施成本是最高的，为了降低整体的审计成本，内部审计人员就必须寻求能够合理缩减实质性程序实施范围的方法，但是这种缩减应该建立在保证审计质量的前提下。

内部审计人员针对内部控制的测试可以发现内部控制不完善的环节，分析程序可以发现存在异常关系的领域，这些地方都是存在重大缺陷或问题可能性较大的地方。因此，内部审计人员通过执行对内部控制的测试、分析程序就可以找到审计线索、发现问题存在的迹象、确定重点审计领域，进而设计最合理的实质性程序的性质、时间和范围，这样内部审计人员就可以通过对各种审计程序的合理配置，达到在保证审计质量的同时降低审计成本和提高审计效率的总体目标

六是召开小结会与撤点会。

在项目实施审计结束前，项目组长在审计工作过程中至少要召开一次审计组小结会，归纳审计过程中发现的问题、进行简单分析和总结，为编制审计报告初稿做好准备，也可以防止出现重大遗漏，并避免对同一问题产生重大分歧。小结会应该以审计发现为讨论核心，也是召开撤点会的一次预备会议。针对审计发现，小结会上必须强调要素要全面。一个审计发现的基本要素包括采用的标准、现实状况、程序与惯例、原因及后果、结论与建议。在小结会的前一天，审计项目组长应注意汇总小组成员的工作底稿，根据基本要素事前复核相应的审计发现是否足以支持审计结论，如果不能，则应该在小结会上提示需要补充相关证据和

底稿。

撤点会是在审计项目组离场前与被审计单位进行的一次针对审计工作情况及主要审计发现的进一步沟通。一般来说，参加撤点会与进点会的人员是一样的。撤点会主要是针对重大的审计发现和存在的问题进行相关人员的沟通，了解他们的初步意见。如果审计项目组经过确认后仍然与被审计单位存在分歧，应将被审计单位的意见写入未来的审计报告，并标明审计项目组的意见和态度。

3）内部审计终结阶段

第一，沟通正式的审计结果。

内部审计机构应当在审计报告正式提交之前进行审计结果的沟通。结果沟通是指内部审计机构与被审计单位、组织适当管理层就审计概况、审计依据、审计发现、审计结论、审计意见和审计建议进行的讨论和交流。结果沟通的目的是提高审计结果的客观性、公正性，并取得被审计单位、组织适当管理层的理解和认同。内部审计机构应当建立审计结果沟通制度，明确各级人员的责任，进行积极有效的沟通。内部审计机构应当与被审计单位、组织适当管理层进行认真充分的沟通，听取意见。

结果沟通有利于内部审计机构与被审计单位之间建立良好的人际关系，推动内部审计工作顺利进行。内部审计工作通过与被审计单位的有效结果沟通，可以确保审计结果的客观和公正，促进审计结论和建议得到最终落实和贯彻。内部审计机构应当将结果沟通的有关书面材料作为审计工作底稿归档保存。

内部审计机构应当与被审计单位进行审计结果沟通，听取被审计单位对审计发现问题的解释，并了解他们对于审计结论和审计意见的看法。如果被审计单位对审计结果持有异议，审计项目负责人及相关人员应当进行核实和答复。如果能够得到被审计单位的理解和支持，也更加有助于审计结论和建议的最终落实和贯彻。与此同时，内部审计机构负责人应当与组织适当管理层就审计过程中发现的重大问题及时进行沟通。由于组织适当管理层通常能够对审计过程中发现的问题采取纠正措施或者确保纠正措施得到执行，因此，取得组织适当管理层的理解和支持是促进内审计工作有效开展的保证。

内部审计机构与被审计单位进行结果沟通时，应当注意沟通技巧，进行平等、诚恳、恰当、充分的交流。沟通包括双向的交流，即表达的技巧和倾听的技巧。进行结果沟通的内部审计人员应当能够清晰、完全地表达自己的想法，让对方充分理解自己所要传递的信息。同时，也应当认真听取对方的想法和意见，充分接受对方所传达的信息。在沟通之前，内部审计人员应当做好充分的准备，确定所要传达的信息内容，并考虑需要从对方获取哪些信息。同时，还应当选择适当的时间和地点。并根据沟通对象的特点，采取适当的沟通方式，以保证良好的沟通效果。

第二，出具内部审计报告。

审计报告是指内部审计人员根据审计计划对被审计单位实施必要的审计程序后，就被审计事项作出审计结论、提出审计意见和审计建议的书面文件。是否能够编制内容翔实、条理清晰、结构明确和建议切实可行的内部审计报告，是内部审计工作成败的重要衡量标志。

（三）注册会计师审计人员

1. 注册会计师考试

我国实行注册会计师全国统一考试制度，通过考试可以取得注册会计师资格。

根据我国《注册会计师法》及《注册会计师全国统一考试办法》的规定，具有下列条件之一的中国公民，可报名参加考试：高等专科以上学历；会计或者相关专业（指审计、统计、经济）中级以上专业技术职称。

通过注册会计师全国统一考试，考试科目全科成绩合格的，可取得注册会计师资格，并可以申请加入注册会计师协会。

根据我国《注册会计师法》的规定，参加注册会计师全国统一考试成绩合格，并从事审计业务工作2年以上的，可以向省、自治区、直辖市注册会计师协会申请注册，成为注册会计师；未从事审计业务工作的，可以申请注册会计师协会非执业会员。

除规定的不予注册的情形外，受理申请注册的省级注册会计师协会应当准予注册。不予注册的情形有：不具有完全民事行为能力的；接受刑事处罚；因在财务、会计、审计、企业管理或者经济管理工作中犯有严重错误受行政处罚、撤职以上处分的；自行停止执行注册会计师业务满1年的。

2. 注册会计师职业道德

《中国注册会计师职业道德守则》规定了职业道德基本原则和职业道德概念框架。

职业道德基本原则包括诚信、独立性、客观和公正、专业胜任能力和应有的关注、保密以及良好职业行为。注册会计师在遵循基本原则的过程中如果受到自身利益、自我评价、过度推介等不利因素的影响，应采取各种措施消除不利影响或将不利影响降至可接受的水平。

职业道德概念框架是指解决职业道德问题的思路和方法，用来指导注册会计师识别对职业道德基本原则的不利影响；评价不利影响的严重程度；必要时采取防范措施消除不利影响或将其降至可接受水平。注册会计师在执业过程中，应当遵守职业道德基本原则，并能运用职业道德概念框架解决职业道德问题，更好地为社会公众服务。

1）注册会计师职业道德的基本原则

基本原则一，诚信。

诚信是指诚实、守信。也就是说，一个人的言行与内心思想一致，不虚假；能够履行与别人的约定而取得对方的信任。诚信原则要求注册会计师应当在所有的职业关系和商业关系中保持正直和诚实，秉公处事、实事求是。

基本原则二，独立性。

独立性是指不受外来力量控制、支配，按照一定之规行事。独立性原则通常是对注册会计师而非执业会员提出的要求。在执行鉴证业务时，注册会计师必须保持独立性。在市场经济条件下，投资者主要依赖财务报表判断投资风险，在投资机会中作出选择。如果注册会计师与客户存在经济利益、关联关系，或屈从于外界压力，就很难取信于社会公众。

注册会计师执行签证业务时，应当从实质上和形式上保持独立性，不得因任何利害关系影响其客观性。实质上的独立性是一种内心状态，使得注册会计师在提出结论时不受损害职业判断的因素影响，诚信行事，遵循客观和公正原则，保持职业怀疑态度。形式上的独立性是一种外在表现，使得一个理性且掌握充分信息的第三方在权衡所有相关事实和情况后，认为会计师事务所或审计项目组成员没有损害诚信原则、客观和公正原则或职业怀疑态度。

会计师事务所在承办鉴证业务时，应当从整体层面和具体业务层面采取措施，以保持会计师事务所和项目组的独立性。

基本原则三，客观和公正。

客观是指按照事物的本来面目去考察，不添加个人的偏见。公正是指公平，正直，不偏袒。客观和公正原则要求注册会计师应当公正处事、实事求是，不得由于偏见、利益冲突或他人的不当影响而损害自己的职业判断。

如果某一情形或关系导致偏见或者对职业判断产生不当影响，注册会计师不应提供相关专业服务。

基本原则四，专业胜任能力和应有的关注。

一是专业胜任能力。

专业胜任能力是指注册会计师具有专业知识、技能和经验，能够经济、有效地完成客户委托的业务。如果注册会计师在缺乏足够的知识、技能和经验的情况下提供专业服务，就构成了一种欺诈。一个合格的注册会计师，不仅要充分认识自己的能力，对自己充满信心，更重要的是，必须清醒地认识到自己在专业胜任能力方面存在的不足，如果承接了难以胜任的业务，就可能给客户乃至社会公众带来危害。

专业胜任能力可分为两个独立的阶段：专业胜任能力的获取和专业胜任能力的保持。注册会计师应当持续了解和掌握相关的专业技术和业务的发展，以保持专业胜任能力，使其能够胜任特定业务环境中的工作。

二是应有的关注。

应有的关注，要求注册会计师遵守执业准则和职业道德规范要求，勤勉尽责，按照有关工作要求，认真、全面、及时地完成工作任务。在审计过程中，注册会计师应当保持职业怀疑态度，运用专业知识、技能和经验，获取和评价审计证据。同时，注册会计师应当采取措施以确保在其授权下工作的人员得到适当的培训和督导。

基本原则五，保密。

保密原则要求注册会计师应当对在职业活动中获知的信息予以保密，不得出现下列行为：

➢ 未经客户授权或法律、法规允许，向会计师事务所以外的第三方披露其所获知的涉密信息。

➢ 利用所获知的涉密信息为自己或第三方谋取利益。

➢ 注册会计师在社会交往中应当履行保密义务。

➢ 注册会计师应当警惕无意泄露的可能性，特别是警惕无意向近亲属或关系密切的人员泄密的可能性。

注册会计师在下列情况下可以披露涉密信息：

➢ 法律、法规允许披露，并且取得客户或工作单位的授权。

➢ 根据法律、法规的要求，为法律诉讼、仲裁准备文件或提供证据，以及向有关监管机构报告发现的违法行为。

➢ 在法律、法规允许的情况下，在法律诉讼、仲裁中维护自己的合法权益。

➢ 接受注册会计师协会或监管机构的执业质量检查，答复其询问和调查。

➢ 法律、法规、执业准则和职业道德规范规定的其他情形。

基本原则六，良好的职业行为。

良好的职业行为要求注册会计师应当遵守相关法律、法规，避免发生任何损害职业声誉的行为。

在推介自己和工作时，注册会计师应当客观、真实、得体，不应存在下列行为：

➢ 对其能够提供的服务、拥有的资质以及积累的经验进行夸大宣传。

➢ 对其他注册会计师的工作进行贬低或无根据的比较。

2）可能对职业道德基本原则产生不利影响的因素

注册会计师对职业道德基本原则的遵循可能会受到多种因素的不利影响。不利影响的性质和严重程度因注册会计师提供服务类型的不同而不同。可能对职业道德基本原则产生不利影响的因素包括自身利益、自我评价、过度推介、密切关系和外在压力。

第一，自身利益。

如果经济利益或其他利益对注册会计师的职业判断或行为产生不当影响，将产生自身利益导致的不利影响。

自身利益导致不利影响的情形主要包括：

➢ 鉴证业务项目组成员与鉴证客户有直接经济利益关系。

➢ 会计师事务所的收入过分依赖某一客户。

➢ 鉴证业务项目组成员与鉴证客户存在重要且密切的商业关系。

➢ 会计师事务所与客户就鉴证业务达成或有收费的协议。

第二，自我评价。

如果注册会计师对其以前的判断或服务结果作出不恰当的评价，并且将据此形成的判断作为当前服务的组成部分，将产生自我评价导致的不利影响。

自我评价导致不利影响的情形主要包括：

➢ 会计师事务所在对客户提供财务系统的设计或操作服务后，又对系统的运行有效性出具鉴证报告。

➢ 会计师事务所为客户编制原始数据，这些数据构成鉴证业务的对象。

➢ 鉴证业务项目组成员担任或最近曾经担任客户的董事或高级管理人员。

➢ 鉴证业务项目组成员现在受雇于或最近曾受雇于客户，且所处职位能够对鉴证对象施加重大影响。

第三，过度推介。

如果注册会计师过度推介客户或工作单位的某种立场或意见，使其客观性受到损害，将产生过度推介导致的不利影响。

过度推介导致不利影响的情形主要包括：

➢ 会计师事务所推介审计客户的股份。

➢ 在审计客户与第三方发生诉讼或纠纷时，注册会计师担任该客户的辩护人。

第四，密切关系。

如果注册会计师与客户或雇佣单位存在长期或亲密的关系，而过于倾向他们的利益或认可他们的工作，将产生密切关系导致的不利影响。

密切关系导致不利影响的情形主要包括：

➢ 项目组成员的近亲属担任客户的董事或高级管理人员。

➢ 项目组成员的近亲属是客户的员工，其所处的职位能够对业务对象施加重大影响。

➢ 注册会计师接受客户的礼品或款待。

第五，外在压力。

如果注册会计师受到实际的压力或感受到压力而无法客观行事，将产生外在压力导致的不利影响。

外在压力导致不利影响的情形主要包括：

➢ 会计师事务所受到客户解除业务关系的威胁。

➢ 审计客户表示，如果会计师事务所不同意其对某项交易的会计处理，审计客户将不再委托其承办协议中的非鉴证业务。

➢ 客户威胁将起诉会计师事务所。

➢ 会计师事务所受到降低收费的影响而不恰当地缩小工作范围。

➢ 会计师事务所合伙人告知注册会计师，除非同意审计客户不恰当的会计处理，否则将影响晋升。

3）应对不利影响的防范措施

防范措施是指可以消除不利影响或将其降至可接受水平的行动或其他措施。应对不利影响的防范措施包括法律、法规和职业规范规定的防范措施和具体工作中采取的防范措施。

在具体工作中，应对不利影响的防范措施包括会计师事务所层面和具体业务层面的防范措施。

（1）会计师事务所层面的防范措施。

➢ 会计师事务所领导层强调遵循职业道德基本原则的重要性。

➢ 会计师事务所领导层强调鉴证业务项目组成员应当维护公众利益。

➢ 制定有关政策和程序，实施项目质量控制，监督业务质量。

➢ 制定有关政策和程序，识别会计师事务所或项目组成员与客户之间的利益或关系。

➢ 制定有关政策和程序，监控对某一客户收费的依赖程度。

➢ 向鉴证客户提供非鉴证服务时，指派签证业务项目组以外的其他合伙人和项目组并确保鉴证业务项目组和非鉴证业务项目组分别向各自的业务主管报告工作。

➢ 指定高级管理人员负责监督会计师事务所质量控制系统是否有效运行。

➢ 向合伙人和专业人员提供鉴证客户及其关联实体的名单，并要求合伙人和专业人员与之保持独立。

➢ 建立惩戒机制，保障相关政策和程序得到遵守。

（2）具体业务层面的防范措施。

➢ 由未涉及非鉴证服务的注册会计师复核已执行的非鉴证工作，或在必要时提供建议。

➢ 由鉴证业务项目以外的注册会计师复核已执行的鉴证工作，或在必要时提供建议。

➢ 向客户审计委员会、监管机构或注册会计师协会咨询。

➢ 与客户治理层讨论有关职业道德问题。

➢ 向客户治理层说明提供服务的性质和收费的范围。

➢ 请其他会计师事务所执行或重新执行部分业务。

➢ 轮换鉴证业务项目组合伙人和高级员工。

3. 审计责任

在财务报表审计中，被审计单位管理层和治理层与注册会计师承担着不同的责任，不能互相混淆和替代。明确划分责任，不仅有助于被审计单位管理层和治理层与注册会计师认真履行各自的职责，为财务报表及其审计报告的使用者提供有用的经济决策信息，还有利于保护相关各方的正当权益。

1）被审计单位管理层和治理层的责任

现代公司治理结构要求治理层对管理层编制财务报表的过程实施有效的监督。被审计单位管理层的责任是在治理层的监督下，按照适用的会计准则和相关会计制度的规定编制财务报表。管理层对编制财务报表的具体责任包括：

第一，选择适用的会计准则和相关会计制度。

管理层应当根据会计主体的性质和财务报表的编制目的，选择适用的会计准则和相关会计制度编制和列报财务报表。例如，企业根据规模或行业性质，分别适合采用《企业会计准则》或《小企业会计准则》等。

第二，选样和选用恰当的会计政策。

会计政策是指企业在会计确认、计量和报告中所采用的原则、基础和会计处理方法。管理层应当根据企业的具体情况，选择和运用恰当的会计政策。

第三，根据企业的具体情况作出合理的会计估计。

会计估计是指企业对其结果不确定的交易和事项以最近可利用的信息为基础所作的判断。管理层有责任根据企业的实际情况，作出合理的会计估计，如企业固定资产的使用年限和净残值、应收账款的可收回净额等。

2）注册会计师的责任

按照中国注册会计师审计准则的规定对财务报表发表审计意见是注册会计师的责任。注册会计师应当遵守职业道德规范，按照审计准则的规定计划和实施审计工作，获取充分、适当的审计证据，并根据获取的审计证据得出合理的审计结论，发表恰当的审计意见。注册会计师通过签署审计报告确认其责任。

财务报表编制和财务报表审计是财务信息生成过程中的不同环节，两者各司其职。法律、法规要求管理层和治理层对编制财务报表承担责任，有利于从源头上保证财务信息的质量。在某些方面，注册会计师与管理层和治理层之间可能存在信息不对称，管理层和治理层作为内部人员，对企业的情况更为了解，更能作出适合企业特点的会计处理决策和判断，因此，管理层和治理层应对编制财务报表承担完全责任。尽管在审计过程中，注册会计师可能向管理层和治理层提出调整建议，甚至在不违反独立性的前提下为管理层确制财务报表提供协助，但管理层仍然对编制财务报表承担责任，并通过签署财务报表确认这一责任。

3）对注册会计师法律责任的认定

第一，违约。

违约是指合同的一方或多方未能履行合同条款规定的义务。当注册会计师违约给他人造成损失时，应负违约责任。比如，在商定的期间内未能提交纳税申报表，或违反了与客户订立的保密协议等。

第二，过失。

过失是指在一定条件下，没有保持应有的职业谨慎。评价注册会计师的过失，是以其他合格注册会计师在相同条件下可做到的谨慎为标准的。当注册会计师过失给他人造成损失时，应负过失责任。过失可按程度不同区分为普通过失和重大过失。

普通过失通常是指没有保持职业上应有的职业谨慎；对注册会计师而言，则是指设有完全遵循专业准则的要求。

重大过失是指连起码的职业谨慎都没有保持；对注册会计师而言，则是指根本没有遵循专业准则或没有按照专业准则的基本要求执行审计。

第三，欺诈。

欺诈又称舞弊，是以欺骗或坑害他人为目的的一种故意的错误行为。对于注册会计师而言，欺诈就是为了达到欺骗他人的目的，明知委托单位的财务报表有重大错报，却加以虚伪的陈述，出具无保留意见的审计报告。

4）注册会计师承担法律责任的种类

注册会计师因违约、过失或欺诈给被审计单位或其他利害关系人造成损失的，按照有关法律规定，可能被判承担行政责任、民事责任或刑事责任。

第一，行政责任。

行政处罚对注册会计师个人来说，包括警告、暂停执业、吊销注册会计师证书；对会计师事务所而言，包括警告、没收违法所得、罚款、暂停执业、撤销等。《注册会计师法》第三十九条规定："会计师事务所违反本法第二十条、第二十一条规定的，由省级以上人民政府财政部门给予警告，没收违法所得，可以并处违法所得一倍以上五倍以下的罚款；情节严重的，可以由省级以上人民政府财政部门暂停其经营业务或者予以撤销。注册会计师违反本法第二十条、第二十一条规定的，由省级以上人民政府财政部门给予警告；情节严重的，可以由省级以上人民政府财政部门暂停其执行业务或者吊销注册会计师证书。"《证券法》第二百零一条规定："为股票的发行、上市、交易出具审计报告、资产评估报告或者法律意见书等文件的证券服务机构和人员，违反本法第四十五条的规定买卖股票的，责令依法处理非法持有的股票，没收违法所得，并处以买卖股票等值以下的罚款。"

第二，民事责任。

民事责任主要是指赔偿受害人损失。《公司法》第二百零八条规定："承担资产评估、验资的机构因出具的评估结果、验资或者验证证明不实，给公司债权人造成影响的，除能够证明自己没有过错外，在其评估或者证明不实的金额范围内承担赔偿责任。"

第三，刑事责任。

刑事责任是指能触犯刑法所必须承担的法律后果。《公司法》第二百一十六条规定："违反本法规定、构成犯罪的，依法追究刑事责任。"《刑法》第二百二十九条规定："承担资产评估、验资、会计、审计、法律服务等职责的中介组织的人员故意提供虚假证明文件；情节严重的，处五年以下有期徒刑或者拘役，并处罚金。"

这三种责任可单处，也可并处。一般来说，违约和过失可能使注册会计师承担行政责任和民事责任，欺诈可能使注册会计师承担民事责任和刑事责任。

5）注册会计师避免法律诉讼的具体措施

措施一，严格遵循职业道德守则和执业准则的要求。

注册会计师是否应承担法律责任，关键在于注册会计师是否有过失或欺诈行为。而判断注册会计师是否具有过失的关键在于注册会计师是否按照执业准则的要求执业。因此保持良好的职业道德行为，严格遵循执业准则的要求执行工作、出具报告，对于避免法律诉讼或在提起诉讼中保护注册会计师具有非常重要的作用。

措施二，建立健全会计师事务所质量控制制度。

质量控制是会计师事务所各项管理工作的核心和关键。如果一个会计师事务所质量控制不严，很有可能因某一个人或一个部门的原因导致整个会计师事务所遭受灭顶之灾。因此，会计师事务所必须建立健全一套严密的、科学的质量控制制度，并把这套制度落实到整个审计过程和各个审计环节，促使注册会计师按照执业准则的要求执业，保证审计业务质量。

措施三，与委托人签订业务约定书。

业务约定书具有法律效力，它是确定注册会计师和委托人责任的一个重要文件。会计师事务所不论承办何种业务，都要按照业务的约定书准则的要求与委托人签订约定书，这样才能在法律诉讼时将一切口舌争辩减少到最低限度。

措施四，审慎选择客户。

中外很多注册会计师法律案件都说明，注册会计师要避免法律诉讼，必须慎重选择客户：一是要选择正直的客户。在接受委托前，一定要对客户的情况有所了解，评价管理层和关键股东的诚信和品质，弄清委托的真正目的，如果客户对其顾客、员工、政府部门或其他方面没有正直的品格，也必然会欺骗注册会计师，使注册会计师落入设定的圈套。二是要尤为注意陷入财务和法律困境的客户。中外绝大部分涉及注册会计师的诉讼案，都与宣告破产的被审计单位有关。那些周转不灵或面临破产的公司总想为他们的损失寻找替罪羊，因此，对那些已经陷入困境的单位要特别注意，避免被卷入其中。

措施五，深入了解被审计单位的业务。

在很多案件中，注册会计师之所以未能发现错误，一个重要的原因是他们不了解被审计单位所在行业的情况及被审计单位的业务。由于会计是经济活动的综合反映，不熟悉被审计单位的经济业务和生产经营实务，仅局限于有关的会计资料，就可能发现不了某些错误，所以，注册会计师要深入了解被审计单位的业务，才能避免法律诉讼。

措施六，聘请熟悉注册会计师法律责任的律师。

会计师事务所应尽可能聘请熟悉相关法规及注册会计师法律责任的律师。在执业过程中如遇重大法律问题，注册会计师应同律师详细讨论所有潜在的风险，并仔细考虑律师的建议。一旦发生法律诉讼，也应聘请有经验的律师参与诉讼。

措施七，按规定妥善保管审计工作底稿。

根据现行法律及相关司法解释的规定，会计师事务所侵权赔偿责任的归责原则为过错推定原则。如果会计师事务所向法院提交的审计工作底稿上记录的工作程序和反映的职业判断能证明会计师事务所的执业行为遵循了职业准则和规则，不存在主观上的过错，就可以不承担赔偿责任。所以，按规定妥善保管好审计工作底稿，对于事务所有效应对法律诉讼、规避法律责任风险具有重要意义。

4. 注册会计师审计流程

1）计划阶段

计划阶段是指从接受委托到编制出审计计划为止的过程，主要完成审计开始阶段的各项规划与准备工作，包括接受业务委托、实施风险评估程序和计划审计工作三项。

第一，接受业务委托。

会计师事务所应当按照执业准则的规定，谨慎决定是否接受或保持某客户关系和具体审计业务。在接受新客户的业务前，或决定是否保持现有业务及考虑接受现有客户的新业务时，会计师事务所应当执行客户接受与保持的程序，如获取客户是否诚信，审计的前提条件是否存在，会计师事务所有无执行审计业务所必需的素质、专业胜任能力、时间等影响受托实现的各种因素，然后决定是否接受委托。

一旦决定接受业委托或保持客户关系后，注册会计师应当在审计业务开始前，与客户就审计业务约定条款达成一致意见，签订或修改审计业务约定书，并按约定书规定的条款履行业务。

第二，实施风险评估程序。

审计准则规定，注册会计师必须实施风险评估程序，以此作为评估财务报表层次和认定层次重大错报风险的基础。风险评估程序是指注册会计师为了解被审计单位及其环境，以识别和评估财务报表层次和认定层次的重大错报风险（无论该错报是由于舞弊还是错报导致）而实施的审计程序。风险评估程序是必要程序，为注册会计师在许多关键环节作出职业判断提供了重要基础。了解被审计单位及其环境实际上是一个连续、动态地收集、更新与分析信息的过程，贯穿于整个审计过程的始终。一般来说，实施风险评估程序的主要工作包括：了解被审计单位及其环境；识别和评估财务报表层次以及各类交易、账户余额和披露认定层次的重大错别风险，包括确定需要特别考虑的重大错报风险（即特别风险）以及仅通过实施实质性程序无法应对的重大错报风险等。

第三，计划审计工作。

计划审计工作十分重要。如果没有恰当的审计计划，不仅无法获取充分、适当的审计证据，影响审计目标的实现，还会浪费有限的审计资源，影响审计工作的效率。因此，对于任何一项审计业务，注册会计师在执行具体审计程序之前，都必须根据具体情况制定科学、合理的计划，使审计业务以有效的方式得到执行。鉴于计划审计工作的重要性，项目负责人和项目组其他关键成员应当参与计划审计工作，并应该重视和认真做好该项工作，以使审计工作有的放矢地执行，提高审计工作的质量和效率。一般来说，计划审计工作主要包括在本期审计业务开始时开展的初步业务活动，制定总体审计策略，制定具体审计计划等。

2）实施阶段

实施阶段是收集审计证据，借以形成审计结论的关键阶段。注册会计师实施风险评估程序本身并不足以为发表审计意见提供充分、适当的审计证据，还应当进一步实施审计程序，包括实施控制测试（必要时或决定测试时）和实质性程序。因此，注册会计师在评估财务报表重大错报风险后，应当运用职业判断，针对评估的财务报表层次重大错报风险确定总体应对措施，并针对评估的认定层次重大错报风险设计和实施进一步审计程序，以将审计风险降至可接受的低水平。

具体来说，实施阶段要做好以下四项工作：

工作一，进行内部控制测试。

内部控制是决定审计范围、方法和时间的一个重要依据。因此，注册会计师在前期对重大错报风险进行评估和对内部控制有所了解的基础上，应对内部控制执行的有效性进行测试。测试的目的主要是看内部控制是否得到一贯有效的执行，以便为审计计划的修订和下一步实施实质性程序打下基础。

工作二，修订审计计划。

计划审计工作并不是审计业务的一个孤立阶段，而是一个持续的、不断修正的过程，贯穿于整个审计业务的始终。通过对内部控制执行的有效性测试，注册会计师会掌握更详尽的情况，据此对原审计计划进行针对性地修改、调整，能使审计工作在更贴近实际的审计计划指导下，更高效率、高质量地完成审计工作。

工作三，实施实质性程序。

完成对内部控制的评审，修订审计计划以后，就可以转入对经济业务的具体审查，也就是进行实质性程序。在这一环节上，要选择恰当的审计方法审查记录资料，盘点实物存量，收集充分、适当的审计证据，形成审计工作底稿。

工作四，检查和复核审计工作底稿。

3）终结阶段

终结阶段是注册会计师结束实质性程序工作，形成审计意见，出具审计报告的阶段。注册会计师在完成财务报表进一步审计程序后，还应当按照有关审计准则的规定做好审计完成阶段的工作，并根据所获取的各种证据，合理运用专业判断，形成适当的审计意见。具体来说，本阶段主要有以下六项工作：

(1) 评价审计中的重大发现和复核审计工作底稿。重大发现涉及会计政策的选择、运用和一惯性的重大事项等。在审计完成阶段，项目合伙人和审计项目组应考虑评价重大发现对审计方法、重要性的影响，以便调整策略，妥善处理。审计工作底稿是在审计过程中形成的记录，是审计证据的载体。在这一阶段，注册会计师应对审计工作底稿进行复核，对重要性和审计风险作最终评价，以便对被审计单位已审计财务报表形成的审计意见提供充分依据。

(2) 审查期初余额和比较数据。期初余额是指报告期初已存在的账户余额。比较数据是指作为本期财务报表组成部分的上期对应数和相关披露。对于期初余额，如果注册会计师是首次接受委托，应对期初余额进行审计。审计时从以下几个方面进行：

➢ 确定期初余额不存在对本期财务报表产生重大影响的错报。

➢ 确定上期期末余额已结转至本期，或在适当的情况下已作出重新表述。

➢ 确定被审计单位一贯运用恰当的会计政策或对会计政策的变更作出正确的会计处理和恰当的列报。如果注册会计师是连续审计、只需关注被审计单位经审计的上期期末余额是否已正确结转至本期，或在适当的时期已作出重新表述。对于比较数据，如果是连续审计，注册会计师应当评论比较数据采用的会计政策与本期采用的会计政策是否一致，以及比较数据与期财务报表反映的金额和相关披露是否一致。如不一致，是否已经作出适当调整和充分披露。对于首次接受委托，注册会计师除实施以上程序外，还应当将比较数据视作期初余额，按照首次接受委托时对期初余额的审计准则规定，实施恰当的审计程序，获取充分、适当的审计证据。

(3) 审计期后事项和或有事项。期后事项是指资产负债表日至审计报告日之间发生的事项以及审计报告日后发生的事实。它包括两类事项：一是调整事项，是指对资产负债表日已存在的情况提供了新的或进一步证据的事项。如资产负债表日后取得确凿证据，表明某项资产在资产负债表日发生了减值或者需要调整该项资产原先确认的减值金额等。二是非调整事项，是指表明资产负债表日后发生的情况的事项。这类事项组不影响财务报表金额，但可能影响对财务报表的正确理解。如资产负债表日后发生重大诉讼、仲裁、承诺；资产负债表日后发生资本转增资本等。这些事项如不调整或进行披露，会影响到报表使用者的正确决策和判断。因此，在这一阶段要对期后事项予以审查，取得补充证据，使它们得到正确反映。或有事项是指过去的交易或事项形成的，其结果须在某些未来事项发生或不发生时才能决定的不确定事项，如未决诉讼或冲裁、债务担保等。或有事项对企业的财务状况和经营成果有较大的影响。为了使财务报表使用者能够获得真实、充分、详细的信息，帮助其正确地分析、判断，需要对或有事项进行审计。审计时，可通过向被审计单位管理当局询问、索取资料、向律师函证等程序取得证据。

(4) 考虑持续经营问题，获取管理层书面声明。持续经营假设是指被审计单位在编制财务报表时，假定其经营活动在可预见的将来会继续下去。如果这一假设不再成立，对财务报表的编制和审计关系重大。因此，在审计终结阶段应了解被审计单位是否存在可能导致对持续经营能力产生重大疑虑的事项，如财务方面的债务违约，无法继续履行重大借款合同中的有关条款，以及经营方面关键管理人员离职且无人替代等事项。如存在此类事项，在发表审计意见时应增加强调事项段，对此问题予以强调说明。管理层声明书是把管理层对注册会计师的询问所作的答复以书面方式进行的记录，是一种书面证据。它对明确管理层对财务报表的责任以及降低注册会计师的审计责任有重要的意义。因此，在形成审计意见前应获取管理层说明书。

(5) 汇总审计差异，协调调整事项。在对各方面都取得审计证据后，下一步是要复核审计工作底稿，汇总审计差异。这些差异有核算错误和重分类错误，应根据重要性标准衡量，哪些需要调整，哪些不需要调整，并提出调整账项或报表的意见，同客户沟通协调调整，并根据调整或不调整情况确定审计意见的类型。

(6) 编写审计报告，建立审计档案。在形成审计意见后，编写审计报告并将报告送交委托人，同时将有关资料归档，资料完整保管。

【能力拓展】

请分析/思考：国家审计、内部审计、注册会计师审计的关系。

分析提示：国家审计、内部审计、注册会计师审计的机构、人员、目标、业务范围等。

【忆经典 1-1】 “银广夏”审计案

1.“银广夏”案的始末

银广夏公司全称为广夏(银川)实业股份有限公司，现证券简称 ST 银广夏(000557)。1994 年 6 月，银广夏公司在深圳证券交易所上市，曾因其骄人的业绩和诱人的前景而被称为“中国第一蓝筹股”。银广夏公司原主要业务为软磁盘生产，然后逐渐进入全面多元化投资阶段。但银广夏业绩的奇迹性转折是从 1998 年开始的，这主要是天津广夏的“功劳”。天津广夏是银广夏集团于 1994 年在天津成立的控股子公司。天津广夏在 1996 年以后通过德国西·伊利斯公司进口了一套由德国伍德公司生产的 500 立升×3 二氧化碳超临界值萃取设备。1998 年，天津广夏接到了来自德国诚信贸易公司关于购买萃取产品的第一张订单。此后，两张订单给天津广夏带来了 7 000 多万元的收入。1999 年，银广夏利润总额为 1.58 亿元，其中 76%来自天津广夏。银广厦 1999 年年报中公布的每股盈利为 0.51 元，并实行了历史上首次 10 转增 10 的分红方案。2001 年 3 月，银广夏公布了 2000 年年报，在股本扩大 1 倍的情况下，每股收益增长超过 60%，达到每股 0.827 元，盈利能力之强，令人瞠目结舌。连续两年银广夏集团的利润绝大部分来自天津广夏，银广夏全年主营业务收入 9.1 亿元，净利润 4.18 亿元。银广夏 2000 年 1 月 19 日公告称，当年天津广夏向德国诚信公司出口 2.1 亿元德国马克的姜油精等萃取产品，实际执行 1.8 亿元德国马克。按 1999 年年报提供的萃取产品利润率 66%推算，天津广夏 2000 年创造的利润为 4.7 亿元。至此银广夏的股价已上涨 440%。而为银广夏进行审计的中天勤会计师事务所连续 2 年，即 1999 年与 2000 年，为该集团的年报签署了无保留意见的审计报告。

然而，有很多股民和其他人士对银广夏的“传奇业绩”深表怀疑。有两位记者奔波 1 年多，提出了有力的佐证。于是，2001 年 8 月，《财经》杂志发表“银广夏陷阱”一文，银广夏虚构财务报表的事件被曝光。专家的结论是，天津广夏出口德国诚信贸易公司的为“不可能的产量、不可能的价格、不可能的产品”，以天津广夏萃取设备的产能，即使通宵达旦运作，也生产不出所宣称的数量；天津广夏萃取产品出口价格高到近乎荒谬；对德国出口合同中的某些产品，根本不能用二氧化碳超临界萃取设备提取。

2.“银广夏”案的审计与查处

“银广夏”事件被媒体披露后，2001 年 8 月 3 日，中国证监会对广夏(银川)实业股份有限公司正式立案调查，造假的“重灾区”是银广夏控股公司天津广夏。调查的结果让人大吃一惊：从原材料购进到生产、销售、出口，天津广夏伪造了全部单据，包括原料合同、购货发票、银行汇款单、出口销售合同、海关出口报关单和所得税免税文件等 100 多份关键财务文件，真可谓“胆大包天，不择手段”。事情的原委是，天津广夏董事长兼财务总监董博接到广夏(银川)实业股份有限公司财务总监、总会计师兼董事局秘书丁功民的电话，要求他将每股利润做到 0.8 元(经银川广夏实业股份有限公司董事局主席兼总裁李有强同意)。董博便进行了相应的计算，得出天津广夏公司需要制造多少利润，进而根据这一利润，计算出天津广夏公司需要多大产量、多少销售量以及购多少原材料等数据。真相是，1998 年虚增利润 1 776.10 万元，由于主要控股子公司天津广夏 1998 年及以前年度的财务资料丢失，利润的真实性无法确定；1999 年，虚增利润 17 781.86 万元，实际亏损 5 003.2 万元；2000 年，虚增利润56 704.74 万元，实际亏损 14 940.10 万元；2001 年 1—6 月，虚增利润 894 万元，实际亏损 2 557.10 万元。

中天勤会计师事务所审计的致命缺陷是：

(1) 银广夏编制合并报表时，未抵销与子公司之间的关联方交易，也未按股权协议的比例合并子公司，从而虚增巨额资产和利润，审计未能发现。

(2) 注册会计师未能有效执行应收账款函证程序，在对天津广夏的审计过程中，将所有的询证函交由公司发出，而并未要求公司债务人将回函直接寄达注册会计师处。

(3) 注册会计师未有效执行分析性测试程序，例如，对于银广夏在 2000 年度主营业务收入大幅增长的同时生产用电的电费却反而降低的情况竟没有发现或报告；面对银广夏 2000 年度生产卵磷脂的投入产出比率较 1999 年度大幅度下降的异常情况，注册会计师既未实地考察也没有咨询专家意见，而轻信银广夏管理当局声称的“生产进入成熟期”。

(4) 天津广夏审计项目负责人由非注册会计师担任，审计人员普遍缺乏外贸业务知识不具备专业胜任能力。

(5) 对于不符合国家税法规定的异常增值税及所得税政策披露情况，审计人员没有予以应有的关注。

2001 年 9 月以后，因涉及银广夏利润造假案，深圳中天勤这家审计上市公司报表数量最多的会计师事务所实际上已经解体。财政部宣布，吊销刘家荣、徐林文的注册会计师资格；吊销中天勤会计师事务所的执业资格，并会同证监会吊销其证券、期货相关业务许可证；同时，将追究中天勤会计师事务所负责人的法律责任。

2002 年 5 月，证监会下达的处罚决定书认定：银广夏在 1998—2001 年间虚构销售收入 10 亿多元，虚增利润 7.7 亿元；ST 银广夏股票将暂停上市。2004 年 4 月，因持续经营能力具有重大不确定性，中勤万信会计师事务所对 ST 银广夏公布的 2003 年年报拒绝出具审计意见。ST 银广夏 2003 年全年实现主营业务收入 1 140.63 万元，同比下降 6%，亏损 6 109.86 万元，每股收益－0.12 元，调整后的每股净资产为－1.49 元。审计报告显示，ST 银广夏仍然存在大量到期债务和对外担保的连带清偿责任。其中，已逾期的长短期借款 4 954.6 万元，借款或发行债券涉及的重大诉讼 6 285.74 万元，拖欠货款涉及的诉讼 6 515.8 万元。另外，或有负债总额也比较大。同时，公司还面临中小股东民事诉讼要求赔偿的可能。由于ST银广夏主要的经营性资产处于被抵押、诉讼保全或强制执行中，公司缺乏足够的流动资金解决债务问题。

时至 2006 年 2 月，起诉银广夏上市公司虚假陈述的 808 名股民拒绝了该公司提出的“以股抵债”，即以每 10 股折合送 1.4 股的方式抵销总金额近 1.8 亿元的民事赔偿款，提出“只要现金不要股票”。据了解，银川市中级人民法院共受理银广夏虚假陈述证券民事赔偿案件 103 起，涉案总标的约 1.8 亿元，涉及投资人共计 800 余人，这一官司已达 5 年，迟迟未能了结。

资料来源：杨庆才.审计案例分析[M].北京：首都经济贸易大学出版社，2003.

【忆经典 1-2】 美国安然公司审计案

1. 美国安然公司案的始末

安然是美国能源业巨头，成立于 1930 年，于 1985 年以 24 亿美元收购了另一家公司，并改名为安然公司，总部设在得克萨斯州的休斯敦。该公司曾是世界上最大的天然气交易商和最大的电力交易商，鼎盛时期年收入达 1 000 亿美元，雇佣了 2 万多员工，其业务遍布欧洲、亚洲和世界其他地区。安然公司 1996 年收入是 133 亿美元，到 2000 年时总收入为 1 008 亿美元，几乎是美国收入最多的公司；2000 年《财富》500 强中安然排名第 16 位；连续 4 年获《财富》杂志“美国最具创新精神的公司”称号。

20 世纪 90 年代初，安然公司开始涉足能源商品期货交易业务，最终成为全球最大的电力和天然气交易商。1995 年，安然公司成为全美天然气市场的最大公司，之后又涉足包括电力、木浆、钢材甚至频宽、电视广告时段、债务达约保险等项目。同时，大力拓展新业务及海外市场，投入 12 亿美元于新光纤网络，并在世界各地设立电厂。到 2000 年年底，安然公司的股价一直是直线上涨的，最高时股票每股达 90 多美元。

然而，1996 年安然公司的总利润是 5.84 亿美元，1998 年是 7.03 亿美元，2000 年是 9.79 亿美元，可见，其利润并没有太多的增长。原因是，随着公司业务的扩大，公司内部亦牵涉权力争斗。与史基宁竞选行政总裁一职的对手在 1998 年一意孤行，投资英国食水业务，他收购英国食水公司，不断购入高价食水资产，但英国政府其后却调低食水价格，令公司损失惨重。前财务总监菲斯路为获取资金支持新投资，成立多家名为“特别目的公司”(SPE)的合伙人公司，为吸引投资者入股该公司，安然承诺以其股份担保有关债务，此举令安然承担了大部分的债务风险，但却未如实地反映在公司账目中。

2001 年年初，美国加州能源价格跌了很多，使得安然公司的利润很快就下降了，偏离了市场对其的预期。于是，安然公司就开始通过关联方交易做手脚，几笔交易使其每股利润达到了 45 美分，当时华尔街经济师预测的是 43 美分。通过关联方交易使得最后的利润比预期利润还高出一点，市价随之又涨了一些。然而，令安然公司最棘手的是债务问题。安然的扩张与其他企业一样，要么是发行股票，要么是借债。发行股票会稀释股权，于是借债变成了唯一的选择。通过金字塔式的方式层层控股，层层借债，或通过信托基金方式。信托基金发行债券后，尽管有抵押，但买者还是不放心，要求安然公司作出进一步的担保，即在债券到期时或到期前，用来作抵押的资产价值不够时，安然公司必须补现金，或者增发股票，安然公司又使用股票作担保。结果，由于能源市场的波动，2001 年 10 月底，安然的股价跌到 30 美元以下。2001 年 11 月 28 日，安然公司公布了虚报的盈利，其股价跌到 10 美元。2001 年 11 月 28 日，安然公司有 6 亿美元的债务到期，但安然公司也没有钱还了。美国的标准普尔公司宣布给安然公司降级，安然公司必须拿出巨额美元用来还债，但此时的安然公司已无力回天。安然公司的股价跌到了 60 美分，只好宣布破产。安然公司宣布破产后，公司的账面总资产不超过 498 亿美元。

公司的 29 名高级主管在股价暴跌之前已出售 173 万股股票，获得 11 亿美元的巨额利润。而该公司的 2 万名员工却被禁止出售大幅贬值的股票，他们投资于公司股票的退休储蓄金因而全部泡汤。公司申请破产后，安然公司的股价一直在几十美分间漂着，投资者数百亿美元的股票化为过眼云烟。

2. 美国安然公司案的审计与查处

一封匿名信告发惊天大案，雪伦·沃特金斯的匿名信中称，“过去的成功将被商业界规建商业界视为只不过是一场精心策划的会计骗局……我知道我们有许多精明的人在关注这个事情，还要包括安达信在内的许多会计师在为这种会计处理保驾护航。”《华尔街日报》上的一篇文章披露安然公司利用合伙公司隐瞒巨额债务。于 2001 年 10 月 22 日，美国证券交易委员会介入调查。国会先后派出了四个委员会前往调查。劳动部也开始了民事调查。司法部一直密切关注事态的发展，于 2002 年 1 月 9 日，正式开始对安然事件进行刑事调查。一系列民事、刑事调查的重点对象是安然的时任和前任主管人员、董事以及负责安然公司审计工作的安达信公司。

自 1997 年以来，安然主要通过“组织创新”“交易设计”和“衍生工具”等方式创立了近 3 000 家 SPE，由于不合并 SPE 财务报表的条件比较宽松，安然公司处心积虑地将几乎所有 SPE 都设计为不需要纳入合并报表范围的实体，通过不纳入合并报表范围的 SPE 进行不具有经济实质的对冲交易和出售回购等关联方交易，达到夸大利润、隐瞒亏损的目的；进行表外融资，达到隐瞒负债、提高信用等级的目的。安然公司承认，至 2001 年的过去 4 年虚报了 5.86 亿美元。2001 年 10 月，安然公司宣布第三季度亏损 6.18 亿美元，其中处理 SPE 损失 5.44 亿美元，1997 年至 2001 年第一季度的财务报表严重失实。标准普尔公司将安然公司的债券调低评级至“垃圾”，并且将其从代表美国经济的标准普尔 500 种股票中取消；穆迪公司也将安然公司的信用等级调至最低。

安达信会计师事务所严重的审计失败在于：

（1）安达信出具了严重失实的审计报告和内部控制评价报告。安达信在 1997—2000 年为安然公司出具的审计报告均为无保留意见，2000 年对安然公司内部控制能够合理保证财务报表可靠性的声明出具了认可的评价报告。

（2）缺乏独立性。安然公司是安达信的第二大客户，2000 年度安达信向安然公司收取的费用高达 5 200 万美元，其中咨询服务收入达到了 2 700 万美元。1997—2000 年，提供 SPE 交易策划及其会计处理的咨询收费高达 570 万美元。安然公司许多高级职员来自安达信，包括首席财务主管、首席会计主管和公司发展部副总经理在内的大约 100 名雇员曾在安达信就职。

（3）销毁审计档案，妨碍司法调查。2001 年 10 月 23 日，首席审计师是大卫·邓肯要求审计小组执行总部文件保管政策的指令，在休斯顿、伦敦和波特兰保管的安然审计档案被销毁。

资料来源：查尔斯·库利，等.美国证监会审计案例精选[M].宋建波，译.北京：中国人民大学出版社，2005.

情境小结

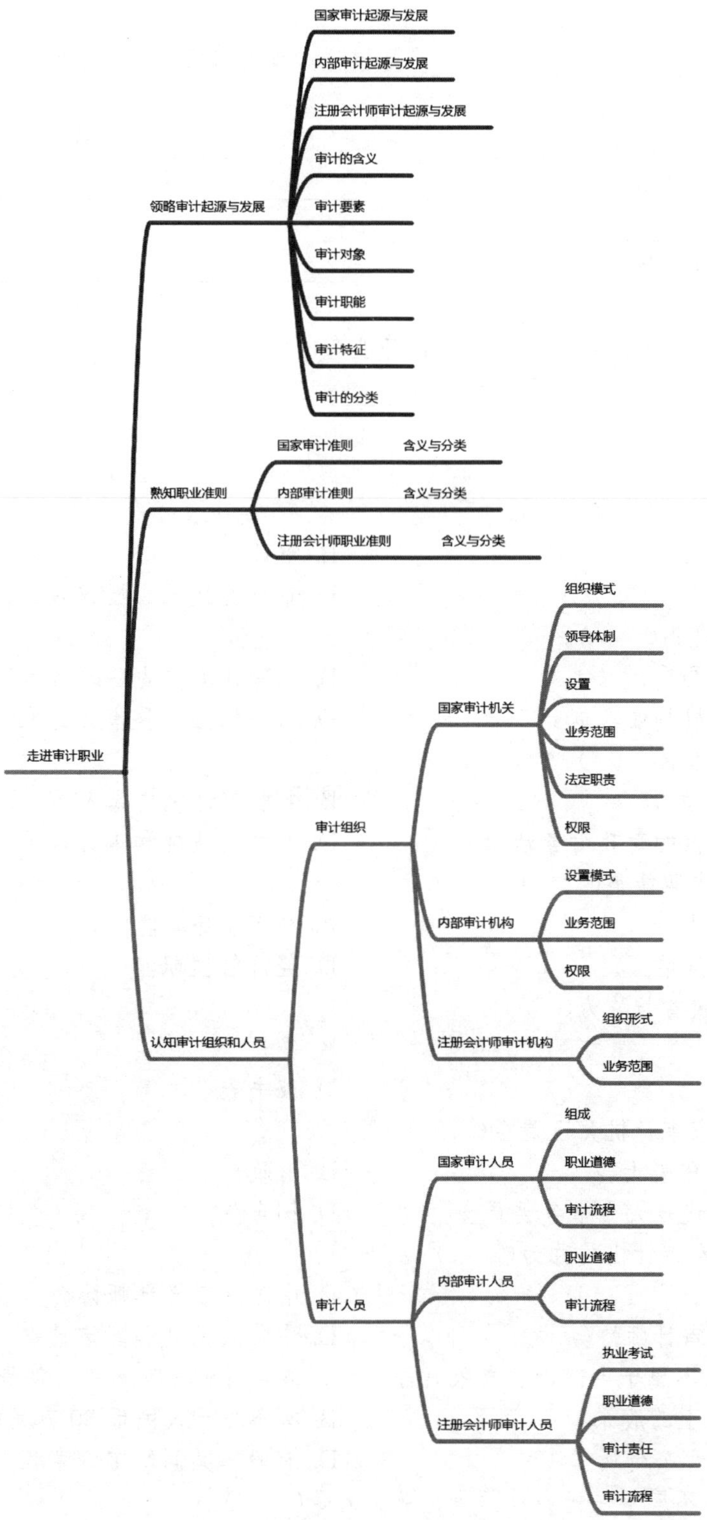
走进审计职业
领略审计起源与发展
国家审计起源与发展
内部审计起源与发展
注册会计师审计起源与发展
审计的含义
审计要素
审计对象
审计职能
审计特征
审计的分类
熟知职业准则
国家审计准则
含义与分类
内部审计准则
含义与分类
注册会计师职业准则
含义与分类
认知审计组织和人员
审计组织
国家审计机关
组织模式
领导体制
设置
业务范围
法定职责
权限
内部审计机构
设置模式
业务范围
权限
注册会计师审计机构
组织形式
业务范围
审计人员
国家审计人员
组成
职业道德
审计流程
内部审计人员
职业道德
审计流程
注册会计师审计人员
执业考试
职业道德
审计责任
审计流程

自 我 检 测

一、填空题

1. ________________________是审计产生的客观基础，它为审计的产生提供了可能性。
2. 我国国家审计产生于________________________时代。
3. 我国审计体系包括三部分：__________________、__________________和__________________。
4. 我国注册会计师执业准则体系由__________________、__________________和__________________组成。
5. 注册会计师业务准则可分为注册会计师业务准则可分为__________________、__________________和__________________。

二、单项选择题

1. 审计的关系人不包括(　　)。

A. 预期使用者　　B. 审计人
C. 被审计人　　D. 审计委托人或授权人

2. 审计的主体是指(　　)。

A. 被审计单位　　B. 被审计单位的财政活动和财务活动
C. 专职审计机构或人员　　D. 有关的法规和审计标准

3. 审计的客体是指(　　)。

A. 被审计单位　　B. 专职审计机构或人员
C. 被审计单位的财政财务活动　　D. 有关的法规和审计标准

4. 审计的最基本职能是(　　)。

A. 经济评价职能　　B. 经济监督职能
C. 经济鉴证职能　　D. 经济管理职能

5. 审计署的行政首长称为(　　)。

A. 审计长　　B. 署长
C. 总理　　D. 秘书长

6. 我国最高国家审计机关设置在(　　)。

A. 全国人民代表大会　　B. 财政部
C. 全国人民代表大会常务委员会　　D. 国务院

7. 我国最高国家审计机关称为(　　)。

A. 审计局　　B. 中国注册会计师协会
C. 中国注册审计师协会　　D. 中华人民共和国审计署

8. 下列各项中，不属于申请设立有限责任会计师事务所应当具备的条件是(　　)。

A. 有3名以上的股东　　B. 有不少于人民币30万元的注册资本
C. 有固定的办公场所　　D. 有股东共同制定的章程

9. 下列各项中，不属于注册会计师审计业务的是(　　)。

A. 审计年度财务报表的合法性和公允性　B. 验证企业资本
C. 审计简要财务报表　D. 设计企业内部控制制度

10. 注册会计师接受委托人的委托，从事的下列业务中，属于相关服务的是(　　)。
A. 中期财务报表审阅　B. 验资
C. 预测性财务信息审核　D. 对财务信息执行商定程序

11. 下列各项中，会计师事务所违反保密义务的是(　　)。
A. 接受委托后，后任注册会计师在取得了被审计单位口头授权后向前任注册会计师请求查阅审计工作底稿，前任注册会计师向后任注册会计师提供了支持
B. 某利害关系人向法院起诉会计师事务所，要求会计师事务所承担民事赔偿责任，会计师事务所未经被审计单位授权，向法院提交相关工作底稿作为抗辩的证据
C. 未经被审计单位授权，向监管机构报告发现的违反法规行为
D. 接受注册会计师协会依法进行的质量检查，并提供所要求的工作底稿，但未取得客户授权

12. 注册会计师的下列行为中，违反职业道德守则的是(　　)。
A. 注册会计师应按照业务约定和专业准则的要求完成委托业务
B. 注册会计师应当对执行业务过程中知悉的商业秘密保密，并不得利用其为自己或他人牟取利益
C. 除有关法规允许的情形外，会计师事务所不得以或有收费形式为客户提供各种鉴证服务
D. 注册会计师可以对其能够提供的服务、拥有的资质进行夸大宣传，但不得诋毁同行

13. (　　)通常是指没有保持职业上应有的职业谨慎，对注册会计师而言，则是指没有完全遵循专业准则的要求。
A. 普通过失　B. 重大过失
C. 违约　D. 欺诈

14. 注册会计师承担的(　　)主要是指赔偿受害人损失。
A. 行政责任　B. 民事责任
C. 刑事责任　D. 过失责任

15. 注册会计师因违约、过失或欺诈给被审计单位或其他利害关系人造成损失的，按照有关法律规定，可能被判承担(　　)。
A. 行政责任　B. 民事责任
C. 刑事责任　D. 保密责任

三、多项选择题

1. 审计按内容和目的分类，可分为(　　)。
A. 财政收支、财务收支审计　B. 财经法纪审计
C. 经济效益审计　D. 内部审计

2. 审计按主体不同，可以分为(　　)。
A. 国家审计　B. 内部审计
C. 注册会计师审计　D. 专项审计

3. 我国国家审计机关主要有(　　)。

A. 审计厅、局　　B. 内部审计机关
C. 注册会计师审计机关　　D. 审计署特派员办事处

4. 我国县级以上人民政府设立审计局，应接受(　　)。
A. 本级人民政府　　B. 本级人民代表大会
C. 上级人民政府　　D. 上级审计机关

5. 国家审计业务范围包括(　　)。
A. 财政收支审计　　B. 财务收支审计
C. 建设项目审计　　D. 经济责任审计

6. 国家审计机关在审计过程中享有的权限有(　　)。
A. 审计检查权　　B. 行政强制权
C. 要求报送资料权　　D. 建议纠正权

7. 国家审计的目标就是指审查和评价审计对象的(　　)。
A. 真实性　　B. 效益性
C. 公允性　　D. 合法性

8. 下列部门中，应设立内部审计机构的有(　　)。
A. 国有金融机构　　B. 国有大中型企业
C. 国有大型建设项目的建设单位　　D. 未设立派出机构的政府部门

9. 内部审计机构设置的形式主要有(　　)。
A. 内部审计隶属于董事会
B. 内部审计隶属于董事会下面的监事会或审计委员会
C. 内部审计隶属于总经理
D. 内部审计隶属于财会部门

10. 综观注册会计师行业在各国的发展，会计师事务所主要的组织形式有(　　)。
A. 普通合伙会计师事务所
B. 独资会计师事务所
C. 有限责任合伙会计师事务所
D. 有根责任公司会计师事务所

11. 下列各项中，属于注册会计师应当遵守的职业道德基本原则的有(　　)。
A. 诚信　　B. 保密
C. 客观和公正　　D. 专业胜任能力和应有的关注

12. 除特定情况外，会计师事务所应当对业务工作底稿包含的信息予以保密。这些特定情况包括(　　)。
A. 取得客户的授权
B. 未取得客户授权，但根据法律、法规的规定，会计师事务所为法律诉讼准备文件或提供证据
C. 接受注册会计师协会和监管机构依法进行的质量检查
D. 未取得客户的授权，但会计师事务所向监管机构报告发现的违反法规行为

13. 下列关于注册会计师职业道德的说法中，正确的有(　　)。
A. 如果存在导致职业判断出现偏差，注册会计师不得提供相关专业服务
B. 独立性有两个方面，实质上的独立和形式上的独立

C. 注册会计师不得无根据地比较其他注册会计师的工作
D. 在未经被审计单位允许的前提下，注册会计师不得接受注册会计师协会或监管机构的执业质量检查，答复其询问和调查

14. 对注册会计师法律责任的认定包括(　　)。
A. 违约　　B. 过失
C. 欺诈　　D. 串通

15. 行政处罚对注册会计师个人来说，包括(　　)。
A. 警告　　B. 暂停执业
C. 罚款　　D. 吊销注册会计师证书

四、判断题

(　　) 1. 西周是我国国家审计制度初步形成阶段，民间审计和内部审计也在那时产生。
(　　) 2. “宰夫”一职是我国政府审计的雏形。
(　　) 3. 内部审计的结果只对本部门、本单位负责，对外不起鉴证作用。
(　　) 4. 财产所有权与经营权的分离是注册会计师审计产生的客观基础。
(　　) 5. 审阅准则是整个注册会计师执业准则体系的核心。
(　　) 6. 重大过失通常是指没有保持职业上应有的职业谨慎；对注册会计师而言，则是指没有完全遵循专业准则的要求。
(　　) 7. 欺诈又称舞弊，是以欺骗或坑害他人为目的的一种故意的错误行为。
(　　) 8. 实质上的独立性是一种内心状态，要求注册会计师在提出结论时不受有损于职业判断的因素影响，能够诚实公正行事，并保持客观和职业怀疑态度。
(　　) 9. 在财务报表审计中，被审计单位管理层和治理层与注册会计师承担着不同的责任，不能互相混淆和替代。
(　　)10. 按照适用的会计准则和相关会计制度的规定编制财务报表是注册会计师的责任。

五、案例分析题

1. ABC会计师事务所接受委托，承办Y商业银行2019年度财务报表审计业务，并于2019年年底与Y商业银行签订了审计业务约定书，ABC会计师事务所指派A和B注册会计师为该审计项目负责人，假定存在以下情况：

(1) Y商业银行以2019年度经营亏损为由，要求ABC会计师事务所降低一定数额的审计收费，但允诺给予其正在申请的购买办公楼的按揭贷款利率予以相应优惠，ABC会计师事务所同意了Y商业银行的要求，并与之签订了补充协议。

(2) A注册会计师持有Y商业银行的股票200股，市值约1 500元。由于数额较小，A注册会计师未将该股票售出，也未予以回避。

(3) B注册会计师的弟弟在Y商业银行财务部从事会计核算工作，但非财务部负责人，B注册会计师未予以回避。

(4) 由于计算机专家王先生曾在Y商业银行信息部工作，且参与了其现行计算机信息系统的设计，ABC会计师事务所特聘王先生协助测试Y商业银行的计算机信息系统。

(5) ABC会计师事务所与Y商业银行信贷评审部进行业务合作，由信贷评审部介绍需要审计的贷款客户，ABC会计师事务所负责审计工作，最后由信贷评审部复核审计质量。

鉴于双方各自承担的工作，相关审计收费由双方各按50%比例分配。

要求：根据以上情况，分别判断ABC会计师事务所和A、B注册会计师是否违反中国注册会计师职业道德规范的相关规定，并简要说明理由。

2. V公司系ABC会计师事务所的常年审计客户。2020年1月，ABC会计师事务与V公司续签了审计业务约定书，审计V公司2019年度财务报表，假定存在以下情形：

(1) V公司由于财务困难，应付ABC会计师事务所2019年度审计费用100万元一直没有支付。经双方协商，ABC会计师事务所同意V公司延期至2020年年底支付。在此期间，V公司按银行同期贷款利率支付资金占用费。

(2) V公司由于财务人员短缺，2019年向ABC会计师事务所借用一名注册会计师，由该注册会计师将经会计主管审核的记账凭证录入计算机信息系统。ABC会计师事务所未将该注册会计师包括在V公司2019年度会计报表审计项目组。

(3) ABC会计师事务所针对审计过程中发现的问题，向V公司提出了会计政策选用和会计处理调整的建议，并协助其解决相关账户调整问题。

要求：请根据中国注册会计师职业道德规范有关独立性的规定，分别判断上述三种情形是否对ABC会计师事务所的独立性造成损害，并简要说明理由。

学习情境二

探究审计目标和证据

学习目标

知识：

1. 描述审计总体目标、具体审计目标与管理层认定的含义；
2. 明确审计总体目标、管理层认定与具体审计目标的关系；
3. 熟悉审计证据的含义和基本类型；
4. 明晰审计证据的特性；
5. 熟知获取审计证据的程序和方法；
6. 明晰审计工作底稿的含义、基本要素、编制目的以及编制要求；
7. 明晰审计工作底稿复核、归档以及保管的相关要求。

技能：

1. 识别不同种类的审计证据，对审计证据进行整理与分析；
2. 判断审计证据的特性；
3. 熟练运用各种审计方法获取审计证据；
4. 识别审计工作底稿的基本要素；
5. 正确归档并保管审计工作底稿。

素养：

1. 具备团队精神及协作沟通能力；
2. 养成作为审计助理人员应有的严谨细致的工作习惯。

学习子情境一　确立审计目标

【情境引例】

2015年第一季度国家审计署共发布了3个审计公告：

(1) 2015年第1号公告，关于2013年度中央预算执行和其他财政收支审计查出问题整改情况。

(2) 2015年第2号公告，中央部门单位2013年度预算执行情况和其他财政收支情况审计发现问题的整改结果。

(3) 2015年第3号公告，关于2448宗矿业权的审计结果。

资料来源：根据中华人民共和国审计署网站有关内容整理得出。

请分析/思考：

(1) 请上网查询了解上述3个审计公告的具体内容。

(2) 审计的总目标具体是什么？上述3个审计结果公告能体现审计的总目标吗？

分析提示：注册会计师审计的总目标是对被审计单位财务报表的合法性、公允性发表意见，审计的责任是对其出具的审计报告的真实性和合法性负责。而上述这些企业的财务报表都不合法、不公允，急需注册会计师审计监督和揭示。可见，审计多么重要，审计目标必须明确。注册会计师的审计意见是为财务报表的阅读者服务，是为维护资本市场的有序运行服务。因而注册会计师审计必须实现其既定目标。

一、审计总体目标

审计目标是指在一定历史环境下，人们通过审计实践活动所期望达到的境地或最终结果。审计目标包括审计总体目标和审计具体目标两个层次。

审计的目的是提高财务报表预期使用者对财务报表的信赖程度，这一目的可以通过注册会计师对财务报表是否在所有重大方面按照适用的财务报告编制基础编制发表审计意见得以实现。因此，执行财务报表审计工作时，注册会计师审计的总体目标是：对财务报表整体是否不存在由于舞弊或错误导致的重大错报获取合理保证，使得注册会计师能够对财务报表是否在所有重大方面按照适用的财务报告编制基础编制发表审计意见；按照审计准则的规定，根据审计结果对财务报表出具审计报告，并与管理层与治理层沟通。

(一) 认定的含义

认定是指被审计单位管理层在财务报表中作出的明确或隐含的表达，注册会计师将其用于考虑可能发生的不同类型的潜在错报。认定与审计目标密切相关，注册会计师的基本职责就是确定被审计单位管理层对其财务报表的认定是否恰当。注册会计师了解了认定，就很容易确定每个项目的具体审计目标，通过考虑可能发生的潜在错报，注册会计师运用认定评估风险，并据此设计审计程序以应对评估的风险。

保证财务报表公允反映被审计单位的财务状况和经营成果等是管理层的责任。当管理层声明财务报表已按照适用的财务报告编制基础进行编制，在所有重大方面作出公允反映时，就意味着管理层对财务报表各组成要素的确认、计量、列报以及相关的披露作出了认定，被审计单位管理层在财务报表上的认定有些是明确表达的，有些则是隐含表达的。例如，管理层在资产负债表中列报存货及其金额，意味着作出了下列明确的认定：记录的存货是存在的；存货以恰当的全额包括在财务报表中，与之相关的计价或分摊调整已恰当记录。同时，管理层也作出了下列隐含的认定；所有应当记录的存货均已记录；记录的存货都由被审计单位拥有。

对于管理层对财务报表各组成要素作出的认定，注册会计师的审计工作就是要确定管理层的认定是否恰当。

管理层在财务报表中的认定包括对与所审计期间各类交易和事项相关的认定，与期末账户余额相关的认定及与列报和披露相关的认定。

（二）与所审计期间各类交易和事项相关的认定

注册会计师对所审计期间的各类交易和事项运用的认定通常分为以下类别：

（1）发生：记录的交易和事项已发生，且与被审计单位有关。

（2）完整性：所有应当记录的交易和事项均已记录。

（3）准确性：与交易和事项有关的金额及其他数据已恰当记录。

（4）截止：交易和事项已记录于正确的会计期间。

（5）分类：交易和事项已记录于恰当的账户。

【做中教 2-1】 RT 公司销售费用明细账如表 2-1 所示。

表 2-1　销售费用明细账

2019 年		凭证编号	摘要	借方金额	贷方金额	借或贷	余额
月	日						
11	1	记 2	办公费	3 000.00		借	3 000.00
	10	记 4	业务招待费	1 780.00		借	4 780.00
	18	记 13	差旅费	4 400.00		借	9 180.00
	25	记 20	业务招待费	1 560.00		借	10 740.00
	30	记 32	分配工资	50 000.00		借	60 740.00
	30	记 47	计提折旧	6 000.00		借	66 740.00
	30	记 86	转本年利润		66 740.00	平	θ
	30			66 740.00	66 740.00	平	θ

要求：请针对上述明细账户的记录，说明管理层对各类交易和事项的认定。

（三）与期末账户余额相关的认定

注册会计师对期末账户余额运用的认定通常分为以下类别：

（1）存在：记录的资产、负债和所有者权益是存在的。

（2）权利和义务：记录的资产由被审计单位拥有或控制，记录的负债是被审计单位应当履行的偿还义务。

（3）完整性：所有应当记录的资产、负债和所有者权益均已记录。

（4）计价和分摊：资产、负债和所有者权益以恰当的金额包括在财务报表中，与之相关的计价或分摊调整已给当记录。

【做中教 2-2】 RT 公司应收账款明细账如表 2-2 所示。

表 2-2　应收账款明细账

2019 年		凭证编号	摘要	借方金额	贷方金额	借或贷	余额
月	日						
12	1		期初余额			借	60 000.00
	7	记 9	收回货款		60 000.00	平	0.00
	8	记 15	赊销货物	40 000.00		借	40 000.00
	9	记 20	赊销货物	20 000.00		借	60 000.00
	10	记 26	赊销货物	30 000.00		借	90 000.00
	11	记 30	赊销货物	10 000.00		借	100 000.00
	12	记 35	收回货款		40 000.00	借	60 000.00
	18	记 42	赊销货物	35 000.00		借	95 000.00
	25	记 58	赊销货物	50 000.00		借	145 000.00
	31		本月合计	185 000.00	100 000.00	借	145 000.00

要求：请针对上述明细账户的记录，说明管理层对期末账户余额的认定。

（四）与列报和披露相关的认定

注册会计师对列报和披露运用的认定通常分为以下类别：

（1）发生及权利和义务：披露的交易或者事项和其他情况已发生，且与被审计单位有关。

（2）完整性：所有应当包括在财务报表中的披露均已包括。

（3）分类和可理解性：财务信息已被恰当地列报和描述，且披露内容表述清楚。

（4）准确性和计价：财务信息和其他信息已公允披露，且金额恰当。

【做中教 2-3】 RT 公司资产负债表如表 2-3 所示。

表 2-3　资产负债表

编制单位：RT 公司　　　　2019 年 12 月 31 日　　　　单位：元

资　　产	期末余额	上年年末余额	负债及所有者权益	期末余额	上年年末余额
流动资产：		（略）	流动负债：		（略）
货币资金	5 865 250.00		短期借款	80 000.00	
交易性金融资产	320 000.00		衍生金融负债		
衍生金融资产			应付票据	385 100.00	
应收票据			应付账款		
应收账款	300 000.00		预收款项		

（续表）

资　　产	期末余额	上年年末余额	负债及所有者权益	期末余额	上年年末余额
应收款项融资			合同负债		
预付款项			应付职工薪酬	96 000.00	
其他应收款	5 000.00		应交税费	45 000.00	
存货	4 081 000.00		其他应付款	10 000.00	
合同资产			持有待售负债		
持有待售资产			一年内到期的非流动负债		
一年内到期的非流动资产			其他流动负债		
其他流动资产			流动负债合计	616 100.00	
流动资产合计	10 571 250.00		非流动负债：		
非流动资产：			长期借款	3 000 000.00	
债权投资			应付债券		
其他债权投资			其中：优先股		
长期应收款			永续债		
长期股权投资			租赁负债		
其他权益工具投资			长期应付款		
其他非流动金融资产			预计负债		
投资性房地产			递延收益		
固定资产	6 488 000.00		递延所得税负债		
在建工程			其他非流动负债		
生产性生物资产			非流动负债合计	3 000 000.00	
油气资产			负债合计	3 616 100.00	
使用权资产			所有者权益(或股东权益)：		
无形资产	300 000.00		实收资本(或股本)	11 000 000.00	
开发支出			其他权益工具		
商誉			其中：优先股		
长期待摊费用			永续债		
递延所得税资产			资本公积	100 000.00	
其他非流动资产			减：库存股		
非流动资产合计	6 788 000.00		其他综合收益		
			专项储备		
			盈余公积	144 000.00	

（续表）

资　　产	期末余额	上年年末余额	负债及所有者权益	期末余额	上年年末余额
			未分配利润	2 499 150.00	
			所有者权益(或股东权益)合计	13 743 150.00	
资产总计	17 359 250.00		负债及所有者权益(或股东权益)总计	17 359 250.00	

单位负责人：刘煜　　财务负责人：赵媛媛　　复核：李莉　　制表：王依依

要求：请针对上述财务报表，说明管理层对列报和披露的相关认定内容。

二、审计具体目标

注册会计师了解了被审计单位的认定，就很容易确定每个项目的具体审计目标，并以此作为评估重大错报风险以及设计和实施进一步审计程序的基础。

（一）与所审计期间各类交易和事项相关的审计目标

(1) 发生：由发生认定推导的审计目标是“已记录的交易是真实的”。例如，如果没有发生销售交易，但在销售日记账中记录了一笔销售，则违反了该目标。

发生认定所要解决的问题是管理层是否把那些不曾发生的项目列入财务报表，它主要与财务报表组成要素的高估有关。

(2) 完整性：由完整性认定推导的审计目标是“已发生的交易确实已经记录”。例知，如果发生了销售交易，但没有在销售日记账和总账中记录，则违反了该目标。

发生和完整性两者强调的是相反的关注点，发生目标针对潜在的高估，而完整性目标则针对漏记交易(低估)。

(3) 准确性：由准确性认定推导出的审计目标是“已记录的交易是按正确金额反映的”。例如，如果在销售交易中，发出商品的数量与账单上的数量不符，或是开账单时使用了错误的销售价格，或是账单中的乘积或加总有误，或是在销售日记账中记录了错误的全额，则违反了该目标。

准确性与发生、完整性之间存在区别。例如，若已记录的销售交易是不应当记录的(如发出的商品是寄销商品)，则即使发票金额计算正确，仍违反了发生目标。又如，若已入账的销售交易是对正确发出商品的记录，但金额计算错误，则违反了准确性目标，但没有违反发生目标。在完整性与准确性之间也存在同样的关系。

(4) 截止：由截止认定推导出的审计目标是“接近资产负债表日的交易记录于恰当的期间”。例如，如果本期交易推迟到下期，或下期交易提前到本期，均违反了截止目标。

(5) 分类：由分类认定推导出的审计目标是“被审计单位记录的交易经过适当分类”。例知，如果将现销记录为赊销，将出售经营性固定资产所得的收入记录为营业收入，则导致交易分类的错误，违反了分类目标。

【做中教 2-4】 注册会计师张丽颖审查××省冰城有限公司原材料收支业务，原材料明细账(H)如表 2-4 所示，12 月 4 日第 10 号记账凭证及所附原始凭证如图 2-1 至图 2-4 所示。

表 2-4 原材料明细账(H)

数量单位：千克

2019 年		凭证编号	摘要	收入			发出			结存		
月	日			数量	单价	金额	数量	单价	金额	数量	单价	金额
12	1		期初余额							6 000	8.00	48 000.00
	4	记 10	验收入库	4 600	7.754737	35 671.79						
	7	记 12	生产领用				6 600	7.893565	52 097.53	4 000	7.893565	31 574.26

记 账 凭 证

2019 年 12 月 4 日　　记字第 10 号

摘要	总账科目	明细科目	借方金额	贷方金额	记账√
购买辅助材料	在途物资		3567179		
购买辅助材料	应交税费	应交增值税（进项税额）	463733		
购买辅助材料	应付账款	华越商贸		4030912	
合计			¥4030912	¥4030912	

附单据 3 张

财务主管 张晓英　记账： 王雪　出纳： 孙亚晶　审核： 张晓英　制单： 王娜

图 2-1 记账凭证

辽宁增值税专用发票

2100132140　　№ 01864460　2100132140 01864460

校验码：16743 46879 87565 13213　　开票日期：2019年12月04日

购货方：名称：黑龙江省冰城股份有限公司
纳税人识别号：230102702840864
地址、电话：哈尔滨市南岗区学府路7号 0451-86770033
开户行及账号：建设银行XX道里支行 23001865951050501069

密码区：9766 / 64353+453±756 / *4324865323<
3464354234<324 / 3243224—325+54640
7697<769—769—76±768+67>* / / 54
634 / 534×43<44325 / 46543+423±420

货物或应税劳务、服务名称	规格型号	单位	数量	单价	金额	税率	税额
H材料		千克	4600	7.754737	35 671.79	13%	4 637.33
合计					¥ 35 671.79		¥ 4 637.33
价税合计（大写）	⊗ 肆万零叁佰零玖元壹角贰分				（小写）¥ 40 309.12		

销货方：名称：沈阳华越商贸有限公司
纳税人识别号：410236754068322
地址、电话：XX市安国路79号
开户行及账号：工行安国分理处 4000186795045160060

备注：（印章）沈阳华越商贸有限公司 410236754068322 发票专用章

收款人：　复核：　开票人：崔庆梅　销售方：（章）

国税函〔2019〕579号北京印钞有限公司

第三联：发票联 购货方记账凭证

图 2-2 增值税专用发票

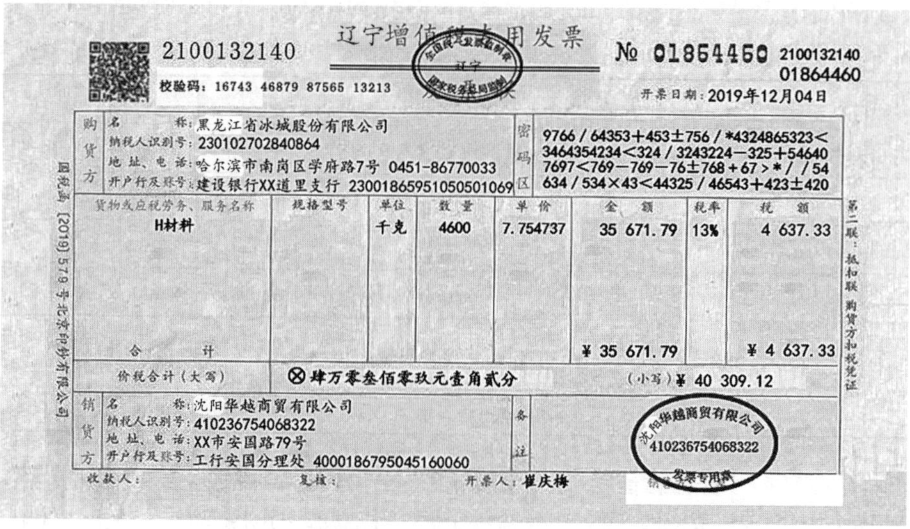
2100132140 辽宁增值税专用发票 № 01864460 2100132140 01864460
校验码：16743 46879 87565 13213
开票日期：2019年12月04日

购货方 名称：黑龙江省冰城股份有限公司
纳税人识别号：230102702840864
地址、电话：哈尔滨市南岗区学府路7号 0451-86770033
开户行及账号：建设银行XX道里支行 23001865951050501069

密码区 9766 / 64353+453±756 / *4324865323<
3464354234<324 / 3243224－325+54640
7697<769－769－76±768+67>* / / 54
634 / 534×43<44325 / 46543+423±420

货物或应税劳务、服务名称	规格型号	单位	数量	单价	金额	税率	税额
H材料		千克	4600	7.754737	35 671.79	13%	4 637.33
合计					¥35 671.79		¥4 637.33

价税合计（大写） ⊗肆万零叁佰零玖元壹角贰分 （小写）¥40 309.12

销货方 名称：沈阳华越商贸有限公司
纳税人识别号：410236754068322
地址、电话：XX市安国路79号
开户行及账号：工行安国分理处 40001867950451600060

收款人： 复核： 开票人：崔庆梅

第二联：抵扣联 购货方扣税凭证

图 2-3 增值税专用发票

材料入库单

供应单位：XX华越商贸有限公司　　材料科目：　　编号：

发票号码：01864460　　2019年12月04日　　材料类别：辅助材料　　仓库：材料库

材料编号	名称	规格	计量单位	数量 应收	数量 实收	实际成本 买价 单价	实际成本 买价 金额	运杂费	其他	合计	计划成本 单位成本	计划成本 金额
	H材料		千克	4600	4600	7.754737	35,671.79			35,671.79	8.00	36,800.00
	合计			4600	4600	7.754737	35,671.79			35,671.79	8.00	36,800.00

②财会

收料人：郭明　　供应部门负责人：杨国胜　　保管员：郭明　　经手人：王鹏

图 2-4 入库单

要求：制定原材料发生业务的具体审计目标并指出审计该项目存在的问题。

（二）与期末账户余额相关的审计目标

（1）存在：由存在认定推导的审计目标是“记录的金额确实存在”。例如，如果不存在对某顾客的应收账款，但在应收账款明细账中却列入了对该顾客的应收账款，则违反了该目标。

（2）权利和义务：由权利和义务认定推导的审计目标是“资产归属于被审计单位，负债属于被审计单位的义务”。例如，将他人寄售商品列入被审计单位的存货中，则违反了权利目标；将不属于被审计单位的债务记入账内，则违反了义务目标。

（3）完整性：由完整性认定推导的审计目标是“已存在的金额均已记录”。例如，如果存在某顾客的应收账款，在应收账款明细账中却没有列入对该顾客的应收账款，则违反了完整性目标。

(4) 计价和分摊:由计价和分摊认定推导的审计目标是资产、负债和所有者权益以恰当的金额包括在财务报表中,与之相关的计价或分摊调整已恰当记录。

【做中教 2-5】 注册会计师张颖审查××省冰城有限公司原材料期末余额的正确性,通过盘点确定期末结存数量是 4 000 千克,存货的发出计价方法是月末一次加权平均法,其他资料如表 2-4 所示。

要求:确定原材料期末余额的具体审计目标,审计该项目存在的问题。

(三) 与列报和披露相关的审计目标

(1) 发生及权利和义务:由发生及权利和义务认定所推导的审计目标是确认与被审计单位有关的交易均已包括在财务报表中;将没有发生的交易、事项,或与被审计单位无关的交易、事项包括在财务报表中,则违反该目标。例如,复核董事会会议记录中是否记载了固定资产抵押等事项,询问管理层固定资产是否被抵押,即是对列报的权利认定的运用。如果固定资产被抵押则需要在财务报表中列报,并说明与之相关的权利受到限制。

(2) 完整性:由完整性认定所推导的审计目标是确认所有应当包括在财务报表中的披露均已披露;如果应当披露的事项没有包括在财务报表中,则违反该目标。例如,检查关联方和关联交易,以验证其在财务报表中是否得到充分披露,即是对列报的完整性认定的运用。

(3) 分类和可理解性:由分类和可理解性认定所推导的审计目标是确认财务信息已被恰当地列报和描述,且表述清楚。例如,检查存货的主要类别是否已披露,是否将一年内到期的非流动负债列为流动负债,即是对列报的分类和可理解性认定的运用。

(4) 准确性和计价:由准确性和计价认定所推导的审计目标是确认财务信息和其他信息已公允披露,且金额恰当。例如,检查财务报表附注是否分别对原材料、在产品和产成品等存货成本核算方法作了恰当说明,即是对列报的准确性和计价认定的运用。

通过上面介绍可知,认定是确定具体审计目标的基础。注册会计师通常将认定转化为能够通过审计程序予以实现的审计目标。针对财务报表每一项目所表现出的各项认定,注册会计师相应地确定一项或多项审计目标,然后通过执行一系列审计程序获取充分、适当的审计证据,以实现审计目标。

【做中教 2-6】 注册会计师张丽颖审查××省冰城有限公司 2019 年 12 月份利润表披露的正确性。有关资料如表 2-5 和表 2-6 所示。

表 2-5　账户发生额汇总表

单位:元

项目	借方发生额	贷方发生额
主营业务收入		52 709.55
其他业务收入		40 000.00
主营业务成本	46 523.69	
其他业务成本	15 000.00	
税金及附加	635.68	
管理费用	9 645.20	
财务费用	−88.37	
所得税费用	45 248.34	
投资收益		160 000.00

表 2-6 利润表

编制单位：××省冰城有限公司　　2019 年 12 月　　单位：元

项目	本月数	本年累计数
一、营业收入	92 709.55	
减：营业成本	61 523.69	
税金及附加	635.68	
销售费用		
管理费用	9 645.20	
研发费用		
财务费用	−88.37	
其中：利息费用		
利息收入	88.37	
加：其他收益		
投资收益（损失以“—”号填列）	160 000.00	
其中：对联营企业和合营企业的投资收益		
以摊余成本计量的金融资产终止确认收益（损失以“—”号填列）	160 000.00	
净敞口套期收益（损失以“—”号填列）	160 000.00	
公允价值变动收益（损失以“—”号填列）		
信用减值损失（损失以“—”号填列）		
资产减值损失（损失以“—”号填列）		
资产处置收益（损失以“—”号填列）		
二、营业利润（亏损以“—”号填列）	180 993.35	
加：营业外收入		
减：营业外支出		
三、利润总额（亏损总额以“—”号填列）	180 993.35	
减：所得税费用	45 248.34	
四、净利润（净亏损以“—”号填列）	135 745.01	
（一）持续经营净利润（亏损以“—”号填列）		
（二）终止经营净利润（亏损以“—”号填列）		
五、其他综合收益后的税后净额		
（一）不能重分类进损益的其他综合收益		
1. 重新计量设定受益计划变动额		
2. 权益法下不能转损益的其他综合收益		
3. 其他权益工具投资公允价值变动		
4. 企业自身信用风险公允价值变动		
……		

（续表）

项目	本月数	本年累计数
（二）将重分类进损益的其他综合收益		
1. 权益法下可转损益的其他综合收益		
2. 其他债权投资公允价值变动		
3. 金融资产重分类计入其他综合收益的金额		
4. 其他债券投资信用减值准备		
5. 现金流量套期		
6. 外币财务报表折算差额		
……		
六、综合收益总额		
七、每股收益		
（一）基本每股收益		
（二）稀释每股收益		

单位负责人：××× 财会负责人：××× 复核：××× 制表：×××

要求：请说明利润表的具体审计目标及结论。

【能力拓展】

请分析/思考：管理层认定、审计总体目标、具体审计目标的关系。

分析提示：管理层认定、审计总体目标、具体审计目标的内涵。

学习子情境二 获取审计证据

【情境引例】 海立公司“小金库”案

一、海立公司“小金库”案的始末

长税会计师事务所根据长春市审计局的委托对海立公司进行总经理离任审计。依照审计方案，注册会计师重点审查该公司总经理在任期（2000 年 3 月至 2002 年 4 月）内的资产、负债、损益以及管理情况。

海立公司是位于长春市区繁华地段的一家大酒店，审计小组进驻实施审计前进行审计调查时了解到，该大酒店临街的 20 多间两层房屋绝大部分出租了，另外，酒店主楼裙楼也有少部分房屋出租。当注册会计师审查其业务收入情况时，却发现房屋租赁收入很少，只有几笔，且金额不大，房租收入发票号码也不连贯，这与审前调查了解到的情况相差太远，引起注册会计师的怀疑和警觉。与此同时，注册会计师发现该单位的“其他应付款”账户中有两个明细账户“生产费用”和“列车民航户”，觉得有些蹊跷。注册会计师决定把房租收入作为审查重点，要求海立公司财务部提供有关房租合同等资料，对方却只拿出几份 2002 年新订的合同。他们含糊其辞地说：“以前年度的出租合同已过时销毁了。”财务人员的种种行为更使审计人员敏锐地意识到该酒店在财务方面存在问题，注册会计师凭经验推断该酒店可能有私设“小金库”的行为。

二、海立公司“小金库”案的审计与结果

注册会计师立即召集总经理和财务部有关人员开会。在注册会计师犀利的目光下和掷地有声的问话中，酒店老总等人表情有点慌张，注册会计师乘势展开了政策攻势，向他们宣讲了《国务院办公厅转发财政部、审计署、中国人民银行关于清理检查“小金库”意见的通知》《国务院关于违反财政法规处罚的暂行规定》和《审计法》的有关规定，引导他们从反腐败的高度认识“小金库”的危害及清理检查的必要性，阐明对“小金库”处理的原则及政策界限，特别强调私设“小金库”的严重违纪行为以及所应承担的法律责任。晓之以理，动之以情，在强大的法律教育形势下，打消了他们继续隐瞒事实的念头，总经理终于讲出了实情：“我在接任总经理时，前任总经理就是这么搞的。我知道有部分租金收入和其他业务收入不归入大账，数字多少，我不太清楚，主要想避开税务部门和银行的监督，开出一些财务上不允许列支的款项。”总经理表示愿意提供“小金库”的有关资料。

经过注册会计师认真细致地检查、追溯、核实取证，真相大白。该酒店共设两个账外账——“生产费用”和“列车民航户”，记录着酒店自 1996 年以来采取收入不入账等手段，转移截留国家和单位收入、资金私存私放，以总经理及财务有关人员个人名义存入银行储蓄所，设立“小金库”资金共计 1 705.64 万元，比该酒店总经理任期内的累计亏损 1 450 万元还多，相当于该酒店资产总额的 15%。

资料来源：2000 年 10 月 20 日《中国审计报》整理。

请分析/思考：审计取证过程中，注册会计师应如何获取口头证据以及怎样提高口头证据的可靠性？

分析提示：审计证据的概念、分类以及特性。

一、审计证据的含义

恰当的审计结论建立在注册会计师收集的审计证据基础之上。审计证据是指注册会计师为了得出审计结论、形成审计意见而使用的所有信息，包括财务报表依据的会计记录中含有的信息和其他信息。

财务报表依据的会计记录一般包括初始分录的记录和支持性记录，如支票、电子资金转账记录、发票、合同、总账、明细账、记账凭证和未在记账凭证中反映的对财务报表的其他调整，以及支持成本分配、计算、调节和披露的手工计算表和电子数据表。

依据会计记录编制财务报表是被审计单位管理层的责任，注册会计师应当测试会计记录以获取审计证据。如果会计记录中含有的信息本身并不足以提供充分的审计证据作为对财务报表发表审计意见的基础，注册会计师还应获取用作审计证据的其他信息。

其他信息包括有关被审计单位所在行业的信息、被审计单位的内外部环境的其他信息等。可以用作审计证据的其他信息包括：

（1）注册会计师从被审计单位内部或外部获取的会计记录以外的信息，如被审计单位会议记录、内部控制手册、询证函的回函、分析师的报告、与竞争者的比较数据等。

（2）注册会计师通过询问、观察和检查等审计程序获取的信息，如通过检查存货获取存货存在性的证据等。

（3）注册会计师自身编制或获取的可以通过合理推断得出结论的信息，如注册会计师编制的各种计算表、分析表等。

财务报表依据的会计记录中包含的信息和其他信息共同构成了审计证据，两者缺一不可。如果没有前者，审计工作将无法进行；如果没有后者，审计人员可能无法识别重大错报风险。只有将两者结合在一起，才能将审计风险降至可接受的低水平，为注册会计师发表审计意见提供合理保证的基础。

二、审计证据的分类

在审计实务中，审计证据的种类繁多，其外在形式、取得方式、取得途径等方面均有所不同。对审计证据进行合理、科学的分类，有利于有效地收集、恰当地使用和评价审计证据。

(一) 审计证据按来源分类

1. 外部证据

外部证据是指产生于被审计单位外部的审计证据。外部证据可进一步分为：

(1) 未经过被审计单位的外部证据。未经过被审计单位的外部证据是指由被审计单位以外的组织机构和人士编制，并由其直接交给审计人员的审计证据。例如，应收账款的函证回函，被审计单位的律师或其他独立专家出具的关于被审计单位或有负债、或有资产所有权等的证明函件等。

(2) 经过被审计单位的外部审计证据。经过被审计单位的外部审计证据是指由被审计单位以外的机构或人士编制，但为被审计单位持有并提交给审计人员的审计证据。例如，银行对账单、购货发票、应收票据、有关的契约合同等。

2. 内部证据

内部证据是指产生于被审计单位内部的审计证据。例如，各类会计凭证、会计账簿、被审计单位编制的各种试算平衡表和汇总表，管理当局声明书，重要的计划，重要的合同等。

3. 亲历证据

亲历证据是指审计人员亲眼目睹或亲自在被审计单位执行某些活动而取得或编制的证据。例如，审计人员亲自参与盘点或监督盘点编制的盘点表，审计人员重新计算的被审计单位的成本，审计人员观察取得的关于被审计单位内部控制执行情况的证据。

(二) 审计证据按形态分类

1. 实物证据

实物证据是指审计人员通过实际观察、实地盘点等方法确定某些实物资产的存在性的证据。最好的实物证据是审计人员进行的实物资产检查。其典型的形式是各类实物盘点表。实物证据适用的资产有现金、有价证券、存货、固定资产。实物证据只能证明实物的存在性，但不能证明资产的所有权和资产计价的正确性。实物证据是证明力最强的审计证据。

2. 书面证据

书面证据是指审计人员获取的各种以文件为记录形式的证据。书面证据是审计证据的主要组成部分，包括各种凭证、账簿、管理制度等。书面证据分为三类：从被审计单位取得的书面证据；从被审计单位以外其他单位或个人取得的书面证据；审计人员自行编制的书面材料。书面证据是适用范围最广的审计证据，并具有比较强的证明力，但比实物证据差。

3. 口头证据

口头证据是指被审计单位的有关人士对于审计人员提出的问题所作的口头答复所形成的证据。口头证据证明力较弱，但可以提供重要线索。

4. 环境证据

环境证据是指对被审计单位产生影响的各种情况。环境证据包括被审计单位面临的外部环境，被审计单位的内部状况，企业的内部控制状况，企业管理人员的素质，各种管理条件和管理水平。环境证据有助于了解被审计单位的状况，它的证明力弱。

【做中教 2-7】 注册会计师在对某客户审计过程中，获取了销售发票存根联、购货发票审计助理人员监盘存货的记录、询问客户应收账款负责人的记录、银行存款余额调节表，内部控制状况等审计证据。

要求：请指出上面的审计证据按外形特征分别属于哪一类。

【能力拓展】

请分析/思考：审计证据与审计目标的关系。

分析提示：审计证据与审计目标的内涵与分类。

【做中教 2-8】 注册会计师在审计过程中所收集的书面证据包括：

(1) 销售发票。

(2) 明细账。

(3) 银行对账单。

(4) 应收票据。

(5) 有限责任公司章程。

(6) 采购活动。

(7) 董事会会议记录。

(8) 应收账款函证回函。

(9) 管理当局声明书。

(10) 货运提单复印件。

要求：请将上述书面证据按其来源划分为外部证据和内部证据，并分析外部证据之间是否存在可靠性的差异。

【能力拓展】

请分析/思考：

(1) 上述分类方式中，哪种审计证据的证明力最强？

分析提示：审计证据的证明力。

(2) 请在表 2-7 中列示审计证据与审计目标的关系。

表 2-7 审计证据与审计目标的关系

证据种类	审计目标								
	发生	存在	完整性	所有权或义务	计价和分摊	截止	准确性	分类	披露
实物证据									
书面证据									
口头证据									
环境证据									

分析提示：审计证据与审计目标的含义。

三、审计证据的特征

审计证据的质量直接关系注册会计师审计工作的水平，因此必须明确审计证据的要求。合理的审计证据要求具备两方面的特征，即充分性与适当性。注册会计师执行审计业务，应当在取得充分、适当的审计证据后，形成审计意见，出具审计报告。

（一）审计证据的充分性

审计证据的充分性是对审计证据数量的衡量，是指审计证据的数量足以支持注册会计师的审计意见。因此，它是注册会计师为形成审计意见所需审计证据的最低数量要求。

客观公正的审计意见必须建立在有足够数量的审计证据的基础之上，但是这并不是说审计证据的数量越多越好。为了使注册会计师进行有效率、有效益的审计，注册会计师通常需要把审计证据的范围降低到最低限度。因此，每一个审计项目对所需审计证据的数量，以及取得这些证据的途径和方法，应当根据该项目的具体情况来定。在某些情况下，由于时间、空间或成本的限制，注册会计师不能获取最为理想的审计证据时，可考虑通过其他的途径或用其他的审计证据来替代。注册会计师只有通过不同的渠道和方法取得认为足够的审计证据时，才能据以发表审计意见。

（二）审计证据的适当性

审计证据的适当性是对审计证据质量的衡量，即审计证据在支持各类交易、账户余额、列报（包括披露，下同）的相关认定，或发现其中存在错报方面具有相关性和可靠性。相关性和可靠性是审计证据适当性的核心内容，只有相关且可靠的审计证据才是高质量的。

1. 审计证据的相关性

审计证据要有证明力，必须与注册会计师的审计目标相关。例如，注册会计师在审计过程中怀疑被审计单位发出存货却没有给顾客开票，需要确认销售是否完整。注册会计师应当从发货单中选取样本，追查与每张发货单相应的销售发票副本，以确定是否每张发货单均已开具发票。如果注册会计师从销售发票副本中选取样本，并追查至与每张发票相应的发货单，由此所获得的证据与完整性目标就不相关。

审计证据是否相关必须结合具体审计目标来考虑。在确定审计证据的相关性时，注册会计师应当考虑以下几点：

(1) 特定的审计程序可能只为某些认定提供相关的审计证据，而与其他认定无关。例如，检查期后应收账款收回的记录和文件可以提供有关存在和计价的审计证据，但是不一定与期末截止是否适当相关。

(2) 针对同一项认定可以从不同来源获取审计证据或获取不同性质的审计证据。例如，注册会计师可以分析应收账款的账龄和应收账款的期后收款情况，以获取与坏账准备计价有关的审计证据。

(3) 只与特定认定相关的审计证据并不能替代与其他认定相关的审计证据。例如，有关存货实物存在的审计证据并不能够替代与存货计价相关的审计证据。

【做中教 2-9】 注册会计师在审计过程中应获取以下审计证据：

(1) 观察经营活动的记录。

(2) 询问被审计单位的管理当局和生产部门的书面记录。

(3) 检查固定资产明细账和相关凭证的记录。

(4) 检查固定资产实物的盘点表。

要求:请分析哪一项审计证据是证实固定资产最相关的审计证据。

2. 审计证据的可靠性

审计证据的可靠性是指证据的可信程度。例如,注册会计师亲自检查存货所获得的证据,就比被审计单位管理层提供给注册会计师的存货数据更可靠。审计证据的可靠性受其来源和性质的影响,并取决于获取审计证据的具体环境。注册会计师在判断审计证据的可靠性时,通常会考虑下列原则:

(1) 从外部独立来源获取的审计证据比从其他来源获取的审计证据更可靠。从外部独立来源获取的审计证据由完全独立于被审计单位以外的机构或人士编制并提供,未经被审计单位有关职员之手,从而减少了伪造、更改凭证或业务记录的可能性,因而其证明力最强。比如,银行询证函回函、应收账款询证函回函、保险公司等机构出具的证明等。相反,从其他来源获取的审计证据,由于证据提供者与被审计单位存在经济或行政关系等原因,其可靠性应被质疑。比如,被审计单位内部的会计记录和会议记录等。

(2) 内部控制有效时比内部控制薄弱时内部生成的审计证据更可靠。如果被审计单位有着健全的内部控制且在日常管理中得到一贯执行,会计记录的可信赖程度将会增加。如果被审计单位的内部控制薄弱,甚至不存在任何内部控制,被审计单位内部凭证记录的可靠性就大为降低。例如,如果与销售业务相关的内部控制有效,注册会计师就能从销售发票和发货单中取得比内部控制不健全时更加可靠的审计证据。

(3) 直接获取的审计证据比间接获取或推论得出的审计证据更可靠。例如,注册会计师观察某项控制的运行得到的证据比询问被审计单位某项内部控制的运行得到的证据更可靠。间接获取的证据有被涂改及伪造的可能性,降低了可信赖程度。推论得出的审计证据,其主观性较强,人为因素较多,可信赖程度也受到影响。

(4) 以文件、记录形式(无论是纸质、电子或其他介质)存在的审计证据比口头形式的审计证据更可靠。例如,会议的同步书面记录比讨论事项事后的口头表述更可靠。口头证据本身并不足以证明事实的真相,仅仅提供一些重要线索,为进一步调查确认所用。例如,注册会计师在对应收账款进行账龄分析后,可以向应收账款负责人询问逾期应收账款收回的可能性。如果该负责人的意见与注册会计师自行估计的坏账损失基本一致,则这一口头证据就可成为证实注册会计师对有关坏账损失的判断的重要证据。但在一般情况下,口头证据往往需要得到其他相应证据的支持。

(5) 从原件获取的审计证据比从传真件或复印件获取的审计证据更可靠。注册会计师可审查原件是否有被涂改或伪造的迹象,排除伪证,提高证据的可信赖程度。而传真件或复印件容易是编造或伪造的结果,可靠性较低。

注册会计师在按照上述原则评价审计证据的可靠性时,还应当注意可能出现的重要例外情况。例如,审计证据虽是从独立的外部来源获得,但如果该证据是由不知情者或不具备资格者提供,审计证据也可能是不可靠的。同样,如果注册会计师不具备评价证据的专业能力,那么即使是直接获取的证据,也可能不可靠。例如,如果注册会计师无法区分人造玉石与天然玉石,那么他对天然玉石存货的检查就不可能提供有关天然玉石是否实际存在的可靠证据。

3. 充分性和适当性之间的关系

充分性和适当性是审计证据的两个重要特征，两者缺一不可，只有充分且适当的审计证据才是有证明力的。

注册会计师需要获取的审计证据的数量也受审计证据质量的影响。审计证据质量越高，需要的审计证据数量可能越少。也就是说，审计证据的适当性会影响审计证据的充分性。例如，被审计单位内部控制健全时生成的审计证据更可靠，注册会计师只需获取适量的审计证据，就可以为发表审计意见提供合理的基础。

需要注意的是，尽管审计证据的充分性和适当性相关，但如果审计证据的质量存在缺陷，那么注册会计师仅靠获取更多的审计证据可能无法弥补其质量上的缺陷。例如，注册会计师应当获取与销售收入完整性相关的证据，实际获取到的却是有关销售收入真实性的证据，审计证据与完整性目标不相关，即使获取的证据再多，也证明不了收入的完整性。同样，如果注册会计师获取的证据不可靠，那么证据数量再多也难以起到证明作用。

四、审计证据的收集与整理

为了完成审计工作，实现审计目标，审计人员必须在审计工作一开始就要作出相关的决策，如怎样收集审计证据，选取什么样的审计证据等。决策失误可能导致延长审计时间，增加审计费用，降低审计工作效率；也可能所用时间虽短，费用较低，但未取得充分的证据，致使审计结论不准确，影响审计质量。对收集到的审计证据还需要逐个加以鉴定，判断其内容的真伪和效用，使证据的潜在证明力转化为现实的证明力，再将筛选保留的证据按审计目标加以归纳综合，使其成为具有充分证明力的一系列证据，从而形成审计意见和结论。

（一）审计证据的收集

注册会计师可以通过以下审计程序来获取审计证据。

1. 检查记录或文件

检查记录或文件是指注册会计师对被审计单位内部或外部生成的，以纸质、电子或其他介质形式存在的记录或文件进行审查。检查记录或文件的目的是对财务报表所包含或应包含的信息进行验证。例如，被审计单位通常对每一笔销售交易都保留一份顾客订单、一张发货单和一份销售发票副本。这些凭证对注册会计师验证被审计单位记录的销售交易的正确性是有用的证据。

1）原始凭证的检查

检查原始凭证上反映的经济业务是否符合规定。

原始凭证上记载的抬头、日期、数量、单价、金额等方面的字迹是否清晰、数字是否相符，有无涂改情况。

审查填制原始凭证的单位名称、地址和公章，审查凭证的各项手续是否完备。如有不符合规定的情况，就可能存在问题。

2）记账凭证的检查

检查记账凭证是否附有合法的原始凭证。

记账凭证的审批传递手续是否符合规定程序，有无制单、复核、记账和主管人员的签章。

记账凭证上载明的所附原始凭证张数是否与原始凭证的张数一致，记账凭证的记录是否复核会计制度的规定，会计分录编制及金额是否正确，是否正确记入总账、明细分类账，业务摘要是否与原始凭证记载经济活动内容相一致。

3）账簿的检查

检查账簿启用手续、使用记录和交接记录是否齐全完整；期初和期末余额的结转、承前页、转下页、月结和年结是否符合规定。

账簿各项记录是否规范和完备，如业务摘要、对应科目是否齐全，有无涂改痕迹，是否按规定的方法更正记账错误。

账簿记录的内容是否真实、正确。特别是注意检查应收应付账款、材料成本差异、长期待摊费用、管理费用、制造费用等容易掩盖错弊和经常反映会计转账事项的账簿。

4）财务报表的检查

检查财务报表的编制是否符合会计准则及国家有关财务会计制度规定。

检查财务报表项目是否完整，各项目的对应关系和勾稽关系是否正确，相关数据是否一致。

检查财务报表附注是否对应予以揭示的重大问题作了充分的披露。

5）其他书面资料的检查

检查计划、预算和定额时，可结合上期拟定的计划、预算和定额与实际的执行结果和完成情况，检查计划、预算和定额的制定偏高还是偏低，是否适度，有无冒进或保守的情况，还要根据本期的计划、预算和定额的执行情况，查看各项指标是否完成。

检查合同时，主要检查合同的签订是否合法，是否有效；检查合同内容是否符合合同法的规定，合同条款是否齐全，合同签订手续是否完整，实际执行结果是否与合同一致。

检查规章制度时，主要检查单位内部制定的规章制度是否符合企业的实际情况；检查内部控制制度是否健全等。

【做中教 2-10】 注册会计师刘丽华在审查北京隆兴家纺有限公司的经济业务时，抽查了与货币资金相关的两笔经济业务的原始凭证、记账凭证、账簿等相关资料，如图 2-5 至图 2-12 所示。

要求：请检查上述原始凭证、记账凭证、账簿等相关资料，指出上述原始凭证、记账凭证、账簿等相关资料是否存在问题。

（1）抽查经济业务 1（参见图 2-5 至图 2-9）。

收款收据　　No. 01894635

客户名称：北京隆兴家纺有限公司　　填制日期：2019 年 12 月 26 日

项目	数量	单位	单价	万	千	百	十	元	角	分	备注
笔记本	20	本	6.00			1	2	0	0	0	
中性笔	2	盒	40.00				8	0	0	0	
合计人民币（大写）⊗万⊗仟贰佰零拾零元零角零分					¥	2	0	0	0	0	

主管 王启明　　复核 刘鑫畅　　收款人 孙莹莹　　收款单位盖章

现金收讫

北京新千百亿文教用品商店财务专用章

第三联 交财务

图 2-5　收据

业务2-1

北京增值税普通发票

发票联

0011701123　　№ 01202534　　0011701123　01202534

校验码 06481 11635 37918 58314　　开票日期：2019年12月06日

购买方	名　　称：北京隆兴家纺有限公司 纳税人识别号：010270284086423 地 址、电 话： 开户行及账号：	密码区	67/*+3*0/611*++0/+0*/*+3+2/9261 *11*+66666**066611+666666*547 1**+216***6000*261*2*4/*547361 203994+-42*64151*6915361/3*66

货物或应税劳务、服务名称	规格型号	单位	数量	单价	金额	税率	税额
笔记本	32K	本	20	6.00	116.50	3%	3.50
中性笔	0.5mm	盒	2	40.00	77.67	3%	2.33
合　　计					¥ 194.17		¥ 5.83
价税合计（大写）	⊗贰佰元整				（小写）¥200.00		

销售方	名　　称：北京新千百亿文教用品商店 纳税人识别号：0102412415388520 地 址、电 话： 开户行及账号：	备注	北京新千百亿文教用品商店 0102412415388520 发票专用章

收款人：　　复核：　　开票人：孙莹莹　　销售方：（章）

税总函［2019］507号 长春市东方票证印务有限责任公司

第二联：发票联 购买方记账凭证

图 2-6　增值税普通发票

办 公 费 报 销 清 单

使用单位：采购部　　报销日期 2019 年 12 月 26 日

用途	报销数：单据张数	报销数：金额	财务科审核意见
购买办公用品	1	200.00	现金付讫
金额合计（大写）人民币贰佰元整			¥200.00
付讫记录：现金：√	银行：	转账：	审核签章

原始单据粘贴背后

121 -30

单位负责人：　　保管验收或证明：　　经报人：李继业

图 2-7　费用报销单

记　账　凭　证

2019 年 12 月 26 日　　凭证编号 80

摘要	会计科目：总账科目	会计科目：明细科目	借方金额	贷方金额	记账签章
购买办公用品	管理费用	办公用品	200.00		√
	库存现金			200.00	√
合　计　金　额			¥200.00	¥200.00	

附件 3 张

会计主管 王普明　记账 张莹莹　稽核 孙甜甜　出纳 于丹丹　制单 李元哲

图 2-8　记账凭证

现金日记账

2019年 月	日	凭证册	对方科目	摘要	借方	贷方	核对	余额
1	1			期初余额				9,000.00
1	5	6	其他应收款	预借差旅费		8,000.00		1,000.00
1	31			本月合计		8,000.00		
2	13	39	其他业务收入	销售材料	1,053.00			2,053.00
2	28			本月合计	1,053.00			
3	18	45	营业外收入	废料变价收入	2,380.00			4,433.00
3	31			本月合计	2,380.00			
4	19	56	管理费用	支付分装部修理费		530.00		3,903.00
4	30			本月合计		530.00		
5	17	38	销售费用	支付招待费		165.00		3,738.00
5	31			本月合计		165.00		
6	28	72	其他应收款	报销差旅费	800.00			4,538.00
6	30			本月合计	800.00			
7	7	11	管理费用	购买办公用品		200.00		4,338.00
7	31			本月合计		200.00		
8	19	66	其他应付款	收取包装物押金	860.00			5,198.00
8	31			本月合计	860.00			
9	21	52	营业外收入	罚款收入	100.00			5,298.00
9	30			本月合计	100.00			
10	16	24	其他应收款	预借差旅费		4,000.00		1,298.00
10	31			本月合计		4,000.00		
11	11	31	管理费用	报销修理费		750.00		548.00
11	30			本月合计		750.00		
12	21	58	银行存款	提取现金备用	15,000.00			15,548.00
12	26	80	管理费用	购买办公用品		200.00		15,348.00
12	31	99	银行存款	缴存现金		11,523.00		3,825.00
12	31			本月合计	15,000.00	11,723.00		
12	31			本年累计	20,193.00	25,368.00		3,825.00

图 2-9 现金日记账

(2) 抽查经济业务 2(参见图 2-10 至图 2-12 所示)。

中国工商银行
现金支票存根
10205310
27091369

附加信息

出票日期 2019 年 12 月 21 日

收款人:
北京隆兴家纺有限公司

金额:¥15 000.00

用途:提取现金备用

单位主管 会计

图 2-10 现金支票存根

记　账　凭　证

2019 年 12 月 21 日　　　　凭证编号 58

摘　要	会计科目		借方金额	贷方金额	记账签章
	总账科目	明细科目			
提取现金	库存现金		15,000.00		√
	银行存款			15,000.00	√
合　计　金　额			¥15,000.00	¥15,000.00	

附件 1 张

会计主管 王普明　记账 张莹莹　稽核 孙甜甜　出纳 于丹丹　制单 李元哲

图 2-11　记账凭证

银行存款　日记账　第1页

2019年月	日	凭证号	摘　要	对方科目	凭证种类	票号	借方（十亿千百十万千百十元角分）	核对号	贷方（十亿千百十万千百十元角分）	核对号	余额（十亿千百十万千百十元角分）
11	30		承前页								
12	4	1	提取现金	库存现金							
	6	2	采购材料	材料采购							
	8	3	销售商品	主营业务收入							
	9	4	取得银行汇票	其他货币资金							
	9	5	支付手续费	财务费用							
	12	6	收到汇票多余款项	其他货币资金							
	12	7	销售商品，收到货款	主营业务收入							
	13	8	支付手续费	财务费用							
	13	9	取得银行本票	其他货币资金							
	14	#	销售材料，收到材料款	其他业务收入							
	14	#	支付货款	应付账款							
	15	#	购买材料，支付材料款	材料采购							
	15	#	支付货款	应付账款							
	15	#	收到货款	应收票据							

图 2-12　银行存款日记账

2. 检查有形资产

检查有形资产按照方式不同分为直接盘存和监督盘存两种形式。

（1）直接盘存是指注册会计师亲自到现场盘点实物，并要求被审计单位有关人员协同执行，以证实书面资料同有关的财产物资是否相符的方法。这种方法在实际中应用较少，常用于数量较小容易出现舞弊行为的贵重财产物资，如贵重文物、珠宝、贵重材料的盘点。

（2）监督盘存是指注册会计师现场监督被审计单位对各种实物资产及现金、有价证券等进行盘点，并进行适当的检查。一般而言，实物资产的盘点是被审计单位管理当局的责任，应由被审计单位进行计划、组织和实施，注册会计师只进行现场监督并适当抽查复点。注册会计师抽点部分如发现差异，除应督促被审计单位更正外，还应扩大抽查范围，如发现差错过大，则应要求被审计单位重新盘点。

检查有形资产只能对实物资产是否确实存在提供有力的审计证据，但无法验证实物资产的所有权和计价情况。因此，注册会计师在盘点之前，还应采取其他方法验证实物资产的所有权和计价情况。

【做中教 2-11】 注册会计师 BY 对 LX 公司 2019 年 12 月 31 日固定资产清点时，发现下列情况，如表 2-8 所示。

表 2-8 固定资产清点情况

单位：元

固定资产名称	固定资产明细账	固定资产卡片	实存价值	单价
甲	80 000	80 000	78 000	2 000
乙	70 000	70 000	80 000	10 000
丙	100 000	90 000	100 000	10 000
丁	29 500	28 000	28 000	500

要求：根据上述固定资产账、卡、物三者数额，分析可能存在的问题，并提出审查意见。

3. 观察

观察是指注册会计师察看相关人员正在从事的活动或执行的程序。例如，对客户执行的存货盘点或控制活动进行观察。观察可以提供与执行有关的过程或程序的审计证据，但观察所提供的审计证据仅限于观察发生的时点，而且被观察人员的行为可能因为接受观察而受到影响，这会使观察提供的审计证据受到限制。

在运用观察程序取证时，注册会计师需要做到：一是认真、仔细、有深度，不以偏概全；二是在被审计单位不知晓的情况下进行观察，已取得真实资料；三是做好观察记录，如有必要，可以采用摄影和录像的方法收集证据；最后还要注意与其他类型的审计证据相互印证。

4. 询问

询问是指注册会计师以书面或口头方式，向被审计单位内部或外部的知情人员获取财务信息和非财务信息，并对答复进行评价的过程。作为其他审计程序的补充，询问广泛应用于整个审计过程中。

知情人员对询问的答复可为注册会计师提供审计线索，也可作为佐证证据。知情人员对询问的答复可能与注册会计师已获取的信息存在重大差异，此时，注册会计师应当根据询问结果修改审计程序或追加审计程序。但是由于被询问者的答复渗透着个人的主观意识，因此询问结果可靠性较差，询问本身不足以发现认定层次存在的重大错报，也不足以测试内部控制运行的有效性，注册会计师还应当实施其他审计程序以获取充分、适当的审计证据。

5. 函证

函证是指注册会计师为了获取影响财务报表或相关披露认定的项目的信息，通过直接来自第三方的对有关信息和现存状况的声明，获取和评价审计证据的过程，如对应收账款或银行存款余额的函证。

1）函证对象

注册会计师应当对银行存款，借款及金融机构往来的其他重要信息；应收账款以及其他（如交易性金融资产、应收票据、其他应收款、预付账款，其他单位代为保管、加工和销售的存货、长期股权投资、应付账款、预收账款、或有事项、重大或异常交易等）实施函证程序。可见，函证通常用于账户余额及其组成部分，但不局限于这些项目。例如，为确认合同条款是否发生变动及变动细节，注册会计师可函证被审计单位与第三方签订的合同条款。

2）函证范围

根据对被审计单位的了解、评估的重大错报风险以及所测试总体的特征等注册会计师可以确定从总体中选取特定项目进行测试。选取的特定项目应包括金额较大的项目，账龄较长的项目，交易频繁但期末余额较小的项目，重大关联方交易项目，重大或异常的交易项目，可能存在争议、舞弊或错误的项目等。

3）函证时间

注册会计师通常以资产负债表日为截止日，在资产负债表日后适当时间内实施函证。如果重大错报风险评估为低水平，注册会计师可选择资产负债表日前适当日期为截止日实施函证，并对所函证项目自该截止日起至资产负债表日止发生的变动实施实质性程序。

4）函证方式

注册会计师可采用积极的或消极的函证方式实施函证，也可以将两种方式结合使用。

第一，积极的函证方式。

积极的函证方式，要求被询证者在所有情况下必须回函。积极的函证方式又分为两种：在询证函中列明拟函证的账户余额或其他信息，要求被询证者确认所函证的款项是否正确；在询证函中不列明账户余额或其他信息，要求被询证者填写有关信息。

在采用积极的函证方式时，只有注册会计师收到回函，才能为财务报表认定提供审计证据。注册会计师没有收到回函，可能是由于被询证者根本不存在，或是由于被询证者没有收到询证函或没有理会询证函。

第二，消极的函证方式。

消极的函证方式，只要求被询证者在仅在不同意询证函列示信息的情况下才予以回函。

对消极式询证函而言，未收到回函并不能表明被询证者已经收到询证函或已经核实了询证函。因此，消极式询证远不如积极式询证提供的审计证据有说服力。当同时存在下列情况时，注册会计师应考虑采用消极的函证方式：重大错报风险评估为低水平，涉及大量余额小的账户预期不存在大量的错误，没有理由相信被询证者不认真对待函证。

注册会计师可将两种方式结合使用。以应收账款为例，当应收账款的余额由少量的大额应收账款和大量的小额应收账款构成时，注册会计师可以对大额应收账款样本，采用积极的函证方式，而对小额应收账款样本采用消极的函证方式。

5）函证的实施与评价

第一，函证实施过程的控制。

➢ 当实施函证时，注册会计师应当采取下列措施对函证过程进行控制：

➢ 将被询证者的名称,单位名称和地址与被审计单位有关记录核对;
➢ 将询证函中列示的账户余额和其他信息与被审计单位有关资料核对;
➢ 在询证函中列明直接向会计师事务所回函;
➢ 询证函经被审计单位签章后,由注册会计师直接发出;
➢ 将发出询证函的情况形成审计工作记录;
➢ 将收到的回函形成审计工作记录,并汇总审计函证结果。

第二,对电子形式回函的处理。

对于电子形式的回函(如传真或电子邮件),由于回函者的身份及其授权情况很难确定,对回函的更改也难以发觉,因此可靠性存在风险。注册会计师和回函者应采用一定的程序为电子形式的回函创造安全环境,降低该风险。电子函证程序可以采用多种确认发件人身份的技术,如加密技术、电子数码签名技术、网页真实性认证程序等。

第三,评价函证的可靠性。

函证所获取的审计证据的可靠性主要取决于注册会计师设计询证函、实施函证程序和评价函证结果等程序的适当性。在评价函证的可靠性时注册会计师应当考虑:对询证函的设计、发出及收回的控制情况,被询证者的胜任能力、独立性、回函情况、对函证项目的了解及其客观性,被审计单位施加的限制或回函中的限制。

如果认为询证函回函不可靠,注册会计师应当采取应对措施。例如,注册会计师可以通过直接打电话给被询证者等方式以验证回函的内容和来源。

第四,对不符事项的处理。

询证函回函中的不符事项可能显示财务报表存在错报。当识别出错报时,注册会计师要评价该错报是否表明存在舞弊。但某些不符事项并不表明存在错报,例如,询证函回函的差异是由于函证时间安排、计量或书写错误造成的。

【做中教 2-12】 注册会计师张颖在审查北京隆兴家纺有限公司的经济业务时,发现北京隆兴家纺有限公司 2019 年 12 月 31 日在中国工商银行的基本账户(账户名称为中国工商银行北京分行丰台支行峰四分理处,银行账号为 80231560042120)中存款余额为 897 456.21 元;1 年期贷款(2019 年 9 月 15 日借入,期限 10 个月,年利率 5.7%)为 200 000 元、3 年期贷款(2018 年 9 月 15 日借入,期限 36 个月,年利率 6.6%,由中魅力公司担保)为 500 000 元;由北京隆兴家纺有限公司为出票人的工商银行承兑尚未支付的银行承兑汇票贴现(提前 40 天贴现,到期日 2020 年 1 月 25 日)65 000 元。

要求:为验证以上相关资料,完成撰写并寄发银行询证函(样式见书末二维码)。

6. 重新计算

重新计算是指注册会计师以人工方式或使用计算机辅助审计技术,对记录或文件中数据计算的准确性进行核对。重新计算可通过手工方式和电子方式进行,注册会计师需要验证的主要包括以下内容:

(1) 对凭证、账簿、报表中有关项目的小计、合计、总计、差额、乘积等进行计算。

(2) 对固定资产折旧率、汇兑损益、职工福利费的提取、有关税金的计算进行重新计算,验算其结果是否正确。

(3) 对成本、费用归集和分配的结果进行验算。

(4) 对会计补充资料,如流动比率、负债率、资产周转率、利润率等指标进行验算。

【做中教 2-13】 注册会计师 LZX 受托对 ZRY 公司在产品成本进行审查。该公司按约当产量法计算在产品成本，审计人员审阅基本生产成本明细账时，发现月初在产品成本为239 040元，其中直接材料为144 000元，直接工资为36 000元，其他直接支出为5 040元，制造费用为54 000元。本月发生费用为999 000元，其中直接材料为662 400元，直接工资为90 000元，其他直接支出为12 600元，制造费用为23 400元。本月完工产品为480台，月末在产品为240台，在产品投料率为80%，完工率为50%，经查实，本月账面在产品实际成本为479 880元，其中直接材料为350 400元，直接工资为42 000元，其他直接支出为5 880元，制造费用为81 600元，本月完工产品成本已经结转。

要求：

(1) 说明审计人员应采用的审计方法。

(2) 指出该企业在产品成本计算上存在的问题。

(3) 提出处理意见。

7. 重新执行

重新执行是指注册会计师以人工方式或使用计算机辅助审计技术，重新独立执行作为被审计单位内部控制组成部分的程序或控制。例如，注册会计师利用被审计单位的银行存款日记账和银行对账单，重新编制银行存款余额调节表，并与被审计单位编制的银行存款余额调节表进行比较。

【做中教2-14】 注册会计师刘丽华在2020年2月20日检查了北京隆兴家纺有限公司2月银行存款日记账的收支业务并与银行对账单核对。2月20日，银行对账单（如图2-13所示）余额为244 940.80元，银行存款日记账（如图2-14所示）为200 340.80元。

中国工商银行客户存款对账单

网点号：　　　　币种：人民币（本位币）　单位：元　2019年　页号：1

账号：80231560042120　　户名：　　　　上页余额：361600.00

日期	交易类型	凭证总类	凭证号	对方户名	摘要	借方发生额	贷方发生额	余额	记账信息
12月4日		000000000	1		提取现金	15000.00		346600.00	
12月6日		000000000	3	候马股份有限公司	采购材料	35100.00		311500.00	
12月8日		000000000	4	光益百货商厦	销售商品		187200.00	498700.00	
12月9日		000000000	5		取得银行汇票	320000.00			
12月9日		000000000	8		支付手续费	50.00		178650.00	
12月10日		000000000	9	电业局	支付电费	5800.00		172850.00	
12月12日		000000000	10	上海粮油加工企业	收到汇票多余款项		4100.00		
12月12日		000000000	11	福和大型机器生产厂	销售商品，收到货款		304200.00	481150.00	
12月13日		000000000	13		支付手续费	50.00			
12月13日		000000000	15		取得银行本票	140400.00			
12月13日		000000000	16		代收外埠存款		46800.00	387500.00	
12月14日		000000000	17	宏发有限责任公司	销售材料，收到材料款		28080.00	415580.00	
12月15日		000000000	18	九鼎公司	购买材料，支付材料款	70200.00			
12月15日		000000000	19	欣鼎设计公司	支付货款	132439.20		212940.80	
12月16日		000000000	22	连城公司	收到货款		32000.00	244940.80	

截止2017年12月31日，账户余额（额度）：244940.80　，　保留余额：0.00　，　冻结余额：0.00　，　透支余额：0.00　，　可用余额：244940.80

图2-13　银行对账单

要求：

(1) 根据上述资料编制银行存款余额调节表。

(2) 指出该公司银行存款管理上存在的问题。

银行存款　日记账　　第1页

2019年 月	日	凭证号	摘要	对方科目	凭证 种类	凭证 票号	借方（十亿千百十万千百十元角分）	核对号	贷方（十亿千百十万千百十元角分）	核对号	余额（十亿千百十万千百十元角分）
11	30		承前页								3936000
12	4	1	提取现金	库存现金					150000		3786000
	6	2	采购材料	材料采购					351000		3435000
	8	3	销售商品	主营业务收入			1872000				5307000
	9	4	取得银行汇票	其他货币资金					3200000		2107000
	9	5	支付手续费	财务费用					5000		2106500
	12	6	收到汇票多余款项	其他货币资金			41000				2147500
	12	7	销售商品，收到货款	主营业务收入			3042000				5189500
	13	8	支付手续费	财务费用					5000		5189000
	13	9	取得银行本票	其他货币资金					1404000		3785000
	14	11	销售材料，收到材料款	其他业务收入			280800				4065800
	14	12	支付货款	应付账款					121000		3944800
	15	13	购买材料，支付材料款	在途物资					702000		
	15	14	支付货款	应付账款					1324392 0		
	15	15	收到货款	应收票据			85000				2003408 0

图 2-14　银行存款日记账

8. 分析程序

分析程序是指注册会计师通过研究不同财务数据之间及财务数据与非财务数据之间的内在关系，对财务信息作出评价。例如，注册会计师可以对被审计单位的财务报表和其他会计资料中的重要比率及其变动趋势进行分析性复核，以发现其异常变动项目。对于异常变动项目，注册会计师应重新考虑其所采用的审计方法是否合适。必要时，应追加适当的审计程序，以获取相应的审计证据。分析程序还包括调查与其他相关信息不一致或与预期数据严重偏离的波动。一般而言，在整个审计过程中，注册会计师都将运用分析程序。在实务中，可使用的方法主要包括账户分析法、比较分析法、比率分析法、趋势分析法、因素分析法和合理性测试法等。

（1）账户分析法。这是指利用账户之间的对应关系，对发生额、余额进行分析，从中发现错误和异常。注册会计师通常对容易发生问题的明细账，如应收应付和费用账户进行分析，从中发现问题，为下一步审计提供线索。

（2）比较分析法，这是指将报表项目与既定标准进行比较，这种标准可以是计划数、预算数或同行业标准等。

（3）比率分析法。这是指将报表中的某一项目同相关项目进行比较，比率分析可将不可比的指标数据转化为可比的指标数据。比率分析包括构成比率(如流动资产占全部资产比率)分析和相关比率(如流动比率)分析。

(4) 趋势分析法。这是对某一项目连续若干期数据计算及变动金额及百分比,分析该项目的变动方向和增减幅度。通过趋势分析,注册会计师可以确定被审项目在被审期内是否发生重大变化、有无新的发展趋势。

【做中教 2-15】 北京隆兴家纺有限公司 2019 年度的报表已经编制完成,现在选取部分数据并与 2018 年对应列示,如表 2-9 所示。

表 2-9　北京隆兴家纺有限公司财务报表水平分析

金额单位:万元

项目	2019 年	2018 年	2019 年比 2018 年变动情况	
	已审数	未审数	增减额	增减率
营业收入	38 019	28 399		
营业成本	29 842	21 762		
营业利润	7 685	6 159		
利润总额	310	—1 017		
净利润	277	—1 017		
存货	23 034	19 206		
应收账款	21 847	25 488		
速动资产	22 661	26 907		
流动资产	52 125	55 023		
流动负债	50 088	51 979		
固定资产	45 354	46 811		
在建工程	1 822	1 036		
资产总额	82 837	85 367		
负债总额	63 351	66 276		
实收资本	13 421	14 053		
所有者权益	19 486	19 091		

要求:请完成表 2-9,并对北京隆兴家纺有限公司报表情况进行初步分析。

(5) 因素分析法。这是指将影响某一事项的各个因素分离出来,在此基础上分析各因素变动对该事项的影响程度,以查明原因的一种分析方法。如产品销售利润的影响因素可分解为销售量、销售价格、销售成本费用、销售税金等,通过测定各因素的变动对销售利润的影响程度,找出存在问题。

(6) 合理性测试。这是指利用项目之间的关联关系测试该某项目金额是否合理。例如,注册会计师对制造业的营业收入进行分析时,可以将营业收入与运费、电费、水费、办公费等联系起来作配比分析。

在整个审计过程中,注册会计师都可以运用分析程序。

(1) 用作风险评估程序。审计人员实施风险评估程序的目的在于了解被审计单位及其环境,评估重大错报风险。在风险评估过程中使用分析程序也是服务于这一目的。分析程序可以帮助审计人员发现财务报表中的异常变化,识别存在重大错报风险的领域。例如,注册会计师根据对被审计单位及其环境的了解,得知本期在生产成本中占较大比重的原材料成本大幅上升。因此,注册会计师预测在销售收入未有较大变化的情况下,由于销售成本的上升,毛利率应相应下降。但是注册会计师借助分析程序发现,本期与上期的毛利率变化不大,注册会计师可据此认定销售成本存在重大错报风险。

(2) 用作实质性程序。当使用分析程序比细节测试能更有效地将认定层次的检查风险降至可接受的水平时,分析程序可以用作实质性程序。在实施进一步审计程序时,审计人员可以将分析程序作为实质性程序的一种,单独或结合其他细节测试,收集审计证据。此时运用分析程序可以减少工作量,节约审计成本,降低审计风险,审计工作更有效率和效果。

(3) 用作总体复核。在审计结束或临近结束时。注册会计师运用分析程序的目的是确定财务报表整体是否与其对被审计单位的了解一致。审计人员应当运用分析程序,对财务报表整体的合理性作最终把握,评价报表仍然存在重大错报风险而未被发现的可能性,考虑是否需要追加审计程序,以便为发表审计意见提供合理基础。

一般地,注册会计师所收集到的初始证据往往是分散、零乱、无序和孤立的,证据形式也是复杂多样的。要使其变成系统、有序、彼此联系,并具有充分、适当证明力的证据,必须按照一定的程序、目的和方法进行科学的整理、分析和评价,使之条理化、系统化。这样,注册会计师才能对各种审计证据合理地进行审计小结,对被审计单位财务报表等有关会计资料形成比较完整的认识,并在此基础上,正确评价其是否恰当地反映了被审计单位的财务状况、经营成果及现金流量。通过对审计证据的分析和整理,还可以发现证据不足之处,及时进行补充收集,以便获取新的证据材料,把审计工作引向深入。

(二) 审计证据的整理

(1) 分类,即将各类审计证据按照证明力的强弱,或按照与审计目标的关系是否直接等分门别类排列成序。

(2) 计算,即按照一定的方法对数据方面的审计证据进行计算,并从计算中得出所需要的新证据。

(3) 比较。比较包含两方面的内容:其一,将各类审计证据进行比较,分析被审计单位经济业务的变动趋势及特征。其二,与审计目标进行比较,判断审计证据是否符合要求;若不符合,需继续收集相关审计证据。

(4) 小结,即在上述工作的基础上,对审计证据进行归纳、总结,得出具有说服力的局部的审计结论。

(5) 综合,是指注册会计师对各类审计证据及其所形成的局部审计结论进行综合分析,以形成整体的审计意见。

六、审计证据的分析与评价

(一) 评价充分性和适当性时的特殊考虑

1. 对文件记录可靠性的考虑

审计工作通常不涉及鉴定文件记录的真伪,注册会计师也不是鉴定文件记录真伪的专家,但应当考虑用作审计证据的信息的可靠性,并考虑与这些信息生成与维护相关的控制的有效性。

如果在审计过程中识别出的情况使其认为文件记录可能是伪造的,或文件记录中的某些条款已发生变动,注册会计师应当作出进一步调查,包括直接向第三方询证,或考虑利用专家的工作以评价文件记录的真伪。例如,如果发现某银行询证函回函有伪造或篡改的迹象,注册会计师应当作进一步的调查,并考虑是否存在舞弊的可能性。必要时,应当通过适当方式聘请专家予以鉴定。

2. 使用被审计单位生成信息时的考虑

如果在实施审计程序时使用被审计单位生成的信息,注册会计师应当就这些信息的准确性和完整性获取审计证据。例如,在审计收入项目时,注册会计师应当考虑价格信息的准确性及销售量数据的完整性和准确性。在某些情况下,注册会计师可能需要确定实施额外的审计程序,如利用计算机辅助审计技术来重新计算这些信息,测试与信息生成有关的控制等。

3. 证据相互矛盾时的考虑

如果针对某项认定从不同来源获取的审计证据或获取的不同性质的审计证据能够相互印证,与该项认定相关的审计证据则具有较强的说服力。例如,注册会计师通过检查委托加工协议发现被审计单位有委托加工材料,且委托加工材料占存货比例较大,经发函询证后证实委托加工材料确实存在。委托加工协议和询证函回函这两个不同来源的审计证据互相印证,证明委托加工材料真实存在。

如果从不同来源获取的审计证据或获取的不同性质的审计证据不一致,表明某项审计证据可能不可靠,注册会计师应当追加必要的审计程序。如果注册会计师发函询后证实委托加工材料已加工完成并返回被审计单位。委托加工协议和询证函回函这两个不同来源的证据不一致,委托加工材料是否真实存在应当质疑。这时,注册会计师应追加审计程序,确认委托加工材料收回后是否未入库或被审计单位收回后予以销售而未入账。

4. 获取审计证据时对成本的考虑

注册会计师可以考虑获取审计证据的成本与所获取信息的有用性之间的关系,但不应以获取审计证据的困难和成本为由减少不可替代的审计程序。

在保证获取充分、适当的审计证据的前提下,控制审计成本也是会计师事务所增强竞争能力和获利能力所必需的。但为了保证得出的审计结论、形成的审计意见是恰当的,注册会计师不应将获取审计证据的成本高低和难易程度作为减少不可替代的审计程序的理由。例如,在某些情况下,存货监盘是证实存货存在性认定的不可替代的审计程序,注册会计师在审计中不得以检查成本高和难以实施为由而不执行该程序。

(二) 分析与评价审计证据时应注意的问题

为使审计证据的分析与评价工作更加科学、合理、有效,注册会计师在整理和分析审计证据的过程中,应着重注意解决好以下问题:

(1) 审计证据的取舍。审计证据取舍的目标是保证审计证据总体的有效性。审计结论应该是建立在相关审计证据基础上的一种综合判断结果,并不是对各项审计证据反映的简单汇总。然而,在相关审计证据体系中,各项审计证据的重要性程度及其对综合结论的影响性质是不同的。因而,在编制审计报告之前,注册会计师必须对原有的反映不同内容的审计证据进行适当的取舍,舍弃那些无关紧要的、不支持审计意见的次要证据,只选择那些具有代表性的、典型的、支持审计意见的重要证据在审计报告中加以反映。审计证据的取舍标准应考虑两个方面：一是金额的大小，注册会计师应当把金额大、足以对被审计单位财务状况或经营成果的反映产生重大影响的证据，作为重要的审计证据予以保留；二是问题的性质严重程度，有些审计证据本身所揭露问题的金额也许并不很大，但其性质却较为严重，可能导致其他重要问题的产生或与其他可能存在的重要问题有关，则注册会计师也应将这类审计证据作为重要的审计证据加以保留。

（2）分清事实的现象与本质。有些审计证据所反映的情况可能只是一种现象，注册会计师不能被这些表面现象所迷惑，而应该能够通过现象找出本质之所在。

（3）排除伪证。有时，审计证据的提供者出于某种动机而伪造证据，有关方面基于某些主观或客观原因而提供虚假证据。这些伪证或因精心炮制而以假乱真，或与被审事实之间存在某种巧合，如果不认真排除，辨明真相，往往会干扰注册会计师形成正确、恰当的审计结论和意见。

学习子情境三　记录审计证据

【情境引例】　沧海会计师事务所存货监盘失败案

1. 沧海会计师事务所存货监盘案的始末

沧海会计师事务所委派注册会计师王侠与助理人员张驰到光大公司审计存货的价值，助理人员张驰听从注册会计师王侠的安排，前去验证存货的账面余额。在盘点前，小张在过道里听到几个工人在议论，得知存货中可能存在不少无法出售的变质产品。对此，小张对存货进行实地抽点，并比较库存量与最近销售量。抽点结果表明，存货数量合理，收发也较为有序。由于该产品技术含量较高，小张无法鉴别出存货中是否有变质产品，于是，他不得不询问该公司的存货部高级主管。该高级主管的答复是，产品绝无质量问题。

小张在盘点工作结束后，开始编制工作底稿。在备注中，小张将听说有变质产品的事项填入其中，并建议在下阶段的存货审计程序中应特别注意变质产品。王侠在复核工作底稿时，再一次向小张详细了解存货盘点情况，特别是有关变质产品的情况。对此，还特别找当时议论此事的工人进行询问。但这些工人矢口否认此事。于是，王侠与存货高级主管商讨后，得出结论，认为“存货价值公允且均可出售”。底稿复核后，王侠在备注栏中填写了“变质产品问题经核实尚无证据，但下次审计时应加以考虑”。由于光大公司总经理抱怨王侠前几次出具了有保留意见的审计报告，使得他们在贷款时遇到了不少麻烦，审计结束后，注册会计师王侠对该年的财务报表出具了无保留意见的审计报告。

2. 沧海会计师事务所存货监盘案的结果

2个月后，光大公司资金周转不灵，主要是存货中存在大量变质产品无法出售，致使到期的银行贷款无法偿还。银行拟向会计师事务所索赔，认为注册会计师在审核存货时具有重大过失。债权人在法庭上出示了王侠的工作底稿，认为注册会计师明知存货高估，但迫于总经理的压力没有揭示财务报表中存在的问题，因此，应该承担银行的贷款损失。

资料来源：李着山、刘大贤，《审计学》，经济科学出版社，2003年版。

请分析/思考：工人在过道里关于变质产品的议论是否应列入审计工作底稿？对于银行

的指控，现有的这些工作底稿能否支持注册会计师的抗辩？会计师事务所应做什么？

分析提示：审计工作底稿的基本内容与构成要素，监盘存货的目的，审计责任。

一、审计工作底稿的定义

《中国注册会计师审计准则第1131号——审计工作底稿》规范了我国注册会计师财务报表审计业务工作底稿的格式、内容和范围及审计工作底稿的归档。注册会计师应严格按照此准则的要求，做好有关审计工作底稿的各项工作。

审计工作底稿是审计证据的载体，是指注册会计师对制定的审计计划、实施的审计程序、获取的相关审计证据及得出的审计结论作出的记录。

二、审计工作底稿的作用

审计工作底稿具有非常重要的作用，主要包括可以实现下列目的的作用。

（一）审计工作底稿是联结全部审计工作的纽带

审计工作经常由多个注册会计师进行，他们之间存在不同的分工协作。审计工作在不同阶段有不同的测试程序和实现目标。审计工作底稿可以把不同人员的审计结果、不同阶段的审计结果有机地联系起来，使得各项工作都围绕对财务报表发表意见这一总体目标来进行。

（二）审计工作底稿是形成审计结论、发表审计意见的直接依据

注册会计师的审计过程实际上是收集审计证据，编制审计工作底稿，进而作出审计结论的过程，注册会计师和助理人员在执行审计业务过程中通过编制审计工作底稿，把业已收集到的数量众多但又不系统、没有重点的各种审计证据资料，系统地加以归类整理，从而使审计结论建立在充分和适当的审计证据基础之上。因此，审计工作底稿不仅是形成审计结论、发表审计意见的直接依据，也是证明注册会计师按照审计准则要求完成审计工作、履行应尽职责的依据。

审计工作底稿是审计证据的载体和形成审计结论、发表审计意见、出具审计报告的直接依据，也是评价考核执业注册会计师专业能力、工作业绩、知识水平和行业监管机构检查业务质量、明确审计责任的重要依据。

审计工作底稿是评价考核注册会计师专业能力和工作业绩，并明确其审计责任的主要依据。依据执业准则实施必要的审计程序、发表客观公正的审计意见是注册会计师的审计责任，注册会计师在审计过程中是否执行了执业准则，选择的审计证据是否恰当、合理、所作出的专业判断是否准确等都直接反映在审计工作底稿中。因此，要考核一个注册会计师的工作能力，可以通过审阅其审计工作底稿来判断。一旦对某项审计项目有异议，可通过审核其审计工作底稿来明确注册会计师的责任。一般来说，只要在审计工作底稿上显示出注册会计师是按照执业准则，采用了合理的审计程序，收集了充分、适当的审计证据，认真进行了专业判断，即使有差错也可以减轻注册会计师的责任。

（三）审计工作底稿是审计质量控制与监督的基础

审计工作底稿编制是否完整、规范，审计过程中所收集的审计证据是否足以支持注册会计师所发表的审计意见，代表着审计质量的高低。而审计质量的高低恰恰与审计风险呈负相关的关系，审计质量越高，审计风险就越低。

注册会计师的审计过程实际上是收集审计证据，编制审计工作底稿，分析、判断、得出审计结论的过程，通过编制审计工作底稿，把业已收集到的数量众多但又不系统、零散的各种审计证据资料，系统地加以归类整理，从而使审计结论建立在充分和适当的审计证据基础之上。审计质量是注册会计师审计工作质量和审计报告质量的总称，而审计报告质量又依赖于审计工作质量，因此，严格控制审计工作质量是保证审计质量的关键。

审计工作质量很大程度上体现在审计工作底稿上，要控制审计工作质量，就必须对审计工作底稿的编制和复核规定一整套严格的程序，审计工作底稿编制指南对审计工作底稿规定了基本内容的编制要求，每个注册会计师都应按规定执行，对于应该完成的审计程序，不能任意省略，审计结果要有明确结论，便于会计师事务所按照《质量控制准则第 5101 号——会计师事务所对执行财务报表审计和审阅、其他鉴证和相关服务业务实施的质量控制》的规定，实施质量控制复核与检查；便于监管机构和注册会计师协会根据相关法律、法规或其他相关要求，对会计师事务所实施执业质量检查。

(四) 审计工作底稿对未来审计业务具有参考备查作用

审计工作底稿对未来审计业务的参考作用，主要是对财务报表审计而言的。由于对一个企业、单位的财务报表审计是每年连续进行的，一个年度的审计工作底稿可以作为下一年度审计的参考。一般来说，当年度财务报表审计开始时，先要仔细阅读上一年度的审计工作底稿，了解该企业、单位内部控制的薄弱环节在哪里，要求企业调整的会计事项有哪些，重点审计的内容是什么，有哪些或有负债，审计报告是哪种类型等，作为本年度审计计划的参考，由于审计工作底稿在审计工作中的重要作用，每一个注册会计师必须重视审计工作底稿的编制，认真填写审计工作底稿，保留对未来审计工作持续产生重大影响的事项的记录。

三、审计工作底稿的性质

审计工作底稿是注册会计师对审计工作过程的记录，鉴于其形成过程和上述用途，审计工作底稿具有其独特的性质。对审计工作底稿性质的理解有助于注册会计师更系统地把握审计工作。审计工作底稿具有存在形式多样、业务导向、内容重要等诸多性质。

(一) 审计工作底稿的存在形式

审计工作底稿可以以纸质、电子或其他介质形式存在。随着信息技术的广泛运用，审计工作底稿的形式从传统的纸质形式扩展到电子或其他介质形式。但无论审计工作底稿存在于哪种介质，会计师事务所都应当针对审计工作底稿设计和实施适当的控制，以实现下列目的：

(1) 使审计工作底稿清晰地显示其生成、修改及复核的时间和人员。

(2) 在审计业务的所有阶段，尤其是在项目组成员共享信息或通过互联网将信息传递给其他人员时，保护信息的完整性。

(3) 防止项目组成员未经授权改动审计工作底稿。

(4) 允许项目组和其他经授权的人员为适当履行职责而接触审计工作底稿。

(二) 审计工作底稿包括的内容

审计工作底稿通常包括总体审计策略、具体审计计划、分析表、问题备忘录、重大事项概要、询证函回函、管理层声明书、核对表、有关重大事项的往来信件(包括电子邮件)及对被审计单位文件记录的摘要或复印件等。此外，审计工作底稿中通常还包括业务约定书、管理建议书、项目组内部或项目组与被审计单位举行的会议的记录、与其他人士(如其他注册会计师、律师、专家等)的沟通文件及错报汇总等。

(三) 审计工作底稿通常不包括的内容

审计工作底稿通常不包括已被取代的审计工作底稿的草稿或财务报表的草稿、对不全面或初步思考的记录、存在印刷错误或其他错误而作废的文本，以及重复的文件记录等。由于这些草稿、错读的文本或重复的文件记录不直接构成审计结论和审计意见的支持性证据，因此注册会计师通常无须保留这些记录。

四、审计工作底稿的分类

审计工作底稿的种类有以下三种：注册会计师直接编制的审计记录；从被审计单位、有关部门取得的原始资料；注册会计师接受并审阅他人代为编制的审计记录。

审计工作底稿按其性质和作用，可将其划分为综合类工作底稿、业务类工作底稿和备查类工作底稿。

(一) 综合类工作底稿

1. 综合类工作底稿的定义

综合类审计工作底稿是指审计人员在审计计划阶段和审计报告阶段为规划、组织、协调、控制、监督和总结整个审计工作而形成的审计工作记录和收集的资料。

2. 综合类工作底稿的形成过程

综合类工作底稿按照审计执行进程阶段可以分为预备调查阶段、审计计划阶段、审计实施阶段和总结及审计报告阶段四个阶段。综合类工作底稿的形成过程，如图 2-15 所示。

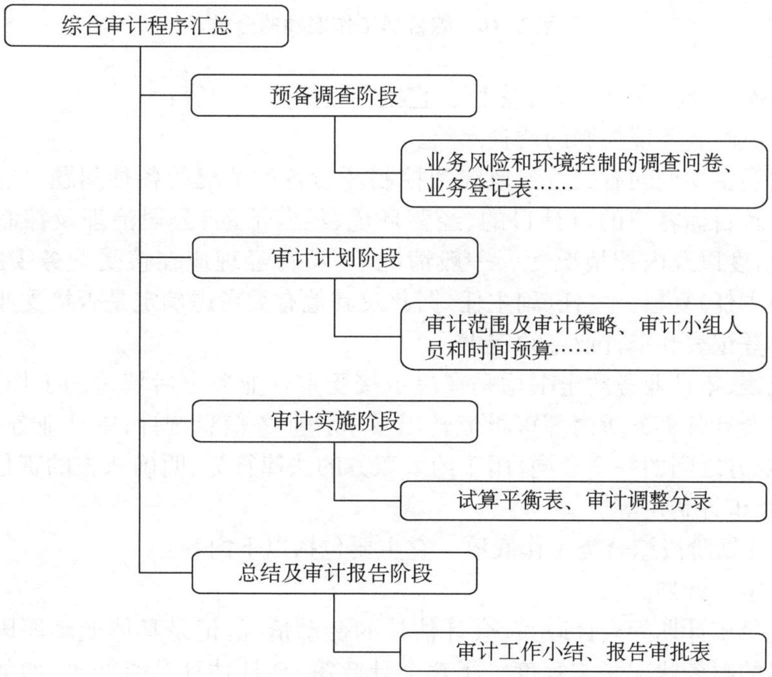

图 2-15　综合类工作底稿的形成过程

3. 综合类工作底稿的特点

综合类工作底稿的特点表现为：综合类工作底稿贯穿整个审计过程，脉络清晰，条理分明；客户承诺书、客户声明书类的工作底稿划清审计与会计的责任，明确客户（包括会计人员）的责任需提供真实完整的会计资料，对客户的行为起到威慑及约束的作用，保证审计基础的真实性。

4. 综合类工作底稿的分类介绍

所有审计程序完成情况的综合类工作底稿，该工作底稿按照审计执行阶段分段记录审计工作的具体完成情况，详细记录每一具体审计步骤是否完成以及完成的底稿索引。该底稿系注册会计师在完成所有审计程序之后，最终完成的工作底稿；该底稿集中概括记录了所有审计程序的执行情况，综合类工作底稿按其编制特点、编制人员等区分，如图 2-16 所示。

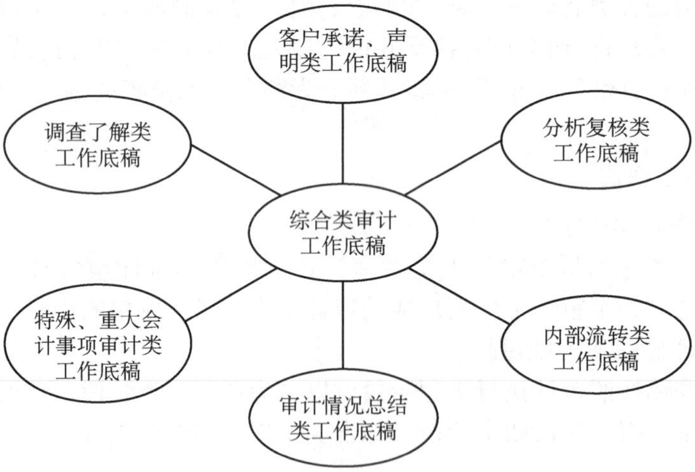

图 2-16　综合类工作底稿的分类

(1) 预备调查阶段综合类工作底稿。它主要包括以下内容：

一是业务风险和环境控制的调查问卷。

该调查问卷主要询问有关业务风险和控制环境各种情况的各种问题，主要是通过问卷形式的调查了解目标客户的审计目的、经营环境、经营活动、公司治理及控制环境、财务状况、管理层诚信度以及内控情况等。一般情况下，项目经理应在接受业务委托前填写调查表，经主任（副主任）复核。主任（副主任）据此及其他有关考虑确定是否接受业务委托。

二是业务登记表和审计业务约定书。

业务登记表、审计业务约定书均是在决定接受审计业务之后填写的工作底稿，其中，业务登记表用于会计师事务所内部审批流转以及审计业务信息统计；审计业务约定书是委托方、被委托方双方之间的一个合同，用于约束双方的法律行为，明确双方的责任义务，明确审计时间、范围及审计费用等。

(2) 审计计划阶段综合类工作底稿。它主要包括以下内容：

一是总体审计计划。

该底稿记录审计期间会计政策、会计估计的变动情况，记录具体变动原因、变动审批程序以及对公司的财务状况影响程度。了解会计政策、会计估计是否变更、如何变更，有利于分析公司是否存在欺诈可能性，也有利于审计时有针对性地对变更情况进行追踪查验。

二是未审会计报表及其复核、财务报表分析性测试备忘录、横向趋势分析表、资产负债表纵向趋势分析表、利润表纵向趋势分析表、比率趋势分析表。

未审财务报表，将其输入试算平衡表中的“调整前”列，让设计好的软件自行进行简单的报表平衡、简单勾稽关系的复核。收集前 2 年的已审财务报表及未审财务报表，进行财务报表的横向、纵向及比率趋势分析，根据所分析科目变动趋势及差异率情况，判断变动异常的报表项目，并进一步对变动异常原因进行了解。

(3) 审计实施阶段综合类工作底稿。它主要包括以下内容：

一是试算平衡表工作底稿、审计调整分录汇总表、重分类调整分录汇总表、未调整不符事项汇总表。审计结束后，将所有发现的审计调整分录、重分类调整分录汇总记录下来，并将其过入试算平衡表的工作底稿之中，以确定最终审定的会计报表。同时，将审计已经发现但未作调整的不符事项汇总，分析是否超过重要性水平。

二是期初余额。期初余额的专项审计底稿，会计师事务所印制的审计底稿中列明各期初余额的审计目标以及审计程序，以导引审计人员对期初余额进行专项审计。期初余额的审计，是穿插在会计科目实质性审计过程中进行的。

三是会计政策变更和会计差错更正。会计政策变更和会计差错更正的专项审计工作底稿，了解公司的会计政策，分析判断会计政策变更、会计差错更正的合理性、合规性。

四是会计估计。会计估计的专项审计底稿，了解公司的会计估计政策，分析判断其合理性，对有关会计估计变更进行查验，确定其变更的程序是否规范，变更理由是否充分，变更依据是否切实，披露是否恰当。

五是债务重组。对公司债务重组事项进行专项审计的底稿，确定债务重组交易是否合法，其相应会计处理、披露是否准确、充分。

六是非货币性交易。非货币性交易专项审计底稿，确定非货币性交易是否合法，会计处理是否正确，披露是否恰当。

七是现金流量表。现金流量表的专项审计底稿，确定现金流量表类别的划分是否恰当，其内容、性质和数额是否正确、合理、完整，确定现金流量表有关项目数据与其他报表附注的勾稽关系是否正确。

八是合并会计报表、集团内部股权关系网络图、合并范围确认统计表、合并抵销分录及复核、纳入合并的个别会计报表、合并试算平衡表、合并报表附注汇总审核。合并报表的工作底稿，其包括合并报表范围内公司的成权结构图、合并范围确认、合并报表基础资料、合并抵销分录等合并过程。

九是关联方及其交易，被审计单位对关联方及其交易的声明底稿，即客户所提供的关联方关系、关联方交易情况的底稿。审计人员在客户提供资料的基础上，加以复核，确认关联交易的真实性、合理性及其披露的恰当性。

十是或有事项、期后事项、承诺事项、管理层声明书。该系列底稿既是客户对接受审计而作出的系列声明、承诺，也是审计人员对或有事项、期后事项、承诺事项的调查底稿。

其他还包括股东大会、董事会相关会议记录，股东大会、董事会、管理层会议纪要清单及其复印件，包括会议时间、会议名称、主要决议内容等。与客户交换意见书，是审计结束，与客户进行沟通、交换审计意见的记录底稿。律师询证函及律师复函或法律意见书，是就某些会计事项(如或有负债调查、关联方关系等)向律师所作的询证函，以及某些特定的法律意见书，持续经营工作底稿，是了解公司持续经营能力的工作底稿，系调查类工作底稿。

(4) 总结及审计报告阶段综合类工作底稿。它主要包括以下内容:

一是审计工作小结及其附表。

审计工作小结由项目经理根据审计情况编制,汇报最终审计的执行情况:包括审计参与人员、具体审计执行时间、各项目审计策略执行情况、审计工作完成情况、对照以及审计中重大事项处理方法,对计划、内控和审计中发现问题及其处理情况的归纳总结。该底稿旨在归纳审计工作执行情况,项目小组通过编制小结底稿自查审计程序执行是否到位,自查是否遗漏、疏忽重大审计事项,也利于会计师事务所复核人员了解、掌握实际审计情况。

二是报告审批流程形成的工作底稿。

它包括审计工作完成情况核对问卷、技术审核(二级)程序核对问卷,项目协测(三级)程序执行报告、技术审核(三级)程序执行报告、报告审批表。它们分别由会计师事务所三级复核人员及参与审计的人员共同完成,集中体现事务所质量控制体系,充分保障审计质量。

三是审计报告、已审会计报表及其附注。

它包括审计工作的最终产成品即审计报告、审计调整后的会计报表及会计报表附注。

(二) 业务类工作底稿

业务类工作底稿是指审计人员在审计实施阶段为执行具体审计程序所形成的审计工作底稿,它包括内部控制测试中形成的内部控制问题调查表和流程图、实质性测试中形成的项目明细表、资产盘点表或调节表、询正函、分析性测试表、计价测试记录、截止测试记录等。

1. 调查类审计工作底稿

调查类审计工作底稿是指审计人员为了了解被审计单位有关情况或被审计事项的实际情况,以及为了收集审计证据所作的各种审计记录,如被审单位基本情况表、内部控制调查表、调查记录表等。

2. 审查类审计工作底稿

审查类审计工作底稿是指审计人员在审计会计凭证、账簿和报表过程中所编写的各种工作记录。在进行财务报表审计时常用的审查类审计工作底稿有试算平衡表、汇总表、分析表、计算表、账项调整表等。

3. 盘点类审计工作底稿

盘点类审计工作底稿是指审计人员对库存现金、有价证券、存货、固定资产等进行清查盘点所作的记录,如库存现金监盘表、库存材料抽查表、有价证券监盘表、固定资产监盘表等。

4. 专项审计工作底稿

除上述各类审计工作底稿外,审计人员对查清落实关于伪造凭证、贪污盗窃、行贿受贿严重损失浪费等违法乱纪事件,应视不同情况设计不同格式的工作底稿,详细说明审计过程、取得的审计证据、问题性质、金额和审计人员的分析意见等。

(三) 备查类工作底稿

这是指审计人员在审计过程中形成的、对审计工作仅具有备查作用的审计工作底稿。它主要包括被审计单位的设立批准证书、营业执照、合营合同、协议、章程、组织机构及管理人员结构图、董事会会议纪要、重要经济合同、相关内部控制制度、验资报告的复印件或摘录。备查类审计工作底稿随被审计单位有关情况的变化而不断更新,应详细列明目录清单,并将更新的文件资料随时归档,注册会计师在将上述资料归为备查类工作底稿的同时,还应根据需要,将其中与具体审计项目有关的内容复印、摘录、综合后归入业务类审计工作底稿的具体审计项目之后。通常，备查类审计工作底稿是由被审计单位或第三者根据实际情况提供或代为编制，因此，注册会计师应认真审核，并对所取得的有关文件、资料标明其具体来源。

五、审计工作底稿的编制目的

编制或取得审计工作底稿是注册会计师审计中的一项重要工作。注册会计师应当及时编制审计工作底稿以达到下述主要目的。

(1) 提供充分、适当的记录，作为审计报告的基础。审计结论和审计意见是根据注册会计师获取的各种审计证据，结合注册会计师一系列的专业判断形成的，而注册会计师所收集到的审计证据和所作出的专业判断，都完整地记载于审计工作底稿中。因此，审计工作底稿理当成为审计结论与审计意见的直接依据。

(2) 提供证据，证明其按照中国注册会计师审计准则(以下简称审计准则)的规定执行了审计工作。

(3) 注册会计师依照审计准则实施必要的审计程序，才可解脱或减轻其审计责任。注册会计师专业能力的大小、工作业绩的好坏，主要体现在对审计程序的选择、执行和有关的专业判断上，而注册会计师是否实施了必要的审计程序，审计程序的选择是否合理，专业判断是否准确，是否保持了应有的职业怀疑态度，都必须通过审计工作底稿来体现和衡量。

(4) 审计工作底稿是注册会计师形成审计结论、发表审计意见的直接依据。在会计师事务所因执业质量而涉及诉讼或有关监管机构进行执业质量检查时，审计工作底稿能够提供证据，证明会计师事务所是否按照审计准则的规定执行了审计工作。

(5) 及时编制审计工作底稿有助于提高审计工作的质量，便于在出具审计报告之前，对取得的审计证据和得出的审计结论进行有效复核和评价。如果时间拖延过久，注册会计师可能会遗忘某些事项，使得审计工作底稿的记录不能全面地反映注册会计师所执行的审计工作。一般情况下，在审计工作执行过程中编制的审计工作底稿比事后编制的审计工作底稿更准确。

六、审计工作底稿的格式、内容与范围

(一) 总体要求

注册会计师应该编制全面详细的工作底稿，以便其他人员对审计工作进行了解和把握。注册会计师编制的审计工作底稿，应当使得未曾接触该项审计工作的有经验的专业人士清楚了解以下内容：

(1) 按照审计准则的规定实施的审计程序的性质、时间和范围。

(2) 实施审计程序的结果和获取的审计证据。

(3) 就重大事项得出的结论。

(二) 审计工作底稿的基本要素

通常，审计工作底稿包括下列全部或部分要素：

(1) 被审计单位名称，即财务报表的编制单位。若财务报表编制单位是某一集团的下属公司，则应同时写明下属公司的名称。

(2) 审计项目名称，即某一财务报表项目名称或某一审计程序及实施对象的名称，如果

具体审计项目是某一分类会计科目，则应同时写明该分类会计科目。

(3) 审计项目时点或期间，即某一资产负债类项目的报告时点或某一损益类项目的报告期间。

(4) 索引号及页次。索引号是指注册会计师为了便于审计工作底稿的分类、归类和引用，对某一审计事项的审计工作底稿以固定的标记和编码加以表示所产生的一种特定符号，其主要作用是方便审计工作底稿的分类检索和引用，并使分散的、活页式的审计工作底稿构成有机联系的审计档案。页次是在同一索引号下不同的审计工作底稿的顺序编号。

(5) 审计工作的执行人员及完成该项审计工作的日期。

(6) 审计工作的复核人员及复核的日期和范围。

(7) 审计过程记录。

在审计工作底稿中要求详细记录审计程序实施的全过程。这包括两方面内容：一是被审计单位的备选情况，包括被审计单位的内部控制情况、有关会计账项的未审发生额及期末余额。二是审计过程的记录，包括审计人员实施的审计测试性质，测试项目、抽取的样本及检查的重要凭证、审计调整及重分类事项等。需要注意的是，注册会计师在记录实施审计程序的性质、时间和范围时，应当记录测试的特定项目或事项的识别特征。

第一，识别特征。

识别特征是指被测试的项目或事项表现出的征象或标志。如在对被审计单位生成的订购单进行细节测试，审计人员可能以订购单的日期或编号作为测试订购单的识别特征。识别特征因审计程序的性质和所测试的项目或事项的不同而不同。

在记录实施审计程序的性质、时间和范围时，审计人员应记录测试的特定项目或事项的识别特征。识别特征是指被测试的项目或事项表现出的征象或标志。审计程序中所测试样本的一部分识别特征，如表 2-10 所示。

表 2-10　识别特征

测试的特定项目或事项	识别特征
对被审计单位生成的订购单进行细节测试	订购单的编号；同时考虑被审计单位编号方式
对于一项需要选取或复核既定总体内一定金额以上的所有项目的审计程序	实施审计程序的范围，如总账中一定金额以上的所有会计分录
对于一项需要询问被审计单位中特定人员的审计程序	记录询问的时间、被询问人的姓名、职位
对于观察这一审计程序	观察的对象或观察过程，观察的地点和时间

此外，审计人员应当根据具体情况判断某一事项是否属于重大事项。

第二，重大事项。

重大事项通常包括：

引起特别风险的事项。

实施审计程序的结果，该结果表明财务信息可能存在重大错报，或需要修正以前对重大错报风险的评估和针对这些风险拟采取的应对措施。

导致审计人员难以实施必要审计程序的情形。

导致出具非标准审计报告的事项。

审计人员应考虑编制重大事项概要，将其作为审计工作底稿的组成部分，以有效地复核和检查底稿，并评价重大事项的影响。有关重大事项的记录可能分散在审计工作底稿的不同部分。将这些散落在审计工作底稿中的有关重大事项的记录汇总在重大事项概要中，不仅可以帮助审计人员集中考虑重大事项对审计的影响，还便于审计工作的复核人员全面、快速地了解重大事项，从而提高复核工作的效率。对于大型、复杂的审计项目，重大事项概要的作用尤为重要。

重大事项概要包括审计过程中识别的重大事项及其如何得到解决，或对其他支持性审计工作底稿的交叉索引。

审计人员应当记录与管理层、治理层和其他人员对重大事项的讨论，包括所讨论的重大事项的性质以及讨论的时间、地点和参加人员。

如果识别出的信息与针对某重大事项得出的最终结论相矛盾或不一致，应记录形成最终结论时如何处理该矛盾或不一致的情况。

(8) 审计标识及其说明。审计标识是注册会计师为便于表达审计含义而采用的符号。为了便于他人理解，注册会计师应在审计工作底稿中说明各种审计标识所代表的含义，或采用审计标识及其说明表的形式统一说明，审计标识前后一致。注册会计师在审计工作底稿中常用的审计标识如表 2-11 所示。

表 2-11 常用审计标识

标志	含义
Λ	纵加核对相符
<	横加核对相符
B	期初余额与上年审计后报表期末数核对相符
T	与原始凭证核对相符
G	与总分类账余额核对相符
S	与明细分类账余额核对相符
T/B	与试算平衡表核对相符
F/S	与已审财务报表核对相符
B/S	与资产负债表核对相符
P/L	与利润表核对相符
DR	与借方核对相符
CR	与贷方核对相符
C	已发询证函
C\:	已收回询证函
CV	询证回函相符
CX	询证回函不符

(9) 审计结论。审计结论就是注册会计师通过实施必要的审计程序后，对某一审计事项所作出的专业判断。就内部控制测试而言，是指注册会计师对被审计单位内部控制制度

执行情况的满意程度以及是否可以信赖；就实质性测试而言，是指注册会计师对某一审计事项的余额或发生额的确认情况。

（10）其他应说明事项，即注册会计师根据其他专业判断，认为应在审计工作底稿中予以记录的其他相关事项。

审计工作底稿范本如图 2-17 所示。

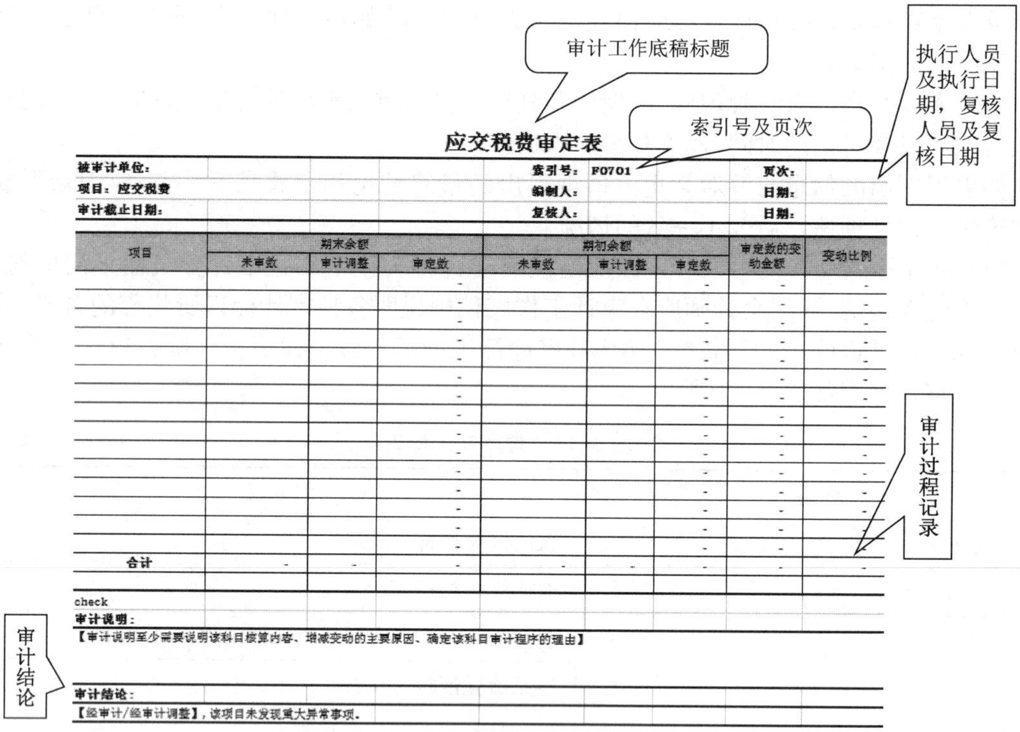

图 2-17　审计工作底稿范本

（三）确定审计工作底稿的格式，内容和范围时应考虑的因素

在确定审计工作底稿的格式、内容和范围时，注册会计师应当考虑下列因素：

（1）实施审计程序的性质。通常，不同的审计程序会使得注册会计师获取不同性质的审计证据，由此注册会计师可能会编制不同格式、内容和范围的审计工作底稿。例如，注册会计师编制的有关函证程序的审计工作底稿（包括询证函及回函、有关不符事项的分析等）和存货监盘程序的审计工作底稿（包括盘点表、注册会计师对存货的测试记录等）在内容、格式及范围方面就是不同的。

（2）已识别的重大错报风险。识别和评估的重大风险水平的不同可能导致注册会计师执行的审计程序和获取的审计证据不尽相同。例如，如果注册会计师识别出应收账款余额存在较高的重大错报风险，而其他应收款的重大错报风险较低，则注册会计师可能对应收账款执行较多的审计程序并获取较多的审计证据，因而对测试应收账款的记录会比对测试其他应收款的记录内容多且范围广。

（3）在执行审计工作和评价审计结果时需要作出判断的范围。审计程序的选择和执行及审计结果的评价通常需要不同程度的职业判断。例如，运用非统计抽样的方法选取样本进行应收账款函证程序时，注册会计师可能基于应收账款账龄、以前的审计经验及是否为关联方欠款等因素，考虑哪些应收账款存在较高的重大错报风险，运用职业判断在总体中选取样本，并对作出职业判断时的考虑事项进行适当的记录。因此，在作出职业判断时所考虑的因素及范围可能使注册会计师作出不同的内容和范围的记录。

(4) 已获取审计证据的重要程度。注册会计师通过执行多项审计程序可能会获取不同的审计证据，有些审计证据的相关性和可靠性较高，有些则质量较差，注册会计师可能区分不同的审计证据进行有选择性的记录。因此，审计证据的重要性程度也会影响审计工作底稿的格式、内容和范围。

(5) 已识别的例外事项的性质和范围。有时注册会计师在执行审计程序时会发现例外事项，由此可能导致审计工作底稿在格式、内容和范围方面有所不同。例如，某个函证的回函表明存在不符事项，但是注册会计师如果在实施恰当的追查后发现该例外事项并未构成错报，则注册会计师可能只在审计工作底稿中解释发生该例外事项的原因及影响。反之，如果该例外事项构成错报，则注册会计师可能需要执行额外的审计程序并获取更多的审计证据，由此编制的审计工作底稿在内容及范围方面可能有很大不同。

(6) 当从已执行审计工作或获取审计证据的记录中不易确定结论或结论的基础时，记录结论或结论的基础的必要性。在某些情况下，特别是在涉及复杂的事项时，注册会计师仅将已执行的审计工作或获取的审计证据记录下来，并不容易使其他有经验的注册会计师通过合理的分析，得出审计结论或结论的基础。此时注册会计师应当考虑是否需要进一步说明并记录得出结论的基础(即得出结论的过程)及该事项的结论。

(7) 使用的审计方法和工具。使用的审计方法和工具也可能影响审计工作底稿的格式、内容和范围。例如，如果使用计算机辅助审计技术对应收账款的账龄进行重新计算时，通常可以针对总体进行测试；而采用人工方式重新计算时，则可能会针对样本进行测试，由此形成的审计工作底稿会在格式、内容和范围方面有所不同。

考虑以上因素有助于注册会计师确定审计工作底稿的格式、内容和范围是否恰当。注册会计师在考虑以上因素时需注意，根据不同情况确定审计工作底稿的格式、内容和范围均是为达到编制审计工作底稿的目的，特别是提供证据的目的。例如，细节测试和实质性分析程序的审计工作底稿所记录的审计程序有所不同，但两类审计工作底稿都应当充分、适当地反映注册会计师执行的审计程序。

【做中教 2-16】　审计项目负责人 ZN 带领 4 名审计人员对 SD 公司 2019 年度财务报表进行审计，在审计过程中，ZN 和 4 名审计人员需要编制、复核、利用审计工作底稿。有关情况如下：

(1) 审计项目负责人 ZN 要求每位审计人员编制的审计工作底稿只需使本项目组成员在复核时清楚地了解所实施的程序、获取的证据和形成的结论等信息。涉及复杂判断事项时，审计人员要明确记录审计工作过程和审计结论，是否需进一步说明并记录作出结论的判断依据可视情况而定。

(2) 项目组成员 WH 在编制了解 SD 公司情况及其环境审计工作底稿时，只简单记录了盛大有限责任公司的性质、财务业绩的衡量和评价、对会计政策的选择和运用三方面内容。

(3) 项目组成员 LY 在借阅 SD 公司 2018 年度审计工作底稿时，私下更正了上年由自己编制的部分工作底稿中存在的错误结论。

(4) 项目组成员TY在编制采购业务审计工作底稿时,根据SD公司与其客户往来频繁的特点,仅以客户的公司名称作为工作底稿的识别特征。

(5) 项目组成员LP为展现审计工作的思路和进程,在编制审计工作底稿中记录了对相关问题的初步思考和最终结论。

(6) 审计项目负责人ZN不仅要求项目组成员及时记录与管理层、治理层和其他人员对重大事情的讨论和参加讨论的人员,而且要记录讨论的时间、地点。

要求:假定不存在其他情况,请分别针对上述每种情况,指出项目负责人及项目组成员的做法是否存在不当之处,并简要说明理由。

七、审计工作底稿的复核

(一) 复核审计工作底稿的作用

复核审计工作底稿不仅是审计准则的要求,也是质量控制准则的要求。复核审计工作底稿具有以下三个方面的作用:

(1) 减少或消除人为的审计误差,降低审计风险,提高审计质量。

(2) 及时发现和解决问题,保证审计计划顺利执行,并不断地协调审计进度、节约审计时间、提高审计效率。

(3) 便于上级管理部门对审计人员进行审计质量监控和工作业绩考评。

(二) 复核审计工作底稿的基本要求

会计师事务所应当建立多层次的审计工作底稿复核制度。不同层次的复核人可能有不同的复核重点,但就复核工作的基本要点来看,不外乎以下几点:所引用的有关资料是否翔实、可靠;所取得的审计证据是否充分、适当;审计判断是否有理有据;审计结论是否恰当。

一般来说,复核审计工作底稿应遵循以下基本要求;

(1) 做好复核记录,对审计工作底稿中存在的问题和疑点要明确指出,并以文字记录于审计工作底稿中。

(2) 复核人必须签名和签署日期。这既有利于划清审计责任,也有利于上级复核人对下级复核人的监督。

(3) 书面表示复核意见。

(4)督促编制人及时修改、完善审计工作底稿。

(三) 审计工作底稿的复核制度

为了保证审计工作底稿复核工作的质量,审计组织应建立多层次的审计工作底稿复核制度。就我国审计组织的体制来看,建立"三级复核制度"是切实可行的。所谓三级复核制度,就是审计组织制定的以主任会计师、部门经理和项目经理为复核人,对审计工作底稿进行逐级复核的一种复核制度。这种复核制度从目前实行的效果来看,对提高我国审计质量发挥了重要作用。

1. 项目经理复核

项目经理复核是三级复核制度中的第一级复核,称为详细复核。它要求项目经理对下属注册会计师形成的审计工作底稿逐张复核,发现问题及时指出,并督促注册会计师及时修改完善。

2. 部门经理复核

部门经理复核是三级复核制度中的第二级复核，称为一般复核。它是在项目经理完成了详细复核之后，再对审计工作底稿中重要会计账项的审计、重要审计程序的执行及审计调整事项等进行复核。部门经理复核既是对项目经理复核的一种再监督，也是对重要审计事项的重点把关。

3. 主任会计师(或合伙人)复核

主任会计师复核是三级复核制度中的最后一级复核，又称重点复核。它是对审计过程中的重大会计、审计问题，重大审计调整事项及重要的审计工作底稿进行的复核。主任会计师复核既是对前面两级复核的再监督，也是对整个审计工作的计划、进度和质量的重点把关。

需要指出的是，若部门经理作为某一审计项目的项目负责人，该项目又没有经理参加，则该部门经理的复核应视为项目经理复核，主任会计师应另行指定人员代为执行部门经理的复核工作，以保证三级复核彻底执行。

不同层次的复核可能有不同的复核重点，但就复核工作的基本要点来看，一般都应包括以下几个方面：所引用的有关资料是否翔实可靠；所获取的审计证据是否充分适当；审计判断是否有理有据；审计结论是否恰当。

4. 项目质量控制复核

会计师事务所应当对特定业务实施项目质量控制复核。例如，对上市公司财务报表审计，就必须进行项目质量控制复核，原因在于上市公司财务报表涉及社会公众利益的范围广泛，审计一旦出现问题，社会经济影响比较重大。

项目质量控制复核，是指会计师事务所挑选不参与该业务的人员，在出具审计报告前，对项目组作出的重大判断和在准备审计报告时形成的结论作出客观评价的过程。对应当实施项目质量控制复核的特定业务，如果没有完成项目质量控制复核，就不得出具审计报告。

需要注意的是，项目质量控制复核并不减轻项目负责人的责任，更不能替代项目负责人的责任。项目质量控制复核的范围，取决于审计业务的复杂程度和审计风险，具体包括客观评价下列事项：项目组作出的重大判断；项目组在准备审计报告时得出的结论。

【能力拓展】

请分析/思考：项目组内部复核(三级复核制度)与项目质量控制复核的区别。

分析提示：复核主体、复核对象、复核要求。

八、审计档案的管理

(一) 审计档案的定义及其分类

1. 审计档案的定义

审计档案是指注册会计师在规划审计工作、实施审计程序、发表审计意见和签署审计报告过程中形成的记录，并综合整理分类后形成的档案资料。审计档案是会计师事务所的重要历史资料和宝贵财富，应妥善管理。

2. 审计档案的分类

审计档案按照使用期限的长短和作用的大小可分为永久性档案和当期档案两类。

1）永久性档案

永久性档案是指那些记录内容相对稳定、具有长期使用价值、对以后审计工作具有重要影响和直接作用的审计档案。永久性档案通常可分为三类：审计项目管理、被审计单位背景资料和法律事项资料。具体而言有审计业务约定书原件、各期审计档案清单、被审计单位的组织结构以及有关设立、经营的文件的复印件等。若永久性档案中的某些内容已发生变化，注册会计师应当及时予以更新。为保持资料的完整性以满足日后查阅历史资料的需要，永久性档案中被替换下的资料一般也需保留。例如，被审计单位因增加注册资本而变更了营业执照等法律文件，被替换的旧营业执照等文件可以汇总在一起，与其他有效的资料分开，作为单独部分归整在永久性档案中。

2）当期档案

当期档案是指那些记录内容经常变化，主要供当期和下期审计使用的审计档案。通常可分为五类：沟通和报告相关工作底稿、审计完成阶段工作底稿、审计计划阶段工作底稿、特定项目审计程序表和进一步审计程序工作底稿。具体而言有审计报告和经审计的财务报表、重大事项概要、总体审计策略和具体审计计划、关联方、有关控制测试工作底稿、有关实质性程序工作底稿等。

3. 审计档案的所有权

从一般意义上讲，审计档案的所有权应属于执行该项业务的审计人员。但在我国，注册会计师不能独立于会计师事务所之外承揽审计业务，必须以会计师事务所的名义统一承揽业务，因此，审计档案的所有权属于承接该项业务的会计师事务所。

（二）审计工作底稿的归档

1. 审计工作底稿的归档期限

注册会计师应当按照会计师事务所质量控制政策和程序的规定，及时将审计工作底稿归整为最终审计档案。审计工作底稿的归档期限是审计报告日后 60 天内。如果注册会计师未能完成审计业务，审计工作底稿的归档期限为审计业务中止后的 60 天内。如果针对客户的同一财务信息执行不同的委托业务，出具两个或多个不同的报告，会计师事务所应当将其视为不同的业务，根据制定的政策和程序，在规定的归档期限内分别将审计工作底稿归整为最终审计档案。

2. 审计档案的保管

会计师事务所应当自审计报告日起，对审计工作底稿至少保存 10 年。如果注册会计师未能完成审计业务，会计师事务所应当自审计业务中止日起，对审计工作底稿至少保存 10 年。

注册会计师审计工作底稿按照一定的标准归入审计档案后，应交由会计师事务所档案管理部门进行管理。会计师事务所应建立审计档案保管制度，以确保审计档案的安全、完整。

审计档案的保管期限随类别的不同而不同。

永久性审计档案应长期保存，不是永久保存；当期审计档案应自审计报告签发之日起，至少保存 10 年；永久性审计档案如事务所中止了后续审计服务，其保管年限与最近一年当期档案的保管期限相同；当期档案的保存年限也不得任意缩减。事务所应当自审计报告日起，对审计工作底稿至少保存 10 年。如果审计人员未能完成审计业务，会计师事务所应当自审计业务中止日起，对审计工作底稿至少保存 10 年。

值得注意的是，对于连续审计的情况，当期归整的永久性档案虽然包括以前年度获取的资料(有可能是10年以前)，但由于其作为本期档案的一部分，并作为支持审计结论的基础，因此，审计人员对于这些对当期有效的档案，应视为当期取得并保存10年。如果这些资料在某一个审计期间被替换，被替换资料可以从被替换的年度起至少保存10年。

对于保管期限届满的审计档案，会计师事务所可以决定将其销毁。在销毁时，应根据有关档案管理规定履行必要的手续。

3. 审计工作底稿归档期的变动

在出具审计报告前，注册会计师应完成所有必要的审计程序，取得充分、适当的审计证据并得出适当的审计结论。在审计报告日后将审计工作底稿归整为最终审计档案是一项事务性的工作，不涉及实施新的审计程序或得出新的结论。在归档期间对审计工作底稿进行的事务性的变动主要包括：

(1) 删除或废弃被取代的审计工作底稿。

(2) 对审计工作底稿进行分类、整理和交叉索引。

(3) 对审计档案归整工作的完成核对签字认可。

(4) 记录在审计报告日前获取的、与审计项目组相关成员进行讨论并取得一致意见的审计证据。

4. 审计工作底稿归档后的变动

(1) 修改或增加审计工作底稿时的记录要求。在完成最终审计档案的归整工作后，如果发现有必要修改现有审计工作底稿或增加新的审计工作底稿，无论修改或增加的性质如何，注册会计师均应当记录下列事项：一是修改或增加审计工作底稿的时间和人员，以及复核的时间和人员；二是修改或增加审计工作底稿的具体理由；三是修改或增加审计工作底稿对审计结论产生的影响。

这里所说的修改现有审计工作底稿主要是指在保持原审计工作底稿中所记录的信息，即对原记录信息不予删除(包括涂改、覆盖等方式)的前提下，采用增加新信息的方式予以修改。例如，原审计工作底稿中列明存货余额为1 000万元，现改为1 100万元，注册会计师可以采用在原工作底稿中增加新的注释的方式予以修改。

一般情况下，在审计报告归档之后不需要对审计工作底稿进行修改或增加。注册会计师发现有必要修改现有审计工作底稿或增加新的审计工作底稿的情形主要有以下两种：第一，注册会计师已实施了必要的审计程序，取得了充分、适当的审计证据并得出了恰当的审计结论，但审计工作底稿的记录不够充分；第二，审计报告日后，发现例外情况要求注册会计师实施新的或追加的审计程序，或导致注册会计师得出新的结论。

(2) 不得在规定的保存期届满前删除或废弃审计工作底稿。在完成最终审计档案的归整工作后，注册会计师不得在规定的保存期届满前删除或废弃审计工作底稿。删除审计工作底稿主要是指删除整张原审计工作底稿，或以涂改、覆盖等方式删减原审计工作底稿中的全部或部分记录内容。废弃审计工作底稿主要是指将原审计工作底稿从审计档案中抽取出来，使审计档案中不再包含原来的底稿。

(三) 审计档案的保密与调阅

1. 审计档案的保密

会计师事务所应建立严格的保密制度，并落实专人管理。这是因为档案中不仅记录被审计单位的商业秘密，而且记录了会计师事务所的审计技术和方法。

因此除下列情况之外，会计师事务所不得对外泄露。

(1) 法院、检察院及其他部门在办理了有关手续后，可依法查阅。

(2) 注册会计师协会对执业情况进行检查时可查阅审计档案。

(3) 不同会计师事务所的注册会计师，经委托人书面同意，在下列情况下，办理了有关手续后，可以要求查阅：被审计单位更换了会计师事务所，后任注册会计师可以调阅前任注册会计师的审计档案；基于合并财务报表审计业务的需要，母公司所聘注册会计师可以调阅子公司所聘注册会计师的审计档案，子公司不可调阅母公司的审计档案；联合审计；事务所认为合理的其他情况。

2. 审计档案的调阅

拥有审计工作底稿的会计师事务所应对要求查阅者提供适当的协助，并根据审计工作底稿的性质和内容，决定是否允许要求查阅者阅览、复印或摘录。审计工作底稿中的内容被调阅者引用后，因调阅者的误用而造成的损失，注册会计师及拥有工作底稿的会计师事务所不承担责任。

从一般意义上讲，审计档案的所有权应属于执业注册会计师所在的会计师事务所。拥有审计工作底稿的会计师事务所在接受其他部门或单位依法查阅时，应给予密切的协助，讲明查阅要求和限制，对于查阅人要求复印或外携审计工作底稿时，注册会计师应考虑审计工作底稿的内容、性质以及影响。根据有关档案法的规定，由于查阅人悉知被审计单位商业秘密而泄密造成的损失和影响，拥有审计工作底稿所有权的会计师事务所无须承担连带责任。

【做中教 2-17】 ZX 会计师事务所为保证审计工作质量，结合该所的实际情况对审计工作底稿进行了规范，结合近期执行的审计业务对审计工作进行检查。具体情况如下：

(1) 在编制控制测试工作底稿时，应当格式统一、语言精炼，至少能使执行项目组内部复核的人员清楚地了解所执行的控制测试程序的性质、时间和范围。

(2) 对实施项目质量控制复核的审计业务，不仅编制人、复核人要在每张审计工作底稿上签字，还要求项目质量控制复核人员在每张审计工作底稿上签字。

(3) 项目质量控制复核人员对审计工作底稿复核的主要内容是实施的审计程序是否适当，获得的审计证据是否足以支持审计结论。

(4) 归档工作底稿时，某审计人员将取得的被审计单位财务报表的草稿纳入审计工作底稿的归档范围。

(5) 在完成审计档案归整工作后，某审计人员收到一份应收账款询证函回函原件，其结果显示无差异，便将其归入审计档案，并销毁被替换下来的传真件。

要求：请针对上述每种情况，逐一指出 ZX 会计师事务所的规定和各项目组的做法是否符合审计准则对审计工作底稿的相关规定，并简要说明理由。

【忆经典】 琼民源公司审计案

1. 琼民源公司案的始末

海南民源现代农业发展股份有限公司（以下简称琼民源公司或“琼民源”），1988 年 7 月在海口注册成立。1992 年 9 月，在全国证券交易自动报价系统中募集法人股 300 万股，实收资本 300 万元。自 1993 年 4 月该公司股票在深圳证券交易所上市以来，股价表现平平，交投并不活跃。在 1995 年公布的年报中，“琼民源”每股收益不足 0.001 元，年报公布日期股价仅为3.65元。从1996年7月1日起，“琼民源”股价以4.45元起步，在短短几个月内股价已升至20元，翻了数倍。“琼民源”成了创造1996年中国股市神话中的一匹“大爆马”。1997年1月2日，琼民源公司率先公布1996年年报。年报赫然显示：“民源”1996年每股收益0.867元，净利润比1995年同比增长1 290.68倍，分配方案为每10股转送9.8股。年报一公布，“琼民源”股价便赫然飘升至26.18元。股市掀起了一阵不小的波动，有人为买入“琼民源”股票而欢呼，有人为错失良机而顿足，还有些人则疑惑短短1年内有如此骄人的业绩，琼民源的利润从何而来？

为消除股民的疑惑，坚定投资者的信心，琼民源公司两次登报声明，进一步说明公司年报的正确性。对琼民源公司年报进行审计、发表无保留意见的海南中华会计师事务所竟公开站出来，在媒体上表示报表的真实性毋庸置疑。公司和会计师事务所的“声明”使股市得到暂时的平静。然而，经过1997年2月28日罕见的、巨大的成交量之后，证交所突然宣布，琼民源公司于3月1日起停牌。

2. 琼民源公司案的审计与查处

在短短1年内有如此骄人的业绩，琼民源公司的利润从何而来？1996年下半年，民源海南公司（琼民源控股公司）与深圳有色金属财务公司（琼民源股东财务顾问）联手炒作琼民源股票，先大量买进“琼民源”股票，再以虚构的利润来抛出“利好消息”使股价大幅上升，然后伺机大量抛出，牟取暴利。某些传媒对琼民源业绩大加渲染，致使众多投资者在不明真相的情况下盲目跟进。在这次操纵股市的违法行为中，两家公司分别非法获利6 651万元和6 630万元。

1995年，琼民源公司利润为67万元，资本公积为44 617万元；而到了1996年，琼民源公司利润为57 093万元，资本公积为110 351万元。对于利润的这种超常增长，公司解释为“公司投资北京的战略决策获得巨大成功，开启和培育了公司获得高收益的新利润增长点，使公司今后稳健、持续地获得利润有了可靠的保证”。这种含糊其辞的解释实在难以让人信服。公司称“资本公积增加的原因可参阅对本期数与上期数比较超过30%的解释”，然而在第11项“对本期数与上期数比较变化”的解释中，却只字不提资本公积。实际情况是，在1996年利润总额5.7亿元中有5.4亿元是虚构出来的，是琼民源公司在未取得土地使用权的情况下，通过与关联企业（中国香港冠联置业）及其他公司签订的未经国家有关部门批准的合作建房、权益转让等无效合同编造的；增加的6.57亿元资本公积金是琼民源公司在未取得土地使用权、未经国家有关部门批准立项和确认的情况下，对四个投资项目的资产评估而产生的。

1998年4月29日，中国证监会公布处罚决定：

(1) 将琼民源公司原董事长兼总经理马玉和等人移交司法机关，依法追究刑事责任，并对琼民源公司处予警告。

(2) 建议由琼民源公司的控股股东民源海南公司的主管部门成立清理整顿小组，负责处理琼民源公司的日常工作，并依法召开琼民源公司临时股东大会选举新的董事会。在新的董事会对已公布的虚假财务报表进行更正并披露后，依照有关规定向深交所申请复牌。

(3) 建议有关主管部门撤销直接为琼民源公司进行审计的海南中华会计师事务所，吊销其主要负责人的注册会计师资格证书。对签字注册会计师暂停其从事证券业务资格3年。对直接为琼民源公司进行资产评估的海南大正会计师事转所罚款30万元，暂停其从事证券业务相关资产评估业务资格 6 个月，对负有直接责任的注册会计师，暂停其从事证券业务资格 3 年。

(4) 对民源海南公司和深圳有色金属财务公司分别处以管告、没收非法所得 6 651 万元和 6 630 万元，并各罚款 200 万元，建议有关部门对深圳有色金属财务公司的主要负责人和直接负责人给予行政处分。

1998 年 11 月 12 日，北京市第一中级人民法院对“琼民源”案例作出一审判决，法院判定“琼民源”原董事长兼总经理马王和犯有提供虚假财务会计报告罪，判处有期徒刑 3 年；判定“琼民源”聘用会计班文绍犯有提供虚假财务会计报告罪，判处有期徒刑 2 年，缓刑 2 年。

资料来源：杨庆才，《审计案例分析》，首都经济贸易大学出版社 2003 年版。

情境小结

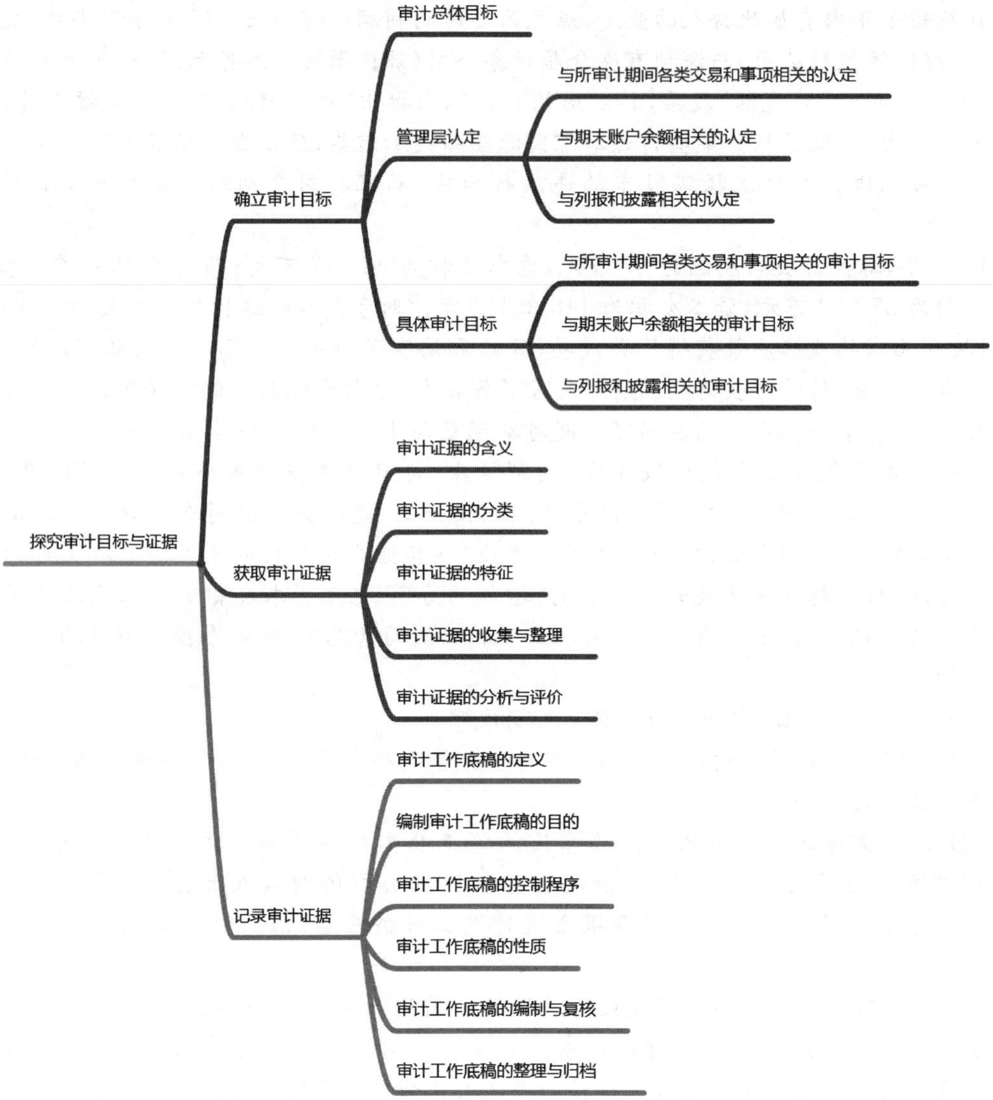

自我检测

一、填空题

1. 审计程序一般包括____________、____________、____________、____________、____________和____________。
2. 审计目标一般是对被审计单位年度财务报表的____________、____________、____________发表审计意见。
3. 审计证据具有____________和____________两方面的特性。
4. 按审计工作底稿的作用不同可将其分为____________和____________类两种。
5. 审计工作底稿的复核一般采用____________制度。

二、单项选择题

1. 注册会计师财务报表审计的总目标是对被审计单位(　　)发表审计意见。
   A. 会计资料及其他有关资料的真实性、合法性
   B. 财务报表的合法性、公允性
   C. 经营管理活动及其会计资料和其他有关资料
   D. 财务状况、经营成果及其资金变动情况的真实性、合法性
2. 在财务报表审计中,管理层对财务报表责任的陈述不恰当的是(　　)。
   A. 选择适用的会计准则和相关会计制度
   B. 选择和运用恰当的会计政策
   C. 根据企业的具体情况,作出合理的会计估计
   D. 保证财务报表不存在重大错报以减轻注册会计师的责任
3. 某公司下列事项中,涉及计价和分摊认定的是(　　)。
   A. 向P公司拆借的款项未列入账中
   B. 将经营租入的设备列为企业的固定资产
   C. 将应收M公司50万元货款记为100万元
   D. 将预付账款列示于应付账款中
4. 被审计单位将固定资产已作抵押,但未在会计报表附注中披露,则违反的认定是(　　)。
   A. 存在　　B. 完整性
   C. 计价和分摊　　D. 可理解性
5. 某公司购入设备一台,会计人员在入账时,漏记了该设备的安装调试费,则违反的认定是(　　)。
   A. 存在　　B. 完整性
   C. 计价和分摊　　D. 分类
6. 被审计单位管理层在资产负债表中列报存货及其金额,意味着作出了(　　)的认定。
   A. 记录的存货是存在的
   B. 存货以恰当的金额包括在财务报表中
   C. 所有应当记录的存货均已记录
   D. 记录的存货都由被审计单位拥有

7. 注册会计师在对财务报表进行审计时，一般情况下，更应关注完整性认定的项目是(　　)。

A. 预付账款　　　　B. 短期借款

C. 应付账款　　　　D. 管理费用

8. 在注册会计师所关心的下列问题中，能够实现截止目标的是(　　)。

A. 应收账款是否已经按照规定计提坏账准备

B. 年后开出的支票是否未计入报告期报表中

C. 存货的跌价损失是否已抵减

D. 固定资产是否有用作抵押的

9. 在注册会计师针对下列各项目提出的具体目标中，属于完整性目标的是(　　)。

A. 实现的销售是否均已登记入账

B. 关联交易类型、金额是否在附注中恰当披露

C. 将下期交易提前到本期入账

D. 有价证券的金额是否予以适当列示

10. 下列各项中，确认(　　)是为了实现注册会计师具体审计目标中的"准确性"目标。

A. 明细账的合计数与总账是否相符

B. 固定资产物价表使用年限是否恰当

C. 应付账款是否有所隐瞒

D. 已贴现的票据是否在附注中单独列示

11. "存在或发生"认定和"完整性"认定分别与(　　)有关。

A. 财务报表要素的低估和高估

B. 财务报表要素的高估和低估

C. 财务报表要素的缩小错误和夸大错误

D. 财务要素的错误、舞弊和不法行为

12. 审计证据包括会计记录和其他信息，以下对审计证据的理解中，不恰当的是(　　)。

A. 注册会计师仅仅依靠会计记录不能有效形成审计结论，还应当获取其他信息

B. 会计记录中含有的信息是注册会计师对财务报表发表审计意见的基础

C. 如果会计记录是电子数据，注册会计师必须对生成这些信息所依赖的内部控制予以充分关注

D. 注册会计师将会计记录和其他信息两者结合在一起，才能将审计风险降至可接受的低水平，为发表审计意见提供合理基础

13. 下列证据中，属于外部证据的是(　　)。

A. 被审计单位声明书　　　　B. 被审计单位的会计记录

C. 被审计单位提供的购货发票　　　　D. 被审计单位提供的销货发票

14. 下列证据中，既属于书面证据，又属于内部证据的是(　　)。

A. 存货盘点表　　　　B. 材料入库单

C. 应收账款的回函　　　　D. 审计人员编制的账龄分析表

15. 审计证据的相关性是指审计证据应与(　　)相关。

A. 审计目标　　　　B. 审计范围

C. 审计事实　　　　D. 财务报表

16. 下列审计证据中，可靠性最强的通常是（　　）。
A. 被审计单位连续编号的采购订单　　B. 被审计单位编制的成本分配计算表
C. 被审计单位提供的银行对账单　　D. 被审计单位管理层提供的声明书

17. 充分性和适当性是审计证据的两个重要特征，下列关于审计证据的充分性和适当性表述不正确的是（　　）。
A. 充分性和适当性两者缺一不可，只有充分且适当的审计证据才是有证明力的
B. 审计证据质量越高，需要的审计证据数量可能越少
C. 如果审计证据的质量存在缺陷，仅靠获取更多的审计证据可能无法弥补其质量上的缺陷
D. 如果审计证据的质量存在缺陷，注册会计师必须收集更多数量的审计证据，否则无法形成审计意见

18. 下列关于评价审计证据的充分性和适当性的说法中，不正确的是（　　）。
A. 审计工作通常不涉及鉴定文件记录的真伪，注册会计师也不是鉴定文件记录真伪的专家，但应当考虑用作审计证据的信息的可靠性，并考虑相关内部控制的有效性
B. 如果在实施审计程序时使用被审计单位生成的信息，注册会计师应当就这些信息的准确性和完整性获取审计证据
C. 如果从不同来源获取的审计证据或获取的不同性质的审计证据不一致，表明某项审计证据不可靠，注册会计师应当追加必要的审计程序
D. 注册会计师可以考虑获取审计证据的成本与所获取信息的有用性之间的关系，因此可以减少某些不可替代的审计程序

19. 下列事项中，难以通过观察的方法来获取审计证据的是（　　）。
A. 实物资产的存在　　B. 内部控制的执行情况
C. 存货的所有权　　D. 经营场所

20. 下列关于审计程序的说法中，不正确的是（　　）。
A. 检查有形资产可提供权利和义务的全部审计证据
B. 观察提供的审计证据仅限于观察发生的时点
C. 对于询问的答复，注册会计师应当通过获取其他证据予以佐证
D. 分析程序包括调查识别出的、与其他信息不一致或与预期数据严重偏离的波动和关系

21. （　　）是指审计人员实地观察被审计单位的经营场所、实物资产、有关业务活动、内部控制的执行情况等，以获取审计证据的方法。
A. 函证法　　B. 询问法
C. 分析程序法　　D. 观察法

22. 注册会计师利用被审计单位的银行存款日记账和银行对账单，重新编制银行存款余额调节表，并与被审计单位编制的银行存款余额调节表进行比较，运用的是（　　）。
A. 重新执行法　　B. 分析程序法
C. 重新计算法　　D. 观察法

23. 注册会计师通过监盘、观察等审计方法，可以获取（　　）。
A. 实物证据　　B. 书面证据
C. 口头证据　　D. 环境证据

24. 注册会计师形成审计结论、发表审计意见的直接依据是指(　　)。
A. 审计证据　　B. 审计计划
C. 审计过程　　D. 审计工作底稿
25. 注册会计师获取书面证据而采取的审计程序是(　　)。
A. 监盘　　B. 观察
C. 重新计算　　D. 询问
26. 下列有关函证的说法中,正确的是(　　)。
A. 在受托代销时,函证能为计价认定提供证据
B. 根据应付账款明细账进行函证能更有效地实现完整性目标
C. 函证的截止日通常为资产负债表日
D. 无论如何都应该对应收账款实施函证
27. 下列各项中,为获取适当审计证据所实施的审计程序与审计目标最相关的是(　　)。
A. 从被审计单位销售发票中选取样本,追查至发货单,已确定销售的完整性
B. 实地观察被审计单位固定资产,已确定固定资产的所有权
C. 对已盘点的被审计单位存货进行检查,将检查结果与盘点记录相核对,以确定计价的正确性
D. 复核被审计单位编制的银行存款余额调节表,以确定银行存款余额的正确性
28. 注册会计师在审计过程中形成的审计工作底稿的所有权应当属于(　　)。
A. 被审计单位　　B. 会计师事务所
C. 注册会计师个人　　D. 预期使用者
29. 下列关于审计工作底稿的存在性形式表述中,正确的是(　　)。
A. 只能以纸质形式存在
B. 只能以纸质或电子形式存在
C. 可以以纸质、电子或其他介质形式存在
D. 一份工作底稿、只能以同一种形式存在
30. 审计工作底稿通常不包括(　　)。
A. 未审的财务报表草稿　　B. 具体审计计划
C. 管理层声明书　　D. 由电子介质转换的纸质工作底稿
31. 在审查某公司2019年度K材料采购业务时,某注册会计师通过检查K材料订货单发现公司2019年度共采购同一型号的K材料500批,其中95%以上均由Y公司供货。经办此类采购业务的职员均为B。根据上述情况,在编制相应的审计工作底稿时,注册会计师A最后以订购单上记载的(　　)作为采购业务的识别特征。
A. 订货编号　　B. 验收日期
C. 材料型号　　D. 经办人员
32. 审计工作底稿的符合复核中,不能作为复核人的是(　　)。
A. 主任会计师、所长或指定代理人　　B. 业务助理人员
C. 部门经理或签字注册会计师　　D. 项目经理或项目负责人
33. 下列注册会计师在归档期间对审计工作底稿作出的变动中,不正确的做法是(　　)。
A. 对审计工作底稿进行分类、整理和交叉索引
B. 删除或废弃被取代的审计工作底稿

C. 对审计档案归整工作的完成核对表签字认可

D. 因为对在审计报告日获取的、与审计项目组相关成员进行讨论并取得一致意见,所以删除相关的审计证据

34. 审计工作底稿的归档期限为( )。

A. 审计报告日后的60天内

B. 审计报告日后的30天内

C. 审计业务中止后的30天内

D. 会计报表日后的60天内

35. 审计工作底稿的保存年限是( )。

A. 自审计报告日起至少保存10年

B. 自审计业务中止日起至少保存10年

C. 自审计报告日起至少保存20年

D. 自审计业务中止日起至少保存20年

三、多项选择题

1. 对询证函的以下处理方法中,不正确的有( )。

A. 在粘封询证函时未进行统一编号

B. 寄发询证函,并将重要的询证函复制给被审计单位进行催收货款

C. 有10封询证函直接交给被审计单位的业务员,由其到被询证单位盖章后取回

D. 询证函要求被询证单位将原件盖章后直接寄至会计师事务所

2. 以下文件可以列为审计工作底稿的是( )。

A. 总体审计策略和具体审计计划　　B. 管理层声明书

C. 管理建议书　　D. 业务审定书

3. 下列各项中,属于内部书面证据的有( )。

A. 会计记录　　B. 客户盘点表

C. 客户律师对审计询问的回函　　D. 董事会会议记录

4. 下列各项中,属于当期档案的有( )。

A. 总体审计策略和具体审计计划　　B. 预备会会议纪要

C. 与治理层的沟通和报告　　D. 审计工作完成核对表

5. 下列各项中,属于永久性档案的有( )。

A. 被审计单位的组织结构　　B. 审计报告

C. 有关控制测试工作底稿　　D. 有关实质性程序工作底稿

四、判断题

( ) 1. 审计具体目标是审计总目标的具体化,它应当根据被审计单位的认定来确定。

( ) 2. 某项存货,注册会计师只要亲临现场监盘过,就可以认为该项存货是归属于被审计单位的存货。

( ) 3. 在审计的整个过程中,收集整理审计证据是审计工作的核心。

( ) 4. 口头证据往往需要得到其他相应证据的支持。

( ) 5. 实物证据不能完全证实实物资产归属被审计单位,也不能完全证实实物资产价值

的正确性。

(　　) 6. 若被审计单位内部控制设计完善,则所取得的内部证据就比较可靠。

(　　) 7. 外部证据是由审计人员以外的组织机构或人士所编制的书面证据,一般具有较强的证明力。

(　　) 8. 为了保证审计证据的充分性,审计人员应收集尽可能多的审计证据。

(　　) 9. 注册会计师可以将直接从被审计单位取得的有关法律文件、合同与章程等作为审计工作底稿。

(　　)10. 会计师事务所在任何情况下都不得泄露审计档案中涉及的商业秘密及有关内容。

(　　)11. 注册会计师在审计过程中收集的所有资料,均应列示在审计工作底稿中。

(　　)12. 会计师事务所应当建立严格的审计工作底稿保密制度,并落实专人管理。

(　　)13. 审计标识是审计人员为便于表达审计含义而采用的符号。

(　　)14. 审计工作底稿复核制度,就是审计组织对有关复核人的级别、复核程序与要点、复核人的职责等所作出的规定。

(　　)15. 即使永久性档案的某些内容已发生了变化。注册会计师也不能予以更新。

五、案例分析题

1. LW会计师事务所的注册会计师WHA和LYB接受委派,对YY有限责任公司2019年度财务报表进行审计。在审计过程中发现该公司财务报表、期末账户余额及各类交易和事项可能存在下列导致重大错报的情况:

(1) 在销售交易中,发出商品的数量与账单的数量不符。

(2) 期末存货的盘点可能存在较大的差异。

(3) 可能存在未入账的应付账款。

(4) 长期借款中可能有一部分年内将会到期。

(5) 在销售交易中,将赊销记录为正常收款销售。

要求:

(1) 针对上述可能存在的问题,分析能影响管理层的认定有哪些?请将正确答案填入表格(如表2-12所示)中。

(2) 为了证实上述问题,注册会计师应当分别执行的最主要的实质性程序是什么?请将正确答案填入表格(如表2-12所示)中。

(3) 注册会计师执行的实质性程序能实现哪些审计目标?请将正确答案填入表格(如表2-12所示)中。

表2-12　管理层认定、审计程序与审计目标

序号	管理当局的认定	审计程序	审计目标
1			
2			
3			
4			
5			

2. 不同类型审计证据的可靠性存在一定的差异。比较下列几组证据，说明每一组证据中哪个类型的证据更可靠，并说明理由。

(1) 银行询证函与银行对账单。

(2) 注册会计师通过自行计算折旧额所取得的证据与被审计单位的累计折旧明细账的数据。

(3) 银行对账单与发货单。

(4) 律师询证函回函与注册会计师和律师交谈取得的证据。

(5) 内部控制良好时形成的领料单与内部控制较差时形成的领料单。

(6) 销售发票与收货单。

3. 注册会计师ZLY在对HD公司存货项目的相关内部控制进行研究评价之后，发现HD公司存在以下可能导致错误的情况：

(1) 所有存货都未经认真盘点。

(2) 接近资产负债表日前入库的库存商品可能已计入存货项目，但可能未进行相关会计记录。

(3) 由TY公司代管的A材料可能并不存在。

(4) TY公司存放于HD公司仓库内的B材料可能已进入HD公司存货项目。

(5) 存货计价方法已作变更。

(6) HD公司以前年度未曾接受过审计。

要求：

(1) 为证实上述情况是否真正导致错误，注册会计师刘艳应当分别执行的最主要的实质性程序是什么？请将正确答案填入表格(如表2-13所示)中。

(2) 注册会计师刘艳执行的实质性程序能够实现哪些审计目标？请将正确答案填入表格(如表2-13所示)中。

(3) 注册会计师刘艳执行各项实质性程序获取的审计证据，如按其形式特征可分为哪些种类？请将正确答案填入表格(如表2-13所示)中。

表2-13　审计程序、审计目标与审计证据

情况序号	审计程序	审计目标	审计证据的种类
1			
2			
3			
4			
5			

4. 注册会计师WHZ在执行YD公司2019年度财务报表审计业务的过程中，需要根据审计目标设计和实施进一步审计程序，以获取充分、适当的审计证据。相关情况如下：

(1) 为弥补领料单的可靠性，WHZ决定扩大审计程序的范围，增加审计证据的数量。

(2) 某银行的函证回函与YD公司的记录严重不符。WHZ基于外部独立来源信息的可靠性更高这一原则，认为“货币资金”项目存在重大错报。

(3) 虽然怀疑一张大额买方发票可能被篡改，但因审计工作通常不涉及鉴定文件记录的真伪，WHZ 在复印发票后，没有采取其他措施。

要求：分别针对上述每种情况，逐一指出所获取的审计证据在充分性或适当性方面是否符合要求，并简要说明理由。如认为不符合要求，请具体指出是充分性、相关性，还是可靠性不符合要求。

5. 在 2019 年的 XD 公司的会计报表审计中，项目负责人 WYJ 在复核审计小组其他注册会计师形成的审计工作底稿时发现：

(1) 注册会计师 WB 在没有参与信达公司存货盘点的情况下，仅向客户索要了 12 月 28 日的存货盘点计划、盘点明细表和汇总表，并按此后的收发凭证数量推算出资产负债表日的存货数量，与账面价值核对后，就据此确认存货的真实性。

(2) LZ 对 XD 公司的应收账款实施函证程序后，没有考虑回函率很低应该实施替代程序，就确认了应收账款。

(3) "固定资产增加、减少检查情况表""固定资产累计折旧计算表"和"固定资产累计折旧明细检查表"之间勾稽关系核对不相符。

(4) "财务费用审定表"中各个明细数额与应收票据的承兑费用、负债的利息费用、资产和负责的汇兑损益等勾稽关系核对相符。

于是，WYJ 指导和督促 WB 等注册会计师实施了以下追加审计程序，以修议和完善审计工作底稿：

(1) 对存货执行监盘程序，即在评价 XD 公司存货盘点计划、盘点明细表和汇总表等基础上，对存货项目进行抽点或全部盘点，并关注存货的残次冷背等品质状况，以实际盘点数量逆推计算出资产负债表日的存货数量。

(2) 对没有回函的应收账款实施替代程序，即抽查销售合同、销售订单、销售发票副本及发运凭证等有关的原始凭证、验证应收账款的真实性。

(3) 重新检查固定资产的增减变动和累计折旧的计算，找出勾稽关系不相符原因，并纠正错误的工作底稿。

要求：项目负责人 WYJ 在复核审计小组其他注册会计师形成的审计工作底稿时重点关注哪些方面？

学习情境三

制定审计方案

学习目标

知识：

1. 描述承接审计业务过程；
2. 明晰审计执行的前提条件；
3. 明确审计业务约定书的含义、基本内容；
4. 知晓签订审计业务约定书的作用；
5. 明晰审计业务约定书的签订要点；
6. 熟知重要性含义及分类；
7. 熟知审计风险的含义及分类；
8. 认知总体审计策略和具体审计计划的编制内容。

技能：

1. 确定是否承接委托人委托的审计业务，完成相关工作底稿；
2. 编制、修改、签订审计业务约定书；
3. 计算并确定重要性水平；
4. 运用审计风险模型，确定可接受的检查风险水平；
5. 明晰重要性水平、审计证据、审计风险三者之间的关系；
6. 制定总体审计策略和具体审计计划，完成相关工作底稿；
7. 梳理总体审计策略和具体审计计划两者之间的关系。

素养：

1. 具备团队精神及协作沟通能力；
2. 养成作为审计助理人员应有的严谨细致的工作习惯。

【情境引例】

1. 会计师事务所基本资料

1) 浙江 DC 会计师事务所

浙江 DC 会计师事务所是全国百强会计师事务所之一，是一家具有一定规模的集团化公司，拥有注册会计师 600 名，其中 200 名同时具有税务师、注册资产评估师、证券从业资格。其主要业务部门设有企业审计业务部 4 个，税务业务部 2 个，咨询业务部 2 个。其企业审计一部经理王幼斌与浙江伟云股份有限公司(以下简称伟云公司)总经理为五代以外表兄弟关系。其企业审计二部注册会计师 WH 3 年前曾经以私人名义为伟云公司进行会计内部控制制度设计咨询和指导。

2) 浙江 WD 会计师事务所

浙江 WD 会计师事务所是全省百强会计师事务所之一，是一家规模较大的会计师事务所，拥有注册会计师 300 名，其中同时具有税务师职业资格的有 100 名、注册资产评估师资格的有 50 名，证券从业资格的有 30 名。其主要业务部门设有企业审计业务部 3 个，税务业务部 2 个，咨询业务部 1 个。其审计一部注册会计师 HB 曾经为伟云公司财务经理，已离职 25 个月。其审计二部注册会计师 HF 拥有伟云公司股票份额为 0.002%。

2. 客户基本资料

伟云公司一直请浙江 JX 会计师事务所(经办人 MCY，12897885576)对其财务报表进行审计，该事务所 2019 年 1 月 1 日起，由于人员变动不能再为伟云公司服务，伟云公司欲重新选择会计师事务所为其 2019 年度财务报表进行审计，并希望在 2020 年 4 月 10 日前出具财务报表审计报告。

伟云公司经客户介绍和浙江 WD 会计师事务所业务员介绍，得知有浙江 DC 会计师事务所和浙江 WD 会计师事务所可以为公司提供审计服务。伟云公司欲在两个事务所中选择一家进行 2019 年度报表审计。

浙江 DC 会计师事务所接到伟云公司的业务请求后，于 2019 年 11 月 20 日安排审计一部 LY 和 ZJ 2 名注册会计师(LY 为项目经理，审计一部经理为 WYC)，对伟云公司的基本情况进行了初步了解。DC 会计师事务所地址为浙江省杭州市下沙区学林街 280 号，开户银行为中国银行杭州下沙支行，银行账号为 3602026450141500968，联系电话为 0571-99178792，传真为 0571-97098792。

浙江 WD 会计师事务所接到伟云公司的业务请求后，于 2019 年 11 月 26 日安排审计二部 MZS 和 YX 2 名注册会计师(MZS 为项目经理，审计二部经理为 LC)，对伟云公司的基本情况进行了初步了解。浙江 WD 会计师事务所地址为浙江省杭州市上城区马腾路 1236 号，开户银行为中国工商银行杭州上城支行，银行账号为 5563622003461145709，联系电话为 0571-39528869，传真为 0571-94228865。

截至 2019 年 11 月 23 日，伟云公司的资料如下。

1) 公司基本情况简介

公司名称：浙江伟云股份有限公司

英文名称：ZHEJIANG WEIYUN COMPANY LIMITED

法定代表人：张越龙

注册资本：290 000 000 元

实收资本：290 129 478 元

注册地址：浙江省杭州市下沙工业园区 230 号
办公地址：浙江省杭州市下沙工业园区 230 号
邮政编码：310018
电话：0571-40888306
传真：0571-85908306
公司国际互联网网址：http://www.zjwygf.cn
公司电子信箱：weiyun@zigf.cn
公司首次注册登记日期：1996 年 6 月 26 日
公司法人营业执照统一社会信用代码：53000000002692DX26，见图 3-1。

图 3-1　浙江伟云股份有限公司营业执照

公司经营范围：化工及化纤材料、水泥、氧气产品生产和销售；机械、机电、五金和金属材料的批发、零售、代购代销；汽车客货运输、汽车维修经营；经营企业自产产品及技术的进出口业务,进口本企业所需的原辅材料、仪器仪表、机械设备及技术,纯碱、氯化铵(涉及的行业审批的许可证经营)。业务遍布国内各个省份及美国、日本、法国、德国、英国等国家。

公司是伟云集团于1996年6月26日独家发起设立的股份有限公司,成立时公司总股本为11 000万股,控股股东伟云集团持股65.91%,公司股票于1996年7月2日在上海证券交易所上市,2010年公司实施了送红股、资本公积转增股本的利润分配后,总股本增至16 500万股,在2011年2月公司完成股权分置改革工作并于2019年8月完成非公开发行后,公司总股本增至29 012.9478万股,国有法人股权由实际控制人焦化集团和控股股东伟云集团分别持有,持股比例合计68.71%。

公司名列"中国最大化纤企业100强",是浙江省重要的化工生产基地,具有年产电石8.5万吨、商品醋酸乙烯3.5万吨、聚乙烯醇2.8万吨、水泥40万吨、纯碱和氯化铵各20万吨的生产能力,产品广泛应用于化工、纺织、建材、造纸、玻璃、涂料、农业、化肥等行业。主产品聚乙烯醇、醋酸乙烯、氯化铵和纯碱荣获"浙江名牌产品"称号。

2019年8月,公司完成非公开定向增发工作,向实际控制人焦化集团、控股股东伟云集团合计发行110 279 478股人民币普通股(A股),焦化集团、伟云集团以资产[即焦化集团、伟云集团合计持有的浙江大化制焦有限公司(简称浙江大化制焦)90.91%股权,伟云集团持有的浙江大化焦化有限公司(简称浙江大化焦化)54.8%股权]进行认购。浙江大化制焦有限公司、杭州大化焦化制供气有限公司成为本公司控股子公司。公司在原有煤电石化工行业,部分煤气化行业的基础上,进入煤焦化行业,在产业布局上涵盖煤化工行业下的三个子行业,即煤电石化工、煤气化工和,煤焦化工,成为产业链最完整的煤化工上市公司。

2) 公司控制关系、实际控制人、控股股东情况介绍

公司实际控制人浙江焦化集团有限公司(地址为浙江省杭州市萧山临江工业园区116号,主营焦化产品及其附产品生产销售)持有公司控股股东浙江伟云集团有限公司65.01%的股权,实际控制人持有本公司股份56 282 750股,占公司总股本19.40%,截至2019年12月31日,焦化集团总资产为211.34亿元,净资产为63.61亿元(归属于母公司的为41.46亿元)。

公司控股股东浙江伟云集团有限公司持有公司股份143 059 228股,占公司总股本49.30%。截至2019年12月31日,浙江伟云集团总资产为101.60亿元,净资产为25.21亿元(归属于母公司的为10.63亿元)。

3) 公司主要子公司情况介绍

公司主要子公司如表3-1所示。

表3-1 公司主要子公司情况

单位名称	出资金额(万元)	持股比例
浙江大化制焦有限公司	75 417.68	90.91%
杭州大化焦化制供气有限公司	13 912.68	54.80%
浙江伟云乙炔化工有限公司	21 320.00	82.00%
浙江伟云化工精制有限公司	6 000.00	100.00%

浙江大化制焦有限公司主营全焦、甲醇、焦油等化工产品。建成投产后生产能力为年产焦炭200万吨,甲醇20万吨,煤焦油30万吨。地址为浙江省绍兴市工业园区136号。

伟云公司直接持有浙江大化制焦90.91%的股份，通过浙江大化焦化间接持有浙江大化制焦5.45%的股份，合计持股比例为96.35%，处于控股地位。

杭州大化焦化制供气有限公司主营焦炭、甲醇及其他煤化工产品。生产能力为年产焦炭105万吨，甲醇10万吨。伟云公司持有其54.80%的股份，处于控股地位。地址为浙江省杭州市工业园区268号。

浙江伟云乙炔化工有限公司，2018年10月31日完成工商登记，该公司目前处于建设筹备阶段。地址为浙江省温州市高新技术开发区489号。

浙江伟云化工精制有限公司，2018年2月2日完成工商登记，该公司目前处于建设筹备阶段。地址为浙江省金华市经济开发区366号。

4）主要会计政策

(1) 公司会计核算执行的是新《企业会计准测》和《企业会计制度》；记账本位币为人民币；外汇收入按当月1日的汇率计算。

(2) 交易性金融资产期末按成本市价孰低计价，无其他短期投资。

(3) 坏账计提率为3%；存货一律采用实际成本法进行核算，发出计价采用加权平均法；产品成本采用分步法；在产品按约当产量法计算期末成本；在产品期末成本包括料工费；周转材料采用五五摊销法：期末按单项存货成本高于可变现净值的差额计提存货跌价准备。

(4) 长期股权投资按会计准则规定进行核算，期末不计提减值准备。

(5) 固定资产采用直线法计提折旧，残值率为5%；固定资产折旧年限如下：房屋建筑物30年，机器设备15年，运输工具8年，电子设备5年。

(6) 固定资产建设贷款利息均按规定进行了资本化和非资本化会计核算；固定资产、在建工程、无形资产不计提减值准备；无形资产只有一项专利权按10年平均摊销；无长期待摊费用。

(7) 收入、成本、费用严格按照企业会计准则和会计制度要求进行会计核算。

(8) 各种税率：所得税为25%，增值税为13%，城市维护建设税为7%、教育费附加为3%、地方教育附加为2%。

(9) 法定盈余公积计提比例为10%、任意盈余公积为5%。

5）治理层及管理层关键人员（姓名与职位）

董事长：张越龙

总经理：黎明

副总经理：马云匀　魏闲

6）主要财务人员（姓名与职位）

总会计师：纪晓兰

财务经理：何深坤

会计主管：上官婉云（业务联系人）

7）律师及联系方法

伟云公司长期聘用正则律师事务所律师陈刚担任其法律顾问。

陈刚律师的联系电话为13305718856。

8）信用情况

通过浙江省信用管理中心了解到该公司信用等级为AAA。通过前任会计师事务所了解到该公司财务报表一直无重大差错和舞弊。

9）其他情况

通过伟云公司3年财务报表和现有经济、社会环境因素分析，伟云公司在未来3年内暂无经营风险，该公司未发行任何债券，也无其他融资行为。该公司财务报表按照《企业会计准则》和《企业会计制度》的规定编制。（3年财务报表略）。

按浙江省物价局〔1998〕浙价费第503号《会计、审计、税务、资产评估中介服务收费管理办法》的规定标准计算，伟云公司此次审计费用应为25 000元，伟云公司承诺在审计约定书签署之日起30日内预付10%的订金，剩余款项于审计报告送达之日起7日内结清。如有任何纠纷选择杭州仲裁委仲裁。

伟云公司对外业务联络员为公司经理办公室职员范冰彬，联系电话为0571-83064086或13505713456。

威达会计师事务所注册会计师王韵和陈飞，在制定浙江伟云股份有限公司2018年度会计报表审计计划时，需对其审计重要性水平和审计风险进行初步评估。对重要性水平的评估两位注册会计师采用了固定比率法，威达会计师事务所的审计风险水平一般控制有5%，在初步业务活动阶段，两位注册会计师将浙江伟云股份有限公司的重大错报风险水平确定在20%。

浙江伟云股份有限公司未经审计的有关财务报表项目金额及重要性水平的固定比率如表3-2所示。

表3-2 未经审计的有关财务报表项目金额及重要性水平的固定比率

财务报表项目	金额/亿元	固定比率
资产总计	312.94	0.5%
股东权益合计	88.82	1%
主营业务收入	381.63	0.5%
净利润	167.92	5%

请分析/思考：

（1）当存在以下情况之一时，注册会计师将如何考虑客户的审计委托？

① 若伟云公司为非上市公司，且会计核算不规范，内部控制制度不健全。

② 若伟云公司是因与前任注册会计师在2018年度利润虚增问题上有异议而变换会计师事务所的，且提出只要注册会计师提供“无保留意见”审计报告，审计费用可将支付金额提高到30 000元以上。

（2）当存在以下情形之一时，伟云公司应将审计委托给哪家会计师事务所？

① 浙江WD会计师事务所承诺，如果双方达成合作协议，将为伟云公司免费提供一次会计内部控制制度审核和咨询。

② 浙江DC会计师事务所承诺，如果双方达成两年以上合作协议，可按九折收取伟云公司审计费用。

（3）如果伟云公司净利润为125.94亿元或者83.96亿元，固定比率为3%，则该公司的重要性水平是多少？

（4）如果浙江WD会计师事务所的审计风险水平一般控制在4.5%，注册会计师将伟云公司的重大错报风险水平确定在15%或者22%，则检查风险应该是多少？

(5) 要求：完成情境引例中涉及的初步业务活动工作底稿(见书末二维码)。

分析提示：

(1) 熟悉客户和会计师事务所的基本信息资料。

(2) 会计师事务所根据客户情况作出是否接受其审计委托的决定并通知伟云公司。

(3) 如果接受审计委托则双方进行审计业务书中条款的商谈。

(4) 双方在达成的审计业务约定书上签字盖章(一式两份)。

(5) 如何理解和确定审计的重要性水平、审计风险?

(6) 审计的重要性包含几个层次? 在审计计划阶段如何评估重要性水平?

(7) 审计风险主要是控制什么风险? 审计风险与审计重要性是什么关系?

(8) 考虑以上事项之后如何编制审计计划。

学习子情境一　承接审计业务

一、初步业务活动的目的和内容

注册会计师审计是一种受托审计，为了促进注册会计师同被审计单位双方责任的履行，需要签订或修改审计业务约定书。要完成审计业务约定书的签订或修改，注册会计师就必须开展一些工作，如在接受客户委托时应考虑被审计单位是否诚信及其对保证审计质量的影响，审计的前提条件是否存在、能否接受委托，注册会计师执行业务所需要的独立性和专业胜任能力是否具备及其对审计质量的影响，以及连续审计时前期审计发现的重大问题对保持同客户的关系有无影响等。这些工作就是在本期审计业务开始时注册会计师应进行的初步业务活动。

(一) 注册会计师开展初步业务活动的目的

注册会计师开展初步业务活动，主要是为了确保审计计划工作的完成，使审计有较高的工作质量。为此，应实现以下四个目的：

(1) 确保注册会计师已具备执行业务所需要的独立性和专业胜任能力。

(2) 不存在因管理层诚信问题而影响注册会计师保持该项业务意愿的情况。

(3) 审计的前提条件存在。

(4) 与被审计单位不存在对审计业务约定条款的误解。

(二) 初步业务活动的内容

初步业务活动包括以下三项内容。

1. 针对保持客户关系和具体审计业务实施相应的质量控制程序

针对保持客户关系和具体审计业务实施质量控制程序，并且根据实施相应程序的结果作出适当的决策是注册会计师控制审计风险的重要环节。在首次接受审计委托时，注册会计师需要执行针对建立有关客户关系和承接具体审计业务的质量控制程序；在连续审计时，注册会计师通常执行针对保持客户关系和具体审计业务的质量控制程序。总体来说，无论是首次接受审计委托还是连续审计，注册会计师都应当考虑下列主要事项，以确定保持客户关系和具体审计业务的结论是恰当的：

(1) 被审计单位的主要股东、关键管理人员和治理层是否诚信。

(2) 项目组是否具备执行审计业务的专业胜任能力以及必要的时间和资源。

(3) 注册会计师接受客户委托的前提条件是否存在。

(4) 会计师事务所和项目组能否遵守职业道德规范。

会计师事务所执行客户接受与保持程序的目的，旨在识别和评价会计师事务所面临的风险。例如，如果注册会计师发现潜在客户正面临财务困难，或者发现现有客户在之前的业务中作出虚假陈述，那么可以认为接受或保持该客户的风险非常高，甚至是不可接受的。会计师事务所除考虑客户施加的风险外，还需要复核执行业务的能力，如当工作需要时能否获得合适的具有相应资格的员工；能否获得专业化协助；是否存在任何利益冲突；能否对客户保持独立性等。

注册会计师需要作出的最重要的决策之一就是是否接受和保持客户。一项低质量的决策会导致不能准确确定计酬的时间或未被支付的费用，增加项目合伙人和员工的额外压力，使会计师事务所声誉遭受损失，或者涉及潜在的诉讼。

由于在连续审计的情况下，注册会计师已经积累了一定的审计经验，因此在决定是否保持与某一客户的业务关系时，项目负责人通常重点考虑本期或前期审计中发现的重大事项，及其对保持该客户关系的影响。在实务中，会计师事务所可以区别首次接受审计委托和连续审计的情况制定不同的质量控制程序，以提高审计工作的效率及效果。

2. 评价遵守职业道德规范的情况

职业道德规范要求注册会计师项目组成员恪守独立、客观、公正的原则，保持专业胜任能力和应有的关注，并对审计过程中获知的信息保密。只有确保注册会计师已具备执行业务所需要的独立性和专业胜任能力，才不会影响注册会计师对该项业务正确意愿的表达。因此，应评价注册会计师遵守职业道德规范的情况。

3. 及时签订或修改审计业务约定书

在作出接受或保持客户关系及具体审计业务的决策后，注册会计师应当在审计业务开始前，与被审计单位就审计业务的约定条款达成一致意见，签订或修改审计业务约定书，以避免双方对审计业务的理解产生分歧。审计业务约定书一经签订，双方就要按审计业务约定书的规定条款履行业务；否则，要负法律责任。

二、审计的前提条件

审计的前提条件是指管理层在编制财务报表时采用可接受的财务报告编制基础，以及管理层对注册会计师执行审计工作的前提的认同。可接受的财务报告编制基础是指管理层编制财务报表有恰当的基础，也就是注册会计师对财务报表进行审计有适当的标准。管理层对注册会计师执行审计工作的前提是指管理层认可并理解其应承担的责任。审计的前提条件对审计人员作出正确的审计结论以及分清注册会计师与管理层的责任具有重要意义。

(一) 财务报告编制基础

承接业务的条件之一是《中国注册会计师鉴证业务基本准则》中提及的标准适当，且能够为预期使用者获取。标准是指用于评价或计量鉴证对象的基准，当涉及列报时，还包括列报与披露的基准。适当的标准使注册会计师能够运用职业判断对鉴证对象作出合理一致的评价或计量。就审计准则而言，适用的财务报告编制基础为注册会计师提供了用以审计财务报表的标准，如果不存在可接受的财务报告编制基础，管理层就不具有编制财务报表的恰当基础，注册会计师也不具有对财务报表进行审计的适当标准。

(1) 确定财务报告编制基础的可接受性。在确定编制财务报表所采用的财务报告编制基础的可接受性时，注册会计师须考虑下列相关因素：被审计单位的性质(例如，审计单位是商业企业、公共部门实体，还是非营利组织)；财务报表的目的(例如，编制财务报表是用于满足广大财务报表使用者共同的财务信息需求，还是用于满足财务报表特定使用者的财务信息需求)；财务报表的性质(例如，财务报表是整套财务报表，还是单一财务报表)；法律法规是否规定了适用的财务报告编制基础。

(2) 通用目的编制基础。如果财务报告准则由经授权或获得认可的准则制定机构制定和发布，供某类实体使用，只要这些机构遵循一套既定和透明的程序，则认为财务报告准则对于这类实体编制通用目的的财务报表是可接受的。

(3) 法律法规规定的财务报告编制基础。法律法规可能为某类实体规定了在编制通用目的财务报表时采用的财务报告编制基础。通常情况下，注册会计师认为这种财务报告编制基础对这类实体编制通用目的的财务报表是可接受的，除非有迹象表明不可接受。

(二) 就管理层的责任达成一致意见

按照审计准则的规定执行审计工作的前提是管理层已认可并理解其承担的责任。审计准则并不超越法律法规对这些责任的规定。然而，独立审计的理念要求注册会计师不对财务报表的编制或被审计单位的相关内部控制承担责任，并要求注册会计师合理预期能够获取审计所需要的信息。因此，管理层认可并理解其责任，这一前提对执行独立审计工作是至关重要的。

按照《中国注册会计师审计准则第 1341 号——书面声明》的规定，注册会计师应当要求对财务报表承担相应责任并了解相关事项的管理层提供书面声明。如针对财务报表的编制，针对提供的信息和交易的完整性，注册会计师应当要求管理层就相关责任的履行提出书面声明。因此，注册会计师需要获取针对管理层责任的书面声明、其他审计准则要求的书面声明，以及在必要时获取用于支持其他审计证据的书面声明。注册会计师需要使管理层意识到这一点。

如果管理层不提供要求的一项或多项书面声明，或提供的书面声明不可靠等，注册会计师应当采取适当措施，按照《中国注册会计师审计准则第 1502 号——在审计报告中发表非无保留意见》的规定，确定该事项对审计意见可能产生的影响，对财务报表发表相应的非无保留意见。如果法律法规有其他规定，注册会计师需要在考虑后作出相应决策并向管理层解释这种情况的重要性及其对审计报告的影响。

管理层设计、执行和维护必要的内部控制，以使编制的财务报表不存在由于舞弊或错误导致的重大错报。由于内部控制的固有限制，无论其如何有效，也只能合理保证被审计单位实现其财务报告目标。注册会计师按照审计准则的规定执行的独立审计工作，不能替代管理层维护编制财务报表所需要的内部控制。因此，注册会计师需要就管理层认可并理解其与内部控制有关的责任与管理层达成共识。

如果审计的前提条件不存在，注册会计师应当就此与管理层沟通。除非满足管理层同意在财务报表中作出额外披露，或在审计报告中增加强调事项段加以说明，或注册会计师能与管理层就其应承担的责任与管理层达成一致意见等，注册会计师不应承接拟议的审计业务。

学习子情境二　考虑审计风险

一、审计风险的含义

注册会计师应当实施审计程序，评估重大错报风险，并根据评估结果设计和实施进一步审计程序，以控制检查风险。审计业务是一种保证程度高的鉴证业务，可接受的审计风险应当足够低，以使注册会计师能够合理保证所有审计的财务报表不含有重大错报。

审计风险是指当财务报表存在重大错报时，注册会计师发表不恰当审计意见的可能性。

审计业务提供的是合理保证，合理保证与审计风险互为补数，即合理保证与审计风险之和等于100%。如果注册会计师将审计风险降至可接受的低水平，则对财务报表不存在重大错报获取了合理保证。

二、审计风险模型

审计风险取决于重大错报风险和检查风险。审计风险、重大错报风险和检查风险间的关系用模型表示为：

$$审计风险 = 重大错报风险 \times 检查风险$$

注册会计师应当实施审计程序，评估重大错报风险，并根据评估结果设计和实施进一步审计程序，以控制检查风险。

(一) 重大错报风险

重大错报风险是指财务报表在审计前存在重大错报的可能性。重大错报风险与被审计单位的风险相关，且独立存在于财务报表的审计中。在设计审计程序以确定财务报表整体是否存在重大错报时，注册会计师应当从财务报表层次和各类交易、账户余额和披露认定层次方面考虑重大错报风险。《中国注册会计师审计准则第1211号——通过了解被审计单位及其环境识别和评估重大错报风险》对注册会计师如何评估财务报表层次和认定层次的重大错报风险提出了详细的要求。

1. 两个层次的重大错报风险

财务报表层次重大错报风险与财务报表整体存在广泛联系，它可能影响多项认定。此类风险通常与控制环境有关，如管理层缺乏诚信、治理层形同虚设而不能对管理层进行有效监督等；但也可能与其他因素有关，如经济萧条，企业所处行业处于衰退期。此类风险难以被界定于某类交易、账户余额和披露的具体认定；相反，此类风险增大了一个或多个不同认定发生重大错报的可能性，与由舞弊引起的风险特别相关。

注册会计师应同时考虑各类交易、账户余额和披露认定层次的重大错报风险，有助于注册会计师确定认定层次上实施的进一步审计程序的性质、时间安排和范围。注册会计师在各类交易、账户余额和披露认定层次获取审计证据，以便能够在审计工作完成时，以可接受的低审计风险水平对财务报表整体发表审计意见。《中国注册会计师审计准则第1231

号——针对评估的重大错报风险采取的应对措施》对注册会计师如何应对评估的两个层次重大错报风险提出了详细的要求。

2. 固有风险和控制风险

认定层次的重大错报风险又可以进一步细分为固有风险和控制风险。

固有风险是指在考虑相关的内部控制之前,某类交易、账户余额或披露的某一认定易于发生错报(该错报单独或连同其他错报可能是重大的)的可能性。某些类别的交易、账户余额和披露及其认定的固有风险较高,例如,复杂计算比简单计算更可能出错;受重大计量不确定性影响的会计估计发生错报的可能性较大;技术进步可能导致某些产品陈旧,进而导致存货易于发生高估错报。被审计单位及其环境中的某些因素还可能与多个甚至所有类别的交易、账户余额和披露有关,进而影响多个认定的固有风险。这些因素包括维持经营的流动资金匮乏、被审计单位处于夕阳行业等。

控制风险是指某类交易、账户余额或披露的某一认定发生错报,该错报单独或连同其他错报可能是重大的,但没有被内部控制及时防止或发现并纠正的可能性。控制风险取决于与财务报表编制有关的内部控制的设计和运行的有效性。由于控制的固有局限性,某种程度的控制风险始终存在。

(二) 检查风险

检查风险是指如果存在某一错报,该错报单独或连同其他错报可能是重大的,注册会计师为将审计风险降至可接受的低水平而实施审计程序后没有发现这种错报的风险。

检查风险取决于审计程序设计的合理性和执行的有效性。由于注册会计师通常并不对所有的交易、账户余额和披露进行检查,以及其他原因,检查风险不可能降为零。其他原因包括注册会计师可能选择了不恰当的审计程序,审计过程执行不当,或者错误解读了审计结论。这些其他因素可以通过适当计划、在项目组成员之间进行恰当的职责分配、保持职业怀疑态度以及监督、指导和复核助理人员所执行的审计工作得以解决。

(三) 检查风险与重大错报风险的反向关系

在既定的审计风险水平下,可接受的检查风险水平与认定层次重大错报风险的评估结果呈反向关系。评估的重大错报风险越高,可接受的检查风险越低;评估的重大错报风险越低,可接受的检查风险越高。

【能力拓展】

请分析/思考:固有风险、控制风险、检查风险的联系与区别。

分析提示:固有风险、控制风险、检查风险的含义。

【能力拓展】

请分析/思考:审计重要性、审计证据、审计风险的关系。

分析提示:

(1) 审计重要性与审计证据的关系。

(2) 审计证据与审计风险的关系。

(3) 审计重要性与审计风险的关系。

学习子情境三　签订审计业务约定书

一、签订审计业务约定书前的准备工作

注册会计师在接受被审计单位委托开展初步业务活动前的各项工作完成后，应签订或修改审计业务委托书。签订审计业务委托书不论是对注册会计师还是对被审计单位来说都有重要的意义：一是能增进注册会计师与委托人之间的相互了解，使审计工作顺利地开展；二是能明确双方的责任，促使双方各自责任的履行；三是能通过约定业务的履行或不履行实施相应的处罚，保护双方的合法权益。

(一) 明确准备接受委托业务的性质和范围

委托人和受托人在签约前双方对审计业务、审计范围必须达成共识。在接受业务的委托过程中，注册会计师必须明晰今后的审计范围是否会受到限制，被审计单位是否能提供全部资料，注册会计师能否顺利地在审计过程中取得充分适当的证据以支持审计意见等问题。

(二) 初步了解被审计单位的基本情况

在签约前，注册会计师应对被审计单位的基本情况(包括业务性质、经营规模和组织结构、经营状况和经营风险、以前年度接受审计的情况、财务会计机构和工作组织及被审计单位管理人员的简况等)进行初步了解，以确定是否接受委托，同时也为接受委托后安排下一步的审计工作奠定前期基础。

(三) 评价自身的胜任能力

注册会计师及其所在会计师事务所应对自身能否胜任该委托业务进行评价。

(四) 商定审计收费

尽管我国目前会计师事务所收费标准由注册会计师协会统一规定，采用计时或计件方式收取服务费用，但是在实际工作中，会计师事务所更多地采用计时收费方式。因此，会计师事务所应当考虑收费相关因素，合理估计审计工作时间和小时收费率，向委托人提交审计约定收费预算，并商定审计收费。

(五) 明确被审计单位应协助的工作

注册会计师从事审计工作离不开被审计单位的密切协助，包括提供全部的会计资料和其他文件材料，配备相应的财务人员以配合注册会计师的查询工作，甚至包括提供注册会计师外勤办公的场地和设备等条件。对于需要由被审计单位予以配合和协助的工作，会计师事务所可通过提交“提请被审计单位协助审计工作的信函”以明确协助事项。

(六) 初步确定审计风险

注册会计师了解被审计单位基本情况和初步调查相关内部控制制度后，应初步确定审计风险，并认真评价初步风险水平对审计质量的影响，为确定是否接受业务委托提供依据。如果初步确定审计风险水平过高，注册会计师须考虑提请被审计单位应做好补充准备工作，

并且提高自身的关注能力，以降低风险水平；否则，可以考虑放弃接受业务委托。

（七）分析性测试

分析性测试主要对财务报表进行概略性分析，即对未审财务报表中有重大变化的项目作出总体上的概略分析说明，为初步确定重点审计领域提供依据。概略分析一般也可以在签订审计业务约定书之后实施，这主要取决于注册会计师对审计程序的规划与安排。

（八）签订审计业务约定书

在完成上述准备工作后，会计师事务所可以签订审计业务约定书。

二、审计业务约定书的含义

在明确审计业务的范围和性质，初步了解被审计单位的基本情况，并评价专业胜任能力作出接受或保持客户关系的决策后，注册会计师应当在审计业务开始前，与被审计单位就审计业务的约定条款达成一致意见，签订或修改审计业务的约定书，以避免双方对审计业务的理解产生分歧。

审计业务约定书是指会计师事务所与被审计单位签订的，用以记录和确认审计业务的委托与受托关系、审计目标和范围、双方的责任以及报告的格式等事项的书面协议。对业务约定书可从以下几方面理解：

(1) 约定书是被审计单位与审计组织共同签订的。但也存在委托人与被审计人不是同一方的情况，在这种情况下，在签订审计业务约定书前，注册会计师应当与委托人、被审计单位就审计业务约定条款进行充分沟通，并达成一致意见。

(2) 确认了两者的委托与受托关系。注册会计师审计不同于强制性的国家审计或内部审计，会计师事务所进行的是受托审计，所以要确认委托受托关系。

(3) 明确委托目的等事项。这是业务约定书的主要内容。

(4) 必须采用书面形式，而不能采用口头形式。

(5) 业务约定书是一份经济合同文书，具有法定约束力，双方都要遵守。任何一方违约，都需要追究其责任。

会计师事务所承接任何审计业务，都应与被审计单位签订审计业务约定书。

在实务中，审计业务约定书可以采用合同式或信函式两种形式。两者尽管形式不同，但其实质内容是相同的。本节主要说明合同式审计业务约定书的内容和格式。

三、审计业务约定书的作用

签订审计业务约定书的目的是为了明确约定双方的责任和义务，促使双方遵守约定事项并加强合作，以保护会计师事务所和被审计单位的利益。在注册会计师的审计实践中，审计业务约定书可以起到以下几个方面的作用：

(1) 审计业务约定书可以增进会计师事务所与委托人之间的了解，避免在审计目的、范围和双方责任等方面产生误解，尤其是可以使被审计单位了解自己的会计责任和注册会计师的审计责任，明确被审计单位应该提供的合作，并以此作为划分责任的依据。

(2) 审计业务约定书可以作为被审计单位评价审计业务完成情况及会计师事务所检查被审计单位约定义务履行情况的依据。如果被审计单位对注册会计师的服务质疑，注册会计师可以根据约定书的内容作出解释。

(3) 如果出现法律诉讼,审计业务约定书是据以确定会计师事务所和委托人双方应负法律责任的重要依据。倘若被审计单位对注册会计师质疑、责难或控告,注册会计师可以根据审计业务约定书的内容作出解释。当然,对于已载明的审计责任,注册会计师不能推诿。

四、审计业务约定书的基本内容

审计业务约定书的具体内容和格式可能因被审计单位的不同而不同,但应当包括以下主要内容。

1. 财务报表审计的目标与范围

财务报表审计的目标是注册会计师通过执行审计工作,对财务报表是否在所有重大方面按照适用的会计准则编制,是否公允反映被审计单位的财务状况、经营成果和现金流量发表审计意见。财务报表的审计范围是指为实现财务报表审计目标,注册会计师根据审计准则和职业判断实施的恰当的审计程序的总和。

2. 注册会计师的责任

按照《中国注册会计师审计准则》的规定对财务报表发表审计意见是注册会计师的责任。

3. 管理层的责任

在被审计单位治理层的监督下,按照适用的会计准则编制财务报表是被审计单位管理层的责任。管理层的责任包括:

(1) 按照适用的财务报告编制基础编制财务报表,并使其实现公允反映。

(2) 设计、执行和维护必要的内部控制,以使财务报表不存在由于舞弊或错误导致的重大错报。

(3) 为注册会计师提供必要的工作条件。这些必要的工作条件包括允许注册会计师接触与编制财务报表相关的所有信息(如记录、文件和其他事项),向注册会计师提供审计所需的其他信息,允许注册会计师在获取审计证据时不受限制地接触其认为必要的内部人员。财务报表审计不能减轻被审计单位管理层和治理层的责任。

(4) 指出用于编制财务报表所适用的财务报告编制基础。

(5) 提及注册会计师拟出具的审计报告的预期形式和内容,以及在特定情况下对出具的审计报告可能不同于预期形式和内容的说明。

五、审计业务约定书的特殊考虑

(一) 考虑特定需要

如果情况需要,注册会计师还应当考虑在审计业务约定书中列明下列内容:

(1) 详细说明审计工作的范围,包括提及适用的法律法规、审计准则,以及注册会计师协会发布的职业道德守则和其他公告。

(2) 对审计业务结果的其他沟通形式。

(3) 说明由于审计和内部控制的固有限制,即使审计工作按照审计准则的规定得到恰当的计划和执行,仍不可避免地存在某些重大错报未被发现的风险。

(4) 计划和执行审计工作的安排,包括审计项目组的构成。

(5) 管理层确认并提供书面声明。注册会计师应当要求管理层就其已履行某些责任提供书面声明。

(6) 管理层同意向注册会计师及时提供财务报表草稿和其他所有附带信息，以使注册会计师能够按照预定的时间表完成审计工作。

(7) 管理层同意告知注册会计师在审计报告日至财务报告报出日之间注意到的可能影响财务报表的事实。

(8) 收费的计算基础和收费安排。

(9) 管理层确认收到审计业务约定书并同意其中的条款。

(10) 在某些方面对利用其他注册会计师和专家工作的安排。

(11) 对审计涉及的内部审计人员和被审计单位其他员工工作的安排。

(12) 在首次审计的情况下，与前任注册会计师(如存在)沟通的安排。

(13) 说明对注册会计师责任可能存在的限制。

(14) 注册会计师与被审计单位之间需要达成进一步协议的事项。

(15) 向其他机构或人员提供审计工作底稿的义务。

(二) 组成部分的审计

如果母公司的注册会计师同时也是组成部分的注册会计师时，需要考虑下列因素，决定是否向组成部分单独致送审计业务约定书：

(1) 组成部分注册会计师的委托人。

(2) 是否对组成部分单独出具审计报告。

(3) 与审计委托相关的法律法规的规定。

(4) 母公司占组成部分的所有权份额。

(5) 组成部分管理层相对于母公司的独立程度。

(三) 连续审计

对于连线审计，注册会计师应当根据具体情况评估是否需要对审计业务约定条款作出修改，以及是否需要提醒被审计单位注意现有的条款。

注册会计师可以决定不在每期都致送新的审计业务约定书或其他书面协议。然而，下列因素可能导致注册会计师修改审计业务约定条款或提醒被审计单位注意现有的业务约定条款：

(1) 有迹象表明被审计单位误解审计目标和范围。

(2) 需要修改约定条款或增加特别条款。

(3) 被审计单位高级管理人员近期发生变动。

(4) 被审计单位所有权发生重大变动。

(5) 被审计单位业务的性质或规模发生重大变化。

(6) 法律法规的规定发生变化。

(7) 编制财务报表采用的财务报告编制基础发生变更。

(8) 其他报告要求发生变化。

(四) 审计业务约定条款的变更

(1) 在缺乏合理理由的情况下，注册会计师不应同意变更审计业务约定条款。

(2) 在完成审计业务前，如果被审计单位或委托人要求将审计业务变更为保证程度较低的业务，注册会计师应当确定是否存在合理理由予以变更。

（3）如果审计业务约定条款发生变更，注册会计师应当确定是否存在合理理由予以变更。

（4）如果注册会计师不同意变更审计业务约定条款，而管理层又不允许继续执行原审计业务，注册会计师应当在适用的法律法规允许的情况下，解除审计业务约定，并根据是否有约定确定是否向治理层、所有者或监管机构等作出报告。

学习子情境四　编制审计计划

一、总体审计策略

充分的审计计划有助于注册会计师关注重点审计领域，及时发现和解决潜在问题，并恰当地组织和管理审计工作，以使审计工作更加有效。同时，充分的审计计划还可以帮助注册会计师对项目组成员进行恰当分工和指导监督，并复核其工作，还有助于协调其他注册会计师和专家的工作。审计计划分为总体审计策略和具体审计计划两个层次。

总体审计策略用来确定审计范围、时间和方向，并指导制定具体审计计划。注册会计师应当为审计工作制定总体审计策略。在制定总体审计策略时，注册会计师应当考虑以下主要事项。

（一）审计范围

注册会计师应当确定审计业务的特征，包括采用的会计准则和相关会计制度，特定行业的报告要求及被审计单位组成部分的分布等，以界定审计范围。具体来说，在确定审计范围时，注册会计师须考虑下列事项：

（1）编制财务报表适用的会计准则和相关会计制度。

（2）特定行业的报告要求，如某些行业的监管部门要求提交的报告。

（3）预期的审计工作涵盖范围，包括需审计的集团内组成部分的数量及所在地点。

（4）母公司和集团内其他组成部分之间存在的控制关系的性质，以确定如何编制合并财务报表。

（5）其他注册会计师参与审计集团内组成部分的范围。

（6）需审计的业务分部性质，包括是否需要具备专门知识。

（7）外币业务的核算方法及外币财务报表折算和合并方法。

（8）除对合并财务报表审计之外，是否需要对组成部分的财务报表单独进行法定审计。

（9）内部审计工作的可利用性及对内部审计工作的拟依赖程度。

（10）被审计单位使用服务机构的情况，以及注册会计师如何取得有关服务机构内部控制设计、执行和运行有效性的证据。

（11）预期利用在以前期间审计工作中获取的审计证据的程度，如获取的与风险评估程序和控制测试相关的审计证据。

（12）信息技术对审计程序的影响，包括数据的可获得性和预期使用计算机辅助审计技术的情况。

（13）根据中期财务信息审阅及在审阅中所获信息对审计的影响，相应调整审计涵盖范围和时间安排。

(14) 与为被审计单位提供其他服务的会计师事务所人员讨论可能影响审计的事项。

(15) 被审计单位的人员和相关数据可利用性。

(二) 报告目标、时间安排及所需沟通

总体审计策略的制定应当包括明确审计业务的报告目标、计划审计的时间安排和所需沟通的性质,包括提交审计报告的时间要求,预期与管理层和治理层沟通的重要日期等。为了计划报告目标、时间安排和所需沟通,注册会计师需要考虑下列事项:

(1) 被审计单位的财务报告时间表。

(2) 与管理层和治理层就审计工作的性质、范围和时间所举行的会议的组织工作。

(3) 与管理层和治理层讨论预期签发报告和其他沟通文件的类型及提交时间、报告和沟通文件,既包括书面的,也包括口头的,如审计报告、管理建议书和与治理层沟通函等。

(4) 就组成部分报告及其他沟通文件类型及提交时间与组成部分的注册会计师沟通。

(5) 项目组成员之间预期沟通的性质和时间安排,包括项目组会议的性质和时间安排及复核工作的时间安排。

(6) 是否需要跟第三方沟通,包括与审计相关的法律法规规定和业务约定书约定的报告责任。

(7) 与管理层讨论在整个审计过程中通报审计工作进展及审计结果的预期方式。

(三) 审计方向

总体审计策略的制定应当考虑影响审计业务的重要因素,以确定项目组工作方向,包括确定适当的重要性水平,初步识别可能存在较高的重大错报风险的领域,初步识别重要的组成部分和账户余额,评价是否需要针对内部控制的有效性获取审计证据,识别被审计单位、所处行业、财务报告要求及其他相关方面最近发生的重大变化等。在确定审计方向时,注册会计师需要考虑下列事项:

(1) 重要性方面,具体包括:第一,为计划目的确定重要性;第二,为组成部分确定重要性且与组成部分的注册会计师沟通;第三,在审计过程中重新考虑重要性;第四,识别重要的组成部分和账户余额。

(2) 重大错报风险较高的审计领域。

(3) 评估的财务报表层次的重大错报风险对指导、监督及复核的影响。

(4) 项目组人员的选择(在必要时包括项目质量控制复核人员)和工作分工,包括向重大错报风险较高的审计领域分派具备适当经验的人员。

(5) 项目预算,包括考虑为重大错报风险可能较高的审计领域分配适当的工作时间。

(6) 如何向项目成员强调在收集和评价审计证据过程中保持职业怀疑必要性的方式。

(7) 以往审计中对内部控制运行有效性评价的结果,包括识别的控制缺陷的性质及应对措施。

(8) 管理层重视设计和实施健全的内部控制的相关证据,包括这些内部控制得以适当记录的证据。

(9) 业务交易量规模,以基于审计效率的考虑确定是否依赖内部控制。

(10) 对内部控制重要性的重视程度。

(11) 影响被审计单位经营的重大发展变化,包括信息技术和业务流程的变化、关键管理人员变化，以及收购，兼并和分立。

(12) 重大的行业发展情况，如行业法规变化和新的报告规定。

(13) 会计准则及会计制度的变化。

(14) 其他重大变化，如影响被审计单位的法律环境的变化。

(四) 审计资源

注册会计师应该在总体审计策略中清楚地说明审计资源的规划和调配，包括确定执行审计业务所必需的审计资源的性质、时间安排和范围。

(1) 向具体审计领域分配资源，包括向高风险领域分派有相当经验的项目组成员，就复杂的事项利用专家的工作等。

(2) 向具体审计领域分配资源的多少，包括分派到重要地点进行存货监盘的项目组成员的人数，在集团审计中复核组成部分注册会计师工作的范围，向高风险领域分配的审计时间预算等。

(3) 何时调配这些资源，包括是在期中审计阶段还是在关键的截止日期调配资源等。

(4) 如何管理、指导和监督这些资源，包括预期何时召开项目组预备会和总结会，预期项目合伙人和经理如何进行复核(是现场复核还是非现场复核)，是否需要实施项目组质量控制复核等。

二、具体审计计划

(一) 具体审计计划的内容

注册会计师应当为审计工作制定具体审计计划。具体审计计划比总体审计策略更加详细，其内容包括为获取充分、适当的审计证据以将审计风险降至可接受的低水平，项目组成员拟实施的审计程序的性质、时间和范围。具体审计计划应当包括风险评估程序、计划实施的进一步审计程序和其他审计程序。

1. 风险评估程序

按照《中国注册会计师审计准则第 1211 号——了解被审计单位及其环境并评估重大错报风险》的规定，为了能够识别和评估财务报表重大错报风险，具体审计计划应当包括注册会计师计划实施的风险评估程序的性质、时间和范围。

2. 计划实施的进一步审计程序

按照《中国注册会计师审计准则第 1231 号——针对评估的重大错报风险实施的程序》的规定，针对评估的认定层次的重大错报风险，具体审计计划应当包括注册会计师计划实施的进一步审计程序的性质、时间和范围。

需要强调的是，随着审计工作的推进，对审计程序的计划会一步步深入，并贯穿于整个审计过程。例如，计划风险评估程序通常在审计开始阶段进行，计划进一步审计程序则需要依据风险评估程序的结果进行。因此，为达到编制具体审计计划的要求，注册会计师需要完成风险评估程序，识别和评估重大错报风险，并针对评估的认定层次的重大错报风险，计划实施进一步审计程序的性质、时间和范围。

通常，注册会计师计划的进一步审计程序可以分为进一步审计程序的总体方案和拟实施的具体审计程序(包括进一步审计程序的具体性质、时间和范围)两个层次。进一步审计程序的总体方案主要是指注册会计师针对各类交易、账户余额和列报决定采用的总体方案

(包括实质性方案或综合性方案)。具体审计程序则是对进一步审计程序的总体方案的延伸和细化,它通常包括控制测试和实质性程序的性质、时间和范围。在实务中,注册会计师通常单独编制一套包括这些具体程序的“进一步审计程序表”,待具体实施审计程序时,注册会计师将基于所计划的具体审计程序,进一步记录所实施的审计程序及结果,并最终形成有关进一步审计程序的审计工作底稿。

另外,完整、详细的进一步审计程序的计划包括对各类交易、账户余额和列报实施的具体审计程序的性质、时间和范围,包括抽取的样本量等。在实务中,注册会计师可以统筹安排进一步审计程序的先后顺序,如果对某类交易、账户余额或列报已经作出计划,则可以安排先行开展工作,与此同时再制定其他交易、账户余额和列报的进一步审计程序。

3. 计划其他审计程序

具体审计计划应当包括根据审计准则的规定,注册会计师针对审计业务需要实施的其他审计程序。计划的其他审计程序可以包括上述进一步程序的计划中没有涵盖的、根据其他审计准则的要求注册会计师应当执行的既定程序。

在审计计划阶段,除了按照《中国注册会计师审计准则第 1211 号——了解被审计单位及其环境并评估重大错报风险》进行计划工作,注册会计师还需要兼顾其他审计准则中规定的、针对特定项目在审计计划阶段应执行的程序及记录。例如,《中国注册会计师审计准则第 1141 号——财务报表审计中对舞弊的考虑》《中国注册会计师审计准则第 1324 号——持续经营》《中国注册会计师审计准则第 1142 号——财务报表审计中对法律法规的考虑》及《中国注册会计师审计准则第 1323 号——关联方》等审计准则对注册会计师针对这些特定项目在审计计划阶段应当执行的程序及其记录作出了规定。当然,由于被审计单位所处行业、环境各不相同,特别项目可能也有所不同。例如,有些企业可能涉及环境事项、电子商务等,在实务中注册会计师应根据被审计单位的具体情况,确定特定项目并执行相应的审计程序。

(二) 审计过程中对计划的更改

计划审计工作并非审计业务的一个孤立阶段,而是一个持续的、不断修正的过程,贯穿于整个审计业务的始终。由于未预期事项、条件的变化或在实施审计程序中获取的审计证据等原因,注册会计师在必要时应当对总体审计策略和具体审计计划作出更新和修改。

审计过程可以分为不同阶段,通常前面阶段的工作结果会对后面阶段的工作计划产生一定的影响,而后面阶段的工作过程又可能发现需要对已制定的相关计划进行相应的更新和修改。通常来讲,这些更新和修改涉及比较重要的事项。

例如,对重要性水平的修改,对某类交易、账户余额和列报的重大错报风险的评估和进一步审计程序(包括总体方案和拟实施的具体审计程序)的更新和修改等,一旦计划被更新和修改,审计工作也就应当进行相应修正。例如,如果在制定审计计划时,注册会计师基于对材料采购交易的相关控制的设计和执行获取的审计证据,认为相关控制设计合理并得以执行,因此未将其评价为高风险领域并且计划执行控制测试,但是在执行控制测试时获得的审计证据与审计计划阶段获得的审计证据相矛盾,注册会计师认为该类交易的控制没有得到有效执行,此时,注册会计师可能需要修改对该类交易的风险评估,并基于修正的评估风险修改计划的审计方案,如采用实质性方案。

(三) 指导、监督与复核

注册会计师应当就对项目组成员工作的指导、监督与复核的性质、时间和范围制定计划。对项目组成员工作的指导、监督与复核的性质、时间和范围主要取决于下列因素：

(1) 被审计单位的规模和复杂程度。

(2) 审计领域。

(3) 重大错报风险。

(4) 执行审计工作的项目组成员的素质和专业胜任能力。

注册会计师应当在评估重大错报风险的基础上，计划对项目组成员工作的指导、监督与复核的性质、时间和范围。当评估的重大错报风险增加时，注册会计师通常会扩大指导与监督的范围，增强指导与监督的及时性，执行更详细的复核工作。在计划复核的性质、时间和范围时，注册会计师还考虑单个项目组成员的素质和专业胜任能力。

(四) 对计划审计工作的记录

注册会计师应当记录总体审计策略和具体审计计划，包括在审计工作过程中作出的任何重大更改。

1. 记录的内容

(1) 总体审计策略。注册会计师对总体审计策略的记录，应当包括为恰当计划审计工作和向项目组传达重大事项而作出的关键决策。例如，注册会计师可以以备忘录的形式总结总体审计策略，包括对审计的总体范围、时间及执行所作出的关键决策。

(2) 具体审计计划。注册会计师对具体审计计划的记录，应当能够反映下列内容：第一，计划实施的风险评估程序的性质、时间和范围；第二，针对评估的重大错报风险计划实施的进一步审计程序的性质、时间和范围。注册会计师对具体审计计划的记录可以使用标准的审计程序表或审计工作完成核对表，但应当根据具体审计业务的情况作出适当修改。

(3) 计划的重大修改。注册会计师应当记录对总体审计策略和具体审计计划作出的重大更改及其理由，以及对此类更改的事项、条件或审计程序结果采取的应对措施。

由于原来的总体审计策略和具体审计计划已经制定(包括项目负责人的复核)，在实务中，如果只是针对某一或某几方面更改审计计划，注册会计师可以保留原有的总体审计策略、具体审计计划，以及已经执行的审计程序的记录，并根据审计准则的要求，将对审计计划的重大修改情况记录在进一步审计程序表和重大事项概要中。当然，如果对计划的修改涉及整个计划的各个方面，以及多个类别的交易、账户余额和列报，为使整套审计工作底稿内容、脉络更清楚，此时注册会计师可以考虑重新编制总体审计策略和具体审计计划，并保留原有的总体审计策略和具体审计计划。

2. 记录的形式和范围

注册会计师对计划审计工作记录的形式和范围，取决于被审计单位的规模和复杂程度、重要性、具体审计业务的情况及对其他审计工作记录的范围等事项。针对小型被审计单位，全部审计工作可能由一个很小的审计项目组执行，项目组成员间容易沟通和协调，总体审计策略和具体审计计划可以相对简单。

(五) 与管理层和治理层的沟通

与管理层和治理层的沟通有助于注册会计师协调某些计划的审计程序与被审计单位人员工作之间的关系，从而使审计业务更易于执行和管理，提高审计率与效果。注册会计师可以就计划审计工作的基本情况与被审计单位治理层进行沟通。对此，注册会计师应当按照

《中国注册会计师审计准则第1151号——与治理层的沟通》中的有关规定执行，沟通的内容可以包括审计的时间安排和总体策略、审计工作中受到的限制及治理层和管理层对审计工作的额外要求等。

当就总体审计策略和具体审计计划中的内容与治理层、管理层进行沟通时，注册会计师应当保持职业谨慎，防止由于具体审计程序易于被管理层或治理层所预见而损害审计工作的有效性。

需要强调的是，虽然注册会计师可以就总体审计策略和具体审计计划的某些内容与治理层和管理层沟通，但是制定总体审计策略和具体审计计划仍然是注册会计师的责任。

（六）首次接受委托的补充考虑

首次接受审计委托包括接受新客户和承接现有客户（已对其提供了其他服务）的审计业务委托两种情况。在这两种情况下，尤其是接受新客户的情况下，注册会计师通常缺乏前期审计经验，评估与客户及业务承接相关的风险较困难，因而可能需要扩展初步业务活动。注册会计师在首次接受审计委托前应当执行的程序包括质量控制和与前任注册会计师沟通。

1. 质量控制程序

注册会计师应针对建立客户关系和承接具体审计业务实施相应的质量控制程序。对此，注册会计师应当按照《中国注册会计师审计准则第1121号——历史财务信息审计的质量控制准则》中的有关规定开展工作。

2. 与前任注册会计师沟通

如果被审计单位变更了会计师事务所，注册会计师应当与前任注册会计师沟通。《中国注册会计师审计准则第1152号——前后任注册会计师的沟通》中对与前任会计师沟通的方式及对沟通结果进行评价等事项作出了相应的规定，注册会计师应当按照其中相应的规定执行。同时，注册会计师还可能需要结合现实的环境分析承接客户及业务的风险，如果可能，特别需要关注更换会计师事务所的原因。

如果首次接受审计委托，在制定总体审计策略和具体审计计划时，注册会计师还应当考虑下列事项：

（1）安排与前任注册会计师的沟通，包括查阅前任注册会计师的工作底稿等。

（2）与管理层讨论有关首次接受审计委托的重大问题，就这些重大问题与治理层沟通，以及这些重大问题对总体审计策略和具体审计计划的影响。

（3）针对期初余额获取充分、适当的审计证据而计划实施的审计程序。

（4）针对预见到的特别风险，分派具有相应素质和专业胜任能力的人员。

（5）根据会计师事务所关于首次接受审计委托的质量控制制度实施的其他程序。

在实务中，注册会计师获取信息的来源包括以下主要方面：

（1）向客户询问和与其沟通获取财务及其他信息，如年度报告等。

（2）从银行、监管机构等第三方获取信息。

（3）有关政府部门、有影响力的媒体等公布的信息，如按某些指标进行的企业排名等。

（4）向工商管理部门查询。

（5）与前任注册会计师的沟通。

（6）基于对被审计单位所在行业的了解，与同行业其他企业所作的比较及评估。

（7）利用外部调查机构，特别是针对高风险的行业及客户。

【能力拓展】

请分析/思考：总体审计策略和具体审计计划之间的关系是怎样的？

分析提示：编制总体审计策略和具体审计计划的过程紧密联系，并且两者的内容也紧密相关。注册会计师应当针对总体审计策略中所识别的不同事项，编制计划，并考虑通过有效利用审计资源以实现审计目标。值得注意的是，虽然编制总体审计策略的过程通常在具体审计计划之前，但是两项计划活动并不是孤立、不连续的过程，而是内在紧密联系的，对其中一项的决定可能会影响甚至改变对另外一项的决定。例如，注册会计师在了解被审计单位及其环境的过程中，注意到被审计单位对主要业务的处理依赖复杂的自动化信息系统，因此计算机信息系统的可靠性及有效性对其经营、管理、决策及编制可靠的财务报告具有重大影响。对此，注册会计师可能会在具体审计计划中制定相应的审计程序，并相应调整总体审计策略的内容，作出利用信息风险管理专家的工作的决定。因此，注册会计师应当根据实施风险评估程序的结果，对总体审计策略的内容予以调整。在实务中，注册会计师将编制总体审计策略和具体审计计划相结合进行，可能会使审计计划工作更有效率，并且注册会计师也可以采用将总体审计策略和具体计划合并为一份审计计划文件的方式，以提高编制及复核工作的效率，增强效果。

学习子情境五　确定重要性水平

重要性概念的运用贯穿于整个审计过程。在计划审计工作时，注册会计师应当考虑导致财务报表发生重大错报的原因，并应当在了解被审计单位及其环境的基础上，确定一个可接受的重要性水平，即先为财务报表整体确定重要性水平，以发现在金额上重大的错报。同时，注册会计师还应当确定特定交易类别、账户余额和披露的重要性水平。当错报金额高于整体重要性水平时，就很可能被合理预期将对使用者根据财务报表作出的经济决策产生影响。在确定审计意见类型时，注册会计师也需要考虑重要性水平。

一、重要性的含义

财务报告编制基础通常从编制和列报财务报表的角度阐释重要性的概念。财务报告编制基础可能以不同的术语解释重要性，但通常而言，重要性概念可从下列方面进行理解：

(1) 如果合理预期情报(包括漏报)单独或汇总起来可能影响财务报表使用者依据财务报表作出的经济决策，则通常认为错报是重大的。

(2) 对重要性的判断是根据具体环境作出的，并受错报的金额或性质的影响，或受两者共同作用的影响。

(3) 判断某事项对财务报表使用者是否重大，是在考虑财务报表使用者整体共同的财务信息需求的基础上作出的。由于不同的财务报表使用者对财务信息的需求可能差异很大，因此不考虑错报对个别财务报表使用者可能产生的影响。

二、重要性水平的确定

(一) 财务报表整体的重要性

由于财务报表审计的目标是注册会计师通过执行审计工作对财务报表发表审计意见，因此，注册会计师应当考虑财务报表整体的重要性，只有这样，才能得出财务报表是否公允反映的结论。注册会计师在制定总体审计策略时，应当确定财务报表整体的重要性。

确定重要性需要运用职业判断。注册会计师通常先选定一个基准，再乘以某一百分比作为财务报表整体的重要性。

注册会计师在选择基准时，需要考虑的因素包括：

(1) 财务报表要素(如资产、负债、所有者权益、收入和费用)。

(2) 是否存在特定会计主体的财务报表使用者特别关注的项目(如为了评价财务业绩，使用者可能更关注利润、收入或净资产)。

(3) 被审计单位的性质、所处的生命周期阶段以及所处行业和经济环境。

(4) 被审计单位的所有权结构和融资方式(例如，如果被审计单位仅通过债务方式而非权益方式进行融资，财务报表使用者可能更关注资产及资产的索偿权，而非被审计单位的收益)。

(5) 基准的相对波动性。

适当的基准取决于被审计单位的具体情况，包括各类报告收益(如税前利润、营业收入、毛利和费用总额)，以及所有者权益或净资产。一些实务中较为常用的基准见表3-3。

表3-3　常用的基准

被审计单位的具体情况	可能选择的基准
企业的盈利水平保持稳定	经常性业务的税前利润
企业近年来经营状况大幅度波动，盈利和亏损交替发生，或者由正常盈利变为亏损和微利，或者本年度税前利润因情况变化而出现意外增加或减少	过去3～5年经常性业务的平均税前利润和亏损(取绝对值)，和其他基准，如营业收入
企业为新设企业，处于开办期，尚未开始经营，目前正在建造厂房及购买机器设备	总资产
企业处于新兴行业，目前侧重于抢占市场份额，扩大企业知名度和影响力	净资产

为选定的基准确定百分比需要运用职业判断。百分比和选定的基准之间存在一定的联系，如经常性业务的税前利润对应的百分比通常比营业收入对应的百分比要高。例如，对以营利为目的的制造行业实体，注册会计师可能认为重要性水平为经常性业务的税前利润的5%是适当的；而对非营利组织，注册会计师可能认为重要性水平为总收入或费用总额的1%是适当的。百分比无论是高一些还是低一些，只要符合具体情况，都是适当的。

(二) 特定类别交易、账户余额或披露的重要性水平

根据被审计单位的特定情况，下列因素可能表明存在一个或多个特定类别的交易、账户余额和披露，其发生的错报金额虽然低于财务报表整体的重要性，但合理预期将影响财务报表使用者依据财务报表作出的经济决策：

(1) 法律法规或适用的财务报告编制基础是否影响财务报表使用者对特定项目(如关联方交易、管理层和治理层的薪酬)计量或披露的预期。

(2) 与被审计单位所处行业相关的关键性披露(如制药企业的研究与开发成本)。

(3) 财务报表使用者是否特别关注财务报表中单独披露的业务的特定方面(如新收购的业务)。

审计人员在根据被审计单位的特定情况考虑是否存在上述交易、账户余额或披露时,了解治理层和管理层的看法和预期通常是有用的。

(三) 实际执行的重要性

实际执行的重要性是指注册会计师所确定的低于财务报表整体的重要性的一个或多个的金额,旨在将未更正和未发现错报的汇总数超过财务报表整体的重要性的可能性降至适当的低水平。如果适用,实际执行的重要性还指注册会计师确定的低于特定类别的交易、账户余额或披露的重要性水平的一个或多个金额。

确定实际执行的重要性,并非简单的计算,需要注册会计师运用职业判断,并考虑下列因素的影响。

(1) 对被审计单位的了解(这些了解在实施风险评估程序的过程中得到更新)。

(2) 前期审计工作中识别出的错报的性质和范围。

(3) 根据前期识别出的错报对本期错报作出的预期。

通常而言,实际执行的重要性为财务报表整体重要性的50%至75%。

如果存在下列情况,注册会计师可能考虑选择较低的百分比来确定实际执行的重要性:

(1) 首次接受委托的审计项目。

(2) 连续审计项目,以前年度审计调整较多。

(3) 项目总体风险较高,例如,处于高风险行业,管理员能力欠缺,面临较大市场竞争压力和业绩压力等。

(4) 存在或预期存在值得关注的内部控制缺陷。

如果存在下列情况,注册会计师可能考虑选择较高的百分比来确定实标执行的重要性:

(1) 连续审计项目,以前年度审计调整较少。

(2) 项目总体风险为低到中等,例如,处于非高风险行业,管理层有足够能力、面临较低的业绩压力等。

(3) 以前期间的审计经验表明内部控制运行有效。

审计准则要求注册会计师确定低于财务报表整体重要性的一个或多个金额作为实际执行的重要性,注册会计师无须通过将财务报表整体的重要性平均分配或按比例分配至各个报表项目的方法来确定实际执行的重要性,而是根据对报表项目的风险评估结果来确定一个或多个实际执行的重要性。例如,根据以前期间的审计经验和本期审计计划阶段的风险评估结果,注册会计师认为可以以财务报表整体重要性的75%作为大多数报表项目的实际执行的重要性;与营业收入项目相关的内部控制存在控制缺陷,而且以前年度审计中存在审计调整,因此考虑以财务报表整体重要性的50%作为营业收入项目的实际执行的重要性,从而有针对性地对高风险领域执行更多的审计工作。

(四) 审计过程中修改重要性

由于存在下列原因,注册会计师可能需要修改财务报表整体的重要性和特定类别的交

易、账户余额或披露的重要性水平(如适用):

(1) 审计过程中情况发生重大变化(如决定处置被审计单位的一个重要组成部分)。

(2) 获取新信息。

(3) 通过实施进一步审计程序,注册会计师对被审计单位及其经营所了解的情况发生变化。例如,注册会计师在审计过程中发现,实际财务成果与最初确定财务报表整体的重要性使用的预期本期财务成果相比存在很大差异,则需要修改重要性。

(五) 在审计中运用实际执行的重要性

注册会计师在计划审计工作时可以根据实际执行的重要性确定需要对哪些类型的交易、账户余额和披露实施进一步审计程序,即通常选取金额超过实际执行的重要性的财务报表项目,因为这些财务报表项目有可能导致财务报表出现重大错报。但是,这不代表注册会计师可以对所有金额低于实际执行的重要性的财务报表项目不实施进一步审计程序,这主要出于以下考虑:

(1) 单个金额低于实际执行的重要性的财务报表项目汇总起来可能金额重大(可能远超过财务报表整体的重要性),注册会计师需要考虑汇总的潜在风险。

(2) 对于存在评估风险的财务报表项目,不能仅仅因为其金额低于实际执行的重要性而不实施进一步审计程序。

(3) 对于识别出存在舞弊风险的财务报表项目,不能因为其金额低于实际执行的重要性而不实施进一步审计程序。

运用实际执行的重要性确定进一步审计程序的性质、时间安排和范围。例如,在实施实质性分析程序时,注册会计师确定的已记录金额与预期值之间的可接受差异额通常不超过实际执行的重要性。

三、错报

(一) 错报的含义

错报是指某一财务报表项目的金额、分类、列报或披露,与按照适用的财务报告编制基础应当列示的金额、分类、列报或披露之间存在的差异;或根据注册会计师的判断,为使财务报表在所有重大方面实现公允反映,需要对金额、分类、列报或披露作出的必要调整。错报可能是错误或舞弊导致的。

错报可能由下列事项导致:

(1) 收集或处理用来编制财务报表的数据时出现错误。

(2) 遗漏某项金额或披露。

(3) 疏忽或明显误解有关事实,作出不正确的会计估计。

(4) 注册会计师认为管理层对会计估计作出不合理的判断或对会计政策作出不恰当的选择和运用。

(二) 累计识别出的错报

为了帮助注册会计师评价审计过程中累计的错报的影响以及与管理层和治理层沟通错报事项,将错报区分为事实错报、判断错报和推断错报可能是有用的。

1. 事实错报

这类错报产生于被审计单位收集和处理数据的错误,对事实的忽略或误解,或故意舞弊行为。例如,注册会计师在实施实质性程序时,发现最近购入的存货的实际价值为15 000元,但账面记录金额为10 000元。因此,存货被低估了5 000元,这里被低估的5 000元就是已识别的对事实的具体错报。

2. 判断错报

判断错报是指由于注册会计师认为管理层对会计估计作出不合理的判断或不恰当地选择和运用会计政策而导致的差异。这类错报产生于两种情况:一是管理层和注册会计师对会计估计值的判断差异,例如,由于包含在财务报表中的管理层作出的估计值超出了注册会计师确定的一个合理范畴,导致出现判断差异;二是管理层和注册会计师对选择和运用会计政策的判断差异,例如注册会计师认为管理层选用会计政策造成错报,管理层却认为选用会计政策适当,从而导致出现判断差异。

3. 推断错报

注册会计师对总体存在的错报作出的最佳估计数,涉及根据在审计样本中识别出的错报来推断总体的错报。推断错报通常指通过测试样本估计出的总体的错报减去在测试中发现的已识别的具体错报。例如,应收账款年末余额为2 000万元,注册会计师抽查10%的样本发现金额有100万元的高估,高估部分为账面金额的20%,据此注册会计师推断总体的错报金额为400万元(2 000×20%),那么上述100万元就是已识别的具体错报,其余300万元即推断错报。

(三)对审计过程识别出的错报的考虑。

错报可能不会孤立发生,一项错报的发生还可能表明存在其他错报。例知,注册会计师识别出由于内部控制失效而导致的错报,或被审计单位广泛运用不恰当的假设或评估方法而导致的错报。

审计过程中累计错报的汇总数接近确定的重要性,则表明存在比可接受的低风险水平更大的风险,即可能未被发现的错报连同审计过程中累计错报的汇总数,可能超过重要性。

1. 错报的汇总数超过重要性水平时的处理

(1) 当汇总数低于重要性水平时,可以不作账务处理。

(2) 当汇总数超过重要性水平时,为降低审计风险,注册会计师应当考虑采取以下措施:

➢ 扩大实质性测试范围,以进一步确认汇总数是否重要。

➢ 提请管理层调整财务报表,以使汇总数低于重要性水平。

➢ 如果管理层拒绝调整财务报表,并且扩大审计程序范围的结果不能使注册会计师认为尚未更正错报的汇总数不重大,注册会计师应当考虑出具非无保留意见的审计报告。

一般来说,如果尚未调整的错报的汇总数可能影响到某个财务报表使用者的决策,但财务报表的反映就其整体而言是公允的,注册会计师应当发表保留意见;如果尚未调整的错报非常重要,可能影响到大多数甚至全部财务报表使用者的决策时,注册会计师应当发表否定意见。

2. 错报的汇总数接近重要性水平时的处理

如果已识别但尚未更正错报的汇总数接近重要性水平,注册会计师应当考虑该汇总数连同尚未发现的错报是否可能超过重要性水平,并考虑通过实施追加的审计程序,或要求管理层调整财务报表以降低审计风险。

注册会计师可能要求管理层检查某类交易、账户余额和披露,以使管理层了解注册会计师识别出的错报的产生原因，并要求管理层采取措施以确定这些交易、账户余额和披露实际发生错报的金额，以及对财务报表作出适当的调整。例如，在从审计样本中识别出的错报推断总体错报时，注册会计师可能提出这些要求。

【忆经典】　锐新公司年报审计案

（1）锐新公司年报案的始末。锐新公司是一家生产彩色显像管的上市公司。由于其1994年、1995年和1996年财务报表显示盈利，税后利润分别为6 000万元、8 000万元及6 400万元，此3年报表经华光会计师事务所审计后，出具了无保留的审计意见，因此，其通过证监会的审核，在1997年6月上市并通过交易所以每股7元的价格募集资金6亿元。

上市半年后，公司披露的1997年度财务报表显示亏损额为3亿元，相当于募集资金的50%。上市一年后，锐新公司股价跌破了7元的发行价格，此后继续下降，跌至6元。面对锐新公司的巨额亏损及股价的大幅下跌，投资者提出了疑问。为什么连续3年盈利的企业，到了1997年却一下子亏损3亿元？导致其亏损的原因真的如该公司所解释的那样是设备超期导致生产成本骤增引起的吗？

（2）锐新公司年报案的审计与查处。锐新公司股市受挫，广大投资者深受其害，中国证监会开始调查。经过周密审查，发现锐新公司在股票发行期间及上市之后，存在以下违法、违规行为：

第一，编造虚假利润，骗取上市资格。在该公司的股票发行上市申报材料中，采取虚构产品销售、虚增产品库存和违规处理等手段，将1996年实际亏损1 060万元虚报为盈利6 400万元，骗取上市资格。

第二，少报亏损，欺骗投资者。锐新公司上市后，继续编造虚假利润，将1997年上半年亏损6 700万元披露为盈利1 854万元；在公布1997年年度报告时，少报亏损3 251万元。

第三，隐瞒重大事项。自1996年下半年起，锐新公司关键生产设备就已经出现废品率上升、不能维持正常生产等严重问题，对此锐新公司在申请股票发行上市时故意隐瞒，未予披露。

第四，未履行重大事件的披露义务。锐新公司仅将5亿元募集资金中的9 000万元投入招股说明书中所承诺的项目，将大部分资金改变投向，用于偿还境内外银行贷款和填补公司的亏损，改变募集资金用途属于重大事件，但锐新公司对此却未按规定进行披露。

第五，挪用募集资金买卖股票。1997年6月，锐新公司将募集资金中的1.8亿元投入股市以个人名义买卖股票，并从中获利6 000万元。

锐新公司的上述行为违反了《股票发行与交易管理暂行条例》《禁止证券欺诈行为暂行办法》《证券市场禁入暂行规定》和国家其他有关规定，为此，中国证监会依法决定对锐新公司、华光会计师事务所及主要责任人作出以下处理：没收该公司非法所得并罚款100万元；对为该公司出具严重虚假内容的审计报告的会计师事务所没收非法所得30万元并处罚款60万元；暂停该会计师事务所从事证券业务3年；认定该会计师事务所在为该公司出具的审计报告上签字的注册会计师为证券市场禁入者，永久性不得从事任何证券业务。

注册会计师在执行年报审计时，旨在确定被审计单位的财务报表在所有重大方面是否公允地反映了其财务状况、经营成果和资金变动情况。为了达到这一目标，除了关注该公司必要的内部控制外，对有形资产进行实物盘点及对债权债务发函询证是两种最行之有效的方法。因此，在编制具体审计计划时应就相关的有形资产及债权债务进行重点考虑，对容易产生错报的财务报表项目应特别关注。如果注册会计师遵循了这两个程序的话，是能够查出公司虚构销售及存货现象的。然而华光会计师事务所在审计过程中没有对一些重大的应收账款进行必要的函证，也没有对锐新公司的主要存货进行必要的盘点，违反了审计准则对注册会计师的要求，以至于无法提示上述报表中的严重错误。

情境小结

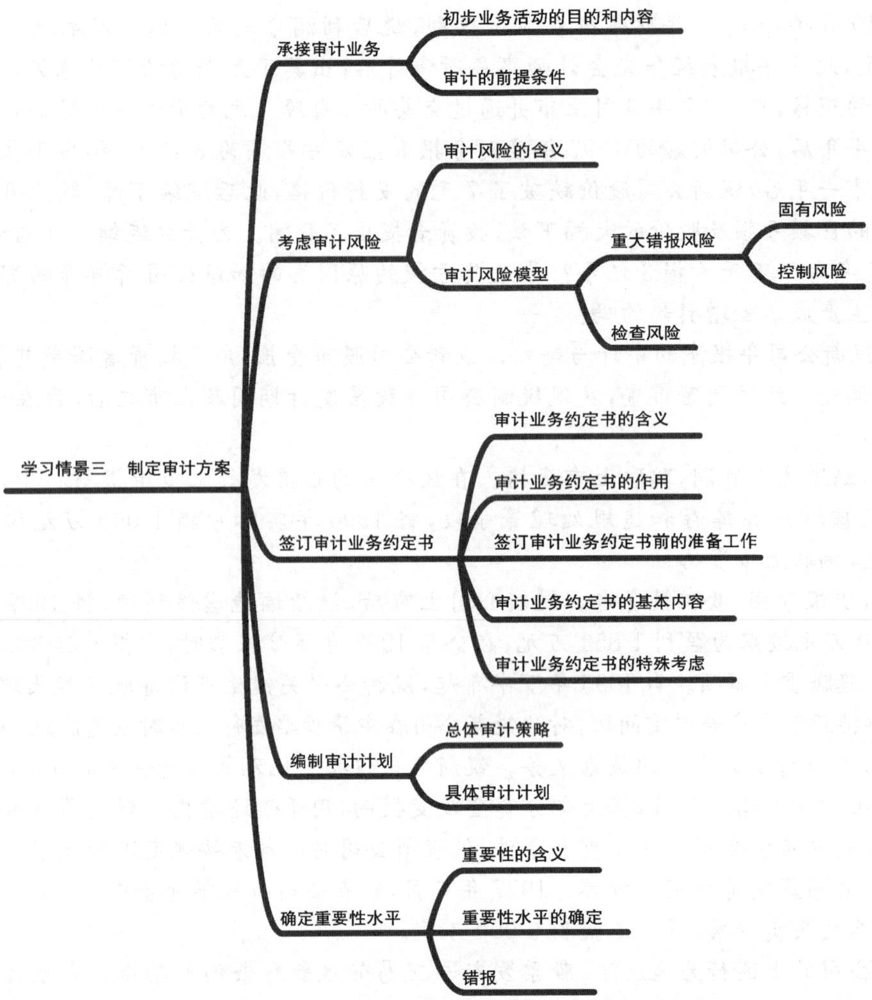

自我检测

一、填空题

1. 审计计划包括________和________。
2. 在审计的计划阶段，审计人员通常按________和________两个层次对审计重要性进行初步判断。
3. 审计风险由________、________和________三个要素组成。审计风险等于三个要素的________。
4. 审计业务约定书是________与________共同签订的。据以确定审计业务的________，明确委托目的，审计范围及双方责任与义务等事项的________

__________。

5. 总体审计策略用来确定______________、______________和______________，并指导制定______________。

二、单项选择题

1. 下列关于审计业务约定书的说法中，不正确的是（　　）。
   A. 约定书是被审计单位与审计组织共同签订的，但也存在委托人与被审计人不是同一方的情况
   B. 约定书是一份经济合同文书，具有法定约束力，双方都要遵守
   C. 约定书确认了两者的委托与受托关系
   D. 约定书可以采用书面形式，也可以采用口头形式
2. 在审计业务约定书中注册会计师所负的审计责任不包括（　　）。
   A. 审计组织要按审计准则要求审计，出具审计报告
   B. 对审计后的财务报告信息提供高水平保证（合理保证）
   C. 按规定时间出具审计报告
   D. 保证财务报表的合法性和公允性
3. 重大错报风险包括（　　）。
   A. 财务报表层次的重大错报风险
   B. 认定层次的重大错报风险
   C. 注册会计师未能发现的重大错报风险
   D. 注册会计师判断错误形成的风险
4. 注册会计师需要获取的审计证据的数量受错报风险和审计证据质量的影响。错报风险越（　　），需要的审计证据可能越（　　）。审计证据质量越（　　），需要的审计证据可能越（　　）。
   A. 大，多，高，少　　　　B. 大，少，高，少
   C. 大，多，高，多　　　　D. 大，少，高，多
5. 审计计划应由（　　）编制。
   A. 主任会计师　　　　B. 会计师事务所所长
   C. 审计项目负责人　　　　D. 会计师事务所业务负责人

三、多项选择题

1. 执行审计工作的前提有（　　）。
   A. 按照适用的财务报告框架编制财务报表
   B. 设计、执行和维护必要的内部控制
   C. 向注册会计师提供必要的工作条件
   D. 支付会计师事务所审计费用
2. 下列各项中，属于审计业务约定书的基本内容的有（　　）。
   A. 财务报表审计的目标
   B. 注册会计师责任
   C. 指出用于编制财务报表所用的财务报告编制基础

D. 管理层责任

3. 总体审计策略的作用有(　　)。

A. 用来确定审计范围、时间和方向

B. 指导制定具体审计计划

C. 计划实施的风险评估程序

D. 计划实施的进一步审计程序

4. 下列各项中,对重要性概念理解正确的有(　　)。

A. 重要性概念中的错报包含漏报

B. 重要性概念是针对财务报表编制者的信息需求而言的

C. 重要性的确定离不开具体环境

D. 对重要性的评估需要运用职业判断

5. 下列关于重要性的提法中,正确的有(　　)。

A. 无论是错误还是舞弊,金额小于重要性水平时均不重要

B. 恰当运用重要性水平有助于提高审计效率和保证审计质量

C. 重要性有数量和性质两个方面的特征

D. 注册会计师应从财务报表层次和认定层次来考虑重要性

6. 下列指标中,可以用来确定财务报表层次重要性水平基准的有(　　)。

A. 总资产　　B. 总负债

C. 销售收入　　D. 净利润

7. 如果已发现但尚未调整的错报、漏报的汇总数超过重要性水平,为降低审计风险,注册会计师应当采取的必要措施包括(　　)。

A. 修改审计计划,将重要性水平调整至更高的水平

B. 扩大实质性程序范围,进一步确认汇总数是否重要

C. 提请被审计单位调整财务报表,以使汇总数低于重要性水平

D. 发表保留意见或否定意见。

8. 下列各项中,属于注册会计师可以控制的有(　　)。

A. 审计风险　　B. 重大错报风险

C. 控制风险　　D. 检查风险

9. 具体审计计划应当包括的内容有(　　)。

A. 风险评估程序

B. 计划实施的进一步审计程序

C. 阅读含有已审计财务报表的文件中的其他信息

D. 与被审计单位律师直接沟通

10. 在审计过程中,注册会计师应当合理运用重要性原则的情况有(　　)。

A. 确定是否接受委托　　B. 评价审计结果

C 执行审计程序　　D. 确定审计程序的性质、时间和范围

四、判断题

(　　) 1. 业务约定书是被审计单位与审计组织共同签订的。但也存在委托人与被审计人不是同一方的情况,在这种情况下,签约主体通常还包括委托人。

(　　) 2. 审计业务约定书一经签署即具有法律效力，所以它应受经济合同法的规范。

(　　) 3. 计划审计工作是一个持续的、不断修正的过程，贯穿于整个审计业务的始终。

(　　) 4. 计划审计工作包括针对审计业务制定总体审计策略和具体审计计划，以将审计风险降至可接受的低水平。

(　　) 5. 重要性概念是针对财务报表编制者的信息需求而言的。

(　　) 6. 如果财务报表中的某项错报足以改变或影响财务报表使用者的决策，则该项错报就是重要的，否则就不重要。

(　　) 7. 注册会计师对 10 万元银行存款进行审查时，发现有 50 元被出纳贪污，则通常认为这种情况是微不足道的。

(　　) 8. 检查风险是指审计过程中未能检查出财务报表中存在重大错报的风险，即指未能查出差错的可能性。

(　　) 9. 注册会计师通过实施审计程序控制检查风险，以将重大错报风险降至可接受的低水平。

(　　)10. 管理层声明是把管理层对注册会计师的询问所作的答复以书面方式进行的记录，它不是审计证据。

三、案例分析题

1. F 注册会计师对 HT 公司 2019 年度的财务报表进行审计。该公司未经审计的 2019 年度的部分会计资料如下：主营业务收入 36 000 万元、主营业务成本 22 000 万元、利润总额 5 400 万元、净利润 3 618 万元、资产总额 27 000 万元、股东权益 13 200 万元。HT 公司的资产明细如表 3-4 所示。

表 3-4　资产明细表

单位：万元

项目	金额
货币资金	6 000
应收账款	7 800
存货	8 200
固定资产	5 000
总计	27 000

要求：

(1) 若以资产总额、股东权益、主营业务收入和净利润作为判断基础，采用固定比率法，并假定资产总额、股东权益、主营业务收入和净利润的固定百分比数值分别为 0.5%、1%、0.5%和5%，请代注册会计师计算确定 HT 公司 2019 年度财务报表层次的重要性水平，并简要说明理由。

(2) 根据(1)所确定的报表层次的重要性水平，采用分配的方法，确定分配到每个账户层次的重要性水平，并简要说明理由。

2. TD 会计师事务所根据如表 3-5 所示单位情况，确定了可接受的审计风险和重大错报风险。

要求：请确定上述企业可接受的检查风险。

表 3-5 审计风险

风险类别	A 企业	B 企业	C 企业	D 企业
可接受审计风险	1%	2%	3%	4%
重大错报风险	100%	30%	70%	40%
检查风险				

3. ZH 会计师事务所接受委托，对 WF 公司 2019 年度财务报表进行审计，并委派 XN 注册会计师为项目负责人。在接受委托后，XN 注册会计师发现 WF 公司业务流程采用计算机信息系统控制，审计项目组成员均缺少这方面的专业技能。XN 注册会计师了解到某软件公司 Z 先生曾参与 WF 公司计算机信息系统的设计工作，因此聘请 Z 先生加入审计项目组，测试该系统并出具测试报告。

请问，ZH 会计师事务所（包括审计项目组）在接受业务委托时存在什么问题？并简要说明理由。

学习情境四

审计测试

学习目标

知识：

1. 了解风险评估的程序；
2. 了解被审计单位及其环境；
3. 描述内部控制含义、目标以及要素；
4. 了解风险应对的方法；
5. 明晰各循环的主要凭证和账务处理；
6. 熟知各循环业务流程及相关控制程序；
7. 认知各循环内部控制测试的步骤、方法及相关工作底稿的编制。

技能：

1. 判断内部控制设计是否合理并指出内部控制设计与执行中存在的缺陷；
2. 识别和评估重大错报风险；
3. 辨别各循环的主要凭证和账务处理；
4. 执行各循环主要报表项目实质性程序的步骤、方法及相关工作底稿的编制。

素养：

1. 具备团队精神及协作沟通能力；
2. 养成作为审计助理人员应有的严谨细致的工作习惯。

学习子情境一　了解被审计单位及其环境

【情境引例】　沃尔玛企业的成功源于沟通

全球的零售巨头沃尔玛公司是财富500强中排名第一的跨国企业集团，运营的企业包括前店、大型的连锁超级购物中心、比邻超市以及位于美国国内的山姆俱乐部。在全球范围内，沃尔玛还在阿根廷、巴西、中国、日本、墨西哥、波多黎各、韩国和英国等经营着类似的零售业务。

沃尔玛公司总裁萨姆沃尔顿曾说过："如果你必须将沃尔玛管理体制浓缩成一种思想，那可能就是沟通。因为它是我们成功的真正关键之一"。

沃尔玛公司总部设在美国阿肯色州本顿维尔市，公司的行政管理人员每周花费大部分时间飞往各地的商店，通报公司所有业务情况，让所有员工共同掌握沃尔玛公司的业务指标，在任何一个沃尔玛商店里，都定时公布该店的利润、进货、销售和成交的情况，并且不只是向经理及其助理们公布，也向每个员工、计时工和兼取水员公布各种信息，鼓励他们争取更好的成绩。萨姆·沃尔顿认为让员工们了解公司业务进展情况，与员工共享信息，是让员工最大限度地干好其本职工作的重要途径，是与员工沟通和联络感情的核心。而沃尔玛公司也正是借用共享信息和分担责任，适应了员工的沟通与交流需求，达到了自己的目的：使员工产生责任感和参与感。意识到自己的工作在公司的重要性，感觉自己得到了公司的尊重和信任，积极主动地努力争取更好的成绩。沃尔玛公司的股东大会是全美最大的股东大会，每次大会公司都尽可能让更多的商店经理和员工参加，让他们看到公司全貌，做到心中有数。沃尔玛公司还通过电话、网络以及分销渠道，在第一时间知道客户以及反映市场前景的关键数据，这有助于加速其他的商务过程，把握每一个销售的机会从而提高信息技术的投资回报率。

由上述案例可知，沟通的管理意义是显而易见的，沃尔玛公司确保信息在企业内部有效沟通，也注重企业与外部之间进行有效信息沟通。沃尔玛公司就是通过信息共享、责任分担实现良好的沟通交流，沟通已成为员工潜意识的重要部分，是员工激励的重要源泉。可以说，没有沟通，企业管理者的领导就难以发挥积极作用，没有顺畅的沟通，企业就谈不上积极的应变。沃尔玛公司不仅重视信息的沟通，还注重信息系统的建设，充分发挥信息技术的作用。

资料来源：沃尔玛：企业的成功源于沟通。

请分析/思考：沃尔玛企业的成功源于沟通体现在哪些方面？

分析提示：了解企业信息与沟通情况，具体包括哪些方面？这些方面企业如何运作能够实现有效沟通？

一、了解被审计单位及其环境

《中国注册会计师审计准则第1211号——了解被审计单位及其环境并评估重大错报风险》作为专门规范风险评估的准则，规定注册会计师应当了解被审计单位及其环境，以充分识别和评估财务报表重大错报风险，设计和实施进一步审计程序。

注册会计师了解被审计单位及其环境是必要程序，可以帮助其对下列关键环节作出职业判断：确定重要性水平，并随着审计工作的进程评估对重要性水平的判断是否仍然适当；考虑会计政策的选择和运用是否恰当，以及财务报表的列报是否适当；识别需要特别考虑的领域，包括关联方交易、管理层运用持续经营假设的合理性或交易是否具有合理的商业目的等；确定在实施分析程序时所使用的预期值；设计和实施进一步审计程序，以将审计风险降至可接受的低水平；评价所获取审计证据的充分性和适当性。

了解被审计单位及其环境是一个连续和动态地收集、更新与分析信息的过程，贯穿于整个审计过程的始终。注册会计师应当运用职业判断确定需要了解被审计单位及其环境的程度。评价对被审计单位及其环境了解的程度是否恰当，关键是看注册会计师对被审计单位及其环境的了解是否足以识别和评估财务报表的重大错报风险。如果了解被审计单位及其环境获得的信息足以识别和评估财务报表的重大错报风险，设计和实施进一步审计程序，那么了解的程度就是恰当的。当然，要求注册会计师对被审计单位及其环境了解的程度要低于管理层为经营管理企业而对被审计单位及其环境需要了解的程度。

注册会计师应当从以下方面了解被审计单位及其环境：行业状况、法律环境与监管环境及其他外部因素、被审计单位的性质、被审计单位对会计政策的选择和运用、被审计单位的目标、战略及相关经营风险、被审计单位财务业绩的衡量和评价、被审计单位的内部控制，以下分述之。

(一) 行业状况、法律环境与监管环境及其他外部因素

1. 行业状况

了解行业状况有助于注册会计师识别与被审计单位所处行业有关的重大错报风险。注册会计师应当了解被审计单位的行业状况，主要包括：

(1) 所处行业的市场供求与竞争。

(2) 生产经营的季节性和周期性。

(3) 产品生产技术的变化。

(4) 能源供应与成本。

(5) 行业的关键指标和统计数据。

2. 法律环境及监管环境

了解法律环境及监管环境的主要原因在于：

(1) 某些法律、法规或监管要求可能对被审计单位经营活动有重大影响，如不遵守将导致停业等严重后果。

(2) 某些法律、法规或监管要求(如环保法规等)规定了被审计单位某些方面的责任和义务。

(3) 某些法律、法规或监管要求决定了被审计单位需要遵循的行业惯例和核算要求。

注册会计师应当了解被审计单位所处的法律环境及监管环境，主要包括：

(1) 适用的会计准则、会计制度和行业特定惯例。

(2) 对经营活动产生重大影响的法律法规及监管活动。

(3) 对开展业务产生重大影响的政府政策，包括货币、财政、税收和贸易等政策。

(4) 与被审计单位所处行业和所从事经营活动相关的环保要求。

3. 其他外部因素

注册会计师应当了解影响被审计单位经营的其他外部因素，主要包括：

（1）宏观经济的景气度。

（2）利率和资金供求状况。

（3）通货膨胀水平及币值变动。

（4）国际经济环境和汇率变动。

4. 了解的重点和程度

注册会计师对行业状况、法律环境与监管环境及其他外部因素了解的范围和程度会因被审计单位所处行业、规模及其他因素（如在市场中的地位）的不同而不同。注册会计师应当考虑将了解的重点放在对被审计单位的经营活动可能产生重要影响的关键外部因素及与前期相比发生的重大变化上。

注册会计师应当考虑被审计单位所在行业的业务性质或监管程度是否可能导致特定的重大错报风险，考虑项目组是否配备了具有相关知识和经验的成员。

（二）被审计单位的性质

1. 所有权结构

对被审计单位所有权结构的了解有助于注册会计师识别关联方关系并了解被审计单位的决策过程。注册会计师应当了解所有权结构及所有者与其他人员或单位之间的关系，考虑关联方关系是否已经得到识别，以及关联方交易是否得到恰当核算。

同时，注册会计师可能需要对其控股母公司（股东）的情况作进一步的了解，包括控股母公司的所有权性质，管理风格及其对被审计单位经营活动及财务报表可能产生的影响；控股母公司与被审计单位在资产、业务、人员、机构、财务等方面是否分开，是否存在占用资金等情况；控股母公司是否施加压力，要求被审计单位达到其设定的财务业绩目标。

2. 治理结构

良好的治理结构可以对被审计单位的经营和财务运作实施有效的监督，从而降低财务报表发生重大错报的风险。注册会计师应当了解被审计单位的治理结构，应当考虑治理层是否能够在独立于管理层的情况下对被审计单位事务（包括财务报告）作出客观判断。

3. 组织结构

复杂的组织结构可能导致某些特定的重大错报风险。注册会计师应当了解被审计单位的组织结构，考虑复杂组织结构可能导致的重大错报风险，包括财务报表合并、商誉减值及长期股权投资核算等问题。

4. 经营活动

了解被审计单位经营活动有助于注册会计师识别预期在财务报表中反映的主要交易类别、重要账户余额和列报。注册会计师了解被审计单位的经营活动的内容主要包括：

（1）主营业务的性质。

（2）与生产产品或提供劳务相关的市场信息。

（3）业务的开展情况。

（4）联盟、合营与外包情况。

（5）从事电子商务目的情况。

（6）地区与行业分布。

（7）生产设施、仓库的地理位置及办公地点。

（8）关键客户。

（9）重要供应商。

(10) 劳动用工情况。

(11) 研究与开发活动及其支出。

(12) 关联方交易。

5. 投资活动

了解被审计单位的投资活动,有助于注册会计师关注被审计单位在经营策略和方向上的重大变化。注册会计师了解被审计单位的投资活动的内容主要如下:

(1) 近期拟实施或已实施的并购活动与资产处置情况,包括业务重组或某些业务的终止。注册会计师应当了解并购活动如何与被审计单位目前的经营业务相协调,并考虑它们是否会引发进一步的经营风险。

(2) 证券投资、委托贷款的发生与处置。

(3) 资本性投资活动包括固定资产和无形资产投资、近期或计划发生的变动,以及重大的资本承诺等。

(4) 不纳入合并范围的投资。

6. 筹资活动

了解被审计单位的筹资活动,有助于注册会计师评估被审计单位在融资方面的压力,并进一步考虑被审计单位在可预见未来的持续经营能力。注册会计师了解被审计单位的筹资活动的内容主要包括:

(1) 债务结构和相关条款,包括担保情况及表外融资。

(2) 固定资产的租赁,包括通过融资租赁方式进行的筹资活动。

(3) 关联方融资。

(4) 实际受益股东。

(5) 衍生金融工具的运用。

(三) 被审计单位对会计政策的选择和运用

(1) 重要项目的会计政策和行业惯例。重要项目的会计政策包括收入确认方法、存货的计价方法、投资的核算、固定资产的折旧方法、坏账准备、存货跌价准备和其他资产减值准备的确定、借款费用资本化方法、合并财务报表的编制方法等。除会计政策外,某些行业可能存在一些行业惯例,注册会计师应当熟悉这些行业惯例。当被审计单位采用与行业惯例不同的会计处理方法时,注册会计师应当了解其原因,并考虑采用与行业惯例不同的会计处理方法是否适当。

(2) 重大和异常交易的会计处理方法。

(3) 在新领域和缺乏权威标准或共识的领域,采用重要会计政策产生的影响。在新领域和缺乏权威标准或共识的领域,注册会计师应当关注被审计单位选用了哪些会计政策、为什么选用这些会计政策及选用这些会计政策产生的影响。

(4) 会计政策的变更。如果被审计单位变更了重要的会计政策,注册会计师应当考虑变更的原因及其适当性,即考虑:

① 会计政策变更是否是法律、行政法规或者适用的会计准则和相关会计制度要求的变更。

② 会计政策变更是否能够提供更可靠、更相关的会计信息。此外,注册会计师还应当关注会计政策的变更是否得到充分披露。

(5) 被审计单位何时采用及如何采用新颁布的会计准则和相关会计制度。

除上述与会计政策的选择和运用相关的事项外，注册会计师还应对被审计单位下列与会计政策运用相关的情况予以关注：

① 是否采用激进的会计政策、方法、估计和判断。

② 财务人员是否拥有足够的运用会计准则的知识、经验和能力。

③ 是否拥有足够的资源支持会计政策的运用，如人力资源及培训、信息技术的采用、数据和信息的采集等。

注册会计师应当考虑被审计单位是否按照适用的会计准则和相关会计制度的规定恰当地进行了列报，并披露了重要事项。列报和披露的主要内容包括：财务报表及其附注的格式、结构安排、内容，财务报表项目使用的术语，披露信息的明细程度，项目在财务报表中的分类及列报信息的来源等。注册会计师应当考虑被审计单位是否已对特定事项作了适当的列报和披露。

（四）被审计单位的目标、战略及相关经营风险

1. 目标、战略与经营风险

目标是企业经营活动的指针。企业管理层或治理层一般会根据企业经营面临的外部环境和内部各种因素，制定合理可行的经营目标。战略是企业管理层为实现经营目标采用的总体层面的策略和方法。为了实现某一既定的经营目标，企业可能有多个可行战略。随着外部环境的变化，企业应对目标和战略作出相应的调整。

经营风险源于对被审计单位实现目标和战略产生不利影响的重大情况、事项、环境和行动，或源于不恰当的目标和战略。不同的企业可能面临不同的经营风险，这取决于企业经营的性质、所处行业、外部监管环境、企业的规模和复杂程度。管理层有责任识别和应对这些风险。

被审计单位不能随环境的变化而作出相应的调整固然可能产生经营风险，但是调整的过程也可能导致经营风险。

注册会计师应当了解被审计单位是否存在与下列方面有关的目标和战略，并考虑相应的经营风险：

(1) 行业发展及其可能导致的被审计单位不具备足以应对行业变化的人力资源和业务专长等风险。

(2) 开发新产品或提供新服务及其可能导致的被审计单位产品责任增加等风险。

(3) 业务扩张及其可能导致的被审计单位对市场需求的估计不准确等风险。

(4) 新颁布的会计法规及其可能导致的被审计单位执行法规不当或不完整，或会计处理成本增加等风险。

(5) 监管要求及其可能导致的被审计单位法律责任增加等风险。

(6) 本期及未来的融资条件及其可能导致的被审计单位由于无法满足融资条件而失去融资机会等风险。

(7) 信息技术的运用及其可能导致的被审计单位信息系统与业务流程难以融合等风险。

2. 经营风险对重大错报风险的影响

经营风险与财务报表重大错报风险是既有联系又相互区别的两个概念，前者比后者范围更广。注册会计师了解被审计单位的经营风险有助于其识别财务报表重大错报风险。但并非所有的经营风险都与财务报表相关，注册会计师没有责任识别或评估对财务报表没有

影响的经营风险。

多数经营风险最终都会产生财务后果，从而影响财务报表。但并非所有经营风险都会导致重大错报风险。经营风险可能对各类交易、账户余额及列报认定层次或财务报表层次产生直接影响。注册会计师应当根据被审计单位的具体情况考虑经营风险是否可能导致财务报表发生重大错报。

3. 被审计单位的风险评估过程

管理层通常制定识别和应对经营风险的策略，注册会计师应当了解被审计单位的风险评估过程。此类风险评估过程是被审计单位内部控制的组成部分。

（五）被审计单位财务业绩的衡量和评价

被审计单位管理层经常会衡量和评价关键业绩指标（包括财务和非财务的）、预算及差异分析、分部信息和分支机构、部门或其他层次的业绩报告，以及与竞争对手的业绩比较。

此外，外部机构也会衡量和评价被审计单位的财务业绩，如分析师的报告和信用评级机构的报告。

1. 了解的主要方面

在了解被审计单位财务业绩衡量和评价情况时，注册会计师应当关注下列信息：

（1）关键业绩指标。

（2）业绩趋势。

（3）预测、预算和差异分析。

（4）管理层和员工业绩考核与激励性报酬政策。

（5）分部信息与不同层次部门的业绩报告。

（6）与竞争对手的业绩比较。

（7）外部机构提出的报告。

2. 关注内部财务业绩衡量的结果

内部财务业绩衡量可能显示未预期到的结果或趋势。在这种情况下，管理层通常会进行调查并采取纠正措施。与内部财务业绩衡量相关的信息可能显示财务报表存在错报风险，注册会计师应当关注被审计单位内部财务业绩衡量所显示的未预期到的结果或趋势、管理层的调查结果和纠正措施，以及相关信息是否显示财务报表可能存在重大错报。

3. 考虑财务业绩衡量指标的可靠性

如果拟利用被审计单位内部信息系统生成的财务业绩衡量指标，注册会计师应当考虑相关信息是否可靠，以及利用这些信息是否足以实现审计目标。许多财务业绩衡量中使用的信息可能由被审计单位的信息系统生成。如果被审计单位管理层在没有合理基础的情况下，认为内部生成的衡量财务业绩的信息是准确的，而实际上信息有误，那么根据有误的信息得出的结论也可能是错误的。注册会计师如果计划在审计中（如在实施分析程序时）利用财务业绩指标，应当考虑相关信息是否可靠，以及在实施审计程序时利用这些信息是否足以发现重大错报。

（六）被审计单位的内部控制

1. 内部控制的含义

内部控制是指被审计单位为了合理保证财务报告的可靠性、经营的效率和效果以及对法律、法规的遵守，由治理层、管理层和其他人员设计与执行的政策及程序。

2. 内部控制的目标

(1) 合理保证财务报告的可靠性。这一目标与管理层履行财务报告编制责任密切相关。

(2) 合理保证经营的效率和效果,即经济有效地使用企业资源,以最优方式实现企业目标。

(3) 合理保证在所有经营活动中遵守法律、法规的要求,即在法律、法规的框架下从事经营活动。

3. 内部控制的局限性

被审计单位只能设计和实施能为企业财务报表的公允表达提供合理保证的内部控制,而不能提供绝对的保证,注册会计师在对内部控制进行审计时,应当保持应有的职业谨慎,充分关注内部控制的固有局限性:

(1) 在决策时人为判断可能出现错误和由于人为失误而导致的内部控制失效。

(2) 控制可能由于两个或更多的人员串通或管理层不当地凌驾于内部控制之上而被规避。例如,管理层可能与客户签订"背后协议",修改标准的销售合同条款和条件,从而导致不适当的收入确认。

4. 内部控制的要素

内部控制的要素包括控制环境、风险评估过程、信息系统与沟通、控制活动和对控制监督。

1) 控制环境

控制环境包括治理职能和管理职能,以及治理层和管理层对内部控制及其重要性的态度,认识和措施。控制环境设定了被审计单位的内部控制基调,影响员工对内部控制的认识和态度。良好的控制环境是实施有效内部控制的基础。

(1) 诚信和道德价值观念的沟通与落实是控制环境的重要组成部分,影响重要业务流程的设计和运行。内部控制的有效性直接依赖于负责创建、管理和监控内部控制的人员的诚信和道德价值观念。被审计单位是否存在道德行为规范,以及这些规范如何在被审计单位内部得到沟通和落实,决定了是否能产生诚信和道德的行为。注册会计师在了解和评价诚信和道德价值观念的沟通与落实时,考虑的主要因素可能包括:被审计单位是否有书面的行为规范并向所有员工传达;被审计单位的企业文化是否强调诚信和道德价值观念的重要性;管理层是否身体力行,高级管理人员是否起表率作用;对违反有关政策行为规范的情况,管理层是否采取适当的惩罚措施。

【忆经典】 三鹿毒奶粉事件折射企业社会责任缺失

2008 年 9 月 11 日,三鹿毒奶粉的始作俑者被新华网曝光,同时,七名患儿的父母联名上书甘肃省卫生厅,要求彻查病因。由此,席卷全国的三鹿奶粉风暴开始了。以该事件为导火索,伊利、蒙牛、光明等几乎所有中国乳品行业的乳制品中都发现了三聚氰胺,这不仅导致我国废止了食品免检制度,还导致了石家庄市委书记、市长等一大批高官被免职,国家质量监督检验检疫总局局长辞职等事件。2008 年 9 月 11 日的事件,充分反映了三鹿高层对此次毒奶粉事件的态度。该日凌晨 3 时,三鹿毒奶粉的始作俑者被新华网曝光,同时七名患儿父母联名写下了申请书,上书甘肃省卫生厅,要求彻查病因,10 时、13 时、19 时,三鹿集团、三鹿集团合作公司以及三鹿集团传媒部部长崔彦锋对媒体和消费者回应:三鹿所有产品都是没有问题的。20 时 50 分,中国卫生部确认三鹿生产的三鹿牌婴幼儿奶粉受到三聚氰胺污染。

21 时 30 分，三鹿集团终于发布产品召回声明称，经公司自检发现，2008 年 8 月 6 日前出厂的部分批次三鹿婴幼儿奶粉受到三聚氰胺的污染，市场上大约有 700 吨。从问题被人揭发、到下注赌事件不会扩大，从而三次矢口否认问题的存在、再到卫生部的权威消息。最后自己被迫承认，三鹿高管的诚信度可见一斑。在承认问题奶粉的第二天，三鹿选择了为自己的错误开脱，三鹿发布公告称，此事件是由于不法奶农为获得更多利润而向鲜奶中掺入三聚氰胺。并宣称通过对产品大量深入检测排查，在 8 月 1 日就得出此结论。是不法奶农向鲜牛奶中掺入三聚氰胺，造成婴儿患肾结石。不法奶农才是这次事件的真凶，并立即上报，而且通过卫生部发布会发布婴幼儿奶粉召回的声明。几小时后三鹿集团品牌管理部苏长生发布消息称，三鹿奶制品的蛋白质含量，目前依靠检测氮含量，奶农在鲜奶中添加三聚氰胺来提高氮含量。由于目前对三聚氢氨的检测并没有标准，因此三鹿集团也没有检测。此次三鹿奶粉事件的发生反映了几乎全行业社会责任的缺失，几乎所有乳品行业的乳制品中都发现三聚氢，企业都为了自身的利益，把消费者的健康放在一边。这次事件反映出了大多数乳品行业对产品质量的监管不力。其主要责任应该归咎于企业管理者对社会责任的缺失，没有产品质量保证意识。企业应该提高社会责任意识，只有这样才能从根本上改善内部控制环境。

资料来源：李若山，陈策.内部控制产品质量与企业存亡基于三鹿奶粉事件的反思审计与理财，2009(1)。

(2) 对胜任能力的重视。胜任能力是指具备完成某一职位的工作所应有的知识和能力。管理层对胜任能力的重视包括对于特定工作所需的胜任能力水平的设定，以及达到该水平所必需的知识和能力的实质及其要求，注册会计师在就被审计单位对胜任能力的重视情况进行了解和评估时，考虑的主要因素包括财会人员以及信息管理人员是否具备与被审计单位业务性质和复杂程度相称的胜任能力和培训，在发生错误时，是否通过调整人员或系统来加以处理；管理层是否配备足够的财务人员以适应业务发展和有关方面的需要；财务人员是否具备运用会计准则所需的技能。

(3) 治理层的参与程度。被审计单位的控制环境在很大程度上受治理层的影响。治理层的职责应在被审计的章程和政策中予以规定。治理层(董事会)通常通过其自身的活动，并在审计委员会或类似机构的支持下，监督被审计单位的财务报告政策和程序。注册会计师在对被审计单位治理层的参与程度进行了解和评估时，考虑的主要因素可能包括：董事会是否建立了审计委员会或类似机构；董事会、审计委员会或类似机构是否与内部审计人员或注册会计师有联系沟通，联系和沟通的性质以及频率是否与被审计单位的规模和业务复杂程度相匹配；董事会、审计委员会或类似机构的成员是否具备适当的经验和资历；董事会、审计委员会或类似机构是否独立于管理层；审计委员会或类似机构会议的数量和时间是否与被审计单位的规模和业务复杂程度相匹配；董事会、审计委员会或类似机构是否充分地参与了监督编制财务报告的过程；董事会、审计委员会或类似机构是否对经营风险的监控有足够的关注，进而影响被审计单位和管理层的风险评估过程；董事会成员是否保持相对的稳定性。

(4) 管理层的理念和经营风格。管理层负责企业的运作以及经营策略和程序的制定、执行和监督。控制环境的每个方面在很大程度上都受管理层采取的措施和作出决策的影响，或在某些情况下受管理层不采取某些措施或不作出某种决策的影响。在有效的控制环境中，管理层的理念和经营风格可以形成一个积极的氛围，促进业务流程和内部控制的有效运行，同时创造一个减少错报发生可能性的环境。

(5) 组织结构及职权与责任的分配。被审计单位的组织结构为计划、运作、控制及监督经营活动提供了一个整体框架。通过集权和分权决策,可在不同部门间进行适当的职责划分、建立适当层次的报告体系。被审计单位的组织结构在一定程度上取决于被审计单位的规模和经营活动的性质。被审计单位组织结构中应采用向个人或小组分配控制职责的方法,应建立执行特定职能(包括交易授权)的授权机制,确保每个人都清楚地了解报告关系和责任。

(6) 人力资源政策与实务。政策与实务(包括内部控制)的有效性,通常取决于执行人。因此,被审计单位员工的能力与诚信是控制环境中不可缺少的因素。人力资源政策与实务涉及招聘、培训、考核,晋升和薪酬等方面。被审计单位是否有能力招聘并保留一定数量既有能力又有责任心的员工,在很大程度上取决于其人事政策与实务。例如,如果招聘录用标准要求录用最合适的员工,包括强调员工的学历、经验、诚信和道德,这表明被审计单位希望录用有能力并值得信赖的人员。

综上所述,注册会计师应当对控制环境的构成要素获取足够的了解,并考虑内部控制的实质及其综合效果,以了解管理层和治理层对内部控制及其重要性的态度、认识以及所采取的措施。

【忆经典】 郑百文内控失败案

郑百文全称郑州百文股份有限公司(以下简称"郑百文"),曾有过辉煌历史:1988 年在全国同行业率先进行股份制改革,成为全国商业批发行业龙头,1996 年上市,1997 年其主营规模和资产收益率等在所有商业上市公司中排名第一,然而神话很快破灭,1998 年郑百文每股净亏 2.54 元,1999 年亏掉 9.8 亿元,两创沪深股市亏损之最,郑百文的由盛而衰,是典型的内部控制失败史。就其内部环境而言,存在以下问题:第一,法人治理结构极不完善。现代企业制度要求企业建立规范的法人治理结构。股东大会、董事会、监事会、经理层互相监督制约。郑百文第一大股东持股比例 14.64%。前十大股东持股比例仅占 26%,流通股比例高达 54%。第一,大股东郑州市国资局将所持国有股份股权划给与郑百文同一法定代表人,郑州百文集团有限公司经营外部力量对公司干涉极弱。郑百文却利用上市后经营自主权扩大,大肆违背经济规律,甚至违法乱纪。上市募集的资金以数亿计地被公司领导以投资合作为名拆借挪用,总计十多家公司拆借近两亿元资金有去无回,公司陷入多起追款讨债的官司中。第二,管理理念混乱,郑百文的根本问题是经营管理不善,公司年报也承认重经营,轻管理,重商品销售,轻战略经营,重资本经营,轻金融风险防控。重网络硬件建设,轻网络软件完善中人才引进,轻人员监督和培训。第三,决策随意。1992 年以募股资金 680 万元,参股组建郑州中意百文鞋业公司,但始终未正常生产。又不顾资金紧张,在没有可行性论证的情况下,投巨资设立 40 多个分公司,最后成为沉重包袱。1998 年,在困境面前。公司又以配股资金的 600 万元,兼并了与主营业务毫无关联的郑州化工原料公司。这鸵鸟政策科学性何在? 分支机构一盘散沙,控制无力,管理滞后,仅下属三家子公司合并时,就产生未确认的投资损失 286.97 万元,其松散管理可见一斑。第四,人事管理不当。郑百文为激励职工,以销售收入为指标,完成指标成为副总可以自配小车,结果各网点未完成指标不惜购销价格倒挂。商品大量高进低出,最终关门歇业,留下 4 亿多元未收账款。

资料来源:饶胜华.加强企业内部控制是当务之急——ST 郑百文的警告[J].中国注册会计师 2001(6)。

2) 风险评估过程

风险评估过程包括识别与财务报告相关的经营风险,以及针对这些风险所采取的措施。

任何经济组织在经营活动中都会面临各种各样的风险，对其生存和竞争能力产生影响，很多风险并不为经济组织所控制，但管理层应当确定可以承受的风险水平，识别这些风险并采取一定的应对措施。

可能产生风险的事项和情形包括：监管及经营环境的变化；新员工加入；新信息系统的使用或对原系统进行升级；业务快速发展；新技术；新生产型号、产品和业务活动；企业重组；发展海外经营；新的会计准则。

注册会计师应当了解被审计单位的风险评估过程和结果。注册会计师应当确定管理层如何识别与财务报告相关的经营风险，如何估计该风险的重要性，如何评估风险发生的可能性，以及如何采取措施管理这些风险。如果被审计单位的风险评估过程符合其具体情况，了解被审计单位的风险评估过程和结果有助于注册会计师识别财务报表的重大错报风险。

注册会计师可以通过了解被审计单位及其环境的其他方面信息，评价被审计单位风险评估过程的有效性。例如，在了解被审计单位的业务情况时，发现了某些经营风险，注册会计师应当了解管理层是否也意识到这些风险以及如何应对。在审计过程中，注册会计师如果识别出管理层未能识别的重大错报风险，应当考虑被审计单位的风险评估过程为何没有识别出这些风险，以及评估过程是否适合于具体环境。

【忆经典】 雷曼内控失败案

被称为债券之王的美国雷曼公司，曾在住房抵押贷款证券化业务上独占鳌头，但在短时期内，其股票在一周内暴跌77%，直至最后破产。雷曼公司倒塌的根本原因是企业内部控制制度的缺失或失效，尤其缺乏有效的风险管理，具体表现如下：

第一，一味追求金融创新，忽视风险控制。公司盲目使用大量高杠杆率的金融产品，只专注于快速拓展业务，置风险控制的重要性于不顾。整个金融业沉浸在高额投放式收益的狂喜中，却忽视了企业实际的承受能力、忽视了贷款对象的信用状况，因此，当贷款人开始违约时，其资金状况不断恶化，造成公司资金流枯竭，最后轰然倒下。

第二，杠杆率过高，无法有效规避风险。雷曼公司自身拥有的资本不足，因此，常会依赖债券市场和银行间拆借市场来满足中长期资金的需求。但杠杆效应应是一把双刃剑，它在给公司带来巨额收益的同时，也给公司带来了巨大的潜在风险。公司管理层为了实现短期利益，乐于接受风险，公司未能通过有效的内部控制进行风险管理，从而在外部经济环境不稳定时，无法有效地规避风险。

资料来源：胡光华．论我国企业内部控制的改进——由雷曼公司破产引发的思考[J]．经济研究导刊，2008(18)。

3) 信息系统与沟通

信息系统与沟通是收集与交换被审计单位执行、管理和控制业务活动所需信息的过程，包括收集和提供信息（特别是履行内部控制岗位职责所需的信息）给适当人员，使之能够履行职责，信息系统的沟通质量直接影响管理层对经营活动作出正确决策和编制可靠的财务报告的能力与财务报告相关的信息系统，包括用来生成、记录、处理和报告交易、事项和情况，对相关资产、负债和所有者权益履行经营管理责任的程序和记录。注册会计师应当了解审计单位与财务报告相关的信息系统，并应特别关注由于管理层凌驾于控制之上，或规避控制行为而产生的重大错报风险。

与财务报告相关的沟通包括使员工了解各自在与财务报告有关的内部控制方面的角色和职责，员工之间的工作关系，以及向适当级别的管理层报告例外事项的方式。注册会计师应了解被审计单位内部如何对财务报告的岗位职责，以及与财务报告相关的重大事项进行沟通，注册会计师应当了解管理层与治理层之间的沟通，以及被审计单位与外部的沟通。

【忆经典】 邯郸的“信息与沟通”体系

邯郸钢铁股份有限公司(以下简称公司)。2008年年度报告披露了董事会对公司内部控制的自我评估报告。在自我评估报告中，对公司信息与沟通阐述如下：公司制定了《敏感信息排查报告制度》和《信息披露管理办法》。对定期报告的编审、审议、披露和重大事件的报告、传递、审核披露，严格按照规定落实股东知情权和信息披露建议权可以得到保证。信息披露工作保密机制完善，没有发生泄漏事件或内部交易行为。公司建立了有效的沟通渠道，各单位内部科室，车间之间及岗位之间建立必要的横向，纵向的沟通渠道，保证信息传递和反馈的及时和通畅。通过会议(如职代会、生产经营分析会、调度会、技术质量例会)等内部网络文件、内部报刊、电视、有线广播、宣传栏、黑板报、通报、简报和记录传递等，灵活多样的方式进行内部沟通。公司由生产制造部负责生产调度指挥协调产、供、运、销各环节，确保生产协调与平衡。销售部进行市场调研和市场信息的反馈。顾客满意度调查分析及信息反馈，证券部负责与投资者、中介机构、监管层沟通交流，发现问题及时报告并加以解决。

资料来源：邯郸钢铁股份有限公司2008年年度报告——董事会对公司内部控制的自我评估报告。

4) 控制活动

控制活动是指有助于确保管理层的指令得以执行的政策和程序，包括与授权、业绩评价、信息处理、实物控制和职责分离等相关的活动。

(1) 授权。授权包括一般授权和特别授权。授权的目的在于保证交易在管理层授权范围内进行。一般授权是指管理层制定的要求组织内部遵守的普遍适用于某类交易或活动的政策。特别授权是指管理层针对特定类别的交易或活动逐一设置的授权，如重大资本支出和股票发行等。特别授权也可能用于超过一般授权的常规交易，如同意因某些特别原因，对某个不符合信用条件的客户赊购商品。

(2) 业绩评价。业绩评价主要包括被审计单位分析评价实际业绩与预算(或预测、前期业绩)的差异，综合分析财务数据与经营数据的内在关系，将内部数据与外部信息来源相比较，评价职能部门、分支机构或项目活动的业绩，以及对发现的异常差异或关系采取必要的调查与纠正措施。

(3) 信息处理。信息处理控制分为两类，即信息技术的一般控制和应用控制。信息技术的一般控制是指与多个应用系统有关的政策和程序，有助于保证信息系统持续恰当地运行(包括信息的完整性和效据的安全性)，支持应用控制作用的有效发挥，通常包括数据中心和网络运行的控制，系统软件的购型、开发及维护控制。信息技术的应用控制是指主要在业务流程层面运行的人工或自动化程序，与用于生成、记录、处理、报告交易或其他财务数据的程序相关，通常包括检查数据计算的准确性，审核账户和试算平衡表，设置对输入数据和数字序号的自动检查，以及对例外报告进行人工干预。

(4) 实物控制。实物控制主要包括对资产和记录采取适当的安全保护措施，对访问计算机程序和数据文件设置授权，以及定期盘点并将盘点记录与会计记录相核对。如对库存现金、有价证券和存货的定期盘点控制都是为了保护财产的安全完整。

(5) 职责分离。职责分离主要包括被审计单位如何将交易授权、交易记录以及资产保管等职责分配给不同员工，以防范同一员工在履行多项职责时可能发生的舞弊和错误。职责划分的内容既包括不相容职务在组织机构之间的分离，如企业的材料收发、产品制造、产品销售等应分别由供应、生产、销售部门分别管理，也包括不相容职务在组织机构内部的分离，如在财会部门内部差旅费的审批与报销职权的分离等。

注册会计师应当了解被审计单位有关的控制活动。在了解控制活动时，注册会计师应当重点考虑一项控制活动单独或连同其他控制活动，是否能够以及如何防止或发现并纠正各类交易、账户余额和披露存在的重大错报。注册会计师的工作重点是识别和了解针对重大错报可能发生的领域的控制活动。

【忆经典】 邯郸的内部控制活动

邯钢钢铁股份有限公司（以下简称“公司”或“邯钢”）2008年年度报告披露了董事会对公司内部控制的自我评估报告。在自我评估报告中，对公司控制活动阐述如下：

第一，质量控制。公司制定有完善的质量管理体系。一直以来公司坚持以市场为导向，以顾客为关注焦点，用高新技术和先进适用技术改造提升传统产业、提升整体装备水平、完善工艺、优化品种结构，提高产品质量把“管理讲制度，办事讲原则，工作讲程序”作为一项基本的管理理念，长期不懈地坚持下去，树立“严、细、实、深、快”的作风，不断提升产品和服务的质量档次，把一流的产品和业绩奉献给社会。

第二，销售控制。公司已经制定了《销售管理制度》《直销财务管理制度》《产品要求的识别和评审管理程序》《普通合同产品目录》和《顾客满意的监视和测量管理程序》等制度，对销售合同签订、合同评审、合同执行等过程严格制定实施细则。规定审批流程，明晰权责，完善对业务操作的管理控制。每年不定期地通过走访用户、召开用户座谈会等各种方式了解顾客的信息，确定顾客对产品的要求。

第三，采购控制。公司已经制定了包括《原料采购管理制度》《原材料供应管理程序》及《备品备件和辅料供应管理程序》等制度，以保证采购产品能满足使用要求。为了确保采购产品符合规定的采购要求，需按照所采购产品对产品实现或最终产品的影响程度以及对环境和安全的影响程度对采购产品进行分类，并规定对供方及采购产品的控制方式和程度。

第四，生产控制。公司进一步完善生产标准化控制。切实抓好基础文件控制，对文件、资料、记录等基础材料从编写、审核、批准、发放、修改、作废、收回、标识、贮存、保护、检索、保存期限和处置等进行控制。根据用户要求或国家规定提供有关产品特性的信息，根据合同要求编制下达月生产计划，在执行过程中随着市场的变化，以周、日生产计划的形式及时调整月生产计划。组织各单位确定、收集和分析适当的数据，了解顾客对产品需求的动态、产品要求的符合性、过程和产品的特性及趋势、相关方的信息等。分析界定不合格产品形成原因、责任，采取有效措施解决问题，挽回、减轻、避免损失。

第五，财务控制。公司依据《中华人民共和国会计法》《企业财务通则》《企业会计准则》和国家有关法律、法规，结合公司实际情况，制定《财务会计管理制度》《筹资管理制度》《对外投资、对外担保管理制度》《内部稽核管理制度》和《税务管理制度》等关于资金运用方面的管理制度及有关细则。依据制定的财务战略，合理筹集资金，有效营运资产，控制成本费用，规范收益分配等财务行为，加强财务会计监督和财务会计信息管理，从而加强资金的有效使用，保证资金使用安全。如实反映实际发生的交易或事项，保证会计信息真实可靠、内容完整，为公司管理层进行经济决策提供依据，有助于使用者对公司过去、现在和未来的情况作出评价或预测。

第六，环境控制。公司制定有完善的环境管理体系，以预防为主，抓好源头控制，做好防治结合，以人为本，着眼于子孙万代，保护人类共同家园。把节能与环保并行，实现清洁生产，创建绿色韩刚作为环境治理目标。积极推行节能减排工作，污染物排放指标均达到国家有关标准的要求，废气回收联合循环发电 CDM 项目在联合国正式注册成功，废水重复利用率、绿化覆盖率等指标均逐年提高，与历史相比，邯钢环境状况发生了重大改善。

第七，职业健康安全控制。在职业健康安全管理方面，公司本着全体职工安全健康高于一切利益，文明生产、避免野蛮作业，充分发挥全体员工的主观能动性，建立起“横向到边，纵向到底”的安全健康网络。几年来公司没有发生重大人身伤亡事故、重大设备事故、重大生产事故、重大火灾事故等重大安全事故，安全生产创出了较好水平。

第八，人力资源控制。公司制定有《劳动工资人事制度》。2008 年结合公司新形势修订完善了干部考核指标体系，制定了《干部任免管理规定》，规范了干部的选拔任用程序。优化劳动组织和人员配置，对公司机关部分管理职能和机构进行优化调整，以适应公司发展需要，制定《人力资源市场管理规定》，通过内部人才市场和劳动力市场，实现公司厂际之间人员流动。编制《人力资源管理程序》，通过适当的教育、培训、技能和经验，确保工作人员能够胜任本岗位的能力要求。依据《岗位资格标准》对各岗位人员的能力和意识进行考核。组织各单位对培训需求予以确定并制定职工培训计划，通过培训确保员工认识到所从事活动的相关性和重要性，以及如何为实现公司目标作出贡献。

资料来源：邯钢钢铁股份有限公司 2008 年年度报告——董事会对公司内部控制的自我评估报告。

5）对控制的监督

对控制的监督是指被审计单位评价内部控制在一段时间内运行有效性的过程。对控制的监督涉及及时评估控制的有效性并采取必要的补救措施。例如，管理层对财务人员是否定期编制银行存款余额调节表进行检查，内部审计人员评价销售人员是否遵守公司关于销售合同条款的政策等。

注册会计师应当了解被审计单位对控制的持续监督活动和专门的评价活动。持续的监督活动通常贯穿于被审计单位的日常经营活动与常规管理工作中，被审计单位可能使用内部审计人员或具有类似职能的人员对内部控制的设计和执行进行专门的评价。

【忆经典】 巴林银行倒闭案

成立于 1763 年的巴林银行集团，拥有如英国女王伊丽莎白二世等显贵阶层的客户，是英国伦敦城内历史最久、声名显赫的商人银行集团。然而在欧洲金融界拥有这样举足轻重地位的银行却因为内部控制的原因，最终倒在一个年龄只有 28 岁的员工尼克·里森之手。里森是巴林银行的一个区级职员，他在负责巴林银行在新加坡的工作时，既是首席交易员，又是清算部经理。从 1992 年开始，他利用一个按巴林银行总部规定本该废止但他却私自保留的一个叫 88888 的账户进行不受任何约束的期货交易，结果造成高达 14 亿美元的巨额亏损，最后透支的金额超出整个巴林银行几亿美元的资本，将整个巴林银行赔了精光，导致这座曾经辉煌的金融大厦轰然倒塌，最终走向坟墓。毫无疑问，巴林银行内部监督的失败是其倒闭的根源之一。

第一，内部审计监督不力。巴林银行内部虽有审计部门，但其只是调而不查，权威性极差，在里森违规操作期间，巴林银行的内部审计部门对其现象有所发觉且向管理当局也出示过有关报告，但它的行动也仅此而已，在没有引起当局的重视下就此搁置。截止到 1993 年 12 月的 15 个月中，新加坡期货公司的交易活动造成的损失为 1 900 万英镑，但却上报利润 900 万英镑，如此谎报利润竟未被审计查出。里森为隐瞒损失，用剪刀、胶水和传真假造花旗银行有 5 000 万英镑存款，内部审计竟然没去核实花旗银行的账目。

第二，企业管理当局监管不到位。在里森进行违规交易所造成的损失达到5 000万英镑时，巴林银行总部曾派人调查里森的账目，资产负债表也明显记录了这些亏损，但巴林银行高层对此视而不见，轻信了里森的谎言。从1993年年底开始，对里森的专门交易负有责任的罗思贝克和作为股本产品部门负责人并对股本产品的风险承担责任的玛丽·沃兹，两人对新加坡期货公司的交易性质或是否可能获利都不是真正了解。1994年7月，资产负债表明显记录了里森的损失已达5 000万英镑，但巴林银行高层对此仍视而不见，且巴林银行董事长彼德·巴林发表过一段评语，认为资产负债表没有什么用，因为它的组成在短期间内就可能发生重大的变化。管理高层的疏忽和监管不为是导致巴林银行倒闭的重要原因。

资料来源：彭文峰，论企业的内部控制制度建设——巴林银行倒闭案的再思考，湖南商学院学报(双月刊)，2008(6)。

5. 在整体层面了解内部控制

在整体层面对被审计单位内部控制的了解和评估，通常由项目组中对被审计单位情况比较了解且较有经验的成员负责，同时需要项目组其他成员的参与和配合，在了解内部控制的各要素时，注册会计师应当对被审计单位整体层面的内部控制的设计进行评价，并确定其是否得到执行。这一评价过程需要大量的职业判断，注册会计师应当考虑管理层本身的理念和态度、实际设计和执行的控制，以及对经营活动的密切参与是否能够实现控制的目标。

财务报表层次的重大错报风险很可能源于薄弱的控制环境，因此，注册会计师在评估财务报表层次的重大错报风险时，应当将被审计单位整体层面的内部控制状况和了解到被审计单位及其环境等方面的情况结合起来考虑。

被审计单位整体层面的内部控制是否有效将直接影响重要业务流程层面控制的有效性，进而影响注册会计师拟实施的进一步审计程序的性质、时间和范围。

6. 在业务流程层面了解内部控制

1) 确定重要业务流程和重要交易类别

在实务中，将被审计单位的整个经营活动划分为几个重要的业务循环，有助于注册会计师更有效地了解和评估重要业务流程及相关控制。通常，制造业企业的内部控制，可以划分为下列三个循环：

(1) 销售与收款循环。本循环包括向顾客收受订购单，核准购货方的信用，装运商品，开具销货发票，记录收益和应收账款，记录现金收入等程序。

(2) 采购与付款循环。本循环包括购买存货、其他资产和劳务，发出订货单，检查所收货物和开具验收报告，记录应付销货方债务，核准付款，支付款项和记录现金支出等程序。

(3) 生产与存货循环。本循环包括领取各种原材料及其他物料用品，交付生产，分摊费用，计算生产成本，核算销售成本等程序。

2) 了解重要交易流程，并进行记录

在确定重要业务流程和重要交易类别后，注册会计师便可着手了解每一类重要交易的生成、记录、处理及在财务报表中报告的程序，即重要交易流程。注册会计师可以通过下列方法获得对重要交易流程的了解：询问被审计单位的适当人员；观察所运用的处理方法和程序；检查被审计单位的手册和其他书面资料；追踪交易在财务报告信息系统中的处理过程(穿行测试)。

注册会计师在了解重要交易流程时，可以采用下列方法对业务流程进行记录：

方法一，文字表述法。

文字表述法是审计人员用文字叙述的方式描述被审计单位内部控制的方法。文字表述法形式灵活，可以根据实际情况选择内容，能充分表达内部控制的一切特殊情况。但这种方法也有局限性，表现在调查和叙述内部控制的情况比较耗费时间，对业务环节多的企业，用文字说明难免冗长，容易产生误解，记录时也容易发生遗漏，且不能快速地确定内部控制的薄弱点。因此，文字说明法只适用于业务简单的中小型企业。

方法二，调查表法。

调查表法是指审计人员通过事先设计好的有关内部控制的问题式调查表，了解被审计单位内部控制的方法。采用这种方法，可事先进行细致研究，将内部控制的关键控制点和主要控制程序编制成一定格式的调查表。调查表可印发多份，分发给有关被调查人填写，填写后统一收回并将问题归纳整理，以便进行分析研究。如果调查的问题比较单一，涉及面不广，亦可采用当面询问、随问随填的方式。

调查表法的优点包括：一是调查范围明确，省时省力，可提高工作效率；二是如果调查表设置得当，审计人员很容易抓住企业内部控制的优势和弱点；三是方法简便易行，非审计人员亦可使用。当然调查表法也有其局限性，如缺乏灵活性，所询问和回答的问题只限于表内所提出的问题，如果调查的问题设置不当，就不能全面而正确地反映内部控制的情况，而且遇到特殊情况时，往往会因为“不适用”一栏填得太多而失去意义。另外，若被调查人不认真填写，调查表法会流于形式，审计人员了解不到真实情况。

方法三，流程图法。

流程图法是利用图解形式来描述被审计单位的内部控制的方法。流程图一般按主要经营环节绘制，如果将各主要经营环节的流程图合并起来，就构成比较完整的内部控制流程图。流程图的绘制方法有横式和纵式两种，无论采用哪种方式，都必须注意以下几点：在绘制流程图前，审计人员必须全面、详细地调查了解主要经营业务各环节的相互关系、凭证传递程序、各环节和各程序应负的责任等。必须事先确定图形符号，设计好图例说明，在目前尚无统一规定专用符号的情况下，可选用一般通用的符号。流程图的绘制一般有两种形式：一种是纵式流程图；另一种是横式流程图。如采用横式流程图，应将业务部门放在上端，业务流程从左上角开始自左至右、从上到下绘制，线条、符号之间的关系要表示清楚，要特别注意业务交叉线的绘制，防止紊乱；另外，还要考虑所有流程图的合并问题，要将业务之间的勾稽关系说明清楚。比如，销售与收款循环流程如图 4-1 所示。

流程图法的优点是形象直观，能够清晰地表示各项经济业务的处理程序和内部控制情况，并展示各步骤之间的关系，便于进行评价；在定期审计的情况下，只要将被审计单位以前的流程图按照业务的变化情况对有关线条或符号的加修改，就可以得到新的流程图。流围图法的缺点在于绘制流程图需要掌握一定的技术，如果绘图技术不过关，绘出的流程图不能清晰、准确地反映审计单位的内部控制，就会影响审计工作的质量；此外，流程图法也不如调查表法那样容易确定内部控制的薄弱环节。

注册会计师评审内部控制时，上述三种方法可以有针对性地选用，或者将三种方法相互结合运用，以便收到更好的评审效果。

3）初步评价和风险评估

在识别和了解控制后，根据获取的审计证据，注册会计师需要评价控制设计的合理性并确定其是否得到执行。注册会计师对控制的评价结论可能是以下三种情况之一：所设计的

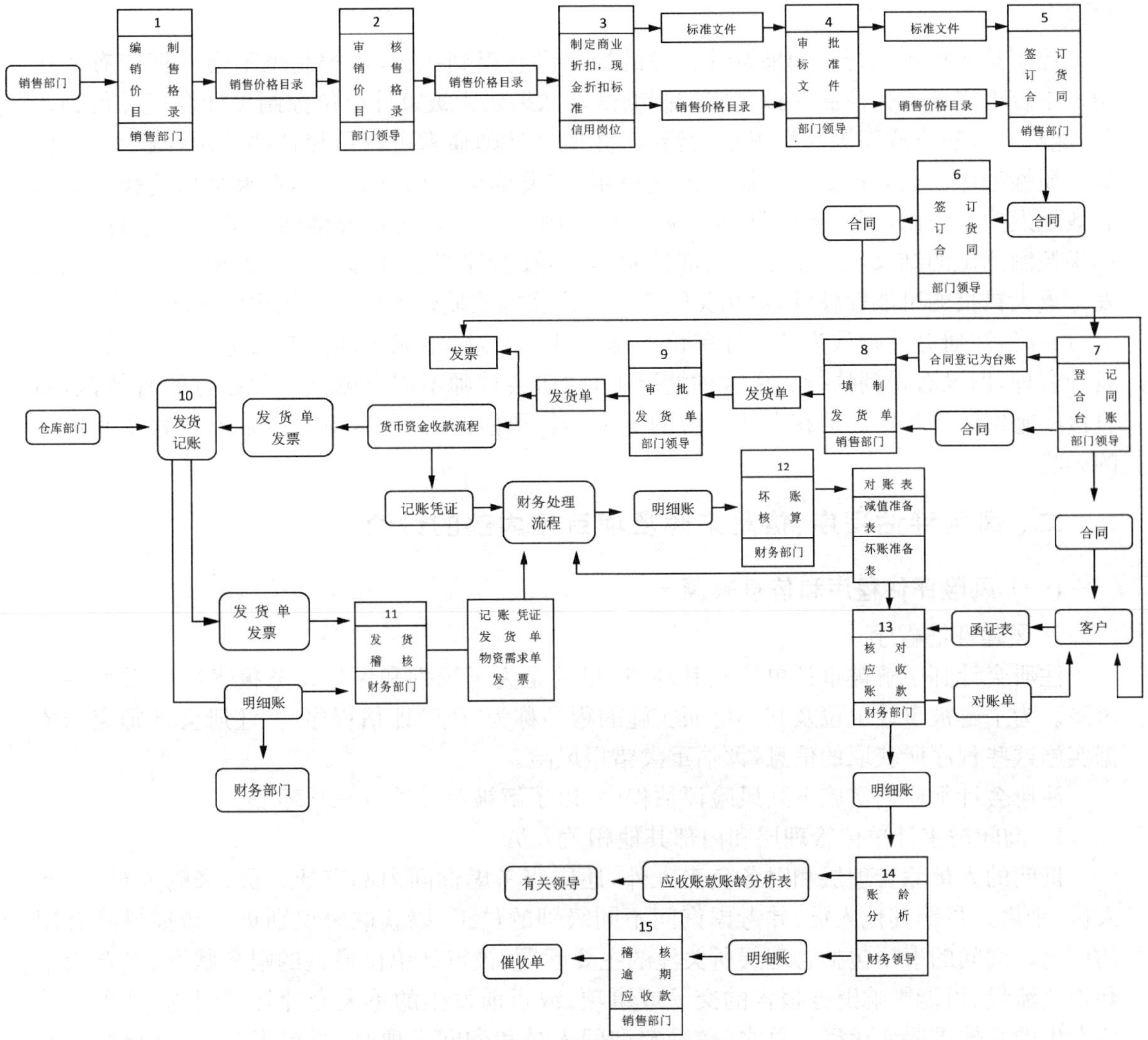

图 4-1　销售与收款循环流程图

控制单独或连同其他控制能够防止或发现并纠正重大错报，并得到执行；控制本身的设计是合理的，但没有得到执行；控制本身的设计就是无效的或缺乏必要的控制。

4）风险评估须考虑的因素

（1）账户特征及已识别的重大错报风险。如果已识别的重大错报风险水平为高，相关的控制应有较高的敏感度，即在错报率较低的情况下也能防止或发现并纠正错报。相反，如果已发现的重大错报风险水平为低，相关的控制就无须具有较高的敏感度。

（2）对被审计单位整体层面控制的评价。注册会计师应将对整体层面获得的了解和结论，同在业务流程层面获得的有关重大交易流程及其控制的证据结合起来考虑。

5）评价决策

在对控制进行初步评价及风险评估后，注册会计师需要回答以下问题：

控制本身的设计是否合理。注册会计师需要根据上述的考虑因素判断，如果识别的控制设计合理，该控制在重要业务流程中单独或连同其他控制能否有效地实现特定的控制目标。

控制是否得到执行。如果设计合理的控制没有得到执行,该控制也不会发挥应有的作用。是否更多地信赖控制并拟实施控制测试。如果认为被审计单位控制设计合理并得到执行,能够有效防止或发现并纠正重大错报,注册会计师通常可以信赖这些控制,减少拟实施的实质性程序。如果拟更多地信赖这些控制,需要确信所信赖的控制在整个拟信赖期间都有效地发挥了作用,即注册会计师应对这些控制在该期间内是否得到一贯运行进行测试。如果控制测试的结果进一步证实内部控制是有效的,注册会计师可以认为相关账户及认定发生重大错报的可能性较低,对相关账户及认定实施实质性程序的范围也将缩小。

有时,注册会计师认为被审计单位控制设计不合理,不能实现控制目标,或者尽管控制设计合理,但没有得到执行。在这种情况下,注册会计师不需要测试控制运行的有效性,而直接实施实质性程序。但在评估相应的重大错报风险时,需要考虑其对财务报表及其审计的影响。

二、风险评估程序、信息来源及项目组内部的讨论

(一) 风险评估程序和信息来源

1. 风险评估程序

注册会计师了解被审计单位及其环境,目的是为了识别和评估财务报表层次重大错报风险。为了解被审计单位及其环境而实施的程序称为“风险评估程序”。注册会计师应当依据实施这些程序所获取的信息,评估重大错报风险。

注册会计师应当实施下列风险评估程序,以了解被审计单位及其环境。

1) 询问被审计单位管理层和内部其他相关人员

询问的人员除管理层和财务负责人外,还应当考虑询问内部审计人员、采购人员、生产人员、销售人员等其他人员,并考虑询问不同级别的员工,以获取对识别重大错报风险有用的信息。询问的事项包括管理层所关注的主要问题、被审计单位最近的财务状况、经营成果和现金流量、可能影响财务报告的交易或事项,或目前发生的重大会计处理问题、被审计单位发生的其他重要变化等。总之,在确定询问人员和询问事项时,要有明确的针对性,以便使获取的信息有助于识别和评估被审计单位的重大错报风险。

2) 实施分析程序

分析程序是指注册会计师通过研究不同财务数据之间及财务数据与非财务数据之间的内在关系,对财务信息作出评价。分析程序还包括调查识别出的、与其他相关信息不一致或与预期数据严重偏离的波动和关系。

分析程序既可用作风险评估程序和实质性程序,也可用于对财务报表的总体复核。注册会计师实施分析程序有助于识别异常的交易或事项,以及对财务报表和审计产生影响的金额、比率和趋势。在实施分析程序时,注册会计师应当预期可能存在的合理关系,并与被审计单位记录的金额、依据记录金额计算的比率或趋势相比较;如果发现异常或未预期到的关系,注册会计师应当在识别重大错报风险时考虑这些比较结果。

如果使用了高度汇总的数据,实施分析程序的结果仅可能初步显示财务报表存在重大错报风险,注册会计师应当将分析结果连同识别重大错报风险时获取的其他信息一并考虑。

3) 观察和检查

观察和检查程序可以印证对管理层和其他相关人员的询问结果,并可提供有关被审计

单位及其环境的信息。观察和检查程序主要包括：

（1）观察被审计单位的生产经营活动。

（2）检查文件、记录和内部控制手册。

（3）阅读由管理层和治理层编制的报告。

（4）实地察看被审计单位的生产经营场所和设备。

（5）追踪交易在财务报告信息系统中的处理过程（穿行测试）。

2. 其他审计程序和信息来源

1）其他审计程序

除了采用上述程序从被审计单位内部获取信息以外，如果根据职业判断认为从被审计单位外部获取的信息有助于识别重大错报风险，注册会计师应当实施其他审计程序以获取这些信息。例如，询问被审计单位聘请的外部法律顾问、专业评估师、投资顾问和财务顾问等。

阅读外部信息也可能有助于注册会计师了解被审计单位及其环境。外部信息包括证券分析师、银行、评级机构出具的有关被审计单位及其所处行业的经济或市场环境等状况的报告，贸易与经济方面的期刊杂志、法规或金融出版物，以及政府部门或民间组织发布的行业报告和统计数据等。

2）其他信息来源

注册会计师应当考虑在承接客户或续约过程中获取的信息，以及向被审计单位提供其他服务所获得的经验是否有助于识别重大错报风险。

（二）项目组内部的讨论

1. 讨论的目标

项目组内部的讨论为项目组成员提供了交流信息和分享见解的机会。项目组通过讨论可以使成员更好地了解在各自负责的领域中，由于舞弊或错误导致财务报表重大错报的可能性，并了解各自实施审计程序的结果如何影响审计的其他方面，包括对确定进一步审计程序的性质、时间和范围的影响。

2. 讨论的内容

项目组应当讨论被审计单位面临的经营风险、财务报表容易发生错报的领域及发生错报的方式，特别是由于舞弊导致重大错报的可能性。

3. 参与讨论的人员

注册会计师应当运用职业判断确定项目组内部参与讨论的成员。项目组的关键成员应当参与讨论，如果项目组需要拥有信息技术或其他特殊技能的专家，这些专家也应参与讨论。参与讨论人员的范围受项目组成员的职业经验和信息需要的影响，不要求所有成员每次都参与项目组的讨论。

4. 讨论的时间和方式

项目组应当根据审计的具体情况，在整个审计过程中持续交换有关财务报表发生重大错报可能性的信息。

按照《中国注册会计师审计准则第1101号——财务报表审计的目标和一般原则》的规定，注册会计师应当在计划和实施审计工作时保持职业怀疑态度，充分考虑可能存在导致财务报表发生重大错报的情形。

项目组还可以根据实际情况，讨论其他重要事项。

学习子情境二　实施风险评估与应对

【情境引例】

STY公司主要从事小型电子消费品的生产和销售，产品的销售以STY公司仓库为交货地点。STY公司日常交易采用自动化信息系统（以下简称系统）和手工控制相结合的方式。

BI注册会计师负责审计STY公司2019年度财务报表。BI注册会计师在审计工作底稿中记录了所了解的STY公司情况及其环境，部分内容摘录如下：

(1) 由于2018年销售业绩未达到董事会制定的目标，STY公司于2019年2月更换了公司负责销售的副总经理。

(2) STY公司的主要竞争对手于2019年年末纷纷推出降价促销活动。为了巩固市场份额甲公司于2020年元旦开始全面下调了主要产品的建议零售价，不同规格的主要产品降价幅度从5%到20%不等。

(3) STY公司于2019年7月完工投入使用的一个仓库被有关部门认定为违章建筑，被通知要在2020年6月底前拆除。

(4) 2019年年初，STY公司启用新财务信息系统，并计划同时使用原系统6个月。由于同时运行两个系统对STY公司相关部门人员的工作量影响很大，2个月后，STY公司决定提前停用原系统。

请分析/思考：针对上述资料，请逐项指出资料所列事项是否可能表明存在重大错报风险。如果认为存在，请简要说明理由，并分别说明该风险是属于财务报表层次还是认定层次。

分析提示：风险的分类，风险评估的方法。

一、风险评估

（一）识别和评估财务报表层次和认定层次的重大错报风险

1. 识别和评估重大错报风险的审计程序

在识别和评估重大错报风险时，注册会计师应当实施下列审计程序。

(1) 在了解被审计单位及其环境的整个过程中识别风险，并考虑各类交易、账户余额、列报。注册会计师应当运用各项风险评估程序，在了解被审计单位及其环境的整个过程中识别风险，并将识别的风险与各类交易、账户余额和列报相联系。

(2) 将识别的风险与认定层次可能发生错报的领域相联系。例如，销售困难使产品的市场价格下降，可能导致年末存货成本高于其可变现净值而需要计提存货跌价准备，这显示存货的计价认定可能发生错报。

(3) 考虑识别的风险是否重大。风险是否重大是指风险造成后果的严重程度。

(4) 考虑识别的风险导致财务报表发生重大错报的可能性。例如，考虑存货的账面余额是否重大、是否已适当计提存货跌价准备等。当然，在某些情况下，尽管识别的风险重大，但仍不至于导致财务报表发生重大错报。如被审计单位对于存货跌价准备的计提实施了比较有效的内部控制，管理层已根据存货的可变现净值计提了相应的跌价准备。在这种情况下，财务报表发生重大错报的可能性将相应降低。

注册会计师应当利用实施风险评估程序获取的信息，包括在评价控制设计和确定其是否得到执行时获取的审计证据，作为支持风险评估结果的审计证据。注册会计师应当根据风险评估结果，确定实施进一步审计程序的性质、时间和范围。

2. 可能表明被审计单位存在重大错报风险的事项和情况

注册会计师应当关注下列可能表明被审计单位存在重大错报风险的事项和情况：

(1) 在经济不稳定的国家或地区开展业务。

(2) 在高度波动的市场开展业务。

(3) 在严厉、复杂的监管环境中开展业务。

(4) 持续经营和资产流动性出现问题，包括重要客户流失。

(5) 融资能力受到限制。

(6) 行业环境发生变化。

(7) 供应链发生变化。

(8) 开发新产品或提供新服务或进入新的业务领域。

(9) 开辟新的经营场所。

(10) 发生重大收购、重组或其他非经常性事项。

(11) 拟出售分支机构或业务分部。

(12) 复杂的联营或合资。

(13) 运用表外融资、特殊目的实体及其他复杂的融资协议。

(14) 重大的关联方交易。

(15) 缺乏具备胜任能力的会计人员。

(16) 关键人员变动。

(17) 内部控制薄弱。

(18) 信息技术战略与经营战略不协调。

(19) 信息技术环境发生变化。

(20) 安装新的与财务报告有关的重大信息技术系统。

(21) 经营活动或财务报告受到监管机构的调查。

(22) 以往存在重大错报或本期期末出现重大会计调整。

(23) 发生重大的非常规交易。

(24) 按照管理层特定意图记录的交易。

(25) 应用新颁布的会计准则或相关会计制度。

(26) 会计计量过程复杂。

(27) 事项或交易在计量时存在重大不确定性。

(28) 存在未决诉讼和或有事项。

注册会计师应当充分关注可能表明被审计单位存在重大错报风险的上述事项和情况，并考虑由于上述事项和情况导致的风险是否重大，以及该风险导致财务报表发生重大错报的可能性。

3. 识别两个层次的重大错报风险

在对重大错报风险进行识别和评估后，注册会计师应当认定，识别的重大错报风险是与特定的某类交易、账户余额、列报的认定相关，还是与财务报表整体广泛相关，进而影响多项认定。

某些重大错报风险可能与特定的某类交易、账户余额、列报的认定相关。例如，被审计单位存在复杂的联营或合资，这一事项表明长期股权投资账户的认定可能存在重大错报风险。

某些重大错报风险可能与财务报表整体广泛相关，进而影响多项认定。例如，管理层缺乏诚信或承受异常的压力可能引发舞弊风险，这些风险与财务报表整体相关。

4. 控制环境对评估财务报表层次重大错报风险的影响

财务报表层次的重大错报风险很可能源于薄弱的控制环境。薄弱的控制环境带来的风险可能对财务报表产生广泛影响，难以限于某类交易、账户余额、列报，注册会计师应当采取总体应对措施。

例如，被审计单位治理层、管理层对内部控制的重要性缺乏认识，没有建立必要的制度和程序；或管理层经营理念偏于激进，又缺乏实现激进目标的人力资源等，这些缺陷源于薄弱的控制环境，可能对财务报表产生广泛影响，需要注册会计师采取总体应对措施。

5. 控制对评估认定层次重大错报风险的影响

在评估重大错报风险时，注册会计师应当将所了解的控制与特定认定相联系。

由于控制有助于防止或发现并纠正认定层次的重大错报，因而在评估重大错报发生的可能性时，除了考虑可能的风险外，还要考虑控制对风险的抵销和遏制作用。有效的控制会减少错报发生的可能性，而控制不当或缺乏控制，错报就会由可能变成现实。

控制可能与某一认定直接相关，也可能与某一认定间接相关。关系越间接，控制在防止或发现并纠正认定中错报的作用越小。

注册会计师在确定这些控制是否能够实现上述目标时，应当将控制活动和其他要素综合考虑。当然，也有某些控制活动可能专门针对某类交易或账户余额的个别认定。注册会计师应当考虑对识别的各类交易、账户余额和列报认定层次的重大错报风险予以汇总和评估，以确定进一步审计程序的性质、时间和范围。

6. 考虑财务报表的可审计性

注册会计师在了解被审计单位内部控制后，可能对被审计单位财务报表的可审计性产生怀疑。例如，对被审计单位会计记录的可靠性和状况的担心可能会使注册会计师认为可能很难获取充分、适当的审计证据，以支持对财务报表发表意见。又如，管理层严重缺乏诚信，注册会计师认为管理层在财务报表中作出虚假陈述的风险高到无法进行审计的程度。由此，注册会计师应当考虑出具保留意见或无法表示意见的审计报告。

（二）需要特别考虑的重大错报风险

1. 特别风险的含义

作为风险评估的一部分，注册会计师应当运用职业判断，确定识别的风险哪些是需要特别考虑的重大错报风险（以下简称特别风险）。

2. 确定特别风险时应考虑的事项

在确定哪些风险是特别风险时，注册会计师应当在考虑识别出的控制对相关风险的抵销效果前，根据风险的性质、潜在错报的重要程度（包括该风险是否可能导致多项错报）和发生的可能性，判断风险是否属于特别风险。

在确定风险的性质时，注册会计师应当考虑下列事项：

（1）风险是否属于舞弊风险。

（2）风险是否与近期经济环境、会计处理方法和其他方面的重大变化有关。

（3）交易的复杂程度。

（4）风险是否涉及重大的关联方交易。

（5）财务信息计量的主观程度，特别是对不确定事项的计量存在较大区间。

（6）风险是否涉及异常或超出正常经营过程的重大交易。

3. 非常规交易和判断事项导致的特别风险

日常的、不复杂的、经正规处理的交易不太可能产生特别风险。特别风险通常与重大的非常规交易和判断事项有关。

非常规交易是指由于金额或性质异常而不经常发生的交易，如企业购并、债务重组、重大或有事项等。非常规交易具有下列特征：

（1）管理层更多地介入会计处理。

（2）数据收集和处理涉及更多的人工成分。

（3）复杂的计算或会计处理方法。

（4）非常规交易的性质可能使被审计单位难以对由此产生的特别风险实施有效控制。

与重大非常规交易相关的特别风险可能导致更高的重大错报风险。

判断事项通常包括作出的会计估计，如资产减值准备金额的估计、需要运用复杂估值技术确定的公允价值计量等。由于对涉及会计估计、收入确认等方面的会计原则存在不同的理解，或者所要求的判断可能是主观和复杂的，或需要对未来事项作出假设等原因，与重大判断事项相关的特别风险可能导致更高的重大错报风险。

4. 考虑与特别风险相关的控制

了解与特别风险相关的控制，有助于注册会计师制定有效的审计方案予以应对。对特别风险，注册会计师应当评价相关控制的设计情况，并确定其是否已经得到执行。由于与重大非常规交易或判断事项相关的风险很少受到日常控制的约束，注册会计师应当了解被审计单位是否针对该特别风险设计和实施了控制。

如果管理层未能实施控制以恰当应对特别风险，注册会计师应当认为内部控制存在重大缺陷，并考虑其对风险评估的影响。在此情况下，注册会计师应当就此类事项与管理层沟通。

（三）仅通过实质性程序无法应对的重大错报风险

作为风险评估的一部分，如果认为仅通过实质性程序获取的审计证据无法将认定层次的重大错报风险降至可接受的低水平，注册会计师应当评价被审计单位针对这些风险设计的控制，并确定其执行情况。

在被审计单位对日常交易采用高度自动化处理的情况下，审计证据可能仅以电子形式存在，其充分性和适当性通常取决于自动化信息系统相关控制的有效性，注册会计师应当考虑仅通过实施实质性程序不能获取充分、适当审计证据的可能性。

（四）对风险评估的修正

注册会计师对认定层次重大错报风险的评估应以获取的审计证据为基础，并可能随着不断获取审计证据而作出相应的变化。评估重大错报风险与了解被审计单位及其环境一样，也是一个连续和动态地收集、更新与分析信息的过程，贯穿于整个审计过程的始终。

（五）与治理层和管理层的沟通

1. 就内部控制重大缺陷与治理层和管理层沟通

被审计单位管理层有责任在治理层的监督下，建立、执行和维护有效的内部控制，以合理保证企业经营目标的实现。注册会计师在了解和测试内部控制的过程中可能会注意到内部控制存在的重大缺陷。注册会计师将其告知适当层次的管理层或治理层，将有助于管理层和治理层履行其在内部控制方面的职责。因此，注册会计师应当及时将注意到的内部控制设计或执行方面的重大缺陷，告知适当层次的管理层或治理层。

2. 就重大错报风险的控制与治理层沟通

如果识别出被审计单位未加控制或控制不当的重大错报风险，或认为被审计单位的风险评估过程存在重大缺陷，注册会计师应当就此类内部控制缺陷与治理层沟通。

（六）审计工作记录

1. 记录的内容

注册会计师应当就下列内容形成审计工作记录。

（1）项目组对由于舞弊或错误导致财务报表发生重大错报的可能性进行的讨论，以及得出的重要结论。

（2）注册会计师对被审计单位及其环境各个方面的了解要点（包括对内部控制各项要素的了解要点）、信息来源及实施的风险评估程序。

（3）注册会计师在财务报表层次和认定层次识别、评估出的重大错报风险。

（4）注册会计师识别出的特别风险和仅通过实质性程序无法应对的重大错报风险，以及对相关控制的评估。

2. 记录的方式

注册会计师需要运用职业判断，确定对上述事项进行记录的方式。常见的记录方式包括文字叙述、问卷、核对表和流程图等。

记录的方式和范围受被审计单位性质、规模、复杂程度、内部控制、被审计单位信息的可获取性，以及审计过程中使用的具体审计方法和技术的影响。通常被审计单位经营活动越复杂，注册会计师实施审计程序的范围越广，审计工作记录也就越复杂。

二、风险应对

《中国注册会计师审计准则第 1231 号——针对评估的重大错报风险实施的程序》规定注册会计师应对重大错报风险应当遵守以下规定：注册会计师应当针对财务报表层次的重大错报风险制定总体应对措施，包括向审计项目组强调在获取审计证据过程中保持职业怀疑态度的必要性、分派更有经验或具有特殊技能的注册会计师或利用专家，向审计项目组提供更多督导等；注册会计师应当针对认定层次的重大错报风险设计和实施进一步审计程序，包括测试控制的执行有效性及实施实质性程序；注册会计师应当评价风险评估的结果是否适当，并确定是否已经获取充分、适当的审计证据；注册会计师应当将实施关键的程序形成审计工作记录。

因此，注册会计师应当针对评估的财务报表层次重大错报风险确定总体应对措施，并针对评估的认定层次重大错报风险设计和实施进一步审计程序，以将审计风险降至可接受的低水平。

(一) 针对财务报表层次重大错报风险的总体应对措施

1. 财务报表层次重大错报风险与总体应对措施

在财务报表重大错报风险的评估过程中，注册会计师应当针对评估的财务报表层次重大错报风险确定下列总体应对措施。

(1) 向项目组强调在收集和评价审计证据过程中保持职业怀疑态度的必要性。

(2) 分派更有经验或具有特殊技能的注册会计师或利用专家的工作。注册会计师的专业细化是一种趋势，审计项目组成员中应有一定比例的人员曾经参与过被审计单位以前年度的审计或具有被审计单位所处特定行业的相关审计经验。必要时，要考虑利用信息技术、税务、评估、精算等方面专家的工作。

(3) 提供更多的督导。对于财务报表层次重大错报风险较高的审计项目，项目组的高级别成员，如项目负责人、项目经理等经验较丰富的人员，要对其他成员提供更详细、更经常、更及时的指导和监督并加强项目质量复核。

(4) 在选择进一步审计程序时，应当注意使某些程序不被管理层预见或事先了解。在实务中，注册会计师可以通过以下方式提高审计程序的不可预见性：

- 对某些未测试过的低于设定的重要性水平或风险较少的账户余额和认定实施实质性程序。
- 调整实施审计程序的时间，使被审计单位不可预期。
- 采取不同的审计抽样方法，使当期抽取的测试样本与以前有所不同。
- 选取不同的地点实施审计程序，或预先不告知被审计单位所选定的测试地点。

(5) 对拟实施审计程序的性质、时间和范围作出总体修改。财务报表层次的重大错报风险很可能源于薄弱的控制环境。薄弱的控制环境带来的风险可能对财务报表产生广泛影响，难以限于某类交易、账户余额、列报，注册会计师应当采取总体应对措施。如果控制环境存在缺陷，注册会计师在对拟定实施审计程序的性质、时间和范围作出总体修改时应当考虑：

- 在期末而非期中实施更多的审计程序。
- 主要依赖实质性程序获取审计证据。
- 修改审计程序的性质，获取更具说服力的审计证据。
- 扩大审计程序的范围。

2. 总体应对措施对拟实施进一步审计程序的总体方案的影响

财务报表层次重大错报风险难以限于某类交易、账户余额、列报的特点，意味着此类风险可能对财务报表的多项认定产生广泛影响，并相应增加注册会计师对认定层次重大错报风险的评估难度。拟实施进一步审计程序的总体方案包括实质性方案和综合性方案。其中，实质性方案是指注册会计师实施的进一步审计程序以实质性程序为主；综合性方案是指注册会计师在实施进一步审计程序时，将控制测试与实质性程序结合使用。当评估的财务报表层次重大错报风险属于高风险水平(并相应采取更强调审计程序不可预见性、重视调整审计程序的性质、时间和范围等总体应对措施)时，拟实施进一步审计程序的总体方案往往更倾向于实质性方案。

(二) 针对认定层次重大错报风险的进一步审计程序

1. 进一步审计程序的含义和要求

1) 进一步审计程序的含义

进一步审计程序相对于风险评估程序而言，是指注册会计师针对评估的各类交易、账户余额、列报认定层次重大错报风险实施的审计程序，包括控制测试和实质性程序。

注册会计师设计和实施的进一步审计程序的性质、时间和范围，应当与评估的认定层次重大错报风险具备明确的对应关系，具有目的性和针对性，有的放矢地配置审计资源，有利于提高审计效率和效果。

2）设计进一步审计程序时的考虑因素

（1）风险的重要性。

（2）重大错报发生的可能性。

（3）涉及的各类交易、账户余额和列报的特征。

（4）被审计单位采用的特定控制的性质。

（5）注册会计师是否拟获取审计证据，以确定内部控制在防止或发现并纠正重大错报方面的有效性。

小型被审计单位可能不存在能够被注册会计师识别的控制活动，注册会计师实施的进一步审计程序可能主要是实质性程序。但是，注册会计师始终应当考虑在缺乏控制的情况下，仅通过实施实质性程序是否能够获取充分、适当的审计证据。

2. 进一步审计程序的性质

进一步审计程序的性质是指进一步审计程序的目的和类型。其中，进一步审计程序的目的包括通过实施控制测试以确定内部控制运行的有效性，通过实施实质性程序以发现认定层次的重大错报；进一步审计程序的类型包括检查、观察、询问、函证、重新计算、重新执行和分析程序。

在确定进一步审计程序的性质时，注册会计师首先需要考虑的是认定层次重大错报风险的评估结果。因此，注册会计师应当根据认定层次重大错报风险的评估结果选择审计程序。评估的认定层次重大错报风险越高，对通过实质性程序获取的审计证据的相关性和可靠性的要求越高，从而可能影响进一步审计程序的类型及其综合运用。

3. 进一步审计程序的时间

进一步审计程序的时间是指注册会计师何时实施进一步审计程序或审计证据适用的期间或时点。

如果注册会计师选择在何时实施进一步审计程序，那么选择问题主要集中在如何权衡期中与期末实施审计程序的关系；如果注册会计师选择获取什么期间或时点的审计证据，那么选择问题分别集中在如何权衡期中审计证据与期末审计证据的关系、如何权衡以前审计获取的审计证据与本期审计获取的审计证据的关系。这两个层面的最终落脚点都是如何确保获取审计证据的效率和效果。

注册会计师在确定何时实施审计程序时应当考虑下列几项重要因素：

（1）控制环境。

（2）何时能得到相关信息。

（3）错报风险的性质。

（4）审计证据适用的期间或时点。

4. 进一步审计程序的范围

进一步审计程序的范围是指实施进一步审计程序的数量，包括抽取的样本量、对某项控制活动的观察次数等。

在确定审计程序的范围时，注册会计师应当考虑下列因素：确定的重要性水平、评估的重大错报风险和计划获取的保证程度。

此外，注册会计师在综合运用不同审计程序时，不仅应当考虑各类审计程序的性质，还应当考虑测试的范围是否适当。

（三）审计记录

注册会计师应当在工作底稿中记录下列事项：对评估的财务报表层次重大错报风险采取的总体应对措施；实施进一步审计程序的性质、时间和范围；实施的进一步审计程序与评估的认定层次重大错报风险的联系；实施进一步审计程序的结果。

如果拟利用以前审计获取的有关控制运行有效性的审计证据，注册会计师应当记录信赖这些控制的理由和结论。

在就定进一步审计程序时，是否需要实施控制测试，取决于注册会计师对重大错报风险的评估，如果认为被审计单位各循环内部控制的设计是健全的，并且得到了执行，就需要安排控制测试以进一步对各循环内部控制执行的有效性取证，在此基础上，作出对各循环内部控制信赖度的再次评价。

（四）控制测试

1. 控制测试的含义和要求

控制测试是指用于评价内部控制在防止或发现并纠正认定层次重大错报方面的运行有效性的审计程序。控制测试的目的是测试控制运行的有效性。这一概念不同于“了解内部控制”。“了解内部控制”包含两层含义：评价控制的设计；确定控制是否得到执行。

了解内部控制时，注册会计师获取的审计证据应当确定某项控制是否存在，被审计单位是否正在使用；在测试控制运行的有效性时，注册会计师应当获取关于控制是否有效运行的审计证据。因此，在了解控制是否得到执行时，注册会计师只需抽取少量的交易进行检查，或观察某几个时点。但在测试控制运行的有效性时，注册会计师需要抽取足够数量的交易进行检查或对多个不同时点进行观察。

在测试控制运行的有效性时，注册会计师应当从下列方面获取关于控制是否有效运行的审计证据：

第一，在评估认定层次重大错报风险时，预期控制的运行是有效的。

注册会计师通过实施风险评估程序，可能发现某项控制的设计是存在的，也是合理的，同时得到了执行。在这种情况下，出于成本效益的考虑，注册会计师可能预期，如果相关控制在不同时点都得到了一贯执行，与该项控制有关的财务报表认定发生重大错报的可能性就不会很大，也就不需要实施很多的实质性程序。为此，注册会计师可能会认为值得对相关控制在不同时点是否得到了一贯执行进行测试，即实施控制测试。因此，只有认为控制设计合理、能够防止或发现并纠正认定层次的重大错报，注册会计师才有必要对控制运行的有效性实施测试。

第二，仅实施实质性程序不足以提供认定层次充分、适当的审计证据。

如果认为仅实施实质性程序获取的审计证据无法将认定层次重大错报风险降至可接受的低水平，注册会计师应当实施相关的控制测试，以获取控制运行有效性的审计证据。例如，在被审计单位对日常交易或与财务报表相关的其他数据（包括信息的生成、记录、处理、报告）采用高度自动化处理的情况下，审计证据可能仅以电子形式存在，此时审计证据是否充分和适当通常取决于自动化信息系统相关控制的有效性。如果信息的生成、记录、处理和报告均通过电子格式进行而没有适当有效的控制，则生成不了正确信息或信息被不恰当修改的可能性就会大大增加。在认为仅通过实施实质性程序不能获取充分、适当的审计证据的情况下，注册会计师必须实施控制测试，且这种控制已经不再是单纯出于成本效益的考虑，而是必须获取的一类审计证据。

2. 控制测试的性质

控制测试的性质是指控制测试所使用的审计程序的类型及其组合。

(1) 询问。询问即向被审计单位适当员工询问，获取与内部控制运行情况相关的信息。虽然询问是一种有用的手段，但仅仅通过询问不能为控制运行有效性提供充分的证据，注册会计师应当将询问与其他审计程序结合使用，以获取有关控制运行有效性的审计证据。

(2) 观察。观察是测试不留下书面记录的控制(如职责分离)的运行情况的有效方法。通常情况下，注册会计师通过观察直接获取的证据比间接获取的证据更可靠。但是，观察提供的证据仅限于观察发生的时点，本身也不足以测试控制运行的有效性。

(3) 检查。对运行情况留有书面证据的控制，检查程序非常适用。书面说明、复核时留下的记号，或其他记录在偏差报告中的标志，都可以被当作控制运行情况的证据。

(4) 重新执行。通常只有当询问、观察和检查程序结合在一起仍无法获得充分的证据时，注册会计师才考虑通过重新执行来证实控制是否有效运行。

将询问与检查或重新执行结合使用，通常能够比仅实施询问和观察获取更高的保证。例如，被审计单位针对处理收到的邮政汇款单设计和执行了相关的内部控制，注册会计师通过询问和观察程序往往不足以测试此类控制的运行有效性，还需要检查能够证明此类控制在所审计期间的其他时段有效运行的文件和凭证，以获取充分、适当的审计证据。

3. 控制测试的时间

控制测试的时间包含两层含义：其一，何时实施控制测试；其二，测试所针对的控制适用的时点或期间。如果测试的是特定时点的控制，注册会计师仅得到该时点控制运行有效性的审计证据；如果测试的是某一期间的控制，注册会计师可以获取控制在该期间有效运行的审计证据。

如果仅需要测试控制在特定时点的运行有效性(如对被审计单位期末存货盘点进行控制测试)，注册会计师只需要获取该时点的审计证据。如果需要获取控制在某一期间有效运行的审计证据，仅获取与时点相关的审计证据是不充分的，注册会计师应当辅以其他控制测试，包括测试被审计单位对控制的监督。所谓的“其他控制测试”应当具备的功能是，能提供相关控制在所有相关时点都运行有效的审计证据；被审计单位对控制的监督起到的就是一种检验相关控制在所有相关时点是否都有效运行的作用。

4. 控制测试的范围

控制测试的范围是指某项控制活动的测试次数。

注册会计师在确定某项控制的测试范围时通常考虑的因素有：

(1) 在整个拟信赖的期间，被审计单位执行控制的频率。控制执行的频率越高，控制测试的范围越大。

(2) 在所审计期间，注册会计师拟信赖控制运行有效性的时间长度。拟信赖期间越长，控制测试的范围越大。

(3) 为证实控制能够防止或发现并纠正认定层次重大错报，所需获取审计证据的相关性和可靠性。对审计证据的相关性和可靠性要求越高，控制测试的范围越大。

(4) 通过测试与认定相关的其他控制获取的审计证据的范围。针对同一认定,可能存在不同的控制。当针对其他控制获取的审计证据的充分性和适当性较高时,测试该控制的范围可适当缩小。

(5) 控制的预期偏差。预期偏差可以用控制未得到执行的预期次数占控制应当得到执行的次数的比率加以衡量。控制的预期偏差率越高,需要实施控制测试的范围越大。如果控制的预期的偏差率过高,注册会计师应当考虑控制可能不足以将认定层次的重大错报风险降至可接受的低水平,从而针对某一认定实施的控制测试可能是无效的。

5. 各循环内部控制控制测试

1) 销售与收款循环控制测试

测试一,销售与收款循环的主要业务活动。

第一,接受客户订单。

客户提出订货要求是整个销售与收款循环的起点。从法律上讲,这是购买某种货物或接受某种劳务的一种申请。

客户的订单只有在符合企业管理层的授权标准时,才能被接受。企业管理层一般都列出了已批准销售的客户名单。销售单管理部门在决定是否接受某客户的订单时,应追查该客户是否被列入这张名单。如果客户未被列入,则通常需要由销售单管理部门的主管来决定是否同意销售。

企业在批准了客户订单之后,通常应编制一式多联的销售单。销售单是证明管理层有关销售交易的"发生"认定的凭据之一,也是此笔销售的交易轨迹的起点。

第二,批准赊销信用。

对于赊销业务,赊销批准是由信用管理部门根据管理层的赊销政策在每个客户的已授权的信用额度内进行的。信用管理部门的职员在收到销售单管理部门的销售单后,应将销售单与成客户已被授权的赊销信用额度以及至今尚欠的账款余额加以比较。管理部门的职员执行人工赊销信用检查时,应合理划分工作职责,以切实避免销售人员为扩大销售而使企业承受不适当的信用风险。企业的信用管理部门应对每个新客户进行信用调查,包括获取信用评审机构对客户信用等级的评定报告。无论批准赊销与否,都要求被授权的信用管理部门人员在销售单上签署意见,然后再将签署意见后的销售单返回订单管理部门。

设计信用批准控制的目的是降低坏账风险,因此,这些控制与应收账款账面余额的"计价和分摊"认定有关。

第三,根据销售单编制发运凭证并发货。

企业管理层通常要求商品仓库只有在收到经过批准的销售单时才能编制发运凭证并发货。设计这项控制程序的目的是防止仓库在未经授权的情况下擅自发货。因此,已批准销售单的一联通常应送达仓库,作为仓库按销售单供货和发货给装运部门的授权依据。

第四,按销售单装运货物。

将按批准的销售单供货与按销售单装运货物职责相分离,有助于避免负责装运货物的职员在未经授权的情况下装运产品。此外,装运部门职员在装运之前,还必须进行独立验证,以确定从仓库提取的商品都附有经批准的销售单,并且,所提取的商品内容与销售单及发运凭证一致。

第五,向客户开具账单。

开具账单是指开具并向客户寄送事先连续编号的销售发票。与这项活动相关的问题是：

➢ 是否对所装运的货物都开具了账单（“完整性”）；

➢ 是否只对实际装运的货物才开具账单，有无重复开具账单或虚构交易（“发生”）；

➢ 是否按已授权批准的商品价目表所列价格计价开具账单（“准确性”）。

为了降低开具账单过程中出现遗漏、重复、错误计价或其他差错的风险，应设立以下的控制程序：

➢ 开具账单部门职员在开具每张销售发票之前，独立检查是否存在发运凭证和相应的经批准的销售单；

➢ 依据已授权批准的商品价目表开具销售发票；

➢ 将发运凭证上的商品总数与相对应的销售发票上的商品总数进行化较。

上述的控制程序有助于确保用于记录销售交易的销售发票的正确性。因此，这些控制与销售交易的“发生”“完整性”以及“准确性”认定有关。

第六，记录销售。

在手工会计系统中，记录销售的过程包括区分赊销、现销，按销售发票编制转账凭证或现金、银行存款收款凭证，再据以登记销售明细账和应收账款明细账或现金、银行存款日记账。

记录销售的控制程序包括以下内容：

➢ 依据有效的发运凭证和销售单记录销售。这些发运凭证和销售单应能证明销售交易的发生及其发生的日期。

➢ 使用事先连续编号的销售发票并对发票使用情况进行监控。

➢ 独立检查已处理销售发票上的销售金额同会计记录金额的一致性。

➢ 记录销售的职责应与处理销售交易的其他功能相分离。

➢ 对记录过程中所涉及的有关记录的接触予以限制，以减少未经授权批准的记录发生。

➢ 定期独立检查应收账款明细账与总账的一致性。

➢ 由不负责现金出纳和销售及应收账款记账的人员定期向客户寄送对账单，对不符事项进行调查，必要时调整会计记录，编制对账情况汇总报告并交管理层审核。

上述这些控制与“发生”“完整性”“准确性”以及“计价和分摊”认定相关。

第七，办理和记录现金、银行存款收入。

在办理和记录现金、银行存款收入时，企业最关心的是货币资金的安全。货币资金的失窃或被侵占可能发生在货币资金收入登记入账之前或入账之后。处理货币资金收入时最重要的是要保证全部货币资金都必须如数、及时地记入现金、银行存款日记账或应收账款明细表，并如数、及时地存入银行。企业通过出纳与现金记账的职责分离、现金盘点、编制银行存款余额调节表、定期向客户发送对账单等控制来实现上述目的。

第八，办理和记录销货退回、销货折扣与折让。

在办理和记录销货退回、销货折扣与折让业务时，必须经授权批准，并应确保与办理此事有关的部门和职员各司其职，分别控制实物流和会计处理。

第九，提取坏账准备。

企业一般定期对应收账款的可收回性进行评估，并基于一定的指标（例如账龄、客户的财务状况等）计提坏账准备。

第十，注销坏账。

对企业发生的坏账，正确的处理方法应该是获取货款无法收到的确凿证据，经适当审批后及时作会计调整。

测试二，销售交易的内部控制和控制测试。

程序1，适当的职责分离。

适当的职责分离有助于防止各种有意的或无意的错误。在销售与收款循环中，职责分离控制的基本要求有下列几项：

a. 企业应当将办理销售、发货、收款三项业务的部门（或岗位）分别设立。

b. 企业在销售合同订立前，应当指定专门人员就销售价格、信用政策、发货及收款方式等具体事项与客户进行谈判。谈判人员至少应有两人以上，并与订立合同的人员相分离。

c. 编制销售发票通知单的人员与开具销售发票的人员应相互分离。

d. 销售人员应当避免接触销售现款。

e. 企业应收票据的取得和贴现必须经由保管票据以外的主管人员的书面批准。

对于职责分离，注册会计师通常通过观察被审计单位有关人员的活动，以及与这些人员进行讨论，来实施职责分离的控制测试。

程序2，恰当的授权审批。

注册会计师应当关注以下四个关键点上的审批程序：

a. 在销售发生之前，赊销已经正确审批。

b. 非经正当审批，不得发出货物。

c. 销售价格、销售条件、运费、折扣等必须经过审批。

d. 审批人员应该根据销售与收款授权批准制度的规定，在授权范围内进行审批，不得超越审批权限。对于超过企业既定销售政策和信用政策规定范围的特殊销售业务，企业应当进行集体决策。

对于授权审批，注册会计师通过检查凭证在上述四个关键点上是否经过审批，可以很容易地测试出授权审批内部控制的效果。

程序3，充分的凭证和记录。

对内部控制来说，只有具备充分的凭证和记录手续，才有可能实现其他各项控制目标。例如，企业在收到客户订单后，就立即编制一份预先编号的一式多联的销售单，分别用于批准赊销、审批发货、记录发货数量以及向客户开具账单和销售发票等。在这种制度下，只要定期清点销售单和销售发票，漏开账单的情形几乎就不会发生。相反的情况是，有的企业只在发货以后才开具账单，如果没有其他控制措施，漏开账单的情况就很可能会发生。

程序4，凭证的预先编号。

对凭证预先进行编号，旨在防止销售以后遗漏向客户开具账单或登记入账，也可以防止重复开具账单或重复记账，当然，如果对凭证的编号不作清点，预先编号就会失去其控制意义。

由收款员对每笔销售开具账单后，将发运凭证顺序归档，而由另一位职员定期检查全部凭证的编号，并调查凭证缺号的原因，就是实施这一控制的一种方法。

对于充分的凭证和记录以及凭证预先编号这两项控制，常用的控制测试程序是清点各种凭证。比如，从主营业务收入明细账中选取样本，追查至相应的销售发票存根，看其编号是否连续，有无不正常的缺号发票和重号发票。这种测试程序可同时提供有关真实性和完整性目标的证据。

程序 5,按月寄出对账单。

由不负责现金出纳和销货及应收账款记账的人员按月向客户寄发对账单,能促使客户在发现应付账款余额不正确后及时反馈有关信息,因而这是一项有用的控制。为了使这项控制更加有效,最好将客户余额中出现的所有核对不符的账项,指定一位既不掌管货币资金也不记录主营业务收入和应收账款账目的主管人员处理,然后由独立人员按月编制对账情况汇总报告并交管理层审阅。

对于按月寄出对账单这项控制,观察指定人员寄送对账单并检查客户复函档案和管理层的审阅记录,是注册会计师十分有效的一项控制测试。

程序 6,内部核查程序。

由内部人员或其他独立人员核查销货业务的处理和记录,是实现内部控制目标所不可缺少的一项控制措施。销售与收款内部核查的主要内容包括:

a. 销售与收款交易相关岗位及人员的设置情况。重点检查是否存在销售与收款交易不相容职务混岗的现象。

b. 销售与收款交易授权批准制度的执行情况。重点检查授权批准手续是否健全,是否存在越权审批行为。

c. 销售的管理情况。重点检查信用政策、销售政策的执行是否符合规定。

d. 收款的管理情况。重点检查销售收入是否及时入账,应收账款的催收是否有效,坏账核销和应收票据的管理是否符合规定。

e. 销售退回的管理情况。重点检查销售退回手续是否齐全,退回货物是否及时入库。

对于内部核查程序,注册会计师可以通过检查内部审计人员的报告,或检查其他独立人员在他们核查的内容上的签字等方法实施控制测试。

测试三,收款交易的内部控制和控制测试。

尽管由于每个企业的性质、所处行业、规模以及内部控制健全程度等不同,而使得其与收款交易相关的内部控制内容有所不同,但以下与收款交易相关的内部控制内容是通常应当共同遵循的:

程序 1,企业应当按照《现金管理暂行条例》《支付结算办法》等规定,及时办理销售收款业务。

程序 2,企业应将销售收入及时入账,不得账外设账,不得擅自坐支现金。销售人员应当避免接触销售现款。

程序 3,企业应当建立应收账款账龄分析制度和逾期应收账款催收制度。销售部门应当负责应收账款的催收,财会部门应当督促销售部门加紧催收。对催收无效的逾期应收账款可通过法律程序予以解决。

程序 4,企业应当按客户设置应收账款台账,及时登记每一客户应收账款余额增减变动情况和信用额度使用情况。对长期往来客户应当建立起完善的客户资料,并对客户资料实行动态管理,及时更新。

程序 5,企业对于可能成为坏账的应收账款应当报告有关决策机构,由其进行审查,确定是否确认为坏账。企业发生的各项坏账,应查明原因,明确责任,并在履行规定的审批程序后作出会计处理。

程序 6,企业注销的坏账应当进行备查登记,做到账销案存。已注销的坏账又收回时应当及时入账,防止形成账外账。

程序7,企业应收票据的取得和贴现必须经由保管票据以外的主管人员的书面批准。应有专人保管应收票据,对于即将到期的应收票据,应及时向付款人提示付款;已贴现票据应在备查簿中登记,以便日后追踪管理;并应制定逾期票据的冲销管理程序和逾期票据追踪监控制度。

程序8,企业应当定期与往来客户通过函证等方式对应收账款、应收票据、预收账款等往来款项。如有不符,应查明原因,及时处理。

注册会计师应针对每个具体的内部控制目标确定关键的内部控制,并对其实施相应的控制测试。

测试四,评估重大错报风险。

注册会计师应当考虑影响收入交易的重大错报风险,并对被审计单位经营活动中可能发生的重大错报风险保持警觉。收入交易和余额存在的固有风险可能包括:

第一,收入确认存在的舞弊风险。

收入是利润的来源,直接关系到企业的财务状况和经营成果。有些企业往往为了达到粉饰财务报表的目的而采用虚增或隐瞒收入等方式实施舞弊。在财务报表舞弊案例中,涉及收入确认的舞弊占有很大比例,收入确认已成为注册会计师审计的高风险领域。中国注册会计师审计准则要求注册会计师基于收入确认存在舞弊风险的假定,评价哪类类型的收入、收入交易或认定导致舞弊风险。

第二,收入的复杂性可能导致的错误。

例如,被审计单位可能针对一些特定的产品或者服务提供一些特殊的交易安排(如特殊的退货约定、特殊的服务期限安排等),但管理层可能对这些不同安排下所涉及的交易风险的判断缺少经验,收入确认就容易发生错误。

第三,期末收入交易和收款交易截止错误。

第四,期末收入交易和收款交易截止错误。

第五,收款未及时入账或记入不正确的账户。

第六,应收账款坏账准备的计提不正确。

归根结底,与收入交易和余额相关的重大错报风险主要存在于销售交易、现金收款交易的发生、完整性、准确性、截止和分类认定,以及会计期末应收账款、货币资金和应交税费的存在、权利和义务、完整性、计价和分摊认定。

【做中教4-1】 ZXD公司是一家生产和销售电子产品的中型制造企业,其现行的销售政策和程序已经董事会批准,如果需对该项政策和程序作出任何修改,均应经董事会批准后方能执行。本年度该项政策和程序没有发生变化。

ZXD公司的产品主要为电子感应器、光感器、集成电路块,通用性较强。所有产品按订单生产,其中约计95%的产品系销售给国外中间商,全部采用海运方式,以货物离岸作为风险、报酬转移的时点。通常情况下,这些顾客于每年年初与公司签订一份包含全年预计所需商品数量、基本单价等条款的一揽子采购意向。顾客采购意向的重要条款由董事会审批,并授权总经理签署。ZXD公司根据顾客采购意向总体安排采购原材料及生产计划,实际销售业务发生时,顾客还需要与公司签订出口销售合同。对于向国内销售的部分,ZXD公司根据订单金额,估算毛利情况,分别授权不同级别人员确定是否承接。

ZXD公司使用XZD系统处理销售与收款交易,自动生成记账凭证和顾客清单,并过至营业收入和应收账款明细账和总账。销售与收款业务涉及的主要人员如表 4-1 所示。

表 4-1 销售与收款业务涉及的主要人员

职务	姓名
总经理	×××
副总经理	×××
财务经理	×××
会计主管	×××
出纳员	×××
应收账款记账员	×××
办税员	×××
销售经理	×××
业务员	×××
信息管理员	×××
生产计划经理	×××
生产经理	×××
技术经理	×××
供应与运输经理	×××
仓库保管员	×××
单证员	×××
生产成本记账员	×××
应付职工薪酬记账员	×××

我们采用询问、观察和检查等方法，了解并记录了 ZXD 公司销售与收款循环的主要控制流程，并已与财务经理×××、销售经理×××确认下列所述内容。

1. 有关职责分工的政策和程序

ZXD 公司建立了下列职责分工政策和程序：

(1) 不相容职务相分离。这主要包括：订单的接受与赊销的批准、销售合同的订立与审批、销售与运货、实物资产保管与会计记录、收款审批与执行等职务相分离。

(2) 各相关部门之间相互控制并在其授权范围内履行职责，同一部门或个人不得处理销售与收款业务的全过程。

2. 主要业务活动介绍

1) 销售

第一，新顾客。

如果是新顾客，他们需要先填写“顾客申请表”，销售经理×××将进行顾客背景调查，获取包括信用评审机构对顾客信用等级的评定报告等,填写"新顾客基本情况表",并附相关资料交至信用管理经理×××审批。

信用管理经理×××在"新顾客基本情况表"上签字注明是否同意赊销。通常情况下,给予新顾客的信用额度不超过人民币×××元;若高于该标准,应经总经理×××审批。

根据经恰当审批的新顾客基本情况表,信息管理员×××将有关信息输入Y系统,系统将自动建立新顾客档案。

完成上述流程后,新顾客即可与公司进行业务往来,向ZXD公司发出采购订单。

对于新顾客的初次订单,不允许超过经审批的信用额度。如新顾客能够及时支付货款,信用良好,则可视同"现有顾客"进行交易。

第二,现有顾客。

收到现有顾客的采购订单后,业务员×××将订单金额与该顾客已被授权的信用额度以及至今尚欠的账款余额进行检查,经销售经理×××审批后,交至信用管理经理×××复核。如果是超过信用额度的采购订单,应由总经理×××审批。

第三,签订合同。

经审批后,授权业务员×××与顾客正式签订销售合同。

信息管理员×××负责将顾客采购订单和销售合同信息输入BG系统,由系统自动生成连续编号的销售订单(此时系统显示为"待处理"状态)。每周,信息管理员×××核对本周内生成的销售订单,对任何不连续编号的情况将进行检查。

每周,应收账款记账员×××汇总本周内所有签订的销售合同,并与销售订单核对,编制销售信息报告。如有不符,应收账款记账×××将通知信息管理员×××,与其共同调查该事项。

业务员×××根据系统显示的"待处理"销售订单信息,与技术经理×××、生产经理×××、财务经理×××分别确认技术、生产和质量标准以及收款结汇方式,由生产计划经理×××制订生产通知单。如果顾客以信用证方式付款,则在收到信用证后开始投入生产;如果采用预收货款方式,则在收到30%的货款后投入生产。

开始生产后,系统内的销售订单状态即由"待处理"自动更改为"在产"。

2) 记录应收账款

第一,记录应收账款。

产品生产完工入库后,系统内的销售订单状态由"在产"自动更改为"已完工"。

信息管理员×××根据系统显示的"已完工"销售订单信息和销售合同约定的交货日期,开具连续编号的销售发票(出口发票一式六联发票),交销售经理×××审核,发票存根联由销售部留存,其他联次分别用于报关、税务核销、外汇核销以及财务记账等。

报关部单证员×××收到销售发票后办理报关手续,办妥后通知业务员×××在系统内填写出运通知单,确定装船时间。出运通知单单的编号在业务员×××输入销售订单编号后自动生成。根据系统的设置,如输入错误的销售订单编号,则无法生成相对应的出运通知单。

运输经理×××根据系统显示的出运通知信息,安排组织发运。

仓储经理×××安排组织成品出库。

船运公司在货船离岸后,开出货运提单,通知ZXD公司货物离岸时间。

信息管理员×××将商品离岸信息输入系统,系统内的销售订单状态由"已完工"自动更改为“已离岸”。

应收账款记账员×××根据系统显示的“已离岸”销售订单信息，将销售发票所载信息和报关单、货运提单等进行核对。如所有单证核对一致，应收账款记账员×××编制销售确认会计凭证，后附有关单证，交会计主管×××复核。

若核对无误，会计主管×××在发票上加盖“相符”印戳，应收账款记账员×××据此确认销售收入实现，并将有关信息输入系统，此时系统内的采购订单状态即由“已离岸”自动更改为“已处理”。

如果期末商品已经发出但尚未离岸，则应收账款记账员×××根据出库单等单证记录应收账款，并于下月初冲回，当系统显示“已离岸”销售订单信息时，记录销售收入实现。

国内销售除无需办理出口报关手续外，其他与出口销售流程基本一致。以下控制流程记录中将不再涉及国内销售。

第二，销售退回、折扣与折让。

ZXD公司销售业务系以出口销售为主，与顾客签订的销售合同中规定不允许退货，若发生质量纠纷，应采取索赔方式，根据双方确定的金额调整应收账款。业务员×××接到顾客的索赔传真件等资料后，编制连续编号的顾客索赔处理表，交至生产部门和技术部门，由生产经理×××技术经理×××确定是否确属产品质量问题，并签字确认。如确属ZXD公司的责任，应收账款记账员×××在顾客索赔处理表注明货款结算情况。对于索赔金额不超过人民币××元的，由销售经理×××批准，如超过该标准，应经总经理×××审批。

应收账款记账员×××编制应收账款调整分录，后附经适当审批的顾客索赔处理表，交会计主管×××复核后进行账务处理。

第三，对账及差异处理。

月末，应收账款主管×××编制应收账款账龄报告，其内容还应包括应收账款总额与应收账款明细账合计数以及应收账款明细账与顾客对账单的核对情况。如有差异，应收账款主管×××将立即进行调查。如调查结果表明需调整账务记录，应收账款主管×××将编制应收账款调节表和调整建议，连同应收账款账龄分析报告一并交至会计主管×××复核，经财务经理×××批准后方可进行账务处理。

第四，计提坏账准备和核销坏账。

ZXD公司董事会制定并批准了应收账款坏账准备计提方法和计提比例的会计估计。

每年年末，销售经理×××根据以往的经验、债务单位的实际财务状况和现金流量的情况，以及其他相关信息，编写应收账款可收回性分析报告，交财务部复核。

会计主管×××应收账款可收回性分析报告，分析坏账准备的计提比例是否较原先的估计发生较大变化。如发生较大变化，会计主管×××编写会计估计变更建议，经财务经理×××复核后报董事会批准。

ZXD公司坏账准备由系统自动计算生成，对于需要计提特别坏账准备以及拟核销的坏账，由业务员×××填写连续编号的坏账变更申请表，并附顾客破产等相关资料，经销售经理×××审批后，金额在××元以下的，由财务经理×××审批，金额在××元以上的，由总经理×××审批。

应收账款记账员×××根据经适当批准的更改申请表进行账务处理。

3）记录税金

报关部单证员×××负责收集出口销售的相关单据，每月末汇总交由财务部办税员×××复核，办理出口退税手续，每月将增值税纳税申报表和由税务部门盖章确认的出口退税汇算清缴明细表交由财务经理×××审核，无误后签字确认。如发现任何异常情况，将进一步调查处理。

实际收到税务部门的退税款时，由会计主管×××将实际收到的退税款与退税申报表数字进行核对，并由财务经理××复核，无误后在凭证上签字作为复核证据。

对销售与收款循环涉及的税金实施实质性程序更为有效，故以下控制程序中将不再涉及税金。

4）收款

信用证到期或收到顾客已付款通知，由出纳员×××前往银行办理托收。

款项收妥后，应收账款记账员×××将编制收款凭证，并附相关单证，如银行结汇水单、银行到款通知单等，交会计主管×××复核。

在完成对收款凭证及相关单证的复核后，会计主管×××在收款凭证上签字，作为复核证据，并在所有单证上加盖“核销”印戳。

出纳员×××根据经复核无误的收款凭证及时登记银行存款日记账。

5）维护顾客档案

如需对BG系统内的顾客信息作出修改，业务员×××填写更改申请表，经销售经理×××审批后交信息管理员×××负责对更改申请表预先连续编配号码并在系统内进行更改。

信息管理员×××每月复核顾客档案。对两年内未与ZXD公司发生业务往来的顾客，通知业务员×××并由其填写更改申请表，经销售经理×××审批后交信息管理部删除该顾客档案。

每月末，信息管理员×××编制月度顾客信息更改报告，附同更改申请表的编号记录交由财务经理×××复核。

财务经理×××核对月度顾客更改信息报告、检查实际更改情况和更改申请表是否一致、所有变更是否得到适当审批以及编号记录表是否正确，在月度顾客信息更改报告和编号记录表上签字作为复核的证据。如发现任何异常情况，将进一步调查处理。

每半年，销售经理×××复核顾客档案。

要求：填写“销售与收款循环控制执行情况的评价结果”工作底稿(见书末二维码)。

2）生产与仓储循环的控制测试

测试一，生产与仓储循环的主要业务活动。

第一，计划和安排生产。

生产计划部门根据顾客订单或者对销售预测和存货需求的分析来决定生产授权。如果决定授权生产就签发预先顺序编号的生产通知单。生产通知单是企业下达制造产品等生产任务的书面文件，是通知生产车间组织产品制造，供应部门组织材料发放，会计部门组织成本计算的依据。生产计划部门通常应将发出的所有生产通知单顺序编号并进行记录控制。此外还需要编制一份材料需求报告，列示所需要的材料和零件及其库存情况。

第二，发出原材料。

仓库部门根据从生产部门收到的领料单发出原材料。领料单上必须列示所需的材料数量和种类，以及领料部门的名称。领料单可以一料一单，也可以多料一单，通常需一式三联。仓库发料后，以其中一联连同材料交给领料部门，一联留在仓库登记材料明细账，一联送会计部门进行材料收发核算和成本核算。

第三，生产产品。

生产部门在收到生产通知单及领取原材料后，便将生产任务分解到每一个生产工人，并将所领取的原材料交给生产工人，据以执行生产任务。生产工人在完成生产任务后，将完成的产品交生产部门查点，然后转交检验员验收并办理入库手续；或是将所完成的产品移交下一个部门，以进一步加工。生产部门应将生产情况进行记录，形成产量和工时记录。产量和工时记录是登记工人或生产班组在出勤期间内完成产品数量、质量和生产这些产品所耗费工时数量的原始记录。产量和工时记录的内容与格式是多种多样的，在不同的生产企业中，甚至在同一企业的不同生产车间中，由于生产类型不同而采用不同格式的产量和工时记录。常见的产量和工时记录主要有工作通知单、工序进程单、工作班产量报告、产量通知单、产量明细表、废品通知单等。

第四，核算产品成本。

为了正确地核算产品成本，对在产品和产成品进行有效控制，必须建立健全成本会计制度，将生产控制和成本核算有机结合在一起。一方面，生产过程中的各种记录、生产通知单、领料单、计工单、入库单等文件资料都要汇集到会计部门，由会计部门对其进行检查和核对，了解和控制生产过程中存货的实物流转。另一方面，会计部门要设置相应的会计账户，会同有关部门对生产过程中的成本进行核算和控制，成本会计制度可以非常简单，只是在期末记录存货余额；也可以是完善的标准成本制度，它持续地记录所有材料处理、在产品和产成品，并产生对成本差异的分析报告。完善的成本会计制度应该提供原材料转为在产品，在产品转为产成品，以及按成本中心、分批次生产任务通知单或生产周期所消耗的材料、人工和间接费用的分配与归集的详细资料。主要资料有工资汇总表、人工费用分配表、材料费用分配表，制造费用分配汇总表、成本计算单、存货明细账等。

第五，储存产成品。

产成品入库须由仓库部门先行点验和检查，然后签收。签收后填制产成品入库单。产成品入库单至少一式三联，一联交生产部门，一联交会计部门，一联仓库部门留存。仓库部门在检查、验收工作中应对验收部门的工作进行验证。除此之外，仓库部门还应根据产成品的品质特征分类存放，填制产成品标签，并定期进行盘点核对。

第六，发出产成品。

产成品的发出须由独立的发运部门进行。装运产成品时必须持有经有关部门核准的发运通知单，并据此编制出库单。产成品出库单至少一式四联，一联交仓库部门，一联发运部门留存，一联送交顾客，一联作为给顾客开发票的依据。

测试二，生产与仓储交易的内部控制和控制测试。

生产与仓储循环的内部控制主要包括存货的内部控制和成本会计制度的内部控制两项内容。

关于存货的内部控制，需要作以下两个方面的说明：一方面，由于生产与仓储循环与其他业务循环的内在联系，生产与仓储循环中某些审计测试，特别是对存货的审计测试，与其他相关业务循环的审计测试同时进行将更为有效。例如，企业装运产成品和记录营业收入与成本是作为销售与收款循环审计的一部分进行测试的，而原材料的取得和记录是作为采购与付款循环的一部分进行测试的。这些内容已经在相关循环中作了介绍，不再赘述。另一方面，尽管不同的企业对其存货可能采取不同的内部控制，但从根本上说，均概括为存货的数量和计价两个关键因素的控制。

第一,成本会计制度。

企业的生产业务应根据管理层的一般授权或特别授权进行,应通过恰当手续,经过特别审批或一般审批,凭证中应包括三个关键点的审批:生产通知单的授权审批;领料单的授权批准;工资的授权批准。

企业应建立以经过审核的生产通知单、领发料凭证、产量和工时记录、人工费用分配表、材料费用分配表、制造费用分配表为依据的成本核算制度。记录实际发生的成本,把所耗费和物化劳动均反映在生产成本中。

企业采用的成本核算方法应前后各期一致;采用的费用分配方法应前后各期一致;应进行成本核算和账务处理的内部核查,检查成本计算是否正确。

企业应对存货实施保护措施,保管人员与记录、批准人员应相互独立。

企业应定期进行存货盘点以使账面存货与实际存货核对相符。

第二,成本会计制度的控制测试。

成本会计制度的测试包括直接材料成本控制测试、直接人工成本控制测试、制造费用控制测试和生产成本在当期完工产品与在产品之间分配的控制测试四项内容。

程序 1,直接材料成本控制测试。

对采用定额单耗的企业,可选择并获取某一成本报告期若干种具有代表性的产品成本计算单,获取样本的生产指令或产量统计记录及其直接材料单位消耗定额,根据材料明细账或采购业务测试工作底稿中各该直接材料的单位实际成本,计算直接材料的总消耗量和总成本,与该样本成本计算单中的直接材料成本核对,并注意下列事项:生产指令是否经过授权批准;单位消耗定额和材料成本计价方法是否适当,在当年度有无重大变更。

对非采用定额单耗的企业,可获取材料费用分配汇总表、材料发出汇总表(或领料单)、材料明细账中各该直接材料的单位成本,作如下检查:成本计算单中直接材料成本与材料费用分配汇总表中该产品负担的直接材料费用是否相符,分配标准是否合理;将抽取的材料发出汇总表领料单中若干种直接材料的发出总量和各该材料的实际单位成本之积,与材料费分配汇总表中各该种材料费用进行比对,并注意领料单的签发是否经过授权批准,材料发出汇总表是否经过适当的人员复核,材料单位成本计价方法是否适当,在当年度有无重大变更。

程序 2,直接人工成本控制测试。

对采用计时工资制的企业,获取样本的实际工时统计记录、职员分类表和职员工薪手册及人工费用分配汇总表,作如下检查:成本计算单中直接人工成本与人工费用分配汇总表中该样本的实际工时核对是否相符;抽取生产部门若干天的工时台账与实际工时统计记录核对是否相符。

对采用计件工资制的企业,获取样本的产量统计报告、个人产量记录和经批准的单位工薪标准或计件工资制度,检查下列事项:根据样本的统计产量和单位工薪标准计算的人工费用与成本计算单中直接人工成本核对是否相符;抽取若干个直接人工的产量记录,检查是否被汇总计入产量统计报告。

程序 3,制造费用控制测试。

获取样本的制造费用分配汇总表、按项目分列的制造费用明细账、与制造费用分配标准有关的统计报告及其相关原始记录,作如下检查:制造费用分配汇总表中,样本分担的制造费用与成本计算单中的制造费用核对是否相符；制造费用分配汇总表中的合计数与样本所属成本报告期的制造费用明细账总计数核对是否相符；制造费用分配汇总表选择的分配标准与相关的统计报告或原始记录核对是否相符，并对费用分配标准的合理性作出评估。

程序 4，生产成本在当期完工产品与在产品之间分配的控制测试。

检查成本计算单中在产品数量与生产统计报告或在产品盘存表中的数量是否一致；检查在产品的产量计算或其他分配标准是否合理：计算复核样本的总成本和单位成本，最终对当年采用的成本会计制度作出评价。

测试三，评估重大错报风险。

生产与仓储交易的重大错报风险的讨论与采购与付款交易基本上是适用的，详见采购与付款循环控制测试，不再赘述。当然，生产与仓储交易也有其自身的特点，以制造类企业为例，影响生产与仓储的交易和余额的重大错报风险还可能包括：

第一，交易的数量和复杂性。

制造业企业交易的数量庞大，业务复杂，这就增加了错误和舞弊的风险。

第二，成本基础的复杂性。

制造类企业的成本基础是复杂的。虽然原材料和直接人工等直接费用的分配比较简单，但间接费用的分配就可能较为复杂，并且，同一行业中的不同企业也可能采用不同的认定和计量基础。

第三，产品的多元化。

产品的多元化可能要求聘请专家来验证产品的质量、状况或价值。另外，计算库存存货数量的方法也可能是不同的。例加，计量煤堆、筒仓里的谷物、钻石或者其他化工品和药剂产品的存储量的方法都可能不一样。这并不是要求注册会计师每次清点存货都需要专家配合，如果存货容易辨认、存货数量容易清点，就无须专家帮助。

第四，某些存货项目的可变现净值难以确定。

例如，价格受全球经济供求关系影响的存货，由于其可变现净值难以确定，会影响存货采购价格和销售价格的确定，并将影响注册会计师对与存货的计价认定有关的风险进行评估。

第五，将存货存放在很多地点。

大型企业可能将存货存放在很多地点，并且可以在不同的地点之间配送存货，这将增加商品途中毁损或遗失的风险，或者导致存货在两个地点被重复列示，也可能产生转移定价的错误或舞弊。

第六，寄存的存货。

有时候存货虽然还存放在企业，但可能已经不归企业所有。同理，企业的存货也可能被寄存在其他企业。

注册会计师应当了解被审计单位对生产与存货的管理程序。如果注册会计师认为被审计单位可能存在销售成本和存货的重大错报风险，通常需要考虑对已选取的控制活动的运行有效性进行测试。

【做中教 4-2】 ZXD 公司现行的生产和仓储政策和程序业经董事会批准，如果需对该项政策和程序作出任何修改，均应经董事会批准后方能执行。本年度该项政策和程序没有发生变化。

ZXD 公司的存货为原材料、自制半成品和产成品。其中，原材料主要为电子元器件、贵金属及包装材料，产品主要为通讯电子设备等。其生产由两个生产车间完成：

(1) 第一车间对原材料进行焊接和装配，形成半成品。

(2) 第二车间对半成品进行调试和包装，最终形成产成品。

ZXD公司的生产周期一般为3天。存货按取得时的实际成本计价，包括采购成本、加工成本和其他使存货达到目前场所和使用状态所发生的支出。材料发出时，按加权平均法确定其实际成本。

ZXD公司使用BG系统中的生产子模块维护生产过程中的产量记录，自动记录原材料耗用及流转的情况，以及自制半成品和产成品的生产状态，并生成生产日志；同时，BG系统还对生成成本中各项组成部分进行归集和分摊（其中：直接材料按订单号予以归集，不计算半成品成本；直接人工费用和制造费用按各订单的材料耗用量在不同订单之间分配），生成记账凭证并过至生产成本及原材料明细账和总分类账。生产与仓储业务涉及的主要人员，如表4-2所示。

表4-2 生产与仓储业务涉及的主要人员

职务	姓名
总经理	×××
财务经理	×××
会计主管	×××
生产成本记账员	×××
应付职工薪酬记账员	×××
应收账款记账员	×××
质检经理	×××
质量检验员	×××
生产经理	×××
生产计划经理	×××
第一车间主任	×××
第二车间主任	×××
仓储经理	×××
仓库管理员	×××

我们采用询问、观察和检查等方法，了解并记录了ZXD公司生产与仓储循环的主要控制流程，并已与财务经理×××、生产经理×××确认下列所述内容。

1. 有关职责分工的政策和程序

ZXD公司建立了下列职责分工政策和程序：

(1) 不相容职务相分离，主要包括存货的保管与清查、存货的销售与收款、存货处置的申请与审批、审批与执行、存货业务的审批、执行与相关会计记录等职务相分离。

(2) 各相关部门之间相互牵制并在其授权范围内履行职责，同一部门或个人不得处理生产与仓储业务的全过程。

2. 主要业务活动介绍

1）材料验收与仓储

采购的材料运达 ZXD 公司后，质量检验员×××比较所收材料与采购订单的要求是否相符，并检查其质量等级。验收无误后，质量检验员×××签发预先编号的验收单，作为检验材料的依据。对于单价在人民币×××元以上的材料，还需质检经理×××验收签字。

根据验收单，仓储部门清点商品数量，对已验收商品进行保管。仓储区应相对独立，限制无关人员接近。仓库管理×××负责将购入材料的采购订单编号、验收单编号、材料数量、规格等信息输入系统，经仓储经理×××复核并以电子签名方式确认后，BG 系统自动更新材料明细台账。

如某种原材料库存不足，仓库管理员×××编制待购材料明细表，经仓储经理×××复核后，及时通知生产部门及采购部门原材料的库存情况。

2）计划与安排生产

生产计划部门根据顾客订单或者对销售预测和产品市场需求等信息编写月度生产计划书，经生产计划经理×××审批后由总经理×××批准。根据经审批的月度生产计划书，生产计划经理×××签发预先编号的生产通知单，该生产通知单一式五联，分别用于通知仓储部门组织材料发放、第一、第二生产车间组织产品生产、财务部门组织成本计算以及生产计划部门按编号归档管理。

3）生产与发运

第一，发出原材料、半成品入库及领用。

生产第一车间接到生产通知单后，由车间主任×××编制日生产加工指令单，经生产经理×××审批。

第一车间各生产小组编制原材料领用申请单，并经车间主任×××签字批准。

仓库管理员×××根据经审批的原材料领用申请单核发材料，填制预先编号的原材料出库单。该原材料出库单一式四联：一联仓库发料，一联仓库留存，一联车间记录，一联递交财务部作为记账凭证。同时，仓库管理员×××还需将原材料领用申请单编号、领用数量、规格等信息输入 BG 系统，经仓储经理×××复核并以电子签名方式确认后，BG 系统自动更新材料明细台账。

第一车间生产过程结束后，质量检验员×××检查并签发半成品验收单，生产小组将半成品送交仓库。仓库管理员×××检查半成品验收单，并清点半成品数量，填写一式四联的半成品入库单，其中：一联仓库收料，一联仓库留存，一联车间记录，一联递交财务部作为记账凭证。仓库管理员×××还需将半成品入库单编号、入库数量、规格等信息输入系统，经仓储经理×××复核并以电子签名方式确认后，系统自动更新半成品明细台账。

第二车间生产小组领用半成品时，需编制半成品转移单，经车间主任×××批准领用。

仓库管理员×××根据经审批的半成品转移单核发出库，填制预先编号的半成品出库单，并将半成品出库单编号、出库数量、规格等信息输入系统，经仓储经理×××复核并以电子签名方式确认后，系统自动更新半成品明细台账。

第二，产成品入库。

生产结束后，质量检验员×××检查并签发预先编号的产成品验收单，生产小组将产成品送交仓库。仓库管理员×××检查产成品验收单，并清点产成品数量，填写一式四联的产成品入库单(一式四联：一联仓库收货，一联仓库留存，一联生产部核对，一联递交财务部作为记账凭证)。经质检经理×××、生产经理×××和仓储经理×××签字确认后,仓库管理员×××将产成品入库单信息输入BG系统,BG系统自动更新产成品明细台账并与销售订单编号核对。此时系统内的销售订单状态由"在产"自动更改为"已完工"。

第三,产成品发运。

信息管理员×××根据系统显示的"已完工"销售订单信息和销售合同约定的交货日期,开具连续编号的销售发票。

报关部单证员×××收到销售发票后办理报关手续,办妥后通知业务员×××在系统内填写出运通知单,确定装船时间。出运通知单的编号在业务员×××输入销售订单编号后自动生成。根据系统的设置,如果输入错误的销售订单编号,则无法生成相对应的出运通知单。

运输经理×××根据系统显示的出运通知信息,安排组织发运。

仓储经理×××根据系统显示的出运通知信息,通知仓库管理员×××填写预先连续编号的出库单。

运输经理×××在装运之前,需独立检查出库单、销售订单和出运通知单,确定从仓库提取的成品附有经批准的销售订单,并且,所提取产品的内容与销售订单一致。经检查无误后,手工填制送货单(一式六联),一联留存,其他五联分别传递至报关部、财务部、仓库、门卫、码头货运公司。送货单应由司机×××和仓库保管员×××两人签字,如果超过×个集装箱,仓储经理×××也应在送货单上签字。

完成成品出库工作后,仓库管理员×××将产成品出库单信息输入BG系统,经仓储经理×××复核并以电子签名方式确认后,BG系统自动更新产成品明细台账并与出运通知单编号核对。

第四,生产管理。

生产经理×××根据生产计划和日生产工作安排进行产成品生产监督和管理。BG系统自动生成对原材料、半成品、产成品的生产记录日报表,经生产经理审核确认后,这些数据将会自动汇总在生产产量跟踪数据库中。生产计划经理×××会同生产经理×××每周根据生产预算编制产量分析报告。

每月末,第一车间、第二车间与仓库核对原材料及半成品/产成品输出/转入记录,如有差异,仓库管理员×××编制差异分析报告,经仓储经理×××、生产经理×××签字确认后交财务部门进行调整。

第五,生产成本归集。

a. 材料。生产成本记账员×××根据原材料出库单,编制原材料领用凭证,与BG系统自动生成的生产记录日报表核对材料耗用和流转信息;由会计主管×××审核无误后,生成记账凭证并过至生产成本及原材料明细账和总分类账。

b.人工成本。

c. 制造费用。

第六,生产成本的分配。

BG系统对生产成本中各项组成部分进行归集,按照预设的分摊公式和方法,自动将当月发生的生产成本在完工产品中按比例分配;同时,将完工产品成本在各不同产品类别中分配,生成产品成本计算表和生产成本分配表(人工费用分配表、制造费用分配表)。生产成本记账员×××编制生产成本结转凭证,经会计主管×××审核批准后进行账务处理。

第七，产成品成本的结转。

每月末，生产成本记账员×××根据系统内状态为“已处理”原订单数量，编制销售成本结转凭证，结转相应的销售成本，经会计主管×××审核批准后进行账务处理。

第八，成本分析。

每月末，生产成本记账员×××和应收账款记账员共同编制本月生产成本及毛利分析报告，列示每笔订单的毛利率，对毛利率低于20%的订单分别从销售价格、单位成本等方面进行综合分析，经财务经理×××复核后，分别提交生产经理×××、销售经理×××和总经理×××审阅。对于亏损订单，总经理×××将视亏损原因，要求生产经理×××、销售经理×××调查。

4) 存货管理

第一，盘点制度。

仓库分别于每月、每季和年度终了，对存货进盘点，财务部门对盘点结果进行复盘。仓库管理员×××编写存货盘点明细表，发现差异及时处理，经仓储经理×××、财务经理×××、生产经理×××复核后调整入账。

第二，存货跌价准备。

BG系统物流子系统设有存货库龄分析功能，对库龄超过1年的存货，会进行提示。在盘点时，盘点人员也需关注是否需要计提存货跌价准备。

如果出现毁损、陈旧、过时及残次存货，仓库管理员×××编制不良存货明细表，经仓储经理复核后，交采购经理×××和销售经理×××，他们将分析该等存货的可变现净值，如需计提存货跌价准备，由会计主管×××编制存货价值调整建议。

存货价值调整建议经财务经理×××复核后，报董事会审批。只有经董事会批准后方可进行账务处理。

要求：填写“生产与仓储循环控制执行情况的评价结果”工作底稿（见书末二维码）。

3）采购与付款循环的控制测试。

测试一，采购与付款循环的主要业务活动。

第一，请购商品和劳务。

企业购买商品或劳务，应由仓库部门负责对需要购买的已列入存货清单的项目填写请购单，其他资产使用部门也可以对所需要的未列入存货清单的项目填写请购单。大部分企业对正常经营所需物资的购买均作为一般授权，比如，仓库在现有库存达到再订购点时就可直接提出采购申请，其他部门也可为正常的工作需要直接申请采购有关物品。但对资本支出和租赁合同，企业则通常要求作出特别授权，只允许指定人员提出请购。请购单可用手工或计算机由不同人员、部门填制。由于其不便于事先编号，为了加强控制，每张请购单必须经过对这类支出预算负责任的主管人员签字批准。

第二，编制订购单。

采购部门在收到请购单后，只能对经过批准的请购单发出订购单。对每张订购单，采购部门应确定最佳的供应来源。对一些大额的、重要的采购项目应采用竞价的方式确定供应商，以保证供货的质量、及时性和成本的低廉。订购单应正确填写所需要的商品品名、数量、价格、厂商名称和地址等，预先予以顺序编号并经过被授权的采购人员签名。其正联应送交供应商，副联则送至企业内部的验收部门、应付凭单部门和编制请购单的部门。随后，应独立检查订购单的处理，以确定是否确实收到商品并正确入账。

第三，验收商品。

有效的订购单代表企业已授权验收部门接受供应商发运来的商品。验收部门首先应比较所收商品与订购单上的要求是否相符，如商品的品名、说明、数量、到货时间等，然后再盘点商品有无损坏。验收后，验收部门应对已收货的每张订购单编制一式多联、预先按顺序编号的验收单，作为验收和检验商品的依据。验收人员将商品送交仓库或其他请购部门时，应取得经过签字的收据，或要求其在验收单的副联上签收，以确立他们对所采购资产应负的保管责任。验收单应送交应付凭单、财会等有关部门。

第四，储存已验收的商品存货。

将已验收商品的保管与采购的其他职责相分离，可减少未经授权的采购和盗用商品的风险。存放商品的仓储区应相对独立，限制无关人员进出。

第五，编制付款凭单。

记录采购交易之前，应付凭单部门应编制付款凭单。付款凭单是采购方企业的应付凭单部门编制的，载明已收到的商品、资产或接受劳务的厂商、应付款金额和付款日期的凭证，是企业内部记录和支付负债的授权证明文件。付款凭单应预先连续编号，并经过适当批准。这项功能的控制包括：

➢ 确定供应商发票的内容与相关的验收单、订购单的一致性。

➢ 确定供应商发票计算的正确性。

➢ 编制有预先顺序编号的付款凭单，并附上支持性凭证（如订购单、验收单和供应商发票等）这些支持性凭证的种类，因交易对象的不同而不同。

➢ 独立检查付款凭单计算的正确性。

➢ 在付款凭单上填入应借记的资产或费用账户名称。

➢ 由被授权人员在凭单上签字，以示批准照此凭单要求付款。所有未付凭单的副联应保存在未付凭单档案中，以待日后付款。经适当批准和有预先编号的凭单为记录采购交易提供了依据。

第六，确认与记录负债。

正确确认已验收货物和已接受劳务的债务，要求准确、及时地记录负债。该记录对企业财务报表和实际现金支出具有重大影响。因此，必须特别注意，按正确的数额记载企业确实已发生的购货和接受劳务事项。与应付账款确认和记录相关的部门一般有责任核查购置的财产，并在应付凭单登记簿或应付账款明细账中加以记录。在收到供应商发票时，应付账款部门应将发票上所记载的品名、规格、价格、数量、条件及运费与订购单上的有关资料核对，如有可能，还应与验收单上的资料进行比较。

应付账款确认与记录的一项重要控制是要求记录现金支出的人员不得经手现金、有价证券和其他资产。恰当的凭证、记录与记账手续，对业绩的独立考核和应付账款职能而言是必不可少的控制。

在手工系统下，应将已批准的未付款凭单送达会计部门，据以编制有关记账凭证和登记有关账簿。会计主管应监督为采购交易而编制的记账凭证中账户分类的适当性；通过定期核对编制记账凭证的日期与凭单副联的日期，监督入账的及时性。而独立检查会计人员则应核对所记录的凭单总数与应付凭单部门送来的每日凭单汇总表是否一致，并定期独立检查应付账款总账余额与应付凭单部门未付款凭单档案中的总金额是否一致。

第七，付款。

➢ 通常是由应付凭单部门负责确定未付凭单在到期日付款。企业有多种款项结算方式，以支票结算方式为例，编制和签署支票的有关控制包括：

➢ 独立检查已签发支票的总额与所处理的付款凭单的总额的一致性。

➢ 应由被授权的财务部们的人员负责签署支票。

➢ 被授权签署支票的人员应确定每张支票都附有一张已经适当批准的未付款凭单，并确定支票收款人姓名和金额与凭单内容的一致性。

➢ 支票一经签署就应在其凭单和支持性凭证上用加盖印戳或打洞等方式将其注销，以免重复付款。

➢ 支票签署人不应签发无记名甚至空白的支票。

➢ 支票应预先顺序编号，保证支票支出存根的完整性和作废支票处理的恰当性。

➢ 应确保只有被授权的人员才能接近未经使用的空白支票。

第八，记录现金、银行存款支出。

仍以支票结算方式为例，在手工系统下，会计部门应根据已签发的支票编制付款记账凭证，并据以登记银行存款日记账及其他相关账簿。以记录银行有关支出为例，有关控制包括：

➢ 会计主管应独立检查记入银行存款日记账和应付账款明细账的金额的一致性，以及与支票汇总记录的一致性。

➢ 通过定期比较银行存款日记账记录的日期与支票副本的日期，独立检查入账的及时性。

➢ 独立编制银行存款余额调节表。

测试二，采购与付款交易的内部控制。

第一，适当的职责分离控制。

适当的职责分离有助于防止各种有意的或无意的错误。与销售与收款业务一样，采购与付款业务也需要适当的职责分离。企业应当建立采购与付款业务的岗位责任制，明确相关部门和岗位的职责、权限，确保办理采购与付款业务的不相容岗位相互分离、制约和监督。采购与付款交易不相容岗位至少包括：请购与审批；询价与确定供应商；采购合同的订立与审批；采购与验收；采购、验收与相关会计记录；付款审批与付款执行。这些都是对企业提出的有关采购与付款交易相关职责适当分离的基本要求，以确保办理采购与付款交易的不相容岗位相互分离、制约和监督。

第二，请购控制。

原材料的购进，一般首先由生产部门根据生产计划填写领料单。仓库部门接到领料单后应将原材料保管卡上记录的库存数同生产部门需要的数量进行比较。当生产所需的材料和仓库所需的后备数量合计已超过库存数量时，则应提出请购。其他物品的购进，一般由使用部门或需要部门（公用事业、广告、保险等服务）直接提出请购，填制请购单，经过批准后进行。

第三，订货控制。

在订购多少的控制方面，采购部们首先应审查每一份请购单的请购数量是否在控制限额的范围内，其次是检查使用物品和劳务的部门主管是否在请购单上签字同意，对于需大量采购的原材料，必须作各种采购数量对成本的影响分析，其内容是将各种请购项目进行有效的归类，然后利用经济批量法来测算成本。

在向谁订购的控制方面，采购部门在正式填制订单前，必须向不同的供应商索取供应物品的价格、质量指标、折扣和付款条件以及交货时间等资料，比较不同供应商所提供的资料，选择最有利于企业生产和成本最低的供应商，与之签订合同。

在何时订购的控制方面，应由仓库部门运用经济批量法和分析最低存货点来确定订购时间。

在以上三方面决定作出后，采购部门应及时编制一式多联连续编号的订购单；在订购单向供应商发出之前，必须由专人检查该订购单是否得到授权人的签字；订购单副本应交给验收、应付凭单和编制请购单等有关部门。

第四，验收控制。

货物的验收应独立于请购、采购和会计部门的人员来担任，其控制责任是检验收到货物的数量和质量。

对于数量，验收部门在货运单上签字之前，应通过数、过磅或测量等方法来证明货运单上所列的数量。

对于质量，验收部门应检验有无因运输而导致的货物缺陷。在货物质量检验需要有较高的专业知识或必须经过仪器、实验才能进行的情况下，收货部门应将部分样品送交专家或实验室对其质量进行检验。

每一项收到的货物必须在验收以后填制供应商、收货日期、货物名称、数量和质量以及运货人名称、原购货订单编号等内容的收货报告单，并将其及时报告请购、采购和会计部门。

第五，实物控制。

采购与付款交易中的实物控制包括两个方面：一方面，加强对已验收入库商品实物的控制，限制非经授权人员接近存货。实物保管应由独立于验收、采购和会计部门的人员来担任，同时加强对退货的实物控制，货物的退回要有经审批的合法手续。另一方面，限制非授权人员接近各种记录和文件，防止伪造篡改资料。

第六，应付账款的控制。

应付账款的控制包括：应付账款的记录必须由独立于请购、采购、验收、付款的职员来进行；对于有预付货款的交易，在收到供应商发票后，应将预付金额冲抵部分发票金额来记录应付账款；对于享有折扣的交易，应根据供应商金额减去折扣金额后的净额登记应付账款；必须分别设置应付账款总账和明细账户；每月应将应付账款明细账定期与客户的对账单进行核对。

第七，内部核查程序控制。

企业应当建立对采购与付款交易内部控制的监督检查制度。采购与付款交易内部控制监督检查的主要内容包括：

采购与付款交易相关岗位及人员的设置情况。重点检查是否存在采购与付款交易不相容职务混岗的现象。

采购与付款交易授权批准制度的执行情况。重点检查大宗采购与付款交易的授权批准手续是否健全，是否存在越权审批的行为。

应付账款和预付账款的管理。重点检查应付账款和预付账款支付的正确性、时效性和合法性。

有关单据、凭证和文件的使用和保管情况。重点检查凭证的登记、领用、传递、保管、注销手续是否健全,使用和保管制度是否存在漏洞。

对监督检查过程中发现的购货与付款内部控制中的薄弱环节,企业应当采取措施、及时加以纠正和完善。

第八,采购交易的内部控制目标及关键内部控制。

➢ 所记录的采购都确已收到商品或劳务。注册会计师应注意请购单、订购单、验收单和卖方发票是否一一应俱全并附在付款凭单之后;采购是否经适当级别批准等。

➢ 已发生的采购交易均已记录。注册会计师应检查订购单、验收单、应付凭单均事先连续编号并已登记入账。

➢ 所记录的采购交易估价正确。注册会计师应核实相应主管人员对采购价格和折扣的批准,并对计算准确性进行内部核查。

➢ 采购交易分类正确。采用了适当的会计科目。

➢ 采购交易按正确的日期记录。应注意收到商品或接受劳务后入账的及时性。

➢ 采购交易被正确记入应付账款和存货等明细账中,并正确汇总。

测试三,评估重大错报风险。

a. 在实施控制测试和实质性程序之前,注册会计师需要了解被审计单位采购与付款交易和相关余额的内部控制的设计、执行情况,评估认定层次的财务报表重大错报风险,并对被审计单位特殊的交易活动和可能影响财务报表真实反映的事项保持职业怀疑态度。这将影响注册会计师决定采取何种适当的审计方法。

b. 影响采购与付款交易和余额的重大错报风险可能包括:

c. 管理层错报费用支出的偏好和动因。被审计单位管理层可能为了完成预算,满足企业考核要求,保证从银行获得额外的资金,吸引潜在投资者,误导股东,影响公司股价,或通过把私人费用计入公司进行个人盈利而错报支出。

d. 费用支出的复杂性。例如,被审计单位开始在国外开展销售交易,管理层对于可能遭遇的问题解决经验有限,甚至不具备进行正确交易的能力。这可能导致费用支出分配的错误、外币换算错误和准备计提的错误。

e. 管理层凌驾于控制之上和员工舞弊的风险。例如,通过与第三方串通,把私人费用计入企业费用支出,或有意无意地重复付款。

f. 采用不正确的费用支出截止期。将本期采购并收到的商品计入下一会计期间,或者将下一会计期间采购的商品提前计入本期。例如,被审计单位采用离岸价结算方式进口的商品期末尚在途中,由于商品的所有权已经转移,就可能存在低估在途商品的风险。

g. 低估。在承受反映较高盈利水平和营运资本的压力下,被审计单位管理层可能试图低估应付账款和准备,包括对存货和应收账款应计提的减值以及对已售商品提供的担保应计提的准备。

h. 不正确地记录外币交易。当被审计单位进口用于出售的商品时,可能由于采用不恰当的外币汇率而导致该项采购的记录出现差错。在存在诸如远期外汇担保或套期保值交易的情形下,外汇交易记录的复杂性也会导致在记录汇兑损益和套期保值损益时出错,从而使进口存货成本的核算产生错误。此外,还存在未能将诸如运费、保险费和关税等与存货相关的进口费用进行正确分摊的风险。

i. 舞弊和盗窃的固有风险,如果被审计单位经营大型零售业务,由于所采购商品和固定资产的数量及支付的款项庞大,交易复杂,容易造成商品发运错误,员工和客户发生舞弊和盗窃的风险较高。如果那些负责付款的会计人员有权接触应付账款主文档，并能够通过在应付账款主文档中擅自添加新的账户来虚构采购交易，风险也会增加。

j. 存货的交易成本没有按照适当的计量属性确认，结果可能导致存货成本和销售成本的核算不正确。

k. 存在未记录的权利和义务，这可能导致资产负债表分类错误以及财务报表附注不正确或披露不充分。

l. 总之，当被审计单位管理层具有高估利润的动机时，注册会计师应当主要关注费用支出和应付账款的低估。重大错报风险集中体现在遗漏交易，采用不正确的费用支出截止期，以及错误划分资本性支出和费用性支出。这些将对完整性、截止、发生、存在、准确性和分类认定产生关系。

测试四，采购与付款交易的控制测试。

程序 1，对请购商品或劳务的内部控制测试。

抽取若干张请购单，检查其摘要、数量及日期等项目是否齐全，同相应订购单、合同等文件是否一致，有无批准手续。

程序 2，对订购商品或劳务的内部控制测试。

抽取若干张订购单，检查其摘要、数量、价格、规格及日期等项目是否齐全，是否批准，是否有请购单、合同等支持性凭证。

程序 3，对验收商品的内部控制测试。

通过观察、询问，确定验收部门是否独立行使职责，是否根据货物的检查情况准确编制验收单。验收单是否连续编号，填写内容是否完整，同发票及实物是否一致。

程序 4，对实物的内部控制测试。

通过观察、询问，查看职员在执行授权，实物收发、保管、记录方面是否认真履行职责，是否存在弊端。

程序 5，对应付账款的内部控制测试。

a. 从应付账款明细账中抽取一定记录，审查其对应的记账凭证，检查其是否经由会计主管复核和审批，并检查款项支付是否得到适当人员的复核和审批，并确定记账凭证是否附有的购货发票、订购单、合同、验收单等原始凭证，并与原始凭证上所载明的品名、规格、数量、价格核对是否一致，原始凭证手续是否齐全。

b. 检查一定数量的购货发票、订购单、验收单，核对其有无对应的应付账款记录，时间、金额是否一致。

c. 检查应付账款明细账，存货、固定资产明细账以及总账是否平行登记，金额是否一致。

【做中教 4-3】 ZXD 公司是一家生产和销售电子产品的中型制造企业，其现行的采购政策和程序已经董事会批准，如果需对该项政策和程序作出任何修改，均应经董事会批准后方能执行。本年度该项政策和程序没有发生变化。

ZXD 公司生产所需的原材料主要包括电子元器件、贵金属及包装材料。其中，约计 60%的大宗原材料是向 6 家经选择的国外供应商采购。通常情况下，ZXD 公司与这些供应商签订为期 1 年的采购合同，并于每年年初时续签。续签之前董事会应审批重要合同条款，并授权由总经理签署合同。对其他材料和服务，ZXD 公司均向国内供应商采购。

ZXD 公司采用 BG 系统处理采购与付款交易，自动生成记账凭证和供应商清单，并过至应付账款明细账和总账。采购与付款业务涉及的主要人员，如表 4-3 所示。

表 4-3 采购与付款业务涉及的主要人员

职务	姓名
总经理	×××
财务经理	×××
会计主管	×××
出纳员	×××
应付账款记账员	×××
应付账款主管	×××
采购经理	×××
采购员	×××
采购信息管理员	×××
生产经理	×××

我们采用询问、观察和检查等方法，了解并记录了 ZXD 公司采购与付款循环的主要控制流程，并已与财务经理×××、采购经理×××确认下列所述内容。

1. 有关职责分工的政策和程序

ZXD 公司建立了下列职责分工政策和程序：

(1) 不相容职务相分离，主要包括：询价与确定供应商、采购合同的订立与审批、采购与验收、实物资产的保管与会计记录、付款审批与执行等职务相分离。

(2) 各相关部门之间相互控制并在其授权范围内履行职责，同一部门或个人不得处理采购与付款业务的全过程。

2. 主要业务活动介绍

1) 采购

第一，材料采购。

生产部门填写请购单(一式三联)，经生产经理×××签字审批。

采购部门收到请购单后，对金额在人民币×××元以下的请购单由采购经理×××负责审批；金额在人民币×××元至人民币×××元的请购单由总经理×××负责审批；金额超过人民币×××元的请购单需经董事会审批。

根据经恰当审批的请购单，采购信息管理员×××将有关信息输入 BG 系统，系统将自动生成连续编号的采购订单(此时系统显示为“待处理”状态)。每周，采购信息管理员×××核对本周内生成的采购订单，将请购单和采购订单存档管理，对任何不连续编号的情况将进行检查。

采购员×××根据系统显示的“待处理”采购订单信息，安排供应商发货、开具采购发票以及仓储验收等事宜。

每周，财务部门应付账款记账员×××汇总本周内生成的所有采购订单并与请购单核对，编制采购信息报告。如采购订单与请购单核对相符，应付账款记账员×××即在采购信息报告上签字。如有不符，应付账款记账员×××将通知采购信息管理员×××，与其共同调查该事项。应付账款记账员×××还需在采购信息报告中注明不符事项及其调查结果。

ZXD公司未发生退货交易。

第二，费用支出。

需发生销售(管理)费用支出的部门填写费用申请单，其部门经理可以审批金额人民币×××元以下的费用；金额在人民币×××元至人民币×××元的费用由总经理×××负责审批；金额在人民币×××元以上的费用则需得到董事会的批准。

2）记录应付账款

第一，材料采购。

收到采购发票后，应付账款记账员×××将发票所载信息和验收单、采购订单进行核对。如所有单据核对一致，应付账款记账员×××在发票上加盖“相符”印戳并将有关信息输入系统，此时系统自动生成记账凭证过至明细账和总账，采购订单的状态也由“待处理”自动更改为“已处理”。

每月终了，如果采购的材料已经运达ZXD公司，供应商已提供采购发票，但材料尚未经验收入库，则应付账款记账员×××将采购发票单独存放，待下一月份收到验收单时再按上述流程输入系统。

第二，费用支出。

发生销售(管理)费用的部门收到费用发票后，其部门经理签字确认并交至应付账款记账员×××。

应付账款记账员×××对收到的费用发票、费用申请单和其他单据进行核对，核对内容包括有关单据是否经恰当人员审批，金额是否相符等。如所有单据核对一致，应付账款记账员×××在发票上加盖“相符”印戳并将有关信息输入系统，此时系统自动生成记账凭证过至明细账和总账。

每月终了，对已经发生尚未收到费用发票的支出，ZXD公司不进行账务处理。

第三，核对及差异处理。

应付账款记账员×××如果发现任何差异，将立即通知采购经理×××或发生费用支出部门的经理，以实施进一步调查。如果采购经理×××或发生费用支出部门的经理认为该项差异可以合理解释，需在发票上签字并注明原因，特别批准授权应付账款记账员×××将该发票输入系统。

每月末，应付账款主管×××编制应付账款账龄分析报告，其内容还应包括应付账款总额与应付账款明细账合计数以及应付账款明细账与供应商对账单的核对情况。如有差异，应付账款主管×××将立即进行调查，如调查结果表明需调整账务记录，应付账款主管×××将编制应付账款调节表和调整建议，附同应付账款账龄分析报告一并交至会计主管×××复核，经财务经理×××批准后方可进行账务处理。

3）付款

第一，材料采购。

在采购合同约定的付款日期到期前(视付款期限而定)，应付账款记账员×××编制付款凭证，并附相关单证，如采购订单、采购发票及验收单等，提交会计主管×××审批。

第二，费用支出。

申请付款时，费用支出部门需填写付款申请单，并经部门经理审批。

应付账款记账员×××收到经批准的付款申请单后，与应付账款明细账记录进行核对。如核对相符，应付账款记账员×××编制付款凭证，并附相关单证，如费用申请单、费用发票及付款申请单等，提交会计主管×××审批。

在完成对付款凭证及相关单证的复核后，会计主管×××在付款凭证上签字，作为复核证据，并在所有单证上加盖“核销”印戳。

出纳员×××根据经复核无误的付款凭证办理付款，并及时登记现金和银行存款日记账。

每月末，由会计主管×××指定出纳员×××以外的人员核对银行存款日记账和银行对账单，编制银行存款余额调节表，并提交给财务经理×××复核，财务经理×××在银行存款余额调节表中签字作为其复核的证据。

4）维护供应商档案

如需要对系统内的供应商信息作出修改，采购员填写更改申请表，经采购经理×××审批后，由采购信息管理员×××负责对更改申请表预先连续编配号码并在系统内进行更改。

采购信息管理员×××每月复核供应商档案。对2年内未与ZXD公司发生业务往来的供应商，采购员×××填写更改申请表，经采购经理×××审批后交采购信息管理员删除该供应商档案。

每月末，采购信息管理员×××编制月度供应商信息更改报告，附同更改申请表的编号记录交由财务经理×××复核。

财务经理×××核对月度供应商更改信息报告、检查实际更改情况和更改申请表是否一致、所有变更是否得到适当审批以及编号记录表是否正确，在月度供应商信息更改报告和编号记录表上签字作为复核的证据。如发现任何异常情况，将进一步调查处理。

每半年，采购经理×××复核供应商档案。

要求：填写“采购与付款循环控制执行情况的评价结果”工作底稿（见书末二维码）。

4）货币资金的控制测试。

测试一，货币资金与交易循环。

货币资金与各交易循环中的业务活动存在着密切的关系：

a. 在销售与收款循环中，企业产品的销售、劳务的提供会导致货币资金的增加。

b. 在采购与付款循环中，企业购买固定资产、无形资产和存货等会导致货币资金的减少。

c. 在生产与存货循环中，企业支付各种费用会导致货币资金的减少。

测试二，货币资金审计与交易循环审计。

货币资金审计与交易循环审计亦存在着密切的关系。一些最终影响货币资金的错误只有在对销售、采购的交易循环的审计测试中才会被发现。例知，未给顾客开票，未按销售额开票，两次支付卖方货款或支付未经验收的货物或劳务费用等，在库存现金余额测试中都不会被发现。但是限制货币资金付款和货币资金收款的错误可在货币资金的业务控制测试中发现，或通过对余额测试程序发现。例如，对已记录的库存现金支出通过缺省支票达到贪污的目的，或现金的截止期错误，均可通过检查库存现金业务发现。

测试三，货币资金的内部控制。

为了确保货币资金的安全完整，保证货币资金的收付符合国家的有关规定，保证货币资金的会计记录正确可靠，被审计单位应当根据国家有关法律、法规的规定，结合本部门或系统有关货币资金内部控制的规定，建立适合本单位业务特点和管理要求的货币资金内部控制制度，并组织实施。

货币资金的内部控制一般包括以下内容：

第一，岗位分工及授权批准。

➢ 企业应当建立货币资金业务的岗位责任制，明确相关部门和岗位的职责权限，确保办理货币资金业务的不相容岗位相互分离、制约和监督。出纳人员不得兼任稽核、会计档案保管和收入、支出、费用、债权债务账目的登记工作。企业不得由一人办理货币资金业务的全过程。

➢ 企业应当对货币资金业务建立严格的授权批准制度，明确审批人对货币资金业务的授权批准方式、权限、程序、责任和相关控制措施，规定经办人办理货币资金业务的职责范围和工作要求。审批人应当根据货币资金授权批准制度的规定，在授权范围内进行审批，不得超越审批权限。经办人应当在职责范围内，按照审批人的批准意见办理货币资金业务。对于审批人超越授权范围审批的货币资金业务，经办人员有权拒绝办理，并及时向审批人的上级授权部门报告。

➢ 企业应当按照规定的程序办理货币资金支付业务：其一，支付申请。企业有关部门或个人用款时，应当提前向审批人提交货币资金支付申请，注明款项的用途、金额、预算、支付方式等内容，并附有效经济合同或相关证明。其二，支付审批。审批人根据其职责、权限和相应程序对支付申请进行审批。对不合规定的货币资金支付申请，审批人应当拒绝批准。其三，支付复核。复核人应当对批准后的货币资金支付申请进行复核，复核货币资金支付申请的批准范围、权限、程序是否正确，手续及相关单证是否齐备，金额计算是否准确，支付方式、支付企业是否妥当等。复核无误后，交由出纳人员办理支付手续。其四，办理支付。出纳人员应当根据复核无误的支付申请，按规定办理货币资金支付手续，及时登记现金和银行存款日记账。

➢ 企业对重要货币资金支付业务，应当实行集体决策和审批，并建立责任追究制度，防范贪污、侵占、挪用货币资金等行为。

➢ 严禁未经授权的机构或人员办理货币资金业务或直接接触货币资金。

第二，现金和银行存款的管理。

➢ 企业应当加强现金库存限额的管理，超过库存限额的现金应及时存入银行。

➢ 企业必须根据《现合管理暂行条例》的规定，结合本企业的实际情况，确定本企业现金的开支范围。不属于现金开支范围的业务应当通过银行办理转账结算。

➢ 企业现金收入应当及时存入银行，不得用于直接支付企业自身的支出。因特殊情况需坐支现金的，应事先报经开户银行审查批准。

➢ 企业借出款项必须执行严格的授权批准程序，严禁擅自挪用、借出货币资金。

➢ 企业取得的货币资金收入必须及时入账，不得私设“小金库”，不得账外设账、严禁收款不入账。

➢ 企业应当严格按照《支付结算办法》等国家有关规定，加强银行账户的管理，严格按照规定开立账户，办理存款、取款和结算。

➢ 企业应当定期检查、清理银行账户的开立及使用情况，发现问题，及时处理。同时应当加强对银行结算凭证的填制、传递及保管等环节的管理与控制。

➢ 企业应当严格遵守银行结算纪律，不准签发没有资金保证的票据或远期支票，套取银行信用；不准签发、取得和转让没有真实交易和债权债务的票据，套取银行和他人资金；不准无理拒绝付款，任意占用他人资金；不准违反规定开立和使用银行账户。

➢ 企业应当指定专人定期核对银行账户，每月至少核对一次，编制银行存款余额调节表,使银行存款账面余额与银行对账单调节相符。如调节不符,应查明原因,及时处理。

➢ 出纳人员不得同时从事银行对账单的获取、银行存款余额调节表的编制工作。确需出纳人员办理上述工作的,应当指定其他人员定期进行审核、监督。

➢ 实行网上交易、电子支付等方式办理资金支付业务的企业,应当与承办银行签订网上银行操作协议,明确双方在资金使用方面的责任和义务、交易范围等。操作人员应当根据操作授权和密码进行规范操作。使用网上交易,电子支付方式的企业办理资金支付业务,不应因支付方式的改变而随意简化、变更所必需的授权审批程序。企业在严格实行网上交易、电子支付操作人员不相容岗位相互分离控制的同时,应当配备专人加强对交易和支付行为的审核。

➢ 企业立当定期和不定期进行现金盘点,确保现金账面余额与实际库存相符。发现不符,及时查明原因,作出处理。

第三,票据及有关印章的管理。

➢ 企业应当加强与货币资金相关的票据的管理,明确各种票据的购买、保管、领用、背书转让、注销等环节的职责权限和程序,并专设登记簿进行记录,防止空白票据的遗失和被盗用。

➢ 企业应当加强银行预留印鉴的管理。财务专用章应由专人保管,个人名章必须由本人或授权人员保管。严禁一人保管支付款项所需的全部印章。

➢ 按规定需要有关负责人签字或盖章的经济业务,必须严格履行签字或盖章手续。

第四,监督检查。

企业应当建立对货币资金业务的监督检查制度,明确监督检查机构或人员的职责权限,定期和不定期地进行检查。

货币资金监督检查的内容主要包括:

➢ 货币资金业务相关岗位及人员的设置情况。重点检查是否存在货币资金业务不相容职务混岗的现象。

➢ 货币资金授权批准制度的执行情况。重点检查货币资金支出的授权批准手续是否健全,是否存在越权审批行为。

➢ 支付款项印章的保管情况。重点检查是否存在办理付款业务所需的全部印章交由一人保管的现象。

➢ 票据的保管情况。重点检查票据的购买、领用、保管手续是否健全,票据保管是否存在漏洞。

对监督检查过程中发现的货币资金内部控制中的薄弱环节,应当及时采取措施,加以纠正和完善。

测试四,货币资金的控制测试。

第一,库存现金的控制测试。

以下举例说明几种常见的库存现金内部控制以及注册会计师相应可能实施的内部控制测试程序:

程序1,现金付款的审批与复核。

例如,被审计单位对现金付款审批作出了以下内部控制的要求:部门经理审批本部门的付款申请,审核付款业务是否真实发生,付款全领是否准确,以及后附票据是否济全,并在复核无误后签字认可。财务部门在安排付款前,财务经理再次复核经审批的付款申请及后附相关凭据或证明，如核对一致，进行签字认可并安排付款。

针对上述内部控制，注册会计师可以在选取适当样本的基础上实施以下控制测试程序：

➢ 询问相关业务部门的经理和财务经理其在日常现金付款业务中执行的内部控制，以确定其是否与被审计单位内部控制政策要求保持一致。

➢ 观察财务经理复核付款申请的过程，是否核对了付款申请的用途、金额及后附相关凭据，以及在核对无误后是否进行了签字确认。

➢ 重新核对经审批及复核的付款申请及其相关凭据，并检查是否经签字确认。

程序 2，现金盘点。

例如，被审计单位针对现金盘点作出了以下内部控制的要求：会计主管指定应付账款会计每月末的最后一天对库存现金进行盘点，根据盘点结果编制库存现金盘点表，将盘点余额与库存现金余额进行核对，并对差异调节项进行说明。会计主管复核库存现金盘点表，如盘点余额与现金日记账余额存在差异且差异金额超过 2 万元，需查明原因并报财务经理批准后进行财务处理。

针对上述内部控制，注册会计师可以选取适当样本的基础上实施以下控制测试程序：

➢ 在月末最后一天参与被审计单位的现金盘点，检查是否由应付账款会计进行现金盘点。

➢ 观察现金盘点程序是否按照盘点计划的指令和程序执行，是否编制了库存现金盘点表并根据内部控制要求经财务部相关人员签字复核。

➢ 检查库存现金盘点表中记录的现金盘点余额是否与实际盘点金额保持一致、库存现金盘点表中记录的现金日记账余额是否与被审计单位库存现金日记账的余额保持一致。

➢ 针对调节差异金额超过 2 万元的调节项，检查是否经财务经理批准后进行财务处理。

第二，银行存款的控制测试。

以下举例说明几种常见的银行存款内部控制以及注册会计师相应可能实施的内部控制测试程序。

程序 1，银行账户的开立、变更和注销。

例如，被审计单位针对银行账户的开立、变更和注销作出了以下内部控制的要求：会计主管根据被审计单位的实际业务需要就银行账户的开立、变更和注销提出申请，经财务经理审核后报总经理审批。

针对上述内部控制，注册会计师可以实施以下控制测试程序：

➢ 询问会计主管被审计单位本年度开户、变更、撤销的整体情况。

➢ 取得本年度账户开立、变更、撤销申请项目清单，检查清单的完整性，并在选取适当样本的基础上检查账户的开立、变更、撤销项目是否已经财务经理和总经理审批。

程序 2，银行存款的审批和复核。

例如，被审计单位针对银行存款审批作出了以下内部控制的要求：部门经理审批本部门的付款申请，审核付款业务是否真实发生，付款金额是否准确，以及后附票据是否齐全，并在复核无误后签字认可。财务部门在安排付款前，财务经理再次复核经审批的付款申请及后附的相关凭据或证明，如核对一致，进行签字认可并安排付款。

针对上述内部控制，注册会计师可以在选取适当样本的基础上实施以下控制测试程序：

➢ 询问相关业务部门的经理和财务经理其在日常银行付款业务中执行的内部控制，以确定其是否与被审计单位内部控制政策要求保持一致。

➢ 观察财务经理复核付款申请的过程，是否核对了付款申请的用途、金额及后附相关凭据，以及在核对无误后是否进行了签字确认。

➢ 重新核对经审批及复核的付款申请及其相关凭据，并检查是否经签字确认。

程序3，编制银行存款余额调节表。

例如，被审计单位为保证银行存款余额的存在性、完整性和准确性作出了以下内部控制的要求：每月末，会计主管指定应收账款会计核对银行存款日记账和银行对账单，编制银行存款余额调节表，使银行存款账面与银行对账单调节相符。如存在差异项，查明原因并进行差异调节说明。会计主管复核银行存款余额调节表，对需要进行调整的调节项目及时进行处理，并签字认可。

针对上述内部控制，注册会计师可以实施以下控制测试程序：

➢ 询问应收账款会计和会计主管，以确定其执行的内部控制是否与被审计单位内部控制政策要求保持一致，特别是针对未达账项的编制及审批流程。

➢ 针对选取的样本，检查银行存款余额调节表，查看调节表中记录的企业银行存款日记账余额是否与银行存款日记账余额保持一致，调节表中记录的银行对账单余额是否与被审计单位提供的银行对账单中的余额保持一致。

➢ 针对调节项目，检查是否经会计主管的签字复核。

➢ 针对大额未达账项进行期后收付款的检查。

【做中教4-4】 我们采用询问、观察和检查等方法，了解并记录了ZXD公司货币资金循环的主要业务流程和控制活动，并已与财务经理×××、会计主管×××、出纳员×××确认下列所述内容。货币资金业务涉及的主要人员，如表4-4所示。

表4-4 货币资金业务涉及的主要人员

职务	姓名
总经理	×××
财务经理	×××
会计主管	×××
会计员	×××
出纳员	×××

1. 有关职责分工的政策和程序

ZXD公司建立了对下列职责予以分工的政策和程序：

(1) 货币资金支付与审批。

(2) 货币资金保管与总分类账记录。

(3) 货币资金保管与会计档案保管以及收入、支出、费用、债权债务等账目的记账。

(4) 现金、银行存款总账与日记账的登记。

(5) 银行存款余额调节表的编制与复核。

(6) 根据相关员工的岗位职责说明，IT部门已经在核算系统中设置了其相应的系统访问权限。财务经理×××每季度复核系统生成的访问权限报告，确认设置是否适当。

2. 主要业务活动

1）现金管理

出纳员×××每日对库存现金自行盘点，编制现金日报表，计算当日现金收入、支出及结余额，并将结余额与实际库存额进行核对，如有差异及时查明原因：会计主管×××不定期检查现金日报表。

每月末，会计主管×××指定出纳员×××以外的人员对现金进行盘点，编制库存现金盘点表，将盘点金额与现金日记账余额进行核对。对冲抵库存现金的借条、未提现支票、未作报销的原始凭证，在库存现金盘点报告表中予以注明。会计主管复核库存现金盘点表，如果盘点金额与现金日记账余额存在差异，需查明原因并报经财务经理批准后进行账务处理。

2）银行存款管理

第一，银行账户管理。

ZXD公司的银行账户的开立、变更或注销须经财务经理×××审核，报总经理×××审批。

第二，编制银行存款余额调节表。

每月末，会计主管×××指定出纳员×××以外的人员核对银行存款日记账和银行对账单，编制银行余额调节表，使银行存款账面余额与银行对账单调节相符。如调节不符，查明原因。会计主管×××复核银行余额调节表，对需要进行账务调整的调节项目及时进行处理。

第三，票据管理。

财务部门设置银行票据登记簿，防止票据遗失或盗用。出纳员×××登记银行票据的购买、领用、背书转让及注销等事项。空白票据存放在保险柜中。

每月末，会计主管×××指定出纳员×××以外的人员对空白票据、未办理收款和承兑的票据进行盘点，编制银行票据盘点表，并与银行票据登记簿进行核对。会计主管×××复核库存银行票据盘点表，如果存在差异，需查明原因。

第四，印章管理。

ZXD公司财务专用章由财务经理×××保管，个人名章由出纳员×××保管。

要求：填写“货币资金控制执行情况的评价结果”工作底稿（见书末二维码）。

6. 对内部控制的再次评价

进行控制测试后，注册会计师对内部控制再次进行评价，评价的结果一般划分为以下三个类型：

（1）高信赖程度。若企业具有健全、合理的内部控制，并且均能有效地发挥作用，经济业务和会计记录发生差错的可能性很小，则注册会计师可以较多地依赖、利用内部控制，相应减少实质性程序的数量和范围。

（2）中信赖程度。企业的内部控制较好，但存在一定的缺陷或薄弱环节，在一定程度上可能影响会计记录的真实性和可靠性，则注册会计师应扩大内部控制的测试范围，增加抽样样本数量，或增加财务报表项目实质性程序的数量和范围。

（3）低信赖程度。重要的内部控制明显失效，大部分经济业务和会计记录失控，资料和数据经常出现差错，从而导致对内部控制难以信赖和利用。在这种情况下，注册会计师应扩大对经济业务和财务报表项目实施实质性程序的数量和范围，以获取足够的证据，编写审计报告。情况严重时，可考虑取消审计约定。

注册会计师是在对被审计单位各循环内部控制进行控制测试后，对各循环内部控制进行再次评价，在此基础上，决定实质性程序的时间和范围等。

（五）实质性程序

1. 实质性程序的含义和要求

实质性程序是指注册会计师针对评估的重大错报风险实施的直接用来发现认定层次重大错报的审计程序。

实质性程序包括对各类交易、账户余额、披露的细节测试以及实质性分析程序。其目的是检查和确定在被审计单位的内部控制下所产生的会计资料的真实性和正确性，为编写审计报告收集更为确切的证据。

由于注册会计师对重大错报风险的评估是一种判断，可能无法充分识别所有的重大错报风险，并且由于内部控制存在固有局限性，无论评估的重大错报风险的结果如何，注册会计师都应当针对所有重大的各类交易、账户余额、列报实施实质性程序。

2. 实质性程序的性质

实质性程序的性质是指实质性程序的类型及其组合。实质性程序的两种基本类型是细节测试和实质性分析程序。

细节测试是对各类交易、账户余额、披露的具体细节进行测试，目的在于直接识别财务报表认定是否存在错报。细节测试被用于获取与某些认定相关的审计证据，如存在、准确性、计价等。

实质性分析程序从技术特征上仍然是分析性程序，主要是通过研究效据间的关系评价信息，只是将该技术方法用作实质性程序，即用以识别各类交易、账户余额、披露及相关认定是否存在错报。

3. 实质性程序的时间

实质性程序的时间可以选择在期末或期中。如果在期中实施了实质性程序，注册会计师应当针对剩余期间实施进一步的实质性程序，或将实质性程序和控制测试结合使用，以将期中测试得出的结论合理延伸至期末。在如何将期中实施的实质性程序得出的结论合理延伸至期末时，注册会计师有两种选择：针对剩余期间实施进一步的实质性程序；将实质性程序和控制测试结合使用。

如果拟将期中测试得出的结论延伸至期末，注册会计师应当考虑针对剩余期间仅实施实质性程序是否足够。如果认为实施实质性程序本身不充分，注册会计师还应当测试剩余期间相关控制运行的有效性或针对期末实施实质性程序。

4. 实质性程序的范围

评估的认定层次重大错报风险和实施控制测试的结果是注册会计师在确定实质性程序的范围时的重要考虑因素。因此，在确定实质性程序的范围时，注册会计师应当考虑评估的认定层次重大错报风险和实施控制测试的结果。注册会计师评估的认定层次的重大错报风险越高，需要实施实质性程序的范围越广，如果对控制测试的结果不满意，注册会计师应当考虑扩大实质性程序的范围。

（1）销售与收款循环实质性程序。

① 营业收入审计。

a. 审计目标（如表 4-5 所示）。

表 4-5　营业收入审计目标

审计目标	财务报表认定					
	发生	完整性	准确性	截止	分类	列报
A. 利润表中记录的营业收入已发生，且与被审计单位有关。	√					
B. 所有应当记录的营业收入均已记录。		√				
C. 与营业收入有关的金额及其他数据已恰当记录。			√			
D. 营业收入已记录于正确的会计期间。				√		
E. 营业收入已记录于恰当的账户。					√	
F. 营业收入已按照企业会计准则的规定在财务报表中作出恰当的列报。						√

b. 实质性程序（如表 4-6 所示）。

表 4-6　营业收入审计实质性程序

实质性程序	是否执行	索引号	发生	完整性	准确性	截止	分类	列报
（一）主营业务收入								
1. 获取或编制主营业务收入明细表： (1) 复核加计是否正确，并与总账数和明细账合计数核对是否相符，结合“其他业务收入”账户与报表数核对是否相符； (2) 检查以非记账本位币结算的主营业务收入的折算汇率及折算是否正确。	是				√			
2. 实质性分析程序（必要时）： (1) 针对已识别需要运用分析程序的有关项目，并基于对被审计单位及其环境的了解，通过进行以下比较，同时考虑有关数据间关系的影响，以建立有关数据的期望值： 1) 将本期的主营业务收入与上期的主营业务收入进行比较，分析产品销售的结构和价格变动是否异常，并分析异常变动的原因； 2) 计算本期重要产品的毛利率，与上期比较，检查是否存在异常，各期之间是否存在重大波动，查明原因； 3) 比较本期各月各类主营业务收入的波动情况，分析其变动趋势是否正常，是否符合被审计单位季节性、周期性的经营规律，查明异常现象和重大波动的原因； 4) 将本期重要产品的毛利率与同行业企业进行对比分析，检查是否存在异常； 5) 根据增值税发票申报表或普通发票，估算全年收入，与实际收入金额比较。 (2) 确定可接受的差异额； (3) 将实际情况与期望值相比较，识别需要进一步调查的差异； (4) 如果其差额超过可接受的差异额，调查并获取充分的解释和恰当的佐证审计证据（如通过检查相关的凭证等）； (5) 评估分析程序的测试结果。			√	√	√			

（续表）

实质性程序	是否执行	索引号	发生	完整性	准确性	截止	分类	列报
3. 检查主营业务收入的确认条件、方法是否符合企业会计准则，前后期是否一致；关注周期性、偶然性的收入是否符合既定的收入确认原则、方法。			√	√	√	√		
4. 获取产品价格目录，抽查售价是否符合价格政策，并注意销售给关联方或关系密切的重要客户的产品价格是否合理，有无以低价或高价结算的方法相互之间转移利润的现象。					√			
5. 抽取__张发货单，审查出库日期、品名、数量等是否与发票、销售合同、记账凭证等一致。			√	√	√	√		
6. 抽取__张记账凭证，审查入账日期、品名、数量、单价、金额等是否与发票、发货单、销售合同等一致。			√		√	√		
7. 结合对应收账款的审计，选择主要客户函证本期销售额。			√		√			
8. 对于出口销售，应当将销售记录与出口报关单、货运提单、销售发票等出口销售单据进行核对，必要时向海关函证。			√					
9. 销售的截止测试： (1) 通过测试资产负债表日前后__天且金额大于的发货单据，将应收账款和收入明细账进行核对；同时，从应收账款和收入明细账选取在资产负债表日前后__天且金额大于的凭证，与发货单据核对，以确定销售是否存在跨期现象； (2) 复核资产负债表日前后销售和发货水平，确定业务活动水平是否异常（如与正常水平相比），并考虑是否有必要追加截止程序； (3) 取得资产负债表日后所有的销售退回记录，检查是否存在提前确认收入的情况； (4) 结合对资产负债表日应收账款的函证程序，检查有无未取得对方认可的大额销售； (5) 调整重大跨期销售。						√		
10.存在销货退回的，检查手续是否符合规定，结合原始销售凭证检查其会计处理是否正确。结合存货项目审计关注其真实性。			√					
11. 销售折扣与折让： (1) 获取或编制折扣与折让明细表，复核加计正确，并与明细账合计数核对相符； (2) 取得被审计单位有关折扣与折让的具体规定和其他文件资料，并抽查较大的折扣与折让发生额的授权批准情况，与实际执行情况进行核对，检查其是否经授权批准，是否合法、真实； (3) 销售折让与折扣是否及时足额提交对方，有无虚设中介、转移收入、私设账外“小金库”等情况； (4) 检查折扣与折让的会计处理是否正确。					√			
12. 检查有无特殊的销售行为，如委托代销、分期收款销售、商品需要安装和检验的销售、附有退回条件的销售、售后租回、售后回购、以旧换新、出口销售等，选择恰当的审计程序进行审核。			√	√	√	√	√	

（续表）

实质性程序	是否执行	索引号	发生	完整性	准确性	截止	分类	列报
13. 调查向关联方销售的情况，记录其交易品种、价格、数量、金额和比例，并记录占总销售收入的比例。对于合并范围内的销售活动，记录应予合并抵销的金额。			√		√			
14. 调查集团内部销售的情况，记录其交易价格、数量和金额，并追查在编制合并财务报表时是否已予以抵销。			√		√			
15. 根据评估的舞弊风险等因素增加的审计程序。								
（二）其他业务收入								
16. 获取或编制其他业务收入明细表，复核加计是否正确，并与总账数和明细账合计数核对是否相符，结合"主营业务收入"账户与营业收入报表数核对是否相符。	是				√			
17. 检查原始凭证等相关资料，分析交易的实质，确定其是否符合收入确认的条件，并检查其会计处理是否正确。			√	√	√	√	√	
18. 用材料进行非货币性资产交换的，应确定其是否具有商业实质且公允价值能够可靠计量。			√		√			
19. 根据评估的舞弊风险等因素增加的审计程序。								
（三）列报								
20. 检查营业收入是否已按照企业会计准则的规定在财务报表中作出恰当列报。	是							√

【做中教 4-5】 浙江科华机械股份有限公司为一家机械制造公司。注册会计师 ZJ、CT 2020 年 2 月 3 日在审计该公司 2019 年度主营业务收入时发现下列凭证(图 4-2 至图 4-8)，记录了该公司一笔销售业务。注册会计师 ZJ、CT 未发现其他销售业务存在不同或有关问题需要处理。

3300014414O　**浙江增值税专用发票**　№ 7283170　3300014414O 7283170

记账联

机器编码：255020640209　　开票日期：2019年12月30日

购买方		密码区	
名　　称：广州海韵机电公司 纳税人识别号：440858430103232 地 址 、电 话：广州站前路420号 020-39288847 开户行及账号：建行站前办 5602029845001001266			略

货物或应税劳务、服务名称	规格型号	单位	数 量	单 价	金 额	税率	税 额
5#机床		台	7	148,000.00	1,036,000.00	13%	134,680.00
8#机床		台	5	70,000.00	350,000.00	13%	45,500.00
合计					1,386,000.00		180,180.00
价税合计（大写）	⊗ 壹佰伍拾陆万陆仟壹佰捌拾元整				（小写）¥ 1,566,180.00		

销售方	备注
名　　称：浙江科华机械股份有限公司 纳税人识别号：330647823904234 地 址 、电 话：杭州西城路30号 0571-90888343 开户行及账号：中行西城办 102056208350010O112	

收款人：叶小天　　复核：夏莹莹　　开票人：罗大亨　　销货单位：（章）

浙江科华机械股份有限公司 330647823904234 发票专用章

税总函[2019]993号广州安全印务有限公司

第一联：记账联　销货方记账凭证

图 4-2　增值税专用发票

中国工商银行
转账支票存根
10205310
36270919

附加信息

出票日期 2019 年 12 月 30 日

收款人：杭州恒运达运输公司
金额：¥2 599.00
用途：代垫运杂费

单位主管 会计

图 4-3 转账支票存根

ICBC 中国工商银行 托收凭证（受理回单）
1

委托日期 2020 年 1 月 3 日

业务类型	委托收款（□邮划、□电划） 托收承付（☑邮划、□电划）					
付款人 全称	广东海韵机电公司		收款人 全称	浙江科华机械股份有限公司		
付款人 账号	5602029845001001266		收款人 账号	1020562083500100112		
付款人 地址	广东省广州市/县	开户行：建行站前办	收款人 地址	浙江省杭州市/县	开户行：中行西湖办	
金额 人民币（大写）	壹佰伍拾陆万捌仟柒佰柒拾玖元整			亿 千 百 十 万 千 百 十 元 角 分	¥ 1 5 6 8 7 7 9 0 0	
款项内容	货款	托收凭据名称	支票、增值税专用发票	附寄单证张数	2	
商品发运情况	已发运 NO. 089011	合同名称号码	2368			
备注： 复核 记账	款项收妥日期 年 月 日	收款人开户银行签章 年 月 日				

中国银行 中行西湖办 2020年1月3日 受理凭证章行

此联作收款人开户银行给收款人的受理回单

图 4-4 托收凭证

记 账 凭 证

2019 年 12 月 31 日 凭证编号 23

摘 要	会计科目 总账科目	会计科目 明细科目	借方金额	贷方金额	记账签章
销售商品及代垫运杂费	应收账款	广东海韵机电公司	1 568 779.00		
	主营业务收入	5#机床		1 036 000.00	
		8#机床		350 000.00	
	应交税费	应交增值税（销项税额）		180 180.00	
	银行存款	中国银行		2 599.00	
合 计 金 额			¥1 568 779.00	¥1 568 779.00	

附件 3 张

会计主管 张 明 记账 李 虎 稽核 夏莹莹 出纳 叶小天 制单 吴 娜 经办人 吴 欣

图 4-5 记账凭证

要求：填写“营业收入审定表”“营业收入检查表”（见书末二维码）。

② 应收账款审计。

a. 审计目标（如表 4-7 所示）。

表 4-7　应收账款审计目标

审计目标	财务报表认定				
	存在	完整性	权利和义务	计价和分摊	列报
A. 资产负债表中记录的应收账款是存在的。	√				
B. 所有应当记录的应收账款均已记录。		√			
C. 记录的应收账款由被审计单位拥有或控制。			√		
D. 应收账款以恰当的金额包括在财务报表中，与之相关的计价调整已恰当记录。				√	
E. 应收账款已按照企业会计准则的规定在财务报表中作出恰当列报。					√

b. 实质性程序（如表 4-8 所示）。

表 4-8　应收账款审计实质性程序

实质性程序	是否执行	索引号	存在	完整性	权利和义务	计价和分摊	列报
1. 获取或编制应收账款明细表： (1) 复核加计是否正确，并与总账数和明细账合计数核对是否相符；结合坏账准备科目与报表数核对是否相符。 (2) 检查非记账本位币应收账款的折算汇率及折算是否正确。 (3)分析有贷方余额的项目，查明原因，必要时，作重分类调整。 (4) 结合其他应收款、预收账款等往来项目的明细余额，调查有无同一客户多处挂账、异常余额或与销售无关的其他款项（如代销账户、关联方账户或雇员账户）。如有，应作出记录，必要时作调整。 (5) 标识重要的欠款单位，计算其欠款合计数占应收账款余额的比例。	是					√	
2. 检查涉及应收账款的相关财务指标： (1) 复核应收账款借方累计发生额与主营业务收入是否配比，并将当期应收账款借方发生额占销售收入净额的百分比与管理层考核指标比较，如存在差异应查明原因。 (2) 计算应收账款周转率、应收账款周转天数等指标，并与被审计单位以前年度指标、同行业同期相关指标对比分析，检查是否存在重大异常。			√	√		√	
3. 获取或编制应收账款账龄分析表： (1) 测试计算的准确性。 (2) 将加总数与应收账款总分类账余额相比较，并调查重大调节项目。						√	

（续表）

实质性程序	是否执行	索引号	存在	完整性	权利和义务	计价和分摊	列报
(3) 检查原始凭证，如销售发票、运输记录等，测试账龄核算的准确性。 (4) 请被审计单位协助，在应收账款明细表上标出至审计时已收回的应收账款金额，对已收回金额较大的款项进行常规检查，如核对收款凭证、银行对账单、销货发票等，并注意凭证发生日期的合理性，分析收款时间是否与合同相关要素一致。							
4. 对应收账款进行函证： (除非有充分证据表明应收账款对财务报表不重要或函证很可能无效；否则，应对应收账款进行函证。如果不对应收账款进行函证，应在工作底稿中说明理由。如果认为函证很可能无效，应当实施替代审计程序获取充分、适当的审计证据) (1) 选取函证项目。 (2) 对函证实施过程进行控制：核对询证函是否由注册会计师直接收发；被询证者以传真、电子邮件等方式回函的，应要求被询证者寄回询证函原件；如果未能收到积极式函证回函，应当考虑与被询证者联系，要求对方作出回应或再次寄发询证函。 (3) 编制“应收账款函证结果汇总表”，对函证结果进行评价。核对回函内容与被审计单位账面记录是否一致，如不一致，分析不符事项的原因，检查销售合同、发运单等相关原始单据，分析被审计单位对于回函与账面记录之间差异的解释是否合理，编制“应收账款函证结果调节表”，并检查支持性凭证；如果不符事项构成错报，应重新考虑所实施审计程序的性质、时间和范围。 (4) 针对最终未回函的账户实施替代审计程序(如实施期后收款测试、检查运输记录、销售合同等相关原始资料及询问被审计单位有关部门等)。			√		√	√	
5. 对未函证应收账款实施替代审计程序。抽查有关原始凭据，如销售合同、销售订单、销售发票副本、发运凭证及回款单据等，以验证与其相关的应收账款的真实性。			√				
6. 抽查有无不属于结算业务的债权：抽查应收账款明细账，并追查至有关原始凭证，查证被审计单位有无不属于结算业务的债权。如有，应建议被审计单位作适当调整。			√				
7. 通过检查自资产负债表日至__日止被审计单位授予欠款单位的、金额大于__的减免应收账款凭证以测试其准确性。检查资产负债表日前后销售退回和赊销水平，确定是否存在异常迹象(如与正常水平相比)，并考虑是否有必要追加审计程序。			√				
8. 评价坏账准备计提的适当性： (1) 取得或编制坏账准备计算表，复核加计正确，与坏账准备总账数、明细账合计数核对相符。将应收账款坏账准备本期计提数与资产减值损失相应明细项目的发生额核对，是否相符。						√	

（续表）

实质性程序	是否执行	索引号	存在	完整性	权利和义务	计价和分摊	列报
(2) 检查应收账款坏账准备计提和核销的批准程序，取得书面报告等证明文件。评价计提坏账准备所依据的资料、假设及方法；复核应收账款坏账准备是否按经股东(大)会或董事会批准的既定方法和比例提取，其计算和会计处理是否正确。 (3) 根据账龄分析表中，选取金额大于__的账户，逾期超过__天的账户，以及认为必要的其他账户(如有收款问题记录的账户，收款问题行业集中的账户)。复核并测试所选取账户期后收款情况。针对所选取的账户，与授权部门经理或其他负责人员讨论其可收回性，并复核往来函件或其他相关信息，以支持被审计单位就此作出的声明。针对坏账准备计提不足情况进行调整。 (4) 实际发生坏账损失的，检查转销依据是否符合有关规定，会计处理是否正确。 (5) 已经确认并转销的坏账重新收回的，检查其会计处理是否正确。 (6) 通过比较前期坏账准备计提数和实际发生数，以及检查期后事项，评价应收账款坏账准备计提的合理性。							
9. 复核应收账款和相关总分类账、明细分类账和现金日记账，调查异常项目。对大额或异常及关联方应收账款，即使回函相符，仍应抽查其原始凭证。			√				
10. 检查应收账款减少有无异常。			√				
11. 检查应收账款中是否存在债务人破产或者死亡，以其破产财产或者遗产清偿后仍无法收回，或者债务人长期未履行偿债义务的情况，如果是，应提请被审计单位处理。						√	
12. 标明应收关联方[包括持股5%以上(含5%)股东]的款项，执行关联方及其交易审计程序，并注明合并报表时应予抵销的金额；对关联企业、有密切关系的主要客户的交易事项作专门核查： (1) 了解交易事项目的、价格和条件，作比较分析。 (2) 检查销售合同、销售发票、货运单证等相关文件资料； (3) 检查收款凭证等货款结算单据。 (4) 向关联方、有密切关系的主要客户或其他注册会计师函询，以确认交易的真实性、合理性。			√	√	√	√	
13. 检查银行存款和银行贷款等询证函的回函、会议纪要、借款协议和其他文件，确定应收账款是否已被质押或出售。					√		
14. 根据评估的舞弊风险等因素增加的审计程序。							
15. 确定应收账款是否已按照企业会计准则的规定在财务报表中作出恰当的列报。	是						√

【做中教4-6】　YX会计师事务所注册会计师李烨2020年1月8日，在对MH公司2019年应收账款进行预审计时了解到如表4-9所示的部分应收账款明细账。

表 4-9　部分应收账款明细账

金额单位:万元

客户名称	年初余额	年末余额	账龄	本年度交易额
GDFH 公司	100	150	2 个月	350
SHGD 公司	20	40	3 个月	100
ZJYH 公司	8	8	27 个月	0
JSHR 公司	0	30	3 个月	80
HBXL 公司	100	100	40 个月	200
LNHY 公司	0	100	15 天	100
SCJR 公司	50	60	2 个月	130
SXWD 公司	300	0		600

MH 公司本年销售总额为 3 200 万元。公司内部会计控制较为有效。

YX 会计师事务所地址为浙江省杭州市高新开发区 20 号大街 280 号,邮政编码为 310018,联系电话为 0571-86993322,联系人为王淼。

截至 2020 年 2 月 15 日函证回函有差异的情况如下。

(1) JSHR 公司:函件所述金额中有 20 万元已于 2019 年 9 月 20 日汇往贵公司账户。

(2) LNHY 公司:查无此单位,无法投递。

(3) SXWD 公司:函证两次均未收到回函。

(4) ZJYH 公司:所欠款项为未解决的质量纠纷,有 6.8 万元产品存在质量问题。

各个公司联系方式如表 4-10 所示。

表 4-10　各个公司联系方式

客户名称	地址	邮编	联系人
GDFH 公司供应部	广东省肇庆市高新技术开发区 213 号	526040	ZLH
SHGD 公司供应处	上海市浦东新区福山路 634 号	200122	YQ
ZJYH 公司供应部	浙江省温州市经济开发区 56 号	325060	HDD
JSHR 公司供销部	江苏省徐州市彭城路 322 号	221009	CFC
HBXL 公司供应科	河北省唐山市路南区 243 号	063000	LXY
LNHY 公司供销科	辽宁省鞍山市铁西六道街 55 号	114011	ZAH
SCJR 公司供应部	四川省达州市罗江镇 289 号	635025	LHR
SXWD 公司供应部	山西省大同市迎宾西路 260 号	037008	WJQ

要求:

(1) 书写询证函。

(2) 对函证结果进行分析,填写“应收账款函证结果汇总表”(见书末二维码)。

【做中教 4-7】 YX 会计师事务所注册会计师李叶咏 2020 年 2 月 18 日,在对 MH 公司 2019 年应收账款和坏账准备进行审计时了解到如下情况。

(1) MH公司坏账准备本期期末账面余额为248万元。

(2) 期末无单项金额重大且有客观证据表明发生了减值的应收款项。

(3) MH公司董事会决定的坏账计提比例分别为:1年以内(含1年)3%,1～2年(含2年)5%,2～3年(含3年)10%,3年以上20%。该公司年末应收款项余额情况为:1年以内(含1年)1 800万元,1～2年(含2年)780万元,2～3年(含3年)560万元,3年以上340万元。

(4) 坏账准备上期审定数189万元。

(5) 坏账准备本期转出(核销)金额:YS公司1.2万元;QN公司2.5万元。

要求:填写"应收账款坏账准备计算表"(见书末二维码)。

(2) 生产与仓储循环实质性程序。

① 存货审计。

a. 审计目标(如表4-11所示)。

表4-11　存货审计目标

审计目标	财务报表认定				
	存在	完整性	权利和义务	计价和分摊	列报
A. 资产负债表中记录的存货是存在的。	√				
B. 所有应当记录的存货均已记录。		√			
C. 记录的存货由被审计单位拥有或控制。			√		
D. 存货以恰当的金额包括在财务报表中,与之相关的计价调整已恰当记录。				√	
E. 存货已按照企业会计准则的规定在财务报表中作出恰当列报。					√

b. 实质性程序(如表4-12所示)。

表4-12　存货审计实质性程序

实质性程序	是否执行	索引号	存在	完整性	权利和义务	计价和分摊	列报
(一) 材料采购(在途物资)							
1. 获取或编制材料采购(在途物资)明细表,复核加计是否正确,并与总账数、明细账合计数核对是否相符。	是					√	
2. 检查材料采购或在途物资:							
(1) 对大额材料采购或在途物资,追查至相关的购货合同及购货发票,复核采购成本的正确性,并抽查期后入库情况,必要时发函询证。			√		√	√	
(2) 检查期末材料采购或在途物资,核对有关凭证,查看是否存在不属于材料采购(在途物资)核算的交易或事项。			√		√	√	
(3) 检查月末转入"原材料"等账户的会计处理是否正确。			√		√	√	
3. 查阅资产负债表日前后__天材料采购(在途物资)增减变动的有关账簿记录和收料报告单等资料,检查有无跨期现象,如有,则应作出记录,必要时作调整。			√	√			

（续表）

实质性程序	是否执行	索引号	存在	完整性	权利和义务	计价和分摊	列报
4. 如采用计划成本核算，审核材料采购账项有关材料成本差异发生额的计算是否正确。						√	
5. 检查材料采购是否存在长期挂账事项；如有，应查明原因，必要时提出建议调整。			√				
6. 根据评估的舞弊风险等因素增加的审计程序。							
（二）原材料							
7. 获取或编制原材料的明细表，复核加计是否正确，并与总账数、明细账合计数核对是否相符。	是					√	
8. 实质性分析程序（必要时）：							
（1）针对已识别需要运用分析程序的有关项目，并基于对被审计单位及其环境的了解，通过进行以下比较，并考虑有关数据间关系的影响，以建立注册会计师有关数据的期望值。			√	√		√	
① 比较当年度及以前年度原材料成本占生产成本百分比的变动，并对异常情况作出解释。			√	√		√	
② 比较原材料的实际用量与预算用量的差异，并分析其合理性。			√	√		√	
③ 核对仓库记录的原材料领用量与生产部门记录的原材料领用量是否相符，并对异常情况作出解释。			√	√		√	
④ 根据标准单耗指标，将原材料收发存情况与投入产出结合比较，以分析本期原材料领用、消耗、结存的合理性。			√	√		√	
（2）确定可接受的差异额。			√	√		√	
（3）将实际的情况与期望值相比较，识别需要进一步调查的差异。			√	√		√	
（4）如果其差额超过可接受的差异额，调查并获取充分的解释和恰当的佐证审计证据（例如：通过检查相关的凭证）。			√	√		√	
（5）评估分析程序的测试结果。			√	√		√	
9. 选取代表性样本，抽查原材料明细账的数量与盘点记录的原材料数量是否一致，以确定原材料明细账的数量的准确性和完整性：			√	√			
（1）从原材料明细账中选取具有代表性的样本，与盘点报告（记录）的数量核对。			√	√			
（2）从盘点报告（记录）中抽取有代表性的样本，与原材料明细账的数量核对。			√	√			
10. 截止测试：							
（1）原材料入库的截止测试：			√	√			

（续表）

实质性程序	是否执行	索引号	存在	完整性	权利和义务	计价和分摊	列报
① 在原材料明细账的借方发生额中选取资产负债表日前后__张、金额__以上的凭证，并与入库记录（如入库单，或购货发票，或运输单据）核对，以确定原材料入库被记录在正确的会计期间。			√	√			
② 在入库记录（如入库单或购货发票或运输单据）中选取资产负债表日前后__张、金额__以上的凭据，与原材料明细账的借方发生额进行核对，以确定原材料入库被记录在正确的会计期间。			√	√			
(2) 原材料出库截止测试：			√	√			
① 在原材料明细账的贷方发生额中选取有资产负债表日前后__张、金额__以上的凭证，并与出库记录（如出库单，或销货发票，或运输单据）核对，以确定原材料出库被记录在正确的会计期间。			√	√			
② 在出库记录（如出库单，或销货发票，或运输单据）中选取资产负债表日前后__张、__金额以上的凭据，与原材料明细账的贷方发生额进行核对，以确定原材料出库被记录在正确的会计期间。			√	√			
11. 原材料计价方法的测试：							
(1) 检查原材料的计价方法前后期是否一致。						√	
(2) 检查原材料的入账基础和计价方法是否正确，自原材料明细表中选取适量品种：						√	
① 以实际成本计价时，将其单位成本与购货发票核对，并确认原材料成本中不包含增值税。						√	
② 以计划成本计价时，将其单位成本与材料成本差异明细账及购货发票核对。同时关注被审计单位计划成本制定的合理性。						√	
③ 检查进口原材料的外币折算是否正确，检查相关的关税、增值税及消费税的会计处理是否正确。						√	
(3) 检查原材料发出计价的方法是否正确：						√	
① 了解被审计单位原材料发出的计价方法，前后期是否一致，并抽取主要材料复核其计算是否正确；若原材料以计划成本计价，还应检查材料成本差异的发生和结转的金额是否正确。						√	
② 编制本期发出材料汇总表，与相关科目勾稽核对，并复核__月发出材料汇总表的正确性。						√	
(4) 结合原材料的盘点检查期末有无料到单未到情况；如有，应查明是否已暂估入账，其暂估价是否合理。						√	

（续表）

实质性程序	是否执行	索引号	存在	完整性	权利和义务	计价和分摊	列报
12. 对于通过非货币性资产交换、债务重组、企业合并以及接受捐赠等取得的原材料，检查其入账的有关依据是否真实、完备，入账价值和会计处理是否符合相关规定。			√	√	√	√	
13. 检查投资者投入的原材料是否按照投资合同或协议约定的价值入账，并检查约定的价值是否公允、交接手续是否齐全。			√	√	√	√	
14. 检查与关联方的购销业务是否正常，关注交易价格、交易金额的真实性及合理性，检查对合并范围内购货记录应予合并抵销的数据是否正确。			√	√	√	√	
15. 审核有无长期挂账的原材料；如有，应查明原因，必要时作调整。			√				
16. 结合银行借款等科目，了解是否有用于债务担保的原材料；如有，则应取证并作相应的记录，同时提请被审计单位作恰当披露。					√		√
17. 根据评估的舞弊风险等因素增加的审计程序。							
（三）材料成本差异							
18. 获取或编制材料成本差异的明细表，复核加计是否正确，并与总账数、明细账合计数核对是否相符。	是					√	
19. 对材料成本差异率进行分析，检查是否有异常波动，注意是否存在调节成本现象。						√	
20. 结合以计划成本计价的原材料、包装物等的入账基础测试，比较计划成本与供货商发票或其他实际成本资料，检查材料成本差异的发生额是否正确。						√	
21. 抽查__月发出材料汇总表，检查材料成本差异的分配是否正确，并注意分配方法前后期是否一致。						√	
22. 根据评估的舞弊风险等因素增加的审计程序。							
（四）库存商品							
23. 获取或编制库存商品的明细表，复核加计是否正确，并与总账数、明细账合计数核对是否相符。	是					√	
24. 实质性分析程序：			√	√		√	
（1）针对已识别需要运用分析程序的有关项目，并基于对被审计单位及其环境的了解，同时进行以下比较，并考虑有关数据间关系的影响，以建立注册会计师有关数据的期望值。			√	√		√	
① 按品种分析库存商品各月单位成本的变动趋势，以评价是否有调节生产成本或销售成本的因素。			√	√		√	
② 比较前后各期的主要库存商品的毛利率（按月、按生产线、按地区等）、库存商品周转率和库存商品账龄等，评价其合理性并对异常波动作出解释、查明异常情况的原因。			√	√		√	

（续表）

实质性程序	是否执行	索引号	存在	完整性	权利和义务	计价和分摊	列报
③ 比较库存商品库存量与生产量及库存能力的差异，并分析其合理性。			√	√		√	
④ 核对仓库记录的库存商品入库量与生产部门记录的库存商品生产量是否一致，并对差异作出解释。			√	√		√	
⑤ 核对发票记录的数量与发货量、订货量、主营业务成本记录的销售量是否一致，并对差异作出解释。			√	√		√	
⑥ 比较库存商品销售量与生产量或采购量的差异，并分析其合理性。			√	√		√	
⑦ 比较库存商品销售量和平均单位成本之积与账面库存商品销售成本的差异，并分析其合理性。			√	√		√	
(2) 确定可接受的差异额。			√	√		√	
(3) 将实际的情况与期望值相比较，识别需要进一步调查的差异。			√	√		√	
(4) 如果其差额超过可接受的差异额，调查并获取充分的解释和恰当的佐证审计证据(例如：通过检查相关的凭证)。			√	√		√	
(5) 评估分析程序的测试结果。			√	√		√	
25. 选取代表性样本，抽查库存商品明细账的数量与盘点记录的库存商品数量是否一致，以确定库存商品明细账数量的准确性和完整性：			√	√			
(1) 从库存商品明细账中选取具有代表性的样本，与盘点报告(记录)的数量核对。			√	√			
(2) 从盘点报告(记录)中抽取有代表性的样本，与库存商品明细账的数量核对。			√	√			
26. 截止测试：							
(1) 库存商品入库的截止测试：							
① 在库存商品明细账的借方发生额中选取资产负债表日前后__张、金额__以上的凭证，并与入库记录(如入库单，或购货发票，或运输单据)核对，以确定库存商品入库被记录在正确的会计期间。			√	√			
② 在入库记录(如入库单，或购货发票，或运输单据)选取资产负债表日前后张、金额以上的凭据，与库存商品明细账的借方发生额进行核对，以确定库存商品入库被记录在正确的会计期间。			√	√			
(2) 库存商品出库截止测试：			√	√			
① 在库存商品明细账的贷方发生额中选取有资产负债表日前后__张、金额__以上的凭据，并与出库记录(如出库单，或销货发票，或运输单据)核对，以确定库存商品出库被记录在正确的会计期间。			√	√			

（续表）

实质性程序	是否执行	索引号	存在	完整性	权利和义务	计价和分摊	列报
② 在出库记录(如出库单，或销货发票，或运输单据)中选取资产负债表日前后__张，金额__以上的凭证，与库存商品明细账的贷方发生额进行核对，以确定库存商品出库被记录在正确的会计期间。			√	√			
27. 库存商品测试计价方法的测试：							
(1) 检查库存商品的计价方法是否前后期一致。						√	
(2) 检查库存商品的入账基础和计价方法是否正确，自库存商品明细表中选取适量品种：						√	
① 自制库存商品：						√	
以实际成本计价时，将其单位成本与成本计算单核对。						√	
以计划成本计价时，将其单位成本与相关成本差异明细账及成本计算单核对。						√	
② 外购库存商品：						√	
以实际成本计价时，将其单位成本与购货发票核对。						√	
以计划成本计价时，将其单位成本与相关成本差异明细账及购货发票核对。						√	
③ 抽查库存商品入库单，核对库存商品的品种、数量与入账记录是否一致；并将入库库存商品的实际成本与相关账户(如生产成本)的结转额核对并作交叉索引。						√	
(3) 检查外购库存商品的发出计价是否正确：						√	
① 了解被审计单位对库存商品发出的计价方法，并抽取主要库存商品，检查其计算是否正确；若库存商品以计划成本计价，还应检查产品成本差异的发生和结转金额是否正确。						√	
② 编制本期库存商品发出汇总表，与相关账户勾稽核对，并复核__月库存商品发出汇总表的正确性。						√	
(4) 结合库存商品的盘点，检查期末有无库存商品已到而相关单据未到的情况；如有，应查明是否暂估入账，其暂估价是否合理。						√	
28. 对于通过非货币性资产交换、债务重组、企业合并以及接受捐赠取得的库存商品，检查其入账的有关依据是否真实、完备，入账价值和会计处理是否符合相关规定。			√	√	√	√	
29. 检查投资者投入的库存商品是否按照投资合同或协议约定的价值入账，并同时检查约定的价值是否公允，交接手续是否齐全。			√	√	√	√	
30. 检查与关联方的商品购销交易是否正常，关注交易价格、交易金额的真实性与合理性，对合并范围内购货记录应予合并抵销的数据是否抵销。			√	√	√		

（续表）

实质性程序	是否执行	索引号	存在	完整性	权利和义务	计价和分摊	列报
31. 审阅库存商品明细账，检查有无长期挂账的库存商品；如有，应查明原因并作适当处理。			√				
32. 结合银行借款相关账户，了解是否有用于债务担保的库存商品；如有，则应取证并作相应的记录，同时提请被审计单位作恰当披露。					√		√
33. 根据评估的舞弊风险等因素增加的审计程序。							
（五）发出商品							
34. 获取或编制发出商品的明细表，复核加计是否正确，并与总账数、明细账合计数核对是否相符。	是					√	
35. 检查发出商品有关的合同、协议和凭证，分析交易实质，检查其会计处理是否正确。			√	√	√	√	
36. 检查发出商品品种、数量和金额与库存商品的结转额核对一致，并作交叉索引。			√	√			
37. 了解被审计单位对发出商品结转的计价方法，并抽取主要发出商品，检查其计算是否正确；若发出商品以计划成本计价，还应检查产品成本差异发生和结转金额是否正确。						√	
38. 编制本期发出商品发出汇总表与相关科目勾稽核对，并复核月发出商品发出汇总表的正确性。			√	√	√		
39. 审核有无长期挂账的发出商品事项，如有，应查明原因，必要时作调整。			√				
40. 检查发出商品退回的会计处理是否正确。						√	
41. 查阅资产负债表日前后__天发出商品增减变动的有关账簿记录和有关的合同、协议和凭证、出库单、货运单等资料，检查有无跨期现象；如有，则应作出记录，必要时作调整。			√	√		√	
42. 根据评估的舞弊风险等因素增加的审计程序。							
（六）商品进销差价							
43. 获取或编制商品进销差价的明细表，复核加计是否正确，并与总账数、明细账合计数核对是否相符。	是					√	
44. 对每月商品进销差价率进行分析，检查是否有异常波动，计算方法前后期是否一致，注意是否存在调节成本现象。						√	
45. 结合以售价核算的库存商品入账基础的测试，检查商品进销差价的发生额是否正确。							
46. 抽查__月商品发出汇总表，检查商品进销差价的分配是否正确，并注意分配方法前后期是否一致。						√	
47. 检查库存商品发生盈余或损失时商品进销差价及增值税进项税的会计处理方法是否正确。							

（续表）

实质性程序	是否执行	索引号	存在	完整性	权利和义务	计价和分摊	列报
48. 检查被审计单位是否在年度终了时对商品进销差价进行一次核实调整。						√	
49. 根据评估的舞弊风险等因素增加的审计程序。							
（七）委托加工物资							
50. 获取或编制委托加工物资的明细表，复核加计是否正确，并与总账数、明细账合计数核对是否相符。	是					√	
51. 抽查__份委托加工业务合同，检查有关发料凭证、加工费、运费结算凭证，关注所有权归属，核对成本计算是否正确，会计处理是否正确。			√	√	√	√	
52. 抽查加工完成物资的验收入库手续是否齐全，会计处理是否正确。			√	√	√	√	
53. 编制本期委托加工物资发出汇总表，与相关科目勾稽核对，并复核月委托加工物资发出汇总表的正确性。			√	√		√	
54. 审核有无长期挂账的委托加工物资事项如有查明原因必要时作调整。			√				
55. 查阅资产负债表日前后__天委托加工物资增减变动的有关账簿记录和有关的合同、协议和凭证、出库单、入库单、货运单、验收单等资料，检查有无跨期现象，如有，则应作出记录，必要时作调整。			√	√			
56. 根据评估的舞弊风险等因素增加的审计程序。							
（八）周转材料（低值易耗品/包装物）							
57. 获取或编制周转材料（低值易耗品、包装物）的明细表，复核加计是否正确，并与总账数、明细账合计数核对是否相符；同时抽查明细账与仓库台账、卡片记录检查是否相符。	是					√	
58. 检查周转材料（低值易耗品、包装物）的入库和领用的手续是否齐全，会计处理是否正确。			√	√		√	
59. 检查周转材料的转销或摊销方法是否符合企业会计准则的规定，前后期是否一致（例如：包装物和低值易耗品，应当采用一次转销法或者五五摊销法进行摊销；钢模板、木模板、脚手架和其他周转材料等，可以采用一次转销法、五五摊销法或者分次摊销法进行摊销）。						√	
60. 检查周转材料（低值易耗品、包装物）与固定资产的划分是否符合规定。			√	√			
61. 选取代表性样本，抽查周转材料（低值易耗品、包装物）明细账的数量与盘点记录的周转材料（低值易耗品、包装物）数量是否一致，以确定周转材料（低值易耗品、包装物）明细账的数量的准确性和完整性：			√	√			
（1）从周转材料（低值易耗品、包装物）明细账中选取具有代表性的样本，与盘点报告（记录）的数量核对。			√	√			
（2）从盘点报告（记录）中抽取有代表性的样本，与周转材料（低值易耗品、包装物）明细账的数量核对。			√	√			

（续表）

实质性程序	是否执行	索引号	存在	完整性	权利和义务	计价和分摊	列报
62. 截止测试：							
(1) 周转材料(低值易耗品、包装物)入库的截止测试：			√	√			
① 在周转材料(低值易耗品、包装物)明细账的借方发生额中选取资产负债表日前后__张、金额__以上的凭证，并与入库记录(如入库单或购货发票或运输单据)核对，以确定周转材料(低值易耗品、包装物)入库被记录在正确的会计期间。			√	√			
② 在入库记录(如入库单，或购货发票，或运输单据)中选取有资产负债表日前后__张、__金额以上的凭证，与周转材料(低值易耗品、包装物)明细账的借方发生额进行核对，以确定周转材料(低值易耗品、包装物)入库被记录在正确的会计期间。			√	√			
(2) 周转材料(低值易耗品、包装物)出库截止测试：							
① 在周转材料(低值易耗品、包装物)明细账的贷方发生额中选取有资产负债表日前后__张、金额__以上的证据，并与出库记录(如出库单，或销货发票，或运输单据)核对，以确定周转材料(低值易耗品、包装物)出库被记录在正确的会计期间。			√	√			
② 在出库记录(如出库单，或销货发票，或运输单据)中选取资产负债表日前后__张、金额__以上的凭据，与周转材料(低值易耗品、包装物)明细账的贷方发生额进行核对，以确定周转材料(低值易耗品、包装物)出库被记录在正确的会计期间。			√	√			
63. 检查周转材料的计价方法是否正确，前后期是否一致；自周转材料明细表中选取适量品种：							
(1) 以实际成本计价时，将其单位成本与购货发票核对。						√	
(2) 以计划成本计价时，将其单位成本与被审计单位制定的计划成本核对，同时关注被审计单位计划成本制定的合理性。						√	
(3) 检查进口周转材料(低值易耗品、包装物)的外币折算是否正确，检查相关的关税、增值税及消费税的会计处理是否正确。						√	
(4) 检查周转材料(低值易耗品、包装物)摊销方法是否正确，前后期是否一致，验证发出周转材料(低值易耗品、包装物)汇总表的正确性。						√	
(5) 结合周转材料(低值易耗品、包装物)的盘点，检查期末有无料到单未到情况；如有，应查明是否已暂估入账，其暂估价是否合理。						√	

（续表）

实质性程序	是否执行	索引号	存在	完整性	权利和义务	计价和分摊	列报
64. 检查与关联方的购销交易是否正常，关注交易价格、交易金额的真实性与合理性，检查对合并范围内购货记录应予合并抵销的金额是否抵销。			√	√	√	√	
65. 检查出租、出借周转材料的会计处理是否正确。			√	√	√	√	
66. 询问被审计单位是否存在周转材料押金；若有，结合相关账户的审计查明周转材料押金的收取情况是否合理，有无合同，是否存在逾期周转材料押金，相应税金处理是否正确，必要时作调整。			√	√		√	
67. 审核有无长期挂账周转材料（低值易耗品、包装物）事项；如有，查明原因，必要时作调整。			√				
68. 结合银行借款相关账户，了解是否有用于债务担保的周转材料；如有，则应取证并作相应的记录，同时提请被审计单位作恰当披露。					√		√
69. 根据评估的舞弊风险等因素增加的审计程序。							
（九）生产成本（在产品）							
70. 获取或编制生产成本的明细表，复核加计是否正确，并与总账数、明细账合计数核对是否相符。	是					√	
71. 实质性分析程序：							
（1）针对已识别需要运用分析程序的有关项目，基于对被审计单位及其环境的了解，通过进行以下比较，并考虑有关数据间关系的影响，以建立注册会计师有关数据的期望值：			√	√		√	
① 检查各月及前后期同一产品的单位成本是否有异常波动，注意是否存在调节成本现象。			√	√		√	
② 分别比较前后各期及本年度各个月份的生产成本项目，以确定成本项目是否有异常变动以及是否存在调节成本的现象。			√	√		√	
③ 比较当年度及以前年度直接材料、直接人工、制造费用占生产成本的比例，并查明异常情况的原因。			√	√		√	
④ 核对下列相互独立部门的数据，并查明异常情况的原因：			√	√		√	
仓库记录的材料领用量与生产部门记录的材料领用量。			√	√		√	
工资部门记录的人工成本与生产部门记录的工时和工资标准之积。			√	√		√	
（2）确定可接受的差异额。			√	√		√	
（3）将实际的情况与期望值相比较，识别需要进一步调查的差异。			√	√		√	
（4）如果其差额超过可接受的差异额，调查并获取充分的解释和恰当的佐证审计证据（例如：通过检查相关的凭证）。			√	√		√	
（5）评估分析程序的测试结果。			√	√		√	

（续表）

实质性程序	是否执行	索引号	存在	完整性	权利和义务	计价和分摊	列报
72. 生产成本计价方法的测试：							
(1) 了解被审计单位的生产工艺流程和成本核算方法，检查成本核算方法与生产工艺流程是否匹配，前后期是否一致并作出记录。						√	
(2) 抽查成本计算单，检查直接材料、直接人工及制造费用的计算和分配是否正确，并与有关佐证文件（如领料记录、生产工时记录、材料费用分配汇总表、人工费用分配汇总表等）相核对：						√	
① 获取并复核生产成本明细汇总表的正确性，将直接材料与材料耗用汇总表、直接人工与职工薪酬分配表、制造费用总额与制造费用明细表及相关账项的明细表核对，并作交叉索引。						√	
② 检查车间在产品盘存资料，与成本核算资料核对；检查车间月末余料是否办理假退料手续。						√	
③ 获取直接材料、直接人工和制造费用的分配标准和计算方法，评价其是否合理和适当，以确认在产品中所含直接材料、直接人工和制造费用是合理的。						√	
(3) 获取完工产品与在产品的生产成本分配标准和计算方法，检查生产成本在完工产品与在产品之间以及完工产品之间的分配是否正确，分配标准和方法是否适当，与前期比较是否存在重大变化，该变化是否合理。						√	
(4) 对采用标准成本或定额成本核算的，检查标准成本或定额成本在本期有无重大变动，分析其是否合理；检查本期材料成本差异的计算、分配和会计处理是否正确，库存商品期末余额是否已按实际成本进行调整。						√	
73. 获取关于现有设备生产能力的资料，检查产量是否与现有生产能力相匹配；若产量超过设计生产能力，应提请被审计单位说明原因，并提供足够的依据及技术资料。			√				
74. 检查废品损失和停工损失的核算是否符合有关规定。						√	
75. 对应计入生产成本的借款费用，结合对长短期借款、应付债券或长期应付款的审计，检查借款费用（借款利息、折溢价摊销、汇兑差额、辅助费用）资本化的计算方法和资本化金额以及会计处理是否正确。						√	
76. 根据评估的舞弊风险等因素增加的审计程序。							
（十）制造费用							
77. 获取或编制制造费用的明细表，复核加计是否正确，并与总账数、明细账合计数核对是否相符。	是					√	

（续表）

实质性程序	是否执行	索引号	存在	完整性	权利和义务	计价和分摊	列报
78. 对制造费用进行分析比较：			√	√		√	
(1) 比较当年度和以前年度，以及当年度各月制造费用的增减变动，询问并分析异常波动的原因。			√	√		√	
(2) 分别比较前后各期及本年度各个月份的制造费用项目，以确定成本项目是否有异常变动，以及是否存在调节成本的现象。			√	√		√	
79. 将制造费用明细表中的材料发生额与材料耗用汇总表、人工费用发生额与职工薪酬分配表、折旧发生额与折旧分配表、资产摊销发生额与各项资产摊销分配表及相关账项明细表核对一致，并作交叉索引。			√	√		√	
80. 选择重要或异常的制造费用项目，检查其原始凭证是否齐全，会计处理是否正确。			√	√	√	√	
81. 分析各项制造费用的性质，结合生产成本科目的审计，抽查成本计算单，检查制造费用的分配是否合理、正确，检查制造费用的分配方法前后期是否一致。						√	
82. 对采用标准成本核算的，应抽查标准制造费用及分配率的确定是否合理，计入成本计算单的数额是否正确，制造费用差异的计算、分配和会计处理是否正确，并检查标准成本在本期有无重大变动，变动是否合理。						√	
83. 检查计入生产成本的制造费用是否已扣除非正常消耗的制造费用（如非正常的低生产量、闲置设备等产生的费用）。						√	
84. 检查制造费用中有无资本性支出，必要时作调整。			√			√	
85. 必要时，对制造费用实施截止测试，检查资产负债表日前后__张、__金额以上的制造费用明细账和凭证，确定有无跨期现象。			√	√			
86. 检查季节性停工损失的核算是否符合有关规定。			√	√		√	
87. 根据评估的舞弊风险等因素增加的审计程序。							
（十一）劳务成本							
88. 获取或编制劳务成本的明细表，复核加计是否正确，并与总账数、明细账合计数核对是否相符。	是					√	
89. 对劳务成本进行分析比较：				√		√	
① 比较当年度和以前年度，以及当年度各月劳务成本的增减变动，询问并分析异常波动的原因。				√		√	
② 分别比较前后各期及本年度各个月份的劳务成本项目，以确定成本项目是否有异常变动以及是否存在调节成本的现象。				√		√	

（续表）

实质性程序	是否执行	索引号	存在	完整性	权利和义务	计价和分摊	列报
90. 检查部分劳务合同，核对实际发生的劳务项目、金额、进度与合同内容是否一致。			√	√			
91. 将劳务成本明细表中的材料发生额与材料耗用汇总表、人工费用发生额与职工薪酬分配表、折旧发生额与折旧分配表、资产摊销发生额与各项资产摊销分配表及相关账项明细表核对一致，并作交叉索引。			√			√	
92. 选择重要或异常的劳务成本项目，检查其原始凭证是否合法，会计处理是否正确。			√	√	√	√	
93. 抽查成本计算单，检查劳务成本的计算和分配是否合理、正确。						√	
94. 检查劳务成本中有无资本性支出。			√			√	
95. 必要时，对劳务成本实施截止测试，检查资产负债表日前后__张、__金额以上的劳务成本明细账和凭证，确定有无跨期现象。			√	√			
96. 检查劳务成本的结转是否与对应的劳务收入相互配比，是否合理。						√	
97. 根据评估的舞弊风险等因素增加的审计程序。							
（十二）存货监盘							
98.编制存货监盘报告，对存货进行监盘。详见存货监盘程序。			√	√		√	
（十三）存货跌价准备							
99. 获取或编制存货跌价准备的明细表，复核加计是否正确，并与总账数、明细账合计数核对是否相符。	是			√		√	
100. 检查分析存货是否存在减值迹象以判断被审计单位计提存货跌价准备的合理性：						√	
(1) 将存货余额与现有的订单、资产负债表日后各期的销售额和下一年度的预测销售额进行比较，以评估存货滞销和跌价的可能性。						√	
(2) 比较当年度及以前年度存货跌价准备占存货余额的比例，并查明异常情况的原因。						√	
(3) 结合存货监盘，对存货的外观形态进行检查，以了解其物理形态是否正常；检查期末结存库存商品和在产品，针对型号陈旧、产量下降、生产成本或售价波动、技术或市场需求的变化情形，以及期后销售情况考虑是否需进一步计提准备：						√	
① 对于残次、冷背、呆滞的存货查看永续盘存记录，销售分析等资料，分析当年实际使用情况，确定是否已合理计提跌价准备。						√	
② 将上年度残次、冷背、呆滞存货清单与当年存货清单进行比较，确定是否需补提跌价准备。						√	

（续表）

实质性程序	是否执行	索引号	存在	完整性	权利和义务	计价和分摊	列报
101. 检查计提存货跌价准备的依据、方法是否前后一致。						√	
102. 根据成本与可变现净值孰低的计价方法，评价存货跌价准备所依据的资料、假设及计提方法，考虑是否有确凿证据为基础计算确定存货的可变现净值，检查其合理性。						√ √	
103. 考虑不同存货的可变现净值的确定原则，复核其可变现净值计算正确性(即充足但不过度)：							
(1) 对于用于生产而持有的原材料检查是否以所生产的产成品的估计售价减去至完工时估计将要发生的成本、估计的销售费用和相关税费后的金额作为其可变现净值的确定基础。						√	
(2) 库存商品和用于出售而持有的原材料等直接用于出售的存货检查是否以该存货的估计售价减去估计的销售费用和相关税费后的金额作为其可变现净值的确定基础。						√	
(3) 检查为执行销售合同而持有的库存商品等存货，是否以合同价格作为其可变现净值的确定基础；如果被审计单位持有库存商品的数量多于销售合同订购数量，超出部分的库存商品可变现净值是否以一般销售价格为计量基础。						√	
104. 抽查计提存货跌价准备的项目，其期后售价是否低于原始成本。						√	
105. 检查存货跌价准备的计算和会计处理是否正确，本期计提或转销是否与有关损益科目金额核对一致。						√	
106. 对从合并范围内部购入存货计提的跌价准备，关注其在合并时是否已作抵销。						√	
107. 检查债务重组、非货币性资产交换和企业合并等涉及存货跌价准备的会计处理是否正确。						√	
108. 根据评估的舞弊风险等因素增加的审计程序。						√	
(十四)存货的列报							
109. 检查存货是否已按照企业会计准则的规定在财务报表中作出恰当列报：							
(1) 各类存货的期初和期末账面价值。							√
(2) 确定发出存货成本所采用的方法。							√
(3) 存货可变现净值的确定依据，存货跌价准备的计提方法，当期计提的存货跌价准备的金额，当期转回的存货跌价准备的金额，以及计提和转回的有关情况。							√
(4) 用于担保的存货账面价值。							√

② 营业成本审计。

a. 审计目标(如表 4-13 所示)。

表 4-13　营业成本审计目标

审计目标	财务报表认定					
	发生	完整性	准确性	截止	分类	列报
A. 利润表中记录的营业成本已发生，且与被审计单位有关。	√					
B. 所有应当记录的营业成本均已记录。		√				
C. 与营业成本有关的金额及其他数据已恰当记录。			√			
D. 营业成本已记录于正确的会计期间。				√		
E. 营业成本已记录于恰当的账户。					√	
F. 营业成本已按照企业会计准则的规定在财务报表中作出恰当的列报。						√

b. 实质性程序（如表 4-14 所示）。

表 4-14　营业成本审计实质性程序

实质性程序	是否执行	索引号	发生	完整性	准确性	截止	分类	列报
（一）主营业务成本								
1. 获取或编制主营业务成本明细表，复核加计是否正确，并与总账数和明细账合计数核对是否相符，结合“其他业务成本”账户与营业成本报表数核对是否相符。	是				√			
2. 实质性分析程序（必要时）： （1）针对已识别需要运用分析程序的有关项目，注册会计师基于对被审计单位及其环境的了解，通过进行以下比较，并考虑有关数据间关系的影响，以建立注册会计师有关数据的期望值： 1）比较当年度与以前年度不同品种产品的主营业务成本和毛利率，并查明异常情况的原因。 2）比较当年度与以前年度各月主营业务成本的波动趋势，并查明异常情况的原因。 3）比较被审计单位与同行业的毛利率，并查明异常情况的原因。 4）比较当年度及以前年度主要产品的单位产品成本，并查明异常情况的原因。 （2）确定可接受的差异额。 （3）将实际的情况与期望值相比较，识别需要进一步调查的差异。 （4）如果其差额超过可接受的差异额，调查并获取充分的解释和恰当的佐证审计证据。（例如：通过检查相关的凭证）。 （5）评估分析程序的测试结果。			√	√	√			
3. 检查主营业务成本的内容和计算方法是否符合会计准则规定，前后期是否一致。			√	√	√			

（续表）

实质性程序	是否执行	索引号	发生	完整性	准确性	截止	分类	列报
4. 复核主营业务成本明细表的正确性，编制生产成本与主营业务成本倒轧表，并与相关账户交叉索引。			√	√	√			
5. 抽查__月主营业务成本结转明细清单，比较计入主营业务成本的品种、规格、数量和主营业务收入的口径是否一致，是否符合配比原则。			√	√				
6. 针对主营业务成本中重大调整事项（如销售退回）、非常规项目，检查相关原始凭证，评价真实性和合理性，检查其会计处理是否正确。			√	√	√	√	√	
7. 在采用计划成本、定额成本、标准成本或售价核算存货的条件下，应检查产品成本差异或商品进销差价的计算、分配和会计处理是否正确。					√			
8. 结合期间费用的审计，判断被审计单位是否通过将应计入生产成本的支出计入期间费用，或将应计入期间费用的支出计入生产成本等手段调节生产成本，从而调节主营业务成本。			√	√				
9. 根据评估的舞弊风险等因素增加的审计程序。								
（二）其他业务成本								
10. 获取或编制其他业务成本明细表，复核加计正确，并与总账数和明细账合计数核对相符，结合“主营业务成本”账户与营业成本报表数核对相符。	是				√			
11. 与上期其他业务收入/成本比较，检查是否有重大波动，如有，应查明原因。			√	√	√			
12. 检查其他业务成本内容是否真实，计算是否正确，会计处理是否正确，需要抽查原始凭证予以核实。			√	√	√	√	√	
13. 复核其他业务成本明细表的正确性，并与相关账户交叉核对。			√	√	√			
14. 检查除主营业务活动以外的其他经营活动发生的相关税费是否记入本账户。			√					
15. 根据评估的舞弊风险等因素增加的审计程序。								
（三）列报								
16. 检查营业成本是否已按照企业会计准则的规定在财务报表中作出恰当列报。	是							√

【做中教4-8】 注册会计师WK成对2020年2月26日在审计DF公司2019年12月份的存货项目，发现该公司F材料的计价情况如表4-15所示。

表 4-15　F 材料的计价情况

日期	数量	单价	金额	数量	单价	金额	数量	单价	金额
1 日							3 500	258.00	903 000.00
1 日	13 000	256.00	3 328 000.00						
3 日				5 000	258.00	1 290 000.00			
10 日	10 000	257.00	2 570 000.00						
15 日				10 000	258.00	2 580 000.00			
20 日	3 000	259.00	777 000.00						
26 日				7 000	259.00	1 813 000.00			
31 日							7 500	252.67	1 895 000.00

DF 公司原材料采用实际成本法进行核算，原材料发出计价采用加权平均法。该批原材料所生产产品的 80%已于 12 月 31 日售出。DF 公司所得税税率为 25%，法定盈余公积计提比例为 10%，任意盈余公积计提比例为 5%。

要求：请完成“存货计价测试表”的编写（见书末二维码）。

【做中教 4-9】 注册会计师 ZS 负责对 YTY 公司 2019 年的主营业务成本进行审计，通过审查该公司的主营业务成本明细表，并与有关明细账、总账进行核对。发现账表之间数字完全相符，如表 4-16 所示。

表 4-15　公司账表数字

单位：元

项目	金额	项目	金额
材料期初余额	80 000.00	本期购进材料	150 000.00
材料期末余额	60 000.00	本期销售材料	10 000.00
直接人工成本	15 000.00	职责费用	42 000.00
在产品期初余额	23 000.00	在产品期末余额	30 000.00
产成品期初余额	40 000.00	产成品期末余额	50 000.00

注册会计师通过对有关记账凭证和原始凭证的审计，发现以下问题：

(1) 本期已入库，但尚未收到结算凭证的材料价值 5 000 元，未进行暂估处理。

(2) 已领取未用的材料价值 1 000 元，未进行退料处理。

(3) 为在建工程发生的工人工资计入生产成本 2 000 元。

(4) 本期发生的大修理费用 6 000 元全部计入当期制造费用。

(5) 经对期末在产品的盘点，在产品的实际金额为 38 000 元。

请根据以上资料，编制生产成本与主营业务成本倒轧表，计算结果并得出审计结论。

(3) 采购与付款循环实质性程序。

① 应付账款审计。

a. 审计目标（如表 4-17 所示）。

表 4-17　应付账款审计目标

审计目标	财务报表认定				
	存在	完整性	权利和义务	计价和分摊	列报
A. 资产负债表中记录的应付账款是存在的。	√				
B. 所有应当记录的应付账款均已记录。		√			
C. 资产负债表中记录的应付账款是被审计单位应当履行的现时义务。			√		
D. 应付账款以恰当的金额包括在财务报表中，与之相关的计价调整已恰当记录。				√	
E. 应付账款已按照企业会计准则的规定在财务报表中作出恰当的列报。					√

b. 实质性程序(如表 4-18 所示)。

表 4-18　应付账款审计实质性程序

实质性程序	是否执行	索引号	存在	完整性	权利和义务	计价和分摊	列报
1. 获取或编制应付账款明细表： (1) 复核加计正确，并与报表数、总账数和明细账合计数核对是否相符。 (2) 检查非记账本位币应付账款的折算汇率及折算是否正确。 (3) 分析出现借方余额的项目，查明原因，必要时，作重分类调整。 (4) 结合预付账款等往来项目的明细余额，调查有无同时挂账的项目、异常余额或与购货无关的其他款项(如关联方账户或雇员账户)；如有，应作出记录，必要时作出调整。	是					√	
2. 获取被审计单位与其供应商之间的对账单(应从非财务部门，如采购部门获取)，并将对账单和被审计单位财务记录之间的差异进行调节(如在途款项、在途货物、付款折扣、未记录的负债等)，查找有无未入账的应付账款，确定应付账款金额的准确性。				√		√	
3. 检查债务形成的相关原始凭证，如供应商发票、验收报告或入库单等，检查有无未及时入账的应付账款，确定应付账款金额的准确性。				√		√	
4. 检查应付账款长期挂账的原因并作出记录，注意其是否可能无需支付；对确实无需支付的应付账款的会计处理是否正确，依据是否充分；关注账龄超过 3 年的大额应付账款在资产负债表日后是否偿还，检查偿还记录及单据，并披露。			√				√
5. 针对资产负债表日后付款项目，检查银行对账单及有关付款凭证(如银行划款通知、供应商收据等)，询问被审计单位内部或外部的知情人员，查找有无未及时入账的应付账款。				√			

（续表）

实质性程序	是否执行	索引号	存在	完整性	权利和义务	计价和分摊	列报
6. 复核截至审计现场工作日的全部未处理的供应商发票，并询问是否存在其他未处理的供应商发票，确认所有的负债都记录在正确的会计期间内。				√			
7. 选择应付账款的重要项目（包括零账户）函证其余额和交易条款，对未回函的再次发函或实施替代的检查程序（检查原始凭单，如合同、发票、验收单，核实应付账款的真实性）。			√		√		
8. 针对已偿付的应付账款，追查至银行对账单、银行付款单据和其他原始凭证，检查其是否在资产负债表日前真实偿付。				√			
9. 检查资产负债表日后应付账款明细账贷方发生额的相应凭证，关注其购货发票的日期，确认其入账时间是否合理。			√	√			
10. 结合存货监盘程序，检查被审计单位在资产负债日前后的存货入库资料（验收报告或入库单），检查是否有大额料到单未到的情况，确认相关负债是否计入了正确的会计期间。			√	√			
11. 针对异常或大额交易及重大调整事项（如大额的购货折扣或退回，会计处理异常的交易，未经授权的交易，或缺乏支持性凭证的交易等），检查相关原始凭证和会计记录，以分析交易的真实性、合理性。			√	√			
12. 检查带有现金折扣的应付账款是否按发票上记载的全部应付金额入账，在实际获得现金折扣时再冲减财务费用。						√	
13. 被审计单位与债权人进行债务重组的，检查不同债务重组方式下的会计处理是否正确。			√	√	√	√	
14. 检查应付关联款项的真实性、完整性。			√	√	√	√	
15. 根据评估的舞弊风险等因素增加的审计程序。							
16. 检查应付账款是否已按照企业会计准则的规定在财务报表中作出恰当列报。	是						√

【做中教 4-10】 XC 公司应付账款明细账户情况，如表 4-19 所示。

表 4-19　XC 公司应付账款明细账户情况

单位：元

明细账户	期初余额		本期发生额		期末余额	
	借方	贷方	借方	贷方	借方	贷方
WL 公司		60 000.00	2 590 000.00	2 600 000.00		70 000.00
YD 公司		249 000.00	1 000 000.00	852 000.00		101 000.00
ZY 公司		380 000.00	188 000.00	355 200.00		547 200.00

（续表）

明细账户	期初余额		本期发生额		期末余额	
	借方	贷方	借方	贷方	借方	贷方
WH 公司		200 900.00	500 000.00	390 100.00		91 000.00
AX 公司		200 500.00	220 000.00	195 500.00		176 000.00
CL 公司		87 000.00				87 000.00
XX 公司		76 800.00	445 000.00	358 200.00	10 000.00	
WF 公司		7 000.00	7 000.00	1 000.00		1 000.00

截止到审计结束前一日，共收到回函两封，一封为正阳公司的，表示所函证款项核对一致；另一封为XX公司的，表示所函证款项有一笔2019年10月的货款45 000元，XC公司未入账，希望XC公司核查，并提供发货单和发票存根的复印件。其余函证均未回复。（注：需征询的公司地址由学生自行模拟设计）。

要求：请书写应付账款函证信，分析回函差异原因所在，讨论如何进一步查明该公司应付账款的真实性和准确性。

② 固定资产审计。

a. 审计目标（如表4-20所示）。

表4-20　固定资产审计目标

审计目标	财务报表认定				
	存在	完整性	权利和义务	计价和分摊	列报
A. 资产负债表中记录的固定资产是存在的。	√				
B. 所有应当记录的固定资产均已记录。		√			
C. 记录的固定资产由被审计单位拥有或控制。			√		
D. 固定资产以恰当的金额包括在财务报表中，与之相关的计价或分摊已恰当记录。				√	
E. 固定资产已按照企业会计准则的规定在财务报表中作出恰当的列报。					√

b. 实质性程序（如表4-21所示）。

表4-21　固定资产审计实质性程序

实质性程序	是否执行	索引号	存在	完整性	权利和义务	计价和分摊	列报
1. 获取或编制固定资产明细表，复核加计是否正确，并与总账数和明细账合计数核对是否相符，结合累计折旧和固定资产减值准备与报表数核对是否相符。	是					√	
2. 实质性分析程序： (1) 基于对被审计单位及其环境的了解，通过以下比较，并考虑有关数据间关系的影响，建立有关数据的期望值。			√	√		√	

（续表）

实质性程序	是否执行	索引号	存在	完整性	权利和义务	计价和分摊	列报
① 分类计算本期计提折旧额与固定资产原值的比率，并与上期比较。 ② 计算固定资产修理及维护费用占固定资产原值的比例，并进行本期各月、本期与以前各期的比较。 (2) 确定可接受的差异额。 (3) 将实际情况与期望值相比较，识别需要进一步调查的差异。 (4) 如果其差额超过可接受的差异额，调查并获取充分的解释和恰当的佐证审计证据(例如：通过检查相关的凭证)。 (5) 评估分析程序的测试结果。							
3. 实地检查重要固定资产(如为首次接受委托，应适当扩大检查范围)，确定其是否存在，关注是否存在已报废但仍未核销的。			√				
4. 检查固定资产的所有权或控制权：对各类固定资产，获取、收集不同的证据以确定其是否归被审计单位所有；对外购的机器设备等固定资产，审核采购发票、采购合同等；对于房地产类固定资产，查阅有关的合同、产权证明、财产税单、抵押借款的还款凭据、保险单等书面文件；对融资租入的固定资产，检查有关融资租赁合同；对汽车等运输设备，检查有关运营证件等；对受留置权限制的固定资产，结合有关负债项目进行检查。					√		
5. 检查本期固定资产的增加： (1) 询问管理层当年固定资产的增加情况，并与获取或编制的固定资产明细表进行核对。 (2) 检查本年度增加固定资产的计价是否正确，手续是否齐备，会计处理是否正确： ① 对于外购固定资产，通过核对采购合同、发票、保险单、发运凭证等资料，抽查测试其入账价值是否正确，授权批准手续是否齐备，会计处理是否正确；如果购买的是房屋建筑物，还应检查契税的会计处理是否正确；检查分期付款购买固定资产入账价值及会计处理是否正确。 ② 对于在建工程转入的固定资产，应检查固定资产确认时点是否符合企业会计准则的规定，入账价值与在建工程的相关记录是否核对相符，是否与竣工决算、验收和移交报告等一致；对已经达到预定可使用状态，但尚未办理竣工决算手续的固定资产，检查其是否已按估计价值入账，并按规定计提折旧。 ③ 对于投资者投入的固定资产，检查投资者投入的固定资产是否按投资各方确认的价值入账，并检查确认价值是否公允，交接手续是否齐全；涉及国有资产的，是否有评估报告并经国有资产管理部门评审备案或核准确认。 ④ 对于更新改造增加的固定资产，检查通过更新改造而增加的固定资产增加的原值是否符合资本化条件，是否真实，会计处理是否正确；重新确定的折旧年限是否恰当。			√	√	√	√	

（续表）

实质性程序	是否执行	索引号	存在	完整性	权利和义务	计价和分摊	列报
⑤ 对于融资租赁增加的固定资产，获取融资租入固定资产的相关证明文件，检查融资租赁合同的主要内容，并结合“长期应付款”“未确认融资费用”账户检查相关的会计处理是否正确。 ⑥ 对于企业合并、债务重组和非货币性资产交换增加的固定资产，检查产权过户手续是否齐备，检查固定资产入账价值及确认的损益和负债是否符合规定。 ⑦ 如果被审计单位为外商投资企业，检查其采购国产设备退还增值税的会计处理是否正确。 ⑧ 对于通过其他途径增加的固定资产，应检查增加固定资产的原始凭证，核对其计价及会计处理是否正确，法律手续是否齐全。 (3) 检查固定资产是否存在弃置费用，如果存在弃置费用，检查弃置费用的估计方法和弃置费用现值的计算是否合理，会计处理是否正确。							
6. 检查本期固定资产的减少： (1) 结合固定资产清理科目，抽查固定资产账面转销额是否正确。 (2) 检查出售、盘亏、转让、报废或毁损的固定资产是否经授权批准，会计处理是否正确。 (3) 检查因修理、更新改造而停止使用的固定资产的会计处理是否正确。 (4) 检查投资转出固定资产的会计处理是否正确。 (5) 检查债务重组或非货币性资产交换转出固定资产的会计处理是否正确。 (6) 检查其他减少固定资产的会计处理是否正确。			√	√		√	
7. 检查固定资产的后续支出：检查固定资产有关的后续支出是否满足资产确认条件；如不满足，检查该支出是否在该后续支出发生时计入当期损益。			√	√			
8. 检查固定资产的租赁： (1) 固定资产的租赁是否签订了合同、租约，手续是否完备，合同内容是否符合国家规定，是否经相关管理部门的审批。 (2) 租入的固定资产是否确属企业必需，或出租的固定资产是否确属企业多余、闲置不用的。 (3) 租金收取是否签有合同，有无多收、少收现象。 (4) 租入固定资产有无久占不用、浪费损坏的现象；租出的固定资产有无长期不收租金、无人过问，是否有变相馈赠、转让等情况。 (5) 租入固定资产是否已登记备查簿。 (6) 如果被审计单位的固定资产中融资租赁占有相当大的比例，复核新增加的租赁协议，检查租赁是否符合融资租赁的条件，会计处理是否正确(资产的入账价值、折旧、相关负债)。检查以下内容：			√	√	√	√	

（续表）

实质性程序	是否执行	索引号	存在	完整性	权利和义务	计价和分摊	列报
① 复核租赁的折现率是否合理。 ② 检查租赁相关税费、保险费、维修费等费用的会计处理是否符合企业会计准则的规定。 ③ 检查融资租入固定资产的折旧方法是否合理。 ④ 检查租赁付款情况。 ⑤ 检查租入固定资产的成新程度。 (7) 向出租人函证租赁合同及执行情况。 (8) 租入固定资产改良支出的核算是否符合规定。							
9. 获取暂时闲置固定资产的相关证明文件，并观察其实际状况，检查是否已按规定计提折旧，相关的会计处理是否正确。						√	
10. 获取已提足折旧仍继续使用固定资产的相关证明文件，并作相应记录。						√	
11. 获取持有待售固定资产的相关证明文件并作相应记录，检查对其预计净残值调整是否正确、会计处理是否正确。			√				
12. 检查固定资产保险情况，复核保险范围是否足够。				√			
13. 检查有无与关联方的固定资产购售活动，是否经适当授权，交易价格是否公允。对于合并范围内的购售活动，记录应予合并抵销的金额。			√	√		√	
14. 对应计入固定资产价值的借款费用，应根据企业会计准则的规定，结合长短期借款、应付债券或长期应付款的审计，检查借款费用资本化的计算方法和资本化金额，以及会计处理是否正确。						√	
15. 检查购置固定资产时是否存在与资本性支出有关的财务承诺。						√	√
16. 检查固定资产的抵押、担保情况。结合对银行借款等的检查，了解固定资产是否存在重大的抵押、担保情况。如存在，应取证，并作相应的记录，同时提请被审计单位作恰当披露。					√		√
17. 检查本期购买固定资产是否属于超过正常信用条件购买固定资产的经济业务事项，如采用分期付款方式购买资产，且在合同中规定的付款期限比较长，超过了正常信用条件，通常在3年以上。在这种情况下，该类购货合同实质上具有融资租赁性质。检查购入资产的成本计量是否正确，购入成本不能以各期付款额之和确定，而应以各期付款额的现值之和确定。各期实际支付的价款与购买价款的现值之间的差额，在信用期间内是否确认为财务费用，计入当期损益。							

（续表）

实质性程序	是否执行	索引号	存在	完整性	权利和义务	计价和分摊	列报
18. 检查累计折旧： (1) 获取或编制累计折旧分类汇总表，复核加计是否正确，并与总账数和明细账合计数核对。 (2) 检查被审计单位制定的折旧政策和方法是否符合相关企业会计准则的规定，确定其所采用的折旧方法能否在固定资产预计使用寿命内合理分摊其成本，前后期是否一致，预计使用寿命和预计净残值是否合理。 (3) 复核本期折旧费用的计提和分配： ① 了解被审计单位的折旧政策是否符合规定，计提折旧范围是否正确，确定的使用寿命、预计净残值和折旧方法是否合理；如采用加速折旧法，是否取得批准文件。 ② 检查被审计单位折旧政策前后期是否一致。 ③ 复核本期折旧费用的计提是否正确，尤其关注已计提减值准备的固定资产的折旧。 ④ 检查折旧费用的分配方法是否合理，是否与上期一致；分配计入各项目的金额占本期全部折旧计提额的比例与上期比较是否有重大差异。 ⑤ 注意固定资产增减变动时，有关折旧的会计处理是否符合规定，查明通过更新改造、接受捐赠或融资租入而增加的固定资产的折旧费用计算是否正确。 (4)将“累计折旧”账户贷方的本期计提折旧额与相应的成本费用中的折旧费用明细账户的借方相比较，检查本期所计提折旧金额是否已全部摊入本期产品成本或费用。若存在差异，应追查原因，并考虑是否应建议作适当调整。 (5) 检查累计折旧的减少是否合理、会计处理是否正确。						√	
19. 检查固定资产的减值准备： (1) 获取或编制固定资产减值准备明细表，复核加计正确，并与总账数和明细账合计数核对相符。 (2) 检查被审计单位计提固定资产减值准备的依据是否充分，会计处理是否正确。 (3) 检查资产组的认定是否恰当，计提固定资产减值准备的依据是否充分，会计处理是否正确。 (4) 计算本期末固定资产减值准备占期末固定资产原值的比率，并与期初该比率比较，分析固定资产的质量状况。 (5) 检查被审计单位处置固定资产时原计提的减值准备是否同时结转，会计处理是否正确。 (6) 检查是否存在转回固定资产减值准备。						√	
20. 根据评估的舞弊风险等因素增加的审计程序。							
21. 检查固定资产是否已按照企业会计准则的规定在财务报表中作出恰当列报： (1) 固定资产的确认条件、分类、计量基础和折旧方法。 (2) 各类固定资产的使用寿命、预计净残值和折旧率。 (3) 各类固定资产的期初和期末原价、累计折旧额及固定资产减值准备累计金额。	是					√	

（续表）

实质性程序	是否执行	索引号	存在	完整性	权利和义务	计价和分摊	列报
(4) 当期确认的折旧费用。 (5) 对固定资产所有权的限制及其金额和用于担保的固定资产账面价值。 (6) 准备处置的固定资产名称、账面价值、公允价值、预计处置费用和预计处置时间等。							

【做中教4-11】 AJ会计师事务所2020年2月27日接受会HY公司董事会委托，对HY公司2019年度财务报表审计。HY公司为生产、加工、销售电机设备的企业。在审计计划中确定的固定资产项目的重要性水平为50万元。该公司所得税税率为25%，法定盈余公积计提比例为10%，任意盈余公积计提比例为5%。注册会计师LL负责该公司固定资产、累计折旧审计，LL在对固定资产、累计折旧进行实质性测试过程中通过下列审计程序实施了审计。

1. 索取固定资产及累计折旧明细表，复核加计是否正确，并与总账和明细账合计数核对

注册会计师LL取得了全部固定资产明细表，对其进行了复核，经查与明细账、总账核对一致。LL还将期初余额与上年审计工作底稿中的审定数予以核对，证实公司已按上年审计要求予以调整，年初数核对一致。

2. 检查本期固定资产增加。

LL通过审查发现该公司2019年有下列固定资产增加业务：

(1) 3月8日，第100号记账凭证标明自建办公用房一栋，办理竣工结算达到了预定可使用状态，工程成本为1 000 000元。

(2) 6月5日，第32号记账凭证标明自建营业用房一栋，办理竣工决算达到了预定可使用状态，结转固定资产，工程成本为800 000元。

(3) 6月18日，第150号记账凭证标明自建生产车间。办理竣工决算达到了预定可使用状态，结转固定资产，工程成本为78万元。

(4) 7月1日，第10号记账凭证及相关原始凭证标明代购办公设备空调20台，每台原值为3 500元，增值税额为455元。

(5) 10月16日，第113号记账凭证及相关原始凭证标明购入卡车3辆，每辆300 000万元。增值税额为39 000元，当月投入使用。

(6) 9月9日，第180号记账凭证标明改建工程完工，办理竣工决算达到了预定可使用状态，工程成本为600 000元。

(7) 12月30日，第202号记账凭证及相关原始凭证标明外购轿车2辆，每辆200 000元，增值税额为26 000元。

LL对上述增加的固定资产进行了详细检查、核对，发现以下问题：

(1) 本年度新增的固定资产中，9月9日180#记账凭证标明改建工程完工，实属管理用办公楼装修装潢的费用支出结转，计入了固定资产的价值（办公楼装修装潢未增加其功能，装修的间隔期为3年，当时确认的固定资产的折旧年限为3年）。

(2) 有未办理竣工决算手续现行估价的固定资产价值为15 000 000元，低于原预算价值的25%，（预算为20 000 000元）。审计师现场观察和了解施工的结算情况，预计实际支出为21 500 000元。

(3) 自建工程办公用房所需工程款为专门为建造办公用房借入的长期借款，李琳检查了相关借款合同，该笔借款为 500 000 元，于 2018 年 1 月 1 日借入，年利率为 6%，借款期限为 2 年，到期还本付息。于 2018 年 4 月 1 日开始建造办公楼，当日以 200 000 元预付了工程款。在检查相关凭证时发现该工程资本化利息共计 75 000 元。

(4) 已知企业该笔借款从借入至 2019 年 4 月 1 日发生存款利息收入 10 000 元，计入该项工程的其他相关借款利息支出为 20 000 元。

3. 检查本期固定资产的减少。

在审查减少的固定资产时，LL 首先审查了固定资产减少的相关批准文，并核对了合同、收款单据等相关凭证。此外 LL 还结合“固定资产清理”和“待处理财产损益”账户查验了固定资产账面转销情况。发现该公司本期减少固定资产 2 项。

(1) 报废 2018 年 8 月购入并投入使用的运输卡车 1 辆，原值为 140 000 元，累计折旧为 120 000 元，公司对于这一报废卡车的处理为：

① 借：固定资产清理　　20 000
　　　累计折旧　　120 000
　　贷：固定资产　　140 000
② 借：营业外支出　　20 000
　　贷：固定资产清理　　20 000

(2) 报废 2019 年 12 月购入并投入使用的办公设备一台，原值为 40 000 元，增值税额为 5 200 元，累计折旧为 8 000 元，公司对于这一办公设备报废的处理为：

① 借：固定资产清理　　32 000
　　　累计折旧　　8 000
　　贷：固定资产　　40 000
② 借：营业外支出——非常损失　　32 000
　　贷：固定资产清理　　32 000

随后，LL 又调阅了该公司该项固定资产卡片，发现该设备使用才 2 年，且无任何大修记录，同时询问了相关资产管理人员和财会人员。方知该设备并未报废，实为出售，但账上并无出售收入的处理。

4. 检查固定资产的所有权或控制权。

LL 审阅了被审计单位的产权证书、财产保险单、财产税单、抵押贷款的相关合同等合法文件。对于新增的固定资产，LL 索取了产权证书的副本，同时进一步审阅了相关合同、发票、付款凭证并与财税单核对。LL 在审计过程中未发现异常。

5. 固定资产折旧审计。

LL 在核对固定资产明细表后，首先，对折旧计提的总体合理性进行了复核。其次，计算了本期计提折旧额占固定资产原值的比率，并与上期比较，分析本期折旧计提额的合理性和准确性。此外还计算了累计折旧占固定资产原值的比率，评估了固定资产老化率，并估计了因闲置、报废等原因可能发生的固定资产损失。在进行分析性复核后，LL 审查了折旧的计提和分配，并将“累计折旧”账户贷方的本期计提额与相应的成本费用中的折旧费明细账户的借方相比较，以查明计提折旧计提额是否已全部摊入了本期的成本或费用。最后，LL 对某些折旧的计算过程追查至固定资产登记卡，并且特别注意有无已经提足折旧而继续使用超提折旧的情况和在用固定资产不提折旧或少提折旧的情况。

在上述审计过程中,LL 发现以下问题。

(1) 办公设备 5～9 月的折旧额明显高于其他月份。结果查出公司所有的夏季使用的空调设备,只按实际使用月份(5～9 月)提取折旧,其他月份未提。因此,少提了 7 个月的折旧,少提折旧额为 140 000 元。

(2) 还发现该公司按固定资产类别分类计提折旧,但未从其中扣除“已提足折旧继续使用固定资产的价值”,已提足折旧继续使用的固定资产的本期折旧额为 210 000 元。

6. 重点观察固定资产。

一般来说,观察固定资产的实际存在主要是实地检查被审计单位年度内增加的主要固定资产,并不一定全面观察所有固定资产。观察范围的确定依赖于被审计单位内部控制的强弱、固定资产的重要性水平和注册会计师的经验。通过分析,LL 决定对期初存在的固定资产中的 30%抽盘,而对当期新增加的固定资产进行百分之百盘点。

LL 以经过核对相符的固定资产明细账为起点,进行了实地追查,已证明会计记录中所列固定资产确实存在,了解其目前的使用状况,并注意观察固定资产的保养和使用情况,运行是否正常等。

在抽盘过程中,LL 发现该公司 9 月 15 日接受某公司捐赠的客货车两辆,价值为 950 000 元,增值税额为 123 500 元,未进行账务处理。

要求:请填写“固定资产、累计折旧及减值准备明细表”“固定资产增加检查表”“固定资产减少检查表”“固定资产审定表”等工作底稿(见书末二维码)。

③ 管理费用审计。

a. 审计目标(如表 4-22 所示)。

表 4-22 管理费用审计目标

审计目标	财务报表认定					
	发生	完整性	准确性	截止	分类	列报
A. 利润表中记录的管理费用已发生,且与被审计单位有关。	√					
B. 所有应当记录的管理费用均已记录。		√				
C. 与管理费用有关的金额及其他数据已恰当记录。			√			
D. 管理费用已记录于正确的会计期间。				√		
E. 管理费用已记录于恰当的账户。					√	
F. 管理费用已按照企业会计准则的规定在财务报表中作出恰当的列报。						√

b. 实质性程序(如表 4-23 所示)。

表 4-23 管理费用审计实质性程序

实质性程序	是否执行	索引号	发生	完整性	准确性	截止	分类	列报
1. 获取或编制管理费用明细表: (1) 复核加计是否正确,并与报表数、总账数及明细账合计数核对是否相符。	是				√			

（续表）

实质性程序	是否执行	索引号	发生	完整性	准确性	截止	分类	列报
(2) 将管理费用中的职工薪酬、无形资产摊销、长期待摊费用摊销额等项目与各有关账户进行核对，分析其勾稽关系的合理性，并作出相应记录。								
2. 对管理费用进行分析： (1) 计算分析管理费用中各项目发生额及占费用总额的比率，将本期、上期管理费用各主要明细项目作比较分析，判断其变动的合理性。 (2) 将管理费用实际金额与预算金额进行比较。 (3) 比较本期各月份管理费用，对有重大波动和异常情况的项目应查明原因，必要时作适当处理。			√	√	√			
3. 检查管理费用的明细项目的设置是否符合规定的核算内容与范围，结合成本费用的审计，检查是否存在费用分类错误，若有，应提请被审计单位调整。							√	
4. 检查公司经费（包括行政管理部门职工薪酬、物料消耗、低值易耗品摊销、办公费和差旅费）是否系经营管理中发生或应由公司统一负担，检查相关费用报销内部管理办法，是否有合法原始凭证支持。			√	√	√			
5. 检查董事会费（包括董事会成员津贴、会议费和差旅费等），检查相关董事会及股东会决议，是否在合规范围内开支费用。			√	√	√			
6. 检查聘请中介机构费、咨询费（含顾问费），检查是否按合同规定支付费用，有无涉及诉讼及赔偿款项支出。			√	√	√			
7. 检查诉讼费用并结合或有事项审计，检查涉及的相关重大诉讼事项是否已在附注中进行披露，还需进一步关注诉讼状态，判断有无或有负债，或是否存在损失已发生而未入账的事项。			√	√	√			
8. 检查业务招待费的支出是否合理，如超过规定限额，应在计算应纳税所得额时调整。					√			
9. 复核本期发生的矿产资源补偿费、房产税、土地使用税、印花税等税费是否正确。					√			
10. 结合相关资产的检查，核对筹建期间发生的开办费（包括人员工资、办公费、培训费、差旅费、印刷费、注册登记费以及不计入固定资产成本的借款费用等）是否直接计入管理费用。			√	√	√			
11. 针对特殊行业，检查排污费等环保费用是否合理计提。			√	√	√			
12. 选择重要或异常的管理费用，检查费用的开支标准是否符合有关规定，计算是否正确，原始凭证是否合法，会计处理是否正确。			√	√	√			
13. 抽取资产负债表日前后_天的_张凭证，实施截止性测试，若存在异常迹象，考虑是否有必要追加审计程序，对于重大跨期项目，应作必要调整。						√		

（续表）

实质性程序	是否执行	索引号	发生	完整性	准确性	截止	分类	列报
14. 根据评估的舞弊风险等因素增加的其他审计程序。								
15. 确定管理费用是否已按照企业会计准则的规定在财务报表中作出恰当的列报。	是							√

【做中教 4-12】　2020 年 2 月 10 日，注册会计师陈志勇在审计郑州市云裳服装公司 2019 年管理费用时发现以下经济业务存在疑问。

（1）经济业务 1。相关凭证如图 4-6 至图 4-9 所示。

8901237654　　**河北增值税普通发票**　　№ 92354123　　8901237654 92354123

机器编码：209255020640　　开票日期：2019年11月10日

购买方	名　　称：郑州市云裳服装有限公司 纳税人识别号：010112201222011 地 址 、电 话： 开户行及账号：				密码区	略	
货物或应税劳务、服务名称	规格型号	单位	数　量	单　价	金　　额	税率	税　　额
修理费			1		935.92	3%	28.08
合计					935.92		28.08
价税合计（大写）	⊗ 玖佰陆拾肆元整				（小写）¥964.00		
销售方	名　　称：郑州市宏兴鸿兴机械修理修配厂 纳税人识别号：283312345678908 地 址 、电 话： 开户行及账号：				备注		

收款人：　　复核：　　开票人：华云飞　　销售单位：（章）

税总函[2019]993号广州安全印务有限公司

第二联：发票联　购买方记账凭证

图 4-6　增值税专用发票

修理费报销清单

使用单位：五车间　　报销日期 2019 年 11 月 12 日

用　　途	报销数 单据张数	报销数 金额	财务科审核意见
修理费	1	964.00	现金付讫 审核专用章
金额合计（大写）人民币玖佰陆拾肆元整			¥964.00
付讫记录：现金：√　　银行：　　转账：			审核签章

单位负责人：刘宗元　　审核：　　出纳：王丽君　　经报人：曹云海

图 4-7　费用报销单

收款收据　　No. 46350189

客户名称：马海明　　填制日期：2019 年 11 月 12 日

项目	数量	单位	单价	金额 万	千	百	十	元	角	分	备注
修理费			964.00			9	6	4	0	0	
合计人民币（大写）⊗万⊗仟玖佰陆拾肆元零角零分					¥	9	6	4	0	0	

第二联 交客户

现金付讫

郑州市云裳服装有限公司 财务专用章

主管 王启文　复核　收款人 王丽君　收款单位盖章

图 4-8 收据

记　账　凭　证

2019 年 11 月 12 日　　凭证编号 48

摘要	会计科目 总账科目	明细科目	借方金额	贷方金额	记账签章
销售商品及代垫运杂费	管理费用	修理费	964.00		
	库存现金			964.00	
合计金额			¥964.00	¥964.00	

附件 3 张

会计主管 王启文　记账 李林　稽核 赵玉　出纳 王丽君　制单 孙娜　经办人 杨丽华

图 4-9 记账凭证

(2) 经济业务 2。相关凭证如图 4-10 至图 4-12 所示。

中国工商银行
转账支票存根
10205310
00812233

附加信息

出票日期 2019 年 12 月 15 日

收款人：郑州速达物流公司

金额：¥2 600.00

用途：运杂费

单位主管　　会计

图 4-10 转账支票存根

银行进账单 (回 单) 1 XV45512056

2019 年 12 月 15 日

出票人	全 称	郑州市云裳服装有限公司	收款人	全 称	郑州恒通公司
	账 号	1702029306203072147		账 号	1702016304560798623
	开户银行	工商银行清华大街分理处		开户银行	工商银行北京大道办事处
金额	人民币(大写)	贰仟陆佰元整		亿千百十万千百十元角分	¥260000
票据种类	转账支票	票据张数	1		
票据号码	2233				
复核 记账					

中国工商银行股份有限公司 新郑支行北关分理处 业务专用章 YE202B876345

此联是开户银行交给持(出)票人的回单

深圳光华印制有限公司印制 中国人民银行广州支行监制

图 4-11 银行进账单

记 账 凭 证

2019 年 12 月 15 日 凭证编号 45

摘 要	会计科目 总账科目	明细科目	借方金额	贷方金额	记账签章
运杂费	管理费用	其他	2 600.00		
	银行存款			2 600.00	
合 计 金 额			¥2 600.00	¥2 600.00	

附件 2 张

会计主管 王启文 记账 李 林 稽核 赵 玉 出纳 王丽君 制单 孙 娜 经办人 杨丽华

图 4-12 记账凭证

(3) 经济业务 3。相关凭证如图 4-13 至图 4-15 所示。

领 料 单

领料部门：六车间 2019年12月28日 第65号

材料类别	材料名称	规格型号	计量单位	数量 请 领	数量 实 领	计划成本 单 价	计划成本 金 额	用途
劳保用品	手套		双	30	30	4.50	135.00	一般耗用
劳保用品	工作服		套	15	15	128.00	1 920.00	一般耗用
劳保用品	肥皂		块	90	90	4.50	405.00	一般耗用
劳保用品	毛巾		条	60	60	5.00	300.00	一般耗用
合 计							2 760.00	

②财会

主管： 审核： 仓库保管员：李立军 领料：张媛媛

图 4-13 领料单

领料单

领料部门：财务部　　2019年12月28日　　第66号

材料类别	材料名称	规格型号	计量单位	数量		计划成本		用途
				请领	实领	单价	金额	
劳保用品	手套		双	50	50	4.50	225.00	下车间用
劳保用品	工作服		套	20	20	168.00	3 360.00	下车间用
劳保用品	肥皂		块	100	100	4.50	450.00	下车间用
劳保用品	毛巾		条	50	50	5.00	250.00	下车间用
合计							4 285.00	

②财会

主管：　　审核：　　仓库保管员：李立军　　领料：王文琦

图 4-14　领料单

记　账　凭　证

2019 年 12 月 30 日　　凭证编号 84

摘要	会计科目		借方金额	贷方金额	记账签章
	总账科目	明细科目			
领用劳保用品	管理费用		7 045.00		
	原材料	劳动保护品		7 045.00	
合计金额			¥7 045.00	¥7 045.00	

附件 2 张

会计主管 王启文　记账 李林　稽核 赵玉　出纳 王丽君　制单 孙娜　经办人 杨丽华

图 4-15　记账凭证

注册会计师陈志勇通过询问得知，财务部所领用劳保用品为公司干部 2020 年 1 月下车间与工人共同劳动所用，但是工作服是为中层干部特制的。

要求：请指出以上经济业务存在的错报并填写相关工作底稿（见书末二维码）。

(4) 货币资金审计。

① 审计目标（如表 4-24 所示）。

表 4-24　货币资金审计目标

审计目标	财务报表认定				
	存在	完整性	权利和义务	计价和分摊	列报
A. 资产负债表中记录的货币资金是存在的。	√				
B. 所有应当记录的货币资金均已记录。		√			

（续表）

审计目标	财务报表认定				
	存在	完整性	权利和义务	计价和分摊	列报
C. 记录的货币资金由被审计单位拥有或控制。			√		
D. 货币资金以恰当的金额包括在财务报表中，与之相关的计价调整已恰当记录。				√	
E. 货币资金已按照企业会计准则的规定在财务报表中作出恰当列报。					√

② 实质性程序（如表 4-25 所示）。

表 4-25　货币资金审计实质性程序

实质性程序	是否执行	索引号	存在	完整性	权利和义务	计价和分摊	列报
（一）库存现金							
1. 核对现金日记账与总账的金额是否相符，检查非记账本位币库存现金的折算汇率及折算金额是否正确。	是					√	
2. 监盘库存现金： (1) 制定监盘计划，确定监盘时间。 (2) 将盘点金额与现金日记账余额进行核对，如有差异，应要求被审计单位查明原因并作适当调整，如无法查明原因，应要求被审计单位按管理权限批准后作出调整。 (3) 在非资产负债表日进行盘点时，应调整至资产负债表日的金额。 (4) 若有充抵库存现金的借条、未提现支票、未作报销的原始凭证，需在盘点表中注明，如有必要应作调整，特别关注数家公司混用现金保险箱的情况。			√	√	√	√	
3. 抽查大额库存现金收支。检查原始凭证是否齐全、记账凭证与原始凭证是否相符、账务处理是否正确、是否记录于恰当的会计期间等项内容。			√	√		√	
4. 根据评估的舞弊风险等因素增加的其他审计程序。							
（二）银行存款							
5. 获取或编制银行存款余额明细表： (1) 复核加计是否正确，并与总账数和日记账合计数核对是否相符。 (2) 检查非记账本位币银行存款的折算汇率及折算金额是否正确。	是					√	
6. 计算银行存款累计余额应收利息收入，分析比较被审计单位银行存款应收利息收入与实际利息收入的差异是否恰当，评估利息收入的合理性，检查是否存在高息资金拆借，确认银行存款余额是否存在，利息收入是否已经完整记录。			√	√		√	

（续表）

实质性程序	是否执行	索引号	存在	完整性	权利和义务	计价和分摊	列报
7. 检查银行存单： 编制银行存单检查表，检查是否与账面记录金额一致，是否被质押或限制使用，存单是否为被审计单位所拥有。 (1) 对已质押的定期存款，应检查定期存单，并与相应的质押合同核对，同时关注定期存单对应的质押借款有无入账。 (2) 对未质押的定期存款，应检查开户证书原件。 (3) 对审计外勤工作结束日前已提取的定期存款，应核对相应的兑付凭证、银行对账单和定期存款复印件。			√		√		
8. 取得并检查银行存款余额调节表： (1) 取得被审计单位的银行存款余额对账单，并与银行询证函回函核对，确认是否一致，抽样核对账面记录的已付票据金额及存款金额是否与对账单记录一致。 (2) 获取资产负债表日的银行存款余额调节表，检查调节表中加计数是否正确，调节后银行存款日记账余额与银行对账单余额是否一致。 (3) 检查调节事项的性质和范围是否合理： ① 检查是否存在跨期收支和跨行转账的调节事项。编制跨行转账业务明细表，检查跨行转账业务是否同时对应转入和转出，未在同一期间完成的转账业务是否反映在银行存款余额调节表的调整事项中。 ② 检查大额在途存款和未付票据： 检查在途存款的日期，查明发生在途存款的具体原因，追查期后银行对账单存款记录日期，确定被审计单位与银行记账时间差异是否合理，确定在资产负债表日是否需审计调整； 检查被审计单位的未付票据明细清单，查明被审计单位未及时入账的原因，确定账簿记录时间晚于银行对账单的日期是否合理； 检查被审计单位未付票据明细清单中有记录，但截止资产负债表日银行对账单无记录且金额较大的未付票据，获取票据领取人的书面说明。确认资产负债表日是否需要进行调整； 检查资产负债表日后银行对账单是否完整地记录了调节事项中银行未付票据金额。 (4) 检查是否存在未入账的利息收入和利息支出。 (5) 检查是否存在其他跨期收支事项。 (6)（当未经授权或授权不清支付货币资金的现象比较突出时）检查银行存款余额调节表中支付给异常的领款（包括没有载明收款人）、签字不全、收款地址不清、金额较大票据的调整事项，确认是否存在舞弊。			√	√		√	
9. 函证银行存款余额，编制银行函证结果汇总表，检查银行回函： (1) 向被审计单位在本期存过款的银行发函，包括零账户和账户已结清的银行。 (2) 确定被审计单位账面余额与银行函证结果的差异，对不符事项作出适当处理。			√		√		

（续表）

实质性程序	是否执行	索引号	存在	完整性	权利和义务	计价和分摊	列报
10. 检查银行存款账户存款人是否为被审计单位，若存款人非被审计单位，应获取该账户户主和被审计单位的书面声明，确认资产负债表日是否需要调整。					√		
11. 关注是否存在质押、冻结等对变现有限制或存在境外的款项，是否已作必要的调整和披露。	是				√		√
12. 对不符合现金及现金等价物条件的银行存款在审计工作底稿中予以列明，以考虑对现金流量表的影响。							√
13. 抽查大额银行存款收支的原始凭证，检查原始凭证是否齐全、记账凭证与原始凭证是否相符、账务处理是否正确、是否记录于恰当的会计期间等项内容。检查是否存在非营业目的的大额货币资金转移，并核对相关账户的进账情况；如有与被审计单位生产经营无关的收支事项，应查明原因并作相应的记录。			√	√		√	
14. 检查银行存款收支的截止是否正确。选取资产负债表日前后__张、__金额以上的凭证实施截止测试，关注业务内容及对应项目，如有跨期收支事项，应考虑是否应进行调整。			√	√			
15. 根据评估的舞弊风险等因素增加的其他审计程序。							
（三）其他货币资金							
16. 获取或编制其他货币资金明细表： （1）复核银行汇票存款、银行本票存款、信用卡存款、信用证保证金存款、存出投资款、外埠存款等加计是否正确，并与总账数和日记账明细账合计数核对是否相符。 （2）检查非记账本位币其他货币资金的折算汇率及折算是否正确。	是					√	
17. 取得并检查其他货币资金余额调节表： （1）取得被审计单位银行对账单，检查被审计单位提供的银行对账单是否存在涂改或修改的情况，确定银行对账单金额的正确性，并与银行回函结果核对是否一致，抽样核对账面记录的已付款金额及存款金额是否与对账单记录一致。 ① 应将保证金户对账单与相应的交易进行核对。检查保证金与相关债务的比例和合同约定是否一致。特别关注是否存在有保证金发生，而被审计单位账面无对应的保证事项的情形。 ② 若信用卡持有人是被审计单位职员，应取得该职员提供的确认书，并应考虑进行调整。 （2）获取资产负债表日的其他货币资金存款余额调节表，检查调节表中加计数是否正确，调节后其他货币资金日记账余额与银行对账单余额是否一致。 （3）检查调节事项的性质和范围是否合理，如存在重大差异应作审计调整。			√	√		√	

（续表）

实质性程序	是否执行	索引号	存在	完整性	权利和义务	计价和分摊	列报
18. 函证银行汇票存款、银行本票存款、信用卡存款、信用证保证金存款、存出投资款、外埠存款等期末余额，编制其他货币资金函证结果汇总表，检查银行回函。			√		√		
19. 检查其他货币资金存款账户存款人是否为被审计单位，若存款人非被审计单位，应获取该账户户主和被审计单位的书面声明，确认资产负债表日是否需要调整。					√		
20. 关注是否有质押、冻结等对变现有限制、或存放在境外、或有潜在回收风险的款项。	是						√
21. 选取资产负债表日前后__张、__金额以上的凭证，对其他货币资金收支凭证实施截止测试，如有跨期收支事项，应考虑是否进行调整。			√	√			
22. 抽查大额其他货币资金收付记录。检查原始凭证是否齐全、记账凭证与原始凭证是否相符、账务处理是否正确、是否记录于恰当的会计期间等项内容。			√	√		√	
23. 据评估的舞弊风险等因素增加的其他审计程序。							
24. 检查货币资金，是否已按照企业会计准则的规定在财务报表中作出恰当列报。 附注是否按库存现金、银行存款、其他货币资金分别列示货币资金情况。因质押或冻结等对使用有限制、存放在境外、有潜在回收风险的款项应单独说明。	是						√

【做中教 4-13】 注册会计师刘丽华在审查北京隆兴家纺有限公司的经济业务时，抽查了与货币资金相关的三笔经济业务的原始凭证、记账凭证、账簿等相关资料。

第一，抽查经济业务 1：原始凭证、记账凭证、账簿等相关资料如图 4-16 至图 4-20 所示。

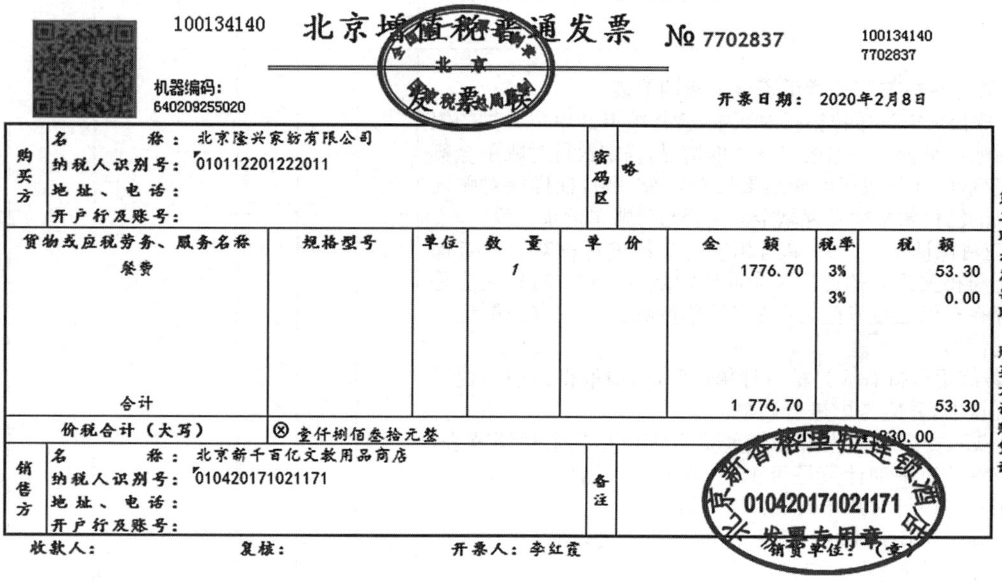
100134140 北京增值税普通发票 № 7702837 100134140 7702837

机器编码：640209255020

开票日期：2020年2月8日

购买方 名称：北京隆兴家纺有限公司；纳税人识别号：010112201222011；地址、电话：；开户行及账号：

密码区 略

货物或应税劳务、服务名称	规格型号	单位	数量	单价	金额	税率	税额
餐费			1		1776.70	3%	53.30
						3%	0.00
合计					1 776.70		53.30

价税合计（大写） ⊗壹仟捌佰叁拾元整 （小写）¥1830.00

销售方 名称：北京新千百亿文教用品商店；纳税人识别号：010420171021171；地址、电话：；开户行及账号：

备注

收款人： 复核： 开票人：李红霞 销货单位：（章）

税总函[2020]993号广州安全印务有限公司

第二联：发票联 购买方记账凭证

图 4-16 增值税专用发票

业务招待费 报销清单

使用单位：销售部　　　　　　　　　　报销日期　2020 年　2　月　8　日

用途	报销数		财务科审核意见
	单据张数	金额	
餐费	1	1,830.00	现金付讫
			审核专用章
金额合计（大写）人民币壹仟捌佰叁拾元整			¥1,830.00
付讫记录：现金：　　银行：　　转账：			审核签章

单位负责人：张国清　　　　保管验收或证明：　　　　经报人：李继业

图 4-17　费用报销单

借款单

2019 年 12 月 25 日

借款人名称	张明月	部门	销售部	职别	办事员					
借款金额（大写）	壹仟叁佰元整			千	百	十	万	千	百	十	元	角	分
							¥	1	3	0	0	0	0

借款用途	借出日期	约定还款日期
	2019 年 12 月 25 日	2020 年 1 月 2 日

部门负责人		财务部负责人		经办人	张明月	单位会计分录

图 4-18　借款单

（1）现金账实情况。

① 保险柜现金的实存数为 1 160 元。

② 保险柜中有下列单据已收付款，但未入账。

a. 某职工报销差旅费，金额为 1 830 元。手续齐全，时间为 2020 年 2 月 8 日。

b. 某职工借条一张，未说明用途，无主管领导审批，金额为 1 300 元，日期为 2019 年 12 月 25 日。经进一步查明为出纳挪用。

c. 盘点前现金日记账的余额为 4 590 元，2019 年 12 月 31 日库存现金余额为 3 825 元。

d. 经核对 2020 年 1 月 1 日至 2 月 16 日的收付款凭证和现金日记账，1 月 1 日至 2 月 16 日收入现金金额为 13 465 元，支出为 14 530 元，正确无误。

e. 银行核定的库存现金限额为 5 000 元。

（2）现金盘点情况。100 元钞票 8 张，50 元钞票 4 张，20 元钞票 5 张，10 元钞票 5 张，5 元钞票 2 张。

要求：请指出该业务存在的错报及填写“库存现金盘点表”等工作底稿（见书末二维码）。

现 金 日 记 账

2019年 月	日	凭证册号	对方科目	摘要	借方	贷方	核对号	余额
1	1			期初余额				9 000.00
1	5	6	其他应收款	预借差旅费		8 000.00		1 000.00
1	31			本月合计		8 000.00		
2	13	39	其他业务收入	销售材料	1,053.00			2 053.00
2	28			本月合计	1,053.00			
3	18	45	营业外收入	废料变价收入	2,380.00			4 433.00
3	31			本月合计	2,380.00			
4	19	56	管理费用	支付分散部修理费		530.00		3 903.00
4	30			本月合计		530.00		
5	17	38	销售费用	支付招待费		165.00		3 738.00
5	31			本月合计		165.00		
6	28	72	其他应收款	报销差旅费	800.00			4 538.00
6	30			本月合计	800.00			
7	7	11	管理费用	购买办公用品		200.00		4 338.00
7	31			本月合计		200.00		
8	19	66	其他应付款	收取包装物押金	860.00			5 198.00
8	31			本月合计	860.00			
9	21	52	营业外收入	罚款收入	100.00			5 298.00
9	30			本月合计	100.00			
10	16	24	其他应收款	预借差旅费		4 000.00		1 298.00
10	31			本月合计		4 000.00		
11	11	31	管理费用	报销修理费		750.00		548.00
11	30			本月合计		750.00		
12	21	58	银行存款	提取现金备用	15 000.00			15 548.00
12	26	80	管理费用	购买办公用品		200.00		15 348.00
12	31	99	银行存款	缴存现金		11 523.00		3 825.00
12	31			本月合计	15 000.00	11 723.00		
12	31			本年累计	20 193.00	25 368.00		3 825.00

图 4-19　现金日记账(一)

现 金 日 记 账

2020年 月	日	凭证册号	对方科目	摘要	借方	贷方	核对号	余额
1	1			期初余额				3 825.00
1	8	63	银行存款	缴存现金	12 400.00			16 225.00
1	26	98	其他应收款	预借差旅费		4 000.00		12 225.00
1	31			本月合计	12 400.00	4 000.00		12 225.00
2	3	12	其他应收款	预借差旅费		5,000.00		7 225.00
2	15	26	销售费用	支付招待费		3 700.00		4 590.00
2	28			本月合计	1 065.00	8 700.00		4 590.00

图 4-20　现金日记账(二)

第二，抽查经济业务 2：原始凭证、记账凭证、账簿等相关资料如图 4-21 至图 4-23 所示。

银行进账单　（回单）　　1 XV20564551

2019 年 10 月 5 日

出票人	全称	昌龙公司	收款人	全称	北京隆兴家纺有限公司
	账号	4062565226709256200		账号	406258023156004212O
	开户银行	工商银行清华大街分理处		开户银行	工商银行北京大道办事处
金额	人民币（大写）	贰万零伍佰叁拾元整		亿千百十万千百十元角分	¥2053000
票据种类	转账支票	票据张数	1		
票据号码	7467				
	复核　　记账			中国工商银行股份有限公司 北京大道办事处 业务专用章 YE202B876345	

此联是开户银行交给持（出）票人的回单

图 4-21　银行进账单

记　账　凭　证

2019 年 10 月 5 日　　凭证编号 5

摘　要	会计科目 总账科目	会计科目 明细科目	借方金额	贷方金额	记账签章
收到昌龙货款	银行存款		20 530.00		√
	应收账款	昌龙公司		20 530.00	√
合　计　金　额			¥20 530.00	¥20 530.00	

附件 1 张

会计主管 王善明　记账 张莹莹　稽核 孙甜甜　出纳 于丹丹　制单 李元哲

图 4-22　记账凭证

银行存款　日记账　　第1页

2019年 月	日	凭证号	摘要	对方科目	凭证 种类	凭证 票号	借方	核对号	贷方	核对号	余额
10			承前页								36789212
	3	5	提现						1000000		35789212
	4	7	张华购料						6435890		29353322
	5	8	收到昌龙公司货款				2053000				31406322
	6	9	缴纳五险						3265821		28140501
	7	10	收到嘉怡公司定金				5000000				33140501
	8	11	昌龙公司退货						2053000		31087501
	9	12	收到美家和公司货				2340000				33427501
11	30		本月合计				9393000		12754711		33427501

图 4-23　银行存款日记账

第三，抽查经济业务3：原始凭证、记账凭证、账簿等相关资料如图4-24至图4-28所示。

北京增值税专用发票

5300134140　　　　发票联　　　　№ 09016549

开票日期：2019年10月8日

购货单位	名称：昌龙公司 纳税识别号：201222011530112 地址、电话：清华大街88号 0871-87602222 开户行及账号：工商银行清华大街分理处 565226709256200				密码区	略	
货物或应税劳务名称	规格型号	单位	数量	单价	金额	税率	税额
橡胶					-17547.01	17%	-2982.99
合计					-17547.01		-2982.99
价税合计（大写）	⊗贰万零伍佰叁拾元整						（小写）20530.00
销货单位	名称：北京隆兴家纺有限公司 纳税识别号：010112201222011 地址、电话：北京大道5号 0691-2125360 开户行及账号：工商银行北京大道办事处 80231560042120				备注		

收款人：于丹丹　　复核：孙甜甜　　开票人：张莹莹　　销货单位：（章）

国税函[2019]645号西安印钞有限公司

第三联：发票联　购货方记账凭证

北京隆兴家纺有限公司 010112201222011 发票专用章

图4-24　增值税专用发票

中国工商银行
转账支票存根
10205310
22280018

附加信息

出票日期　2019　年　10　月　8　日

收款人：昌龙公司
金额：¥20 530.00
用途：支付退货款

单位主管　　　　会计

图4-25　转账支票存根

记　账　凭　证

2019　年　10　月　8　日　　　　凭证编号　11

摘　要	会计科目 总账科目	会计科目 明细科目	借方金额	贷方金额	记账签章
支付昌龙公司退货款	主营业务收入		17 547.01		√
	应交税费	应交增值税（销项税额）	2 982.99		√
	银行存款			20 530.00	
合　计　金　额			¥15 000.00	¥15 000.00	

附件　1　张

会计主管 王善明　记账 张莹莹　稽核 孙甜甜　出纳 于丹丹　制单 李元哲

图4-26　记账凭证

银行存款 日记账 **第1页**

2019年 月	2019年 日	凭证号	摘要	对方科目	凭证 种类	凭证 票号	借方	核对号	贷方	核对号	余额
10			承前页								36789212
	3	5	提现						1000000		35789212
	4	7	张华购料						6435890		29353322
	5	8	收到昌龙公司货款				2053000				31406322
	6	9	缴纳五险						3265821		28140501
	7	10	收到嘉怡公司定金				5000000				33140501
	8	11	昌龙公司退货						2053000		31087501
	9	12	收到美家和公司货				2340000				33427501
11	30		本月合计				9393000		12754711		33427501

图 4-27 银行存款日记账

中国工商银行客户存款对账单

网点号： 币种：人民币（本位币） 单位：元 2019年 页号：1

账号：80231560042120 户名： 上页余额：367892.12

日期	交易类型	凭证总类	凭证号	对方户名	摘要	借方发生额	贷方发生额	余额	记账信息
10月3日		000000000	1		提现	10000.00		357892.12	
10月4日		000000000	3	候马股份有限公司	张华购料	64358.90		293533.22	
10月5日		000000000	4	昌龙公司	收到昌龙公司货款		20530.00	314063.22	
10月6日		000000000	5		缴纳五险	32658.21		281405.01	
10月7日		000000000	8	嘉怡公司	收到嘉怡公司定金		50000.00	331405.01	
10月8日		000000000	9		昌龙公司退货	20530.00			
10月8日		000000000	10	云来公司	收到云来公司货款		20530.00	331405.01	
10月9日		000000000	11	美家和公司	收到美家和公司货款		23400.00	354805.01	

截止2019年10月30日，账户余额（额度）：354805.01 ， 保留余额：0.00 ， 冻结余额：0.00 ， 透支余额：0.00 ， 可用余额：354805.01

打印日期：2019-11-30

经审计，通过寄发昌龙公司企业询证函，昌龙公司明确回复银行对账单上显示没有该笔收款记录。

图 4-28 银行对账单

要求：请指出该业务存在的错报及填写相关工作底稿（见书末二维码）。

【忆经典】 麦克逊·罗宾斯药材公司破产案

1. 麦克逊·罗宾斯药材公司破产案的始末

20世纪30年代，在美国经济发展进程中，上市公司自愿委托社会公认的会计师实施审计形成风气。麦克逊·罗宾斯药材公司的有价证券在纽约交易所公开上市，并依法在证券交易所注册登记。该公司及其子公司十多年来的会计报表均由美国第一流的普赖斯·沃特豪斯会计公司执行审计，普赖斯·沃特豪斯会计公司对麦克逊公司的财务状况及经营成果一直出具无保留意见的审计报告。1938年年末，麦克逊公司突然宣布倒闭，债权人米利安·汤普森遭受重大损失。

2. 麦克逊·罗宾斯药材公司破产案的审计与查处

1938年年初,债权人米利安·汤普森公司在与麦克逊公司的经济往来中发现该公司的财务资料有异常之处。其一,该公司制药原材料部门是盈利较高的经营部门,但公司经营者都直接对其重新投资,而该部门还没有资金积累;其二,公司账面制药原材料存货的保险金额较少。前任公司董事会决定减少存货金额,并要求时任经理菲利普·科斯特仍执行这一决定,但1938年年末,公司存货却增加了100万美元。米利安、汤普森公司对上述问题产生疑惑,要求公司管理人员提供有关制药原材料实际存货的证明,但未能取得该证据,而且其拒绝承认公司30万美元的债券。此后,美国证券交易委员会开始对麦克逊公司立案调查。事实真相是:一是全部资产的20%以上并不存在,1937年12月31日的合并资产负债表上虚构存货100万美元、应收账款900万美元和银行存款1.5万美元,相应地虚构销售收入1 820万美元和毛利180万美元。二是合谋舞弊公司,经理菲利普·科斯特和他的三个兄弟都是犯有前科的诈骗犯,均用化名提入公司并爬上领导岗位,利用公司内部控制薄弱贪污巨款。三是伪造存货和应收账款,存货的材料购买虚构了加拿大的卖主,天然药的销售虚构了代理商,代收款虚构了蒙特利尔银行。

一般认为,如果执行了有效的存货监盘和应收账款函证程序,罗宾斯药材公司的财务舞弊案很可能被及时发现,但会计师事务所认为,他们遵循了美国注册会计师协会1936年颁布的《独立注册会计师——对财务报表的检查》的各项规则,罗宾斯药材公司的诈骗是由于经理部门串通舞弊所致。但在美国证券交易委员会的调停下,会计师事务所退回历年来收取的审计费用50万美元,作为对债权人米利安·汤普森公司部分债权损失的赔偿。

情境小结

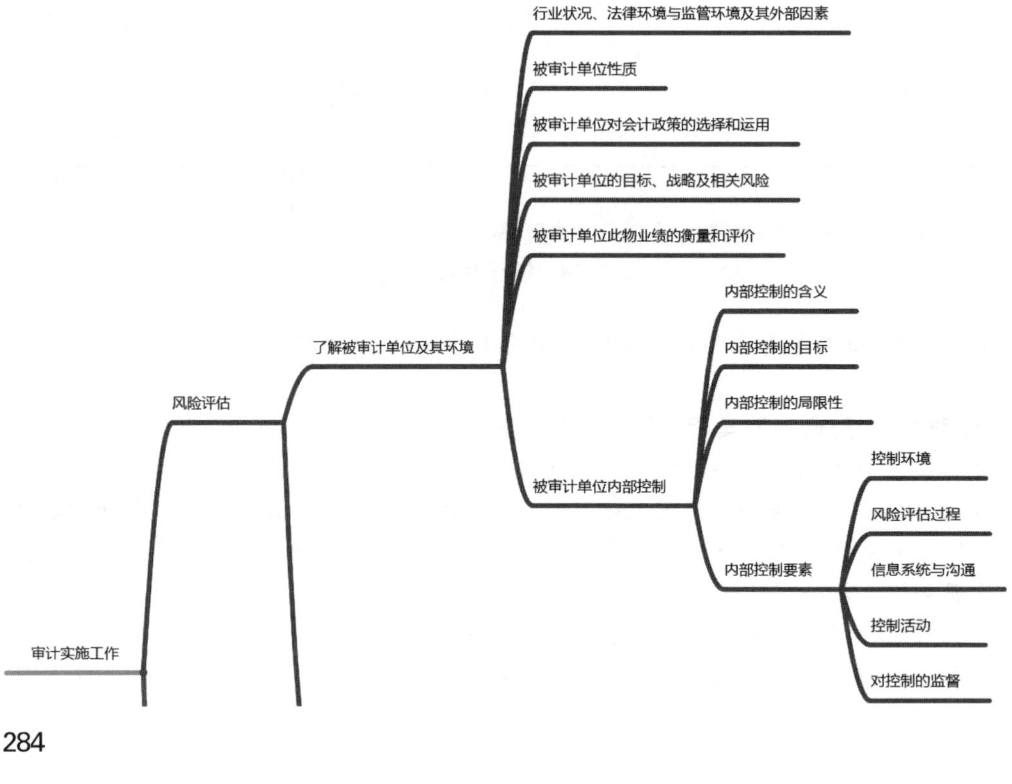

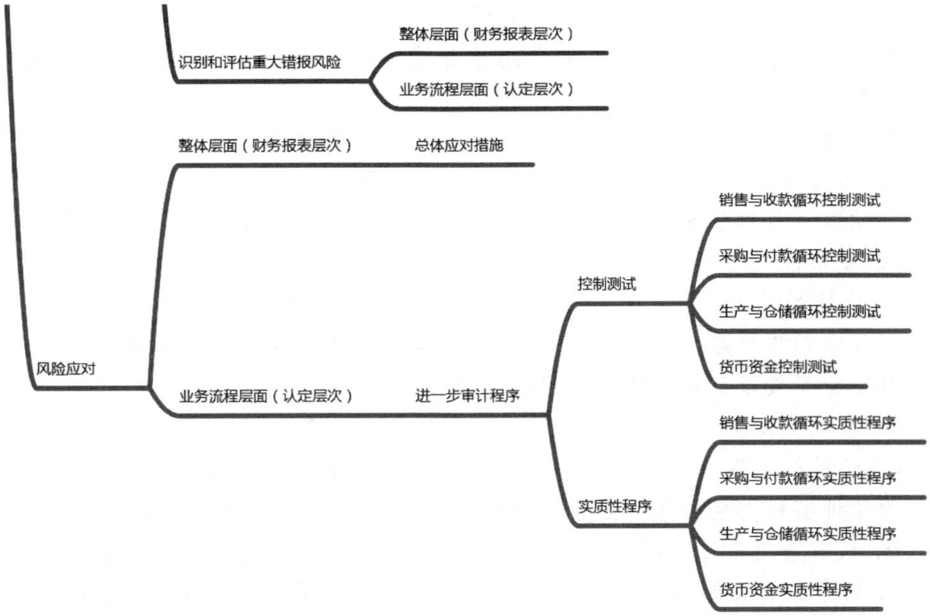

自我检测

一、填空题

1. 内部控制是指被审计单位为了保证__________的有效进行，保证__________的安全完整，防止、发现、纠正错误和舞弊，保证__________的真实、合法、完整而制定和实施的政策与程序。
2. 内部控制包括__________、__________、__________、__________和__________五个要素。
3. 内部控制的控制环境包括__________、__________、__________、__________、__________和__________。
4. 内部控制控制活动包括__________、__________、__________、__________和__________五个方面。
5. 内部控制调查记录的方法通常有三种，即__________、__________和__________。

二、单项选择题

1. 下列各项中，不属于销售与收款循环中的业务活动的是（　　）。
   A. 接受顾客订单　　B. 向顾客开具账单
   C. 注销坏账　　D. 确认与记录负债
2. 应收账款询证函的回函应当寄给（　　）。
   A. 被审计单位
   B. 会计师事务所
   C. 被审计单位，并由被审计单位转交会计师事务所

D. 被审计单位或会计师事务所均可

3. 检查发货单、销售发票是否事先编号并按编号的先后顺序使用，是为了检验主营业务收入的(　　)。

A. 存在或发生　　B. 完整性

C. 权利与义务　　D. 计价与分摊

4. 向顾客开具销售发票，这项控制与销售交易的(　　)认定相关。

A. 完整性　　B. 权利和义务

C. 准确性　　D. 发生

5. 假如在销售总账、明细账中登记并未发生的销售或销售已实现却不记入总账和明细账，其违犯了被审计单位管理层的(　　)认定。

A. 存在或发生　　B. 完整性

C. 权利与义务　　D. 表达与披露

6. 为了证实已发生的销售业务是否均已登记入账，有效的做法是(　　)。

A. 只审查销售日记账　　B. 由日记账追查有关原始凭证

C. 只审查有关原始凭证　　D. 由原始凭证追查销售日记账

7. 注册会计师从主营业务收入明细账中选取记录，追查至销货合同、发货单等资料，目的是(　　)。

A. 证实主营业务收入的完整性

B. 证实主营业务收入的真实性

C. 证实主营业务收入的总体合理性

D. 证实主营业务收入的披露充分性

8. 注册会计师为了审查被审计单位是否有提前确认收入的情况，采取的最有效的审计程序是(　　)。

A. 以账簿记录为起点做销售业务的截止测试

B. 以销售发票为起点做销售业务的截止测试

C. 以发运凭证为起点做销售业务的截止测试

D. 向债务人函证

9. 对被审计单位的销售交易，下列注册会计师认为不属于高估销售的是(　　)。

A. 向虚构的顾客发货并进行相应的账务处理

B. 本期已经发生的销售交易均已入账

C. 未曾发货却已将销售交易登记入账

D. 销售交易重复入账

10. 生产与仓储循环过程形成的文件按业务顺序依次为(　　)。

A. 材料分配表、领料单、盘点表、成本计算单

B. 生产通知单、领料单、产量记录、费用分配表、成本计算单

C. 存货明细账、生产通知单、费用分配表、领料单

D. 生产计划、费用分配表、工时记录、成本计算单

11. 被审计单位的存货盘点计划最好由被审计单位和注册会计师共同制定，但盘点计划的责任由(　　)承担。

A. 合伙人　　B. 被审计单位

C. 审计项目负责人　　D. 负责该项目的注册会计师

12. 注册会计师为了获取实际存在的固定资产均已入账的证据，应当采用的最佳程序是(　　)。

A. 以固定资产明细分类账为起点，进行实地追查

B. 以实地为起点，追查至固定资产明细分类账

C. 先从实地追至明细分类账，再从明细分类账追查至实地

D. 先从明细分类账追查至实地，再以实地追查至明细分类账

13. 下列审计程序中，注册会计师最有可能证实已记录应付账款存在的是(　　)。

A. 从应付账款明细账追查至购货合同、购货发票和入库单等凭证

B. 检查采购文件以确定是否使用预先编号的采购单

C. 抽取购货合同、购货发票和入库单等凭证，追查至应付账款明细账

D. 向供应商函证零余额的应付账款

14. 下列审计程序中，注册会计师最有可能获取固定资产存在的审计证据的是(　　)。

A. 观察经营活动，并将固定资产本期余额与上期余额进行比较

B. 询问被审计单位的管理当局和生产部门

C. 以检查固定资产实物为起点，检查固定资产明细账和相关凭证

D. 以检查固定资产明细账为起点，检查制定资产实物和相关凭证

15. 采购与付款循环过程形成的文件按业务顺序依次为(　　)。

A. 请购单、订购单、验收单、入库单、付款凭单

B. 卖方发票、付款凭单、订购单、请购单

C. 卖方对账单、订货合同、发票、请购单、明细账

D. 支票、订货合同、付款凭单、明细账、请购单

16. 注册会计师通过盘点库存现金所取得的审计证据属于(　　)。

A. 环境证据　　B. 书面证据

C. 实物证据　　D. 口头证据

17. 监盘库存现金是注册会计师证实资产负债表日所列现金是否存在的一项重要程序、被审计单位必须参加盘点的人员是(　　)。

A. 会计主管人员和内部审计人员

B. 出纳员和会计主管人员

C. 现金出纳员和银行出纳员

D. 出纳员和内部审计人员

18. 如果在资产负债表日后对库存现金进行盘点，应当根据盘点数、资产负债表日至(　　)的现金数，倒推计算资产负债表上所包含的现金数是否正确。

A. 审计报告日　　B. 资产负债表日

C. 盘点日　　D. 外勤工作结束日

19. 下列资料中，能够证实银行存款是否存在的是(　　)。

A. 银行存款总账　　B. 银行存款日记账

C. 对开户银行询证函的回函　　D. 银行存款进账单

20. 注册会计师对银行存款进行截止测试的关键是(　　)。

A. 审查当年各月的银行存款余额调节表

B. 确定被审计年度企业开出的最后一张支票号码

C. 审查当年各月的银行存款对账单

D. 确定当年最后一笔银行存款业务

三、多项选择题

1. 下列职务中，不属于不相容职务的有（　　）。

A. 授权业务与执行业务　　B. 记录业务与审核业务

C. 记录资产与保管资产　　D. 授权业务与审核业务

2. 应收账款的审计的目标不包括（　　）。

A. 确定应收账款是否存在

B. 确定应收账款是否归被审计单位所有

C. 确定应收账款和坏账准备期末余额是否正确

D. 确定应收账款的可收回性

3. 注册会计师实施主营业务收入的截止测试，主要目的是发现（　　）。

A. 当年未入账销货　　B. 年末应收账款余额不正确

C. 超额的销货折扣　　D. 未核准的销货退回

4. 下列关于销售与收款循环的内部控制的说法中，不正确的有（　　）。

A. 企业应当将办理销售、发货、收款三项业务的部门（或岗位）分别设立

B. 由一名财务人员编制销售单并开具销售发票

C. 销售人员应当避免接触销售现款

D. 企业应收票据的取得和贴现必须经由保管票据以外的主管人员的书面批准

5. 审计人员实施销售截止测试的目的是（　　）。

A. 确定已入账销售业务的真实性

B. 确定主营业务收入的数额是否正确

C. 查找未入账的销售业务

D. 确定主营业务收入的会计记录归属期是否正确

6. 下列各项中，属于销售与收款循环中的业务活动的有（　　）。

A. 办理和记录现金、银行存款收入　　B. 注销坏账

C. 提取坏账准备　　D. 验收商品

7. 营业收入审计的目标一般包括（　　）。

A. 确定营业收入的内容、数额是否合理、正确、完整

B. 确定对销售退回、销售折扣与折让的处理是否适当

C. 确定营业收入的会计处理是否正确

D. 确定营业收入的披露是否恰当

8. 在审计实务中，注册会计师实施销售截止测试的路线有（　　）。

A. 以报表为起点　　B. 以账簿记录为起点

C. 以销售发票为起点　　D. 以发运凭证为起点

9. 登记入账的销货业务是真实的，对这一目标，注册会计师一般关心的错误类型有（　　）。

A. 未曾发货却已将销货业务登记入账　　B. 销货业务重复入账

C. 向虚构的客户发货　　D. 销货业务发生不入账

10. 下列各项中,不属于采购与付款职责分离控制的有(　　)。
A. 请购、询价与审批　　B. 采购合同的订立与审批
C. 采购、验收与相关会计记录　　D. 付款的申请、审批与执行
11. 被审计单位采购与付款循环中涉及的主要业务活动包括(　　)。
A. 编制订购单　　B. 验收商品
C. 确认债务　　D. 处理和记录现金支出
12. 应付账款审计的目标有(　　)。
A. 确定资产负债表中记录的应付账款是否存在
B. 确定所有应当记录的应付账款是否均已记录
C. 确定资产负债表中记录的应付账款是否是被审计单位应履行的现时义务
D. 确定应付账款是否以恰当的金额包括在财务报表中,与之相关的计价调整是否已恰当记录
13. 下列审计程序中,与查找未入账应付账款有关的有(　　)。
A. 检查供应商发票、验收报告或入库单等,查找有无未及时入账的应付账款
B. 检查资产负债表日后应付账款明细账贷方发生额的相应凭证,关注其购货发票日期
C. 针对资产负债表日后付款项目,检查银行对账单及有关付款凭证
D. 函证应付账款
14. 固定资产的审计目标一般包括(　　)。
A. 确定资产负债表中记录的固定资产是否存在
B. 确定所有应记录的固定资产是否均已记录
C. 确定记录的固定资产是否由被审计单位拥有或控制
D. 确定固定资产以恰当的金额包括在财务报表中
15. 检查本期固定资产的增加应注意(　　)。
A. 询问管理层当年固定资产的增加情况,并与固定资产明细表进行核对
B. 检查本年度增加固定资产的手续是否齐备,计价和会计处理是否正确
C. 检查固定资产弃置费用的估计方法和弃置费用现值的计算是否合理,会计处理是否正确
D. 检查租入的固定资产是否确属企业必需,双方是否签订和认真履行合同
16. 进行累计折旧的实质性程序通常包括(　　)。
A. 获取或编制固定资产及累计折旧分类汇总表,并进行账账、账表核对
B. 检查折旧政策和方法、预计使用寿命、预计净残值是否合理及折旧计算是否正确
C. 复核本期折旧费用的计提和分配
D. 查明所计提折旧金额是否已全部摊入本期产品成本或费用
17. 存货的监盘针对的主要是存货的(　　)认定,存货数量的准确性直接影响到这些认定。
A. 存在　　B. 完整性
C. 发生　　D. 权利和义务
18. 函证银行存款不能实现的目标有(　　)。
A. 确定被审计单位银行存款使用的合法性
B. 了解银行存款的存在
C. 了解被审计单位欠银行的债务

D. 发现被审计单位未登记的银行借款

19. 注册会计师为证实资产负债表所列现金是否真实存在，下列程序中，必须执行的有（　　）。

A. 编制现金预算　　B. 监盘库存现金

C. 函证银行存款余额　　D. 取得并审查银行存款余额调节表

20. 为了做到银行存款在财务报表上的正确截止，对于以下未达账项（　　），注册会计师应当要求被审计单位编制会计分录调整。

A. 银行已付，企业未入账的支出　　B. 银行已收，企业未入账的收入

C. 企业已付，银行未入账的支出　　D. 企业已收，银行未入账的收入

21. 出纳人员不得兼任的工作有（　　）。

A. 会计档案保管　　B. 收入支出账目的登记

C. 债权债务账目的登记　　D. 稽核

22. 下列各项中，属于银行存款实质性程序的有（　　）。

A. 审查银行存款余额调节表　　B. 函证银行存款余额

C. 检查银行存款收支的正确截止　　D. 银行存款的控制测试

23. 下列各项中，属于银行询证函内容的有（　　）。

A. 银行存款的账号、币种、期限、余额

B. 银行借款的期限、币种、利率、余额

C. 是否通过抵押取得借款

D. 是否通过担保取得借款

24. 下列关于注册会计师监盘库存现金的做法中，不恰当的有（　　）。

A. 在监盘的前一天通知公司做好监盘准备

B. 监盘时间定在下午下班时进行

C. 监盘时，出纳员把现金放入保险柜，并将已办妥现金收付手续的交易登入现金日记账，并结出账面余额

D. 由注册会计师当场盘点现金，并填写"库存现金盘点表"

25. 下列说法中，正确的有（　　）。

A. 注册会计师应向被审计单位在本年度存过款的所有银行发函，包括存款账户已结清的银行和零账户

B. 注册会计师在对银行存款作控制测试时可以抽取适当付款凭证核对实付金额与购货发票是否相符

C. 被审计单位资产负债表上的银行存款数额，应以编制或取得银行存款余额调节表日银行存款账户数额为准

D. 向银行函证企业的银行存款，不仅可以证实企业银行存款的真实性，而且可以核实企业对银行借款记录的完整性

四、判断题

（　　）1. 了解被审计单位及其环境而实施的程序称为"风险评估程序"，注册会计师应当依据实施这些程序所获取的信息，评估重大错报风险。

（　　）2. 了解被审计单位及其环境是必要程序，一个连续和动态地收集、更新与分析信息

的过程，贯穿于整个审计过程的始终。

(　　) 3. 对未函证的应收账款，注册会计师应执行替代审计程序。

(　　) 4. 即使某一应付账款明细账户年末余额为零，注册会计师仍可将其列为函证对象。

(　　) 5. 应付账款通常不需函证，如函证，最好采用否定式函证。

(　　) 6. 如果存在未回函的重大项目，注册会计师应采取替代程序，确定其是否真实。通常可以检查决算日后应付账款明细账及现金和银行存款日记账，核实其是否支付，同时检查该笔债务的相关凭证资料，核实交易事项的真实性。

(　　) 7. 生产与存货循环审计所涉及的主要项目是存货、存货跌价准备、资产减值损失、生产成本、管理费用等。

(　　) 8. 注册会计师如果从被审计单位内部获取了银行对账单，则无必要再对银行存款实施函证。

(　　) 9. 被审计单位资产负债表上的银行存款数额，应以编制或取得银行存款余额调节表日银行存款账户数额为准。

(　　)10. 即使企业银行存款余额为零，但只要存在本期发生额，注册会计师均应进行函证。

五、案例分析题

1. 东材贸易公司请你就员工职责分工问题提供咨询服务。

该公司有 3 位员工必须分担下列工作：

(1) 记录并保管总账。

(2) 记录并保管应付账款明细账。

(3) 记录并保管应收账款明细账。

(4) 记录货币资金日记账。

(5) 保管、填写支票。

(6) 发出销货退回及折让的贷项通知单。

(7) 调节银行存款日记账与银行存款对账单。

(8) 保管并送存现金收入。

上述工作中，除第(6)、第(7)两项工作量较小外，其余各项工作量大体相当。

要求：假如 3 位员工都具备相当的能力，而且只需要他们做上述所列的工作。请根据上述资料，说明应如何将这八项工作分配给 3 位员工，才能达到内部控制制度的要求。

2. 2019 年 1 月 10 日上午 8 时，注册会计师对永兴公司的库存现金进行突击盘点，盘点情况如下：

(1) 现金：100 元币 10 张，50 元币 13 张，10 元币 16 张，5 元币 10 张，1 元币 69 张，5 角币 38 张，1 角币 4 张，硬币 5 角 8 分。现钞总计 1 997.58 元。

(2) 已收款尚未入账的收款凭证 3 张，计 130 元。

(3) 已付款尚未入账的付款凭证 5 张，计 520 元；其中有马明借条一张，日期为 2019 年 7 月 15 日，余额 200 元，未经批准和说明用途。

(4) 盘点日库存现金账面余额为 1 890.20 元，2020 年 1 月 1 日至 2020 年 1 月 10 日收入现金 4 560.16 元，支出现金 4 120 元，2019 年 12 月 31 日库存现金账面余额为1 060.04 元。

要求：

(1) 根据资料计算库存现金盈亏，并推算 2019 年 12 月 31 日库存现金实存额。

(2) 指出该公司存在的问题,提出处理意见。

3. 2019 年 1 月,审计人员审查了某企业上年 12 月基本生产车间设备计提折旧情况,在审阅固定资产明细账和制造费用明细账时,发现如下记录:

(1) 11 月末该车间设备计提折旧额为 12 000 元,年折旧率为 6%。

(2) 11 月购入设备 1 台,原值为 20 000 元,已安装完工交付使用。

(3) 11 月将原来未使用的 1 台设备投入车间使用,原值为 10 000 元。

(4) 11 月交外单位大修设备 1 台,原值为 50 000 元。

(5) 11 月进行技术改造设备 1 台,当月交付使用,该设备原值为 200 000 元,技术改造支出 50 000 元,变价收入 20 000 元。

(6) 12 月该车间设备计提折旧 21 000 元。

要求:假定企业 2019 年 11 月末计提折旧数正确,验证该企业 2019 年 12 月计提折旧数是否正确。如不正确,请作出调整分录。

学习情境五

终结审计

学习目标

知识：

1. 明晰书面声明的含义、内容、形式；
2. 明晰审计报告的含义、作用、格式与内容；
3. 明确审计报告意见类型及其出具的相应条件。

技能：

1. 评价审计中的重大发现和审计过程发现的错报；
2. 获取书面声明；
3. 根据审计证据得出相应的审计结论；
4. 区分审计差异，编制审计完成阶段的各类汇总表；
5. 根据审计差异的汇总情况，编制试算平衡表；
6. 编制资产负债表和利润表；
7. 根据被审计单位的不同情况，出具不同类型的审计报告。

素养：

1. 具备团队精神及协作沟通能力；
2. 养成作为审计助理人员应有的严谨细致的工作习惯。

学习子情境一　完成审计工作

【情境引例】

CR会计师事务所委派ZZ和GY对JLWF股份有限公司2019年度会计报表进行审计，ZZ和GY进驻JLWF股份有限公司后，首先取得了未审的会计报表和相关项目的明细表，经过执行计划的审计程序，发现了问题。审计前会计报表如表5-1至表5-5所示。

表5-1　资产负债表

编制单位:JLWF股份有限公司　　2019年12月31日　　单位:元

资　　产	期末余额	上年年末余额	负债及所有者权益	期末余额	上年年末余额
流动资产:		(略)	流动负债:		(略)
货币资金	34 307.45		短期借款	201 000 000.00	
交易性金融资产			衍生金融负债		
衍生金融资产			应付票据	7 000 000.00	
应收票据	471 236.55		应付账款	36 983 691.21	
应收账款	63 897 647.75		预收款项	19 732 793.37	
应收款项融资			合同负债		
预付款项	87 654 893.34		应付职工薪酬	5 298 736.41	
其他应收款	36 512 763.87		应交税费	1 287 397.32	
存货	42 786 547.65		其他应付款	15 174 366.34	
合同资产			持有待售负债		
持有待售资产			一年内到期的非流动负债		
一年内到期的非流动资产			其他流动负债		
其他流动资产			流动负债合计	286 476 984.65	
流动资产合计	231 357 396.61		非流动负债:		
非流动资产:			长期借款		
债权投资			应付债券		
其他债权投资			其中:优先股		
长期应收款			永续债		
长期股权投资	1 980 000.00		租赁负债		
其他权益工具投资			长期应付款		

（续表）

资　　产	期末余额	上年年末余额	负债及所有者权益	期末余额	上年年末余额
其他非流动资产			预计负债		
投资性房地产			递延收益		
固定资产	240 861 892.42		递延所得税负债		
在建工程			其他非流动负债		
生产性生物资产			非流动负债合计		
油气资产			负债合计	286 476 984.65	
无形资产	3 764 983.78		所有者权益(或股东权益)：		
开发支出			实收资本(或股本)	150 000 000.00	
商誉			其他权益工具		
长期待摊费用			其中：优先股		
递延所得税资产			永续债		
其他非流动资产			资本公积	60 000 000.00	
非流动资产合计	246 606 876.2		减：库存股		
			其他综合收益		
			专项储备		
			盈余公积	3 207 340.63	
			未分配利润	−21 720 052.47	
			所有者权益（或股东权益）合计	191 487 288.16	
资产总计	477 964 272.81		负债及所有者权益（或股东权益）总计	477 964 272.81	

单位负责人：王宏　　财会负责人：李星　　复核：　刘正　　制表：赵文

表 5-2　利润表

编制单位：JLWF 股份有限公司　　2019 年 12 月　　单位：元

项　　目	本期金额	上期金额
一、营业收入	（略）	173 021 714.58
减：营业成本		90 124 838.21
税金及附加		763 283.52
销售费用		34 946 514.76
管理费用		29 384 832.10
研发费用		

（续表）

项　　目	本期金额	上期金额
财务费用		13 294 886.94
其中：利息费用		
利息收入		
加：其他收益		
投资收益（损失以“—”号填列）		
其中：对联营企业和合营企业的投资收益		
以摊余成本计量的金融资产终止确认收益（损失以“—”号填列）		
净敞口套期收益（损失以“—”号填列）		
公允价值变动收益（损失以“—”号填列）		
信用减值损失（损失以“—”号填列）		
资产减值损失（损失以“—”号填列）		
资产处置收益（损失以“—”号填列）		
二、营业利润（亏损以“—”号填列）		4507 359.05
加：营业外收入		453 755.98
减：营业外支出		849 332.76
三、利润总额（亏损总额以“—”号填列）		4 111 782.27
减：所得税费用		1 027 945.57
四、净利润（净亏损以“—”号填列）		3 083 836.70
（一）持续经营净利润（亏损以“—”号填列）		
（二）终止经营净利润（亏损以“—”号填列）		
五、其他综合收益后的税后净额		
（一）不能重分类进损益的其他综合收益		
1. 重新计量设定受益计划变动额		
2. 权益法下不能转损益的其他综合收益		
3. 其他权益工具投资公允价值变动		
4. 企业自身信用风险公允价值变动		
……		
（二）将重分类进损益的其他综合收益		
1. 权益法下可转损益的其他综合收益		
2. 其他债权投资公允价值变动		
3. 金融资产重分类计入其他综合收益的金额		
4. 其他债券投资信用减值准备		

（续表）

项　　目	本期金额	上期金额
5.现金流量套期		
6.外币财务报表折算差额		
……		
六、综合收益总额		3 083 836.70
七、每股收益		3 083 836.70
（一）基本每股收益		
（二）稀释每股收益		

单位负责人：王宏　　财会负责人：李星　　复核：刘正　　制表：赵文

表 5-3　利润分配表

单位：元

项目	本月数	本年累计数
一、净利润（净亏损以“—”号填列）	（略）	3 083 836.70
加：年初未分配利润		—24 803 889.17
其他转入		
二、可供分配的利润		—21 720 052.47
减：提取盈余公积		
提取公益金		
提取职工奖励及福利基金		
提取储备基金		
提取企业发展基金		
利润归还投资		
三、可供投资者分配的利润		21 720 052.47
减：应付优先股股利		
提取任意盈余公积		
应付普通股股利		
转作股本的普通股股利		
四、未分配利润		21 720 052.47

表 5-4　应收账款明细表

单位名称：JLWF 股份有限公司　　2019 年 12 月 31 日　　单位：元

客户名称	借方余额	贷方余额
CCJH 股份有限公司	3 452 183.45	
SYHY 股份有限公司	263 928.01	24 000 990.60

(续表)

客户名称	借方余额	贷方余额
SDTM 有限责任公司	52 278 935.20	384 004.03
WHXF 股份有限公司	4 897 674.36	
SHLL 有限责任公司	365 471.25	
BJMR 股份有限公司	27 024 450.11	
合计	88 282 642.38	24 384 994.63

表 5-5　应付账款明细表

单位名称:JLWF 股份有限公司　　　　2019 年 12 月 31 日　　　　单位:元

客户名称	借方余额	贷方余额
CCXZ 股份有限公司		3 369 872.47
SYHY 股份有限公司	6 899 587.01	
HNBFYY 有限责任公司		54 163 578.32
CCJW 股份有限公司	30 763 245.31	
JLHL 股份有限公司		17 113 072.74
合计	37 662 832.32	74 646 523.53

在审计过程中,注册会计师 ZZ 和 GY 发现如下经济业务需要进行审计调整:

(1) 应收账款和其他应收款均存在少提坏账准备的情况,少提金额分别为 763 882.33 元和 789 239.41 元,共计少提坏账准备 1 553 121.74 元。

(2) 盘点现金时发现公司销售业务员于 2019 年 12 月 31 日向公司借款 100 万元,出纳员已将此笔借款业务记录于 2020 年 1 月份。

(3) 审计中发现公司将 500 万元的商品,在未与客户签订销售合同、未开具销售发票也未发货的情况下作了销售的会计处理,财务人员也未结转其相应的销售成本,但对应交增值税所计提的城市维护建设税和教育费附加进行了相应的计提,涉及增值税 85 万元,涉及城市维护建设税 5.95 万元,涉及教育费附加 2.55 万元。

(4) 发现其他应收款记在销售员 WL 个人名下的有 473 998.43 元,注册会计师经询问 WL,WL 口述已经报销,并向财务人员提供相应的费用发票,经询问财务人员,财务人员承认了事实。

(5) 发现公司 5 月 12 日购入了一台生产用机器设备,原值为 260 万元,计划使用 10 年,无残值,计划采用年数总和法计提折旧,审计人员并未发现 2018 年公司对该设备计提了折旧。

(6) 公司 6 月 5 日销售了一批石油,审计人员发现公司未结转该批产品的成本 7 738 772.45 元。

(7) 公司于 2019 年 12 月 31 日与 JX 公司签订合同,将账面价值为 1 000 万元的土地使用权以 3 000 万元的价格转让给吉祥公司,且于同日向 JX 公司开具发票并收到土地转让款

3 000 万元；2020 年 1 月 4 日 JX 公司办妥产权过户手续。公司于 2019 年 12 月 31 日确认其他业务收入 3 000 万元，其他业务成本 1 000 万元。

(8) 其他应收款存在贷方余额 14 276 332.72 元。

请分析/思考：根据以上资料，填制审计差异调整表和试算平衡表(见书末二维码)。

分析提示：会计核算原理，调整分录的编制，试算平衡表的编制原理。

一、编制审计差异调整表和试算平衡表

注册会计师在完成各会计报表项目的审计测试等审计工作后，应对审计实施阶段收集到的相应审计证据，进行汇总、分析、复核和评价并与被审计单位沟通审计结果情况，为编写审计报告做准备。

在完成按业务循环进行的控制测试、财务报表项目的实质性程序和特殊项目的审计后，对审计项目组成员在审计中发现的被审计单位的会计处理方法与企业会计准则的不一致，即审计差异内容，审计项目经理应根据审计重要性原则予以初步确定、汇总，并建议被审计单位进行调整，使经审计的财务报表所载信息能够公允地反映被审计单位的财务状况、经营成果和现金流量。对审计差异内容的初步确定并汇总直至形成已审计的财务报表的过程，主要是通过编制审计差异调整表和试算平衡表得以完成的。

(一) 编制审计差异调整表

审计差异内容按是否需要调整账户记录可分为核算错误和重分类错误。核算错误是指因企业对经济业务进行了不正确的会计核算而引起的错误；重分类错误是因企业未按企业会计准则列报财务报表而引起的错误。例如，企业在应付账款项目中反映的预付账款、在应收账款项目中反映的预收账款等。

无论是核算错误还是重分类错误，在审计工作底稿中通常都是以会计分录的形式反映的。由于审计中发现的错误往往不止一两项，为便于审计项目的各级负责人综合判断、分析和决定，也为了便于有效编制试算平衡表和代编经审计的财务报表，通常需要将这些建议调整的不符事项、重分类错误以及未调整不符事项分别汇总至“账项调整分录汇总表”“重分类调整分录汇总表”和“未更正错报汇总表”。

在确定那些审计差异应当调整时，注册会计师应当考虑以下因素：审计差异金额是否超过重要性标准；审计差异是否影响财务报表的公允表达与披露；审计差异的性质是否涉及非法业务及舞弊行为，并注意其对审计意见的潜在影响；审计差异产生的原因是一时疏忽，还是由于内部控制本身的固有限制。对于后一种情况，还应考虑是否有必要追加审计程序，以保证审计结果的可靠性，或者向被审计单位管理层提交管理建议书；衡量审计差异的精确度；其他可能影响审计结论的重要因素。

注册会计师确定核算错误和重分类错误后，应以书面方式及时征求被审计单位的意见。若被审计单位予以采纳，应取得其同意调整的书面确认；若被审计单位不予采纳，应分析原因，并根据错报的性质和重要程度，确定是否在审计报告中予以反映，以及如何反映。

(二) 编制试算平衡表

这里的试算平衡表是指注册会计师在被审计单位提供未审财务报表的基础上，考虑调整分录、重分类分录等内容以确定已审数与报表披露数的表式。在编制试算平衡表时，须注

意以下几点：

（1）试算平衡表中的“期末未审数”和“审计前金额”列，应根据被审计单位提供的未审计财务报表填列。

（2）试算平衡表中的“账项调整”和“调整金额”列，应根据经被审计单位同意的“账项调整分录汇总表”列示。

（3）试算平衡表中的“重分类调整”列，应根据经被审计单位同意的“重分类调整分录汇总表”填列。

（4）在编制完试算平衡表后，应注意核对相应的勾稽关系。例如，资产负债表试算平衡表左边的“期末未审数”列合计数、“期末审定数”列合计数应分别等于其右边相应各列合计数；资产负债表试算平衡表左边的“账项调整”栏中的借方合计数与贷方合计数之差应等于右边的“账项调整”列中的贷方合计数与借方合计数之差；资产负债表试算平衡表左边的“重分类调整”列中的借方合计数与贷方合计数之差应等于右边的“重分类调整”列中的贷方合计数与借方合计数之差等。

二、考虑或有事项和期后事项

（一）考虑或有事项

1. 或有事项的含义

或有事项是指过去的交易或事项形成的，其结果须由某些未来事项的发生或不发生才能决定的不确定事项。常见的或有事项主要包括未决诉讼或仲裁、债务担保、产品质量保证（含产品安全保证）、承诺、亏损合同、重组义务、环境污染整治等。

随着我国市场经济的发展，或有事项这一特定的经济现象已越来越多地存在于企业的经营活动中，并对企业的财务状况和经营成果产生较大的影响。或有事项对企业潜在的财务影响究竟有多大，企业因此而承担的风险又究竟有多大，都有必要通过企业的财务报表或财务报表附注予以反映，使财务报表使用者能够获得真实、充分、详细的信息，帮助其进行正确的分析、判断。所以，注册会计师应当对或有事项实施必要的审计程序。需要特别指出的是，由于或有事项本质上属于不确定事项，相应地，其重大错报风险较高，需要注册会计师予以充分关注。

2. 或有事项的审计

之所以将或有事项的审计放入审计完成阶段，有两方面的考虑：一是有利于注册会计师掌握有关或有事项的最新信息，有利于提高审计效率和效果；二是在完成审计阶段，需要专门实施一些程序，验证或复核或有事项的完整性。需要指出的是，在实施其他程序的过程中，注册会计师可能已经获取了有关或有事项的部分审计证据。例如，注册会计师在函证被审计单位的银行存款时可能已经同时函证了被审计单位向其他企业提供担保的情况或掌握了银行存款已被用于担保的事实。

注册会计师对或有事项进行审计所要达到的审计目标一般包括：确定或有事项是否存在和完整；确定或有事项的确认和计量是否符合企业会计准则的规定；确定或有事项的列报是否恰当。

在审计或有事项时，注册会计师尤其要关注财务报表反映的或有事项的完整性。由于或有事项的种类不同，注册会计师在审计被审计单位的或有事项时，所采取的程序也各不相同。但总结起来，针对或有事项的审计程序通常包括：

（1）了解被审计单位与识别有关的内部控制。

（2）审阅截至审计工作完成日止被审计单位历次董事会纪要和股东大会会议记录，确定是否存在未决诉讼或仲裁、未决索赔、税务纠纷、债务担保、产品质量保证、财务承诺等方面的记录。

（3）向与被审计单位有业务往来的银行函证，或检查被审计单位与银行之间的借款协议和往来函件，以查找有关票据贴现、背书、应收账款抵借、票据背书和担保。

（4）检查与税务征管机构之间的往来函件和税收结算报告，以确定是否存在税务争议。

（5）向被审计单位的法律顾问和律师进行函证，分析被审计单位在审计期间所发生的法律费用，以确定是否存在未决诉讼、索赔等事项。

（6）向被审计单位管理层获取书面声明，声明其已按照企业会计准则的规定，对全部或有事项作了恰当反映。

审计人员在通过各种程序对或有事项进行审查时，应注意被审计单位对各种或有事项的处理是否恰当，发现其未作处理或处理不恰当的，应提请其进行更正或调整。如果被审针单位拒绝接受更正或调整建议，审计人员则应考虑是否要在审计报告中加以反映及如何反映。

（二）考虑期后事项

企业的经营活动是连续不断、持续进行的，但财务报表的编制却是建立在“会计分期假设”基础之上的。也就是说，作为主要审计对象的财务报表，其编制基础不过是连续不断的经营活动的一种人为划分。因此，注册会计师在审计被审计单位某一会计年度的财务报表时，除了对所审会计年度内发生的交易和事项实施必要的审计程序外，还必须考虑所审会计年度之后发生和发现的事项对财务报表和审计报告的影响，以保证一个会计期间的财务报表的真实性和完整性。

期后事项是指财务报表日至审计报告日之间发生的事项，以及注册会计师在审计报告日后知悉的事实。期后事项可以按时段划分为三个时段：第一个时段是财务报表日后至审计报告日，我们可以把在这一期间发生的事项称为“第一时段期后事项”；第二个时段是审计报告日后至财务报表报出日，我们可以把这一期间发现的事实称为“第二时段期后事项”；第三个时段是财务报表报出日后，我们可以把这一期间发现的事实称为“第三时段期后事项”。

期后事项分段，如图 5-1 所示。

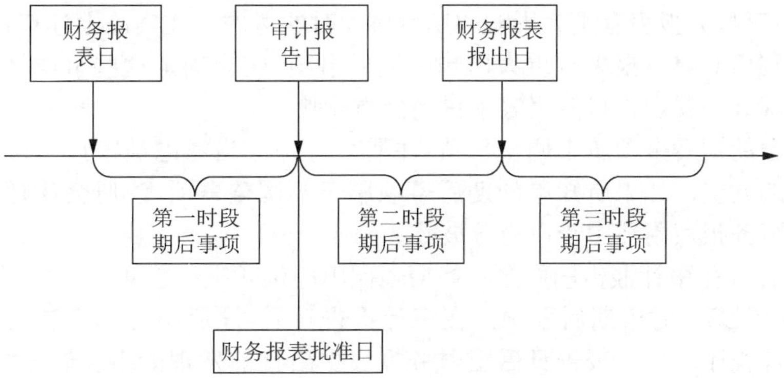

图 5-1 期后事项分段示意

1. 财务报表日至审计报告日之间发生的事项

第一，主动识别第一时段期后事项。注册会计师应当设计和实施审计程序，获取充分、适当的审计证据，以确定所有在财务报表日至审计报告日之间发生的、需要在财务报表中调整或披露的事项均已得到识别。但是，注册会计师并不需要对之前已实施审计程序并已得出满意结论的事项执行追加的审计程序。

财务报表日至审计报告日之间发生的期后事项属于第一时段期后事项。对于这一时段的期后事项，注册会计师负有主动识别的义务，应当设计专门的审计程序来识别这些期后事项，并根据这些事项的性质判断其对财务报表的影响，进而确定是进行调整还是披露。

第二，用以识别期后事项的审计程序，注册会计师应当按照审计准则的规定实施审计程序，以使审计程序能够涵盖财务报表日至审计报告日（或尽可能接近审计报告日）之间的期间。

在通常情况下，针对期后事项的专门审计程序，其实施时间越接近审计报告日越好。越接近审计报告日，也就意味着离财务报表日越远，被审计单位这段时间内累积的对财务报表日已经存在的情况提供的进一步证据也就越多；越接近审计报告日，注册会计师遗漏期后事项的可能性也就越小。

在确定审计程序的性质和范围时，注册会计师应当考虑风险评估的结果。用以识别第一时段期后事项的审计程序通常包括以下内容：

➢ 了解管理层为确保识别期后事项而建立的程序。

➢ 询问管理层和治理层（如适用），确定是否已发生可能影响财务报表的期后事项。

➢ 查阅被审计单位的所有者、管理层和治理层在财务报表日后举行会议的纪要，在不能获取会议纪要的情况下，询问此类会议讨论的事项。

➢ 查阅被审计单位最近的中期财务报表。

除这些审计程序外，注册会计师可能认为实施下列一项或多项审计程序是必要和适当的：

➢ 查阅被审计单位在财务报表日后最近期间内的预算、现金流量预测和其他相关的管理报告。

➢ 就诉讼和索赔事项询问被审计单位的法律顾问，或扩大之前口头或书面查询的范围。

➢ 考虑是否有必要获取涵盖特定期后事项的书面声明以支持其他审计证据，从而获取充分、适当的审计证据。

第三，知悉对财务报表有重大影响的期后事项时的考虑。在实施上述审计程序后，如果注册会计师识别出对财务报表有重大影响的期后事项，应当确定这些事项是否按照适用的财务报告编制基础的规定在财务报表中得到恰当反映。

如果所知悉的期后事项属于调整事项，注册会计师应当考虑被审计单位是否已对财务报表作出适当的调整。如果所知悉的期后事项属于非调整事项，注册会计师应当考虑被审计单位是否在财务报表附注中予以充分披露。

2. 注册会计师在审计报告日后至财务报表报出日前知悉的事实

（1）被动识别第二时段期后事项。在审计报告日后，注册会计师没有义务针对财务报表实施任何审计程序。审计报告日后至财务报表报出日前发现的事实属于“第二时段期后事项”，注册会计师针对被审计单位的审计业务已经结束，要识别可能存在的期后事项比较困难，因而无法承担主动识别第二时段期后事项的审计责任。但是，在这一阶段，被审计单位的财务报表并未报出，管理层有责任将发现的可能影响财务报表的事实告知注册会计师。当然，注册会计师还可能从媒体报道、举报信或者证券监管部门告知等途径获悉影响财务报表的期后事项。

(2) 知悉第二时段期后事项时的考虑。在审计报告日后至财务报表报出日前，如果知悉了某事实，且若在审计报告日知悉可能导致修改审计报告，注册会计师应当与管理层和治理层讨论该事项，确定财务报表是否需要修改；如果需要修改，询问管理层将如何在财务报表中处理该事项。

如果管理层修改财务报表，注册会计师应当根据具体情况对有关修改实施必要的审计程序；同时，注册会计师应当用以识别期后事项的上述审计程序延伸至新的审计报告日，并针对修改后的财务报表出具新的审计报告。新的审计报告日不应早于修改后的财务报表被批准的日期。

如果认为管理层应当修改财务报表而没有修改，并且审计报告尚未提交给被审计单位，注册会计师应当按照《中国注册会计师审计准则第1502号——在审计报告中发表非无保留意见》的规定发表非无保留意见，然后再提交审计报告。

如果认为管理层应当修改财务报表而没有修改，并且审计报告已经提交给被审计单位，注册会计师应当通知管理层和治理层(除非治理层全部成员参与管理被审计单位)在财务报表作出必要修改前不要向第三方报出。如果财务报表在未经必要修改的情况下仍被报出，注册会计师应当采取适当措施，以设法防止财务报表使用者信赖该审计报告。例如，针对上市公司，注册会计师可以利用证券传媒等刊登必要的声明，防止使用者信赖审计报告。注册会计师采取的措施取决于自身的权利和义务以及所征询的法律意见。

3. 注册会计师在财务报表报出后知悉的事实

(1) 没有义务识别第三时段的期后事项。财务报表报出日后知悉的事实属于第三时段期后事项，注册会计师没有义务针对财务报表实施任何审计程序。但是，并不排除注册会计师通过媒体等其他途径获悉可能对财务报表产生重大影响的期后事项的可能性。

(2) 知悉第三时段后事项时的考虑。在财务报表报出后，如果知悉了某事实，且若在审计报告日知悉可能导致修改审计报告，注册会计师应当：

① 与管理层和治理层讨论该事项。

② 确定财务报表是否需要修改。

③ 如果需要修改，询问管理层将如何在财务报表中处理该事项。

应当指出的是，需要注册会计师在知悉后采取行动的第三时段期后事项是有严格限制的：这类期后事项应当是在审计报告日已经存在的事实；该事实如被注册会计师在审计报告日前获知，可能影响审计报告。只有同时满足这两个条件，注册会计师才需要采取行动。

如果管理层修改了财务报表，注册会计师应当采取如下必要的措施：

一是根据具体情况对有关修改实施必要的审计程序。例如，查阅法院判决文件，复核会计处理或披露事项，确定管理层对财务报表的修改是否恰当。

二是复核管理层采取的措施能否确保所有收到原财务报表和审计报告的人士了解这一情况。在修改了财务报表的情况下，管理层应当采取恰当措施(如上市公司可以在证券报纸、网站刊登公告，重新公布财务报表和审计报告)，让所有收到原财务报表和审计报告的人士了解这一情况。注册会计师需要对这些措施进行复核,判断它们是否能达到这样的目标。例如,上市公司管理层刊登公告的媒体是否是中国证券监督管理委员会指定的媒体,若仅刊登在其注册地的媒体上则异地的使用者可能无法了解这一情况。

三是延伸实施审计程序,并针对修改后的财务报表出具新的审计报告。新的审计报告日不应早于修改后的财务报表被批准的日期。

如果管理层没有采取必要的措施确保所有收到原财务报表的人士了解这一情况,也没有在注册会计师认为需要修改的情况下修改财务报表,注册会计师应当通知管理层和治理层(除非治理层全部成员参与管理被审计单位),如果管理层或治理层没有采取必要措施,注册会计师应当采取适当措施,以设法防止财务报表使用者信赖该审计报告。

三、获取管理层声明书和律师声明书

注册会计师在出具审计报告前,应当向被审计单位管理层和被审计单位的律师获取声明书。

(一) 获取管理层声明书

管理层声明包括书面声明和口头声明。书面声明作为审计证据通常比口头声明可靠。其具体形式如下:

(1) 管理层声明书。管理层声明书是列示管理层所作声明的书面文件。

(2) 注册会计师提供的列示其对管理层声明的理解并经管理层确认的函。对于涉及重大事项的管理层声明,出于谨慎的考虑,注册会计师可以将其对该声明的理解单独取得管理层的书面确认,避免双方产生误解。

(3) 董事会及类似机构的相关会议纪要,或已签署的财务报表副本。

管理层声明书是指被审计单位管理层向注册会计师提供的关于财务报表的各项陈述。这些陈述是在审计过程中,注册会计师与被审计单位管理层就财务报表审计相关的重大事项不断进行沟通而形成的。注册会计师在出具审计报告前应当向被审计单位索取管理层声明书。

1. 管理层声明书的作用

(1) 明确管理层的责任。注册会计师应当获取审计证据,以确定管理层认可其按照适用的会计准则和相关会计制度的规定编制财务报表的责任,并且已批准财务报表。在获取此类审计证据时,注册会计师应当考虑查阅治理层相关会议纪要、向管理层获取书面声明或已签署的财务报表副本。

注册会计师应当就下列两个事项向管理层获取书面声明:

① 管理层认可其设计和实施内部控制以防止或发现并纠正错报的责任。

② 管理层认为注册会计师在审计过程中发现的未更正错报,无论是单独还是汇总起来考虑,对财务报表整体均不具有重大影响。未更正错报项目的概要应当包含在书面声明中或附于书面声明后。

(2) 提供审计证据。在某些情况下,管理层声明是注册会计师通过实施其他审计程序获得审计证据的补充。针对完整性认定,尤其如此。如果合理预期不存在其他充分、适当的审计证据,注册会计师应当就对财务报表具有重大影响的事项向管理层获取书面声明。由于管理层声明是来自被审计单位内部的一种证据,较之外部独立来源的证据,不具有独立性,证明力较弱,其本身不能构成充分、适当的审计证据,作为发表审计意见的基础。注册会计师不应以管理层声明替代能够合理预期获取的其他审计证据。如果不能获取对财务报表具有或可能具有重大影响的事项的充分、适当的审计证据，而这些证据预期是可以获取的，即使已收到管理层就这些事项作出的声明，注册会计师仍应将其视为审计范围受到限制。

2. 管理层声明书的基本要素

（1）标题。管理层声明书的标题为"××公司管理层声明书"。

（2）收件人。管理层声明书的收件人为接受委托的事务所及签署审计报告的注册会计师。当要求管理层提供声明书时，注册会计师应当要求将声明书径送注册会计师本人。

（3）声明内容。管理层声明书的声明内容应根据审计约定事项的具体情况、财务报表的编制基础等确定，一般包括三个方面的内容，具体如表 5-6 所示。

表 5-6　管理层声明书的内容

项目	内容
关于财务报表	① 管理层认可其财务报表的编制责任； ② 管理层认可其设计、实施和维护内部控制以防止或发现并纠正错报的责任； ③ 管理层认为注册会计师在审计过程中发现的未更正错报，无论是单独还是汇总起来考虑，对财务报表整体均不具有重大影响。
关于信息的完整性	① 所有财务信息和其他数据的可获得性； ② 所有股东会和董事会会议记录的完整性可和可获得性； ③ 就违反法规行为这一事项，被审计单位与监管机构沟通的书面文件的可获得性； ④ 与未记录交易相关的资料的可获得性； ⑤ 涉及下列人员舞弊行为或舞弊嫌疑的信息的可获得性；管理层；对内控产生重大影响的雇员；对财务报表的编制具有重大影响的其他人员。
关于确认、计量和列报	① 对资产或负债的确认或列报具有重大影响的计划或意图； ② 关联方交易，以及涉及关联方的应收或应付款项； ③ 需要在财务报表中披露的违反法规行为； ④ 需要确认或披露的或有事项，对财务报表具有重大影响的承诺事项和需要偿付的担保等； ⑤ 对财务报表具有重大影响的合同的遵循情况； ⑥ 对财务报表具有重大影响的重大不确定事项； ⑦ 被审计单位对资产的拥有或控制情况，以及抵押，质押或留置资产。 ⑧ 持续经营假设的合理性； ⑨ 需要调整或披露的期后事项。

上述事项，因其复杂程度和重要程度的不同，注册会计师可以将其全部列入管理层声明书中，也可以就此向管理层获取专项声明。

（4）签章。管理层声明书通常应当由企业法定代表人的签名并盖章和财务负责人的签名并盖章，并加盖被审计单位公章。在某些情况下，注册会计师也可以向管理层中的其他人员获取管理层声明书。如果注册会计师审计某一子公司，但并不负责审计其母公司，对于母公司计划继续向子公司提供财务支持这一事项，注册会计师可能需要向母公司的管理层获取声明。

（5）日期。管理层声明书的日期通常应当与审计报告的日期一致，以防日期不一致而可能发生的误解。但某些交易或事项的声明书日期，可以是注册会计师获取该声明书的日期。例如，如果注册会计师在审计过程中就某些交易或事项单独获取了书面声明，那么在审计报告日注册会计师还要获取一份补充声明书，说明声明交易或事项是否发生变化。又如，如果在审计报告日后注册会计师发现了财务报表在资产负债表日业已存在的重大错报，需要重新签署审计报告，注册会计师需要重新就此期后事项获取补充声明书。补充声明书通常就下列两个事项予以声明：管理层是否注意到任何事项使其认为前一声明书需要修改；在资产负债表日后是否发生任何事项导致需要对财务报表进行调整。

注册会计师可根据被审计单位的具体情况对声明内容进行增减。

3. 管理层拒绝提供声明时的措施

如果管理层拒绝提供注册会计师认为必要的声明，注册会计师应当将其视为审计范围受到限制，出具保留意见或无法表示意见的审计报告。例如，如果被审计单位房地产的用途发生改变，将自用房地产转换为投资性房地产，并采用公允价值模式计量，停止对其计提折旧，注册会计师应就转换用途的目的或意图向管理层实施询问程序，并将询问结果获取管理层认可，取得书面声明。如果管理层拒绝就此提供声明，而停止计提折旧这一事项对本期财务报表的损益影响重大，则注册会计师应将其视为审计范围受到限制，根据具体情况考虑出具保留意见或无法表示意见的审计报告。在这种情况下，注册会计师还应当评价审计过程中获取的管理层其他声明的可靠性，并考虑管理层拒绝提供声明是否可能对审计报告产生其他影响。

（二）获取律师声明书

在对被审计单位期后事项和或有事项等进行审计时，注册会计师往往要向被审计单位的法律顾问和律师进行函证，以获取其对资产负债表日业已存在的，以及资产负债表日至他们复函日这一时期内存在的期后事项和或有事项等的确认证据。被审计单位法律顾问或律师对函证问题的答复和说明，就是律师声明书。

1. 律师声明书的作用

律师声明书可以提供有力的审计证据，帮助注册会计师合理确定有关的期后事项和或有事项。但是，律师声明不能作为注册会计师形成审计意见的直接证据。

2. 律师声明书的格式与内容

对律师的函证，通常以被审计单位的名义，通过寄发审计询证函的方式实施。律师声明书的格式和措辞没有定式，内容主要是律师针对注册会计师询问的期后事项和或有事项所作出的答复和说明。如声明被审计单位有关期后事项和或有事项的陈述是否真实完整，并评价管理层对有关期后事项、或有事项情况的说明。

注册会计师应根据该律师的职业水准和声誉情况来确定律师声明书的可靠性。如果注册会计师对代理被审计单位重大法律事务的律师并不熟悉，则应查询诸如该律师的职业背景、声誉及其在法律界的地位等情况，并考虑从律师协会获取信息。

如果律师声明书表明或暗示律师拒绝提供信息，或隐瞒信息，注册会计师应将其视为审计范围受到限制。

3. 律师声明书对审计意见的影响

(1) 如果律师声明书指出或有事项可能引起不利结果，或者潜在损失发生的金额和范围都具有重大不确定性，在这种情况下，如果被审计单位的资产负债表上充分披露了这一确定事项，注册会计师可能在审计报告中增加强调事项段的说明。

(2) 若律师对函证拒绝回答，或律师声明书表明或暗示律师拒绝提供信息或隐瞒信息，或者对被审计单位叙述的情况应予修正而不加修正，一般应认为审计范围受到限制。注册会计师应视其影响的严重程度表示保留意见或无法表示意见。

四、执行分析程序

(一) 总体要求

在临近审计结束时,注册会计师应当设计和实施分析程序,帮助其对财务报表形成总体结论,以确定财务报表是否与其对被审计单位的了解一致。在审计结束或临近结束时,注册会计师运用分析程序的目的是确定财务报表整体是否与其对被审计单位的了解一致,注册会计师应当围绕这一目的运用分析程序,这时运用分析程序是强制要求。

(二) 总体复核阶段分析程序的特点

在总体复核阶段执行分析程序,所进行的比较和使用的手段与风险评估程序中使用的分析程序基本相同,但两者的目的不同。在总体复核阶段实施的分析程序主要在于强调并解释财务报表项目自上个会计期间以来发生的重大变化,以证实财务报表中列报的所有信息与注册会计师对被审计单位及其环境的了解一致,与注册会计师取得的审计证据一致。因此,两者的主要差别在于实施分析程序的时间和重点不同,以及所取得的数据的数量和质量不同。另外,因为在总体复核阶段实施的分析程序并非为了对特定账户余额和披露提供实质性的保证水平,因此并不如实质性分析程序那样详细和具体,而往往集中在财务报表层次。在运用分析程序进行总体复核时,如果识别出以前未识别的重大错报风险,注册会计师应当重新考虑对全部或部分各类交易、账户余额、列报评估的风险是否恰当,并在此基础上重新评价之前计划的审计程序是否充分,是否有必要追加审计程序。

五、复核审计工作底稿

在编制审计报告前,注册会计师需要复核审计工作底稿。首先,应对财务报表进行总体性复核,分析其是否还可能存在其他异常情况,以确定是否追加实施额外的审计程序;然后,对具体的审计工作底稿进行复核。

六、评价审计结果

注册会计师评价审计结果,主要是为了确定将要发表的审计意见的类型以及审计人员在整个审计工作中是否遵循了审计准则。为此,注册会计师必须完成两项工作:一是对重要性和审计风险进行最终的评价;二是对被审计单位已审计财务报表形成审计意见,并草拟审计报告。

(一) 对重要性和审计风险进行最终的评价

对重要性和审计风险进行最终评价,是注册会计师决定发表何种类型审计意见的必要过程。该过程可通过以下两个步骤来完成。

第一,确定可能错报金额。可能错报金额包括已经识别的具体错报和推断误差。

第二,根据财务报表层次重要性水平,确定可能的错报金额的汇总数对财务报表的影响程度。应当注意的是,这里的“财务报表层次的重要性水平”是指审计计划阶段确定的重要性水平。如果该重要性水平在审计过程中已作过修正,则应按修正后的财务报表层次重要性水平进行比较;这里的“可能错报金额”一般是指各财务报表项目可能的错报金额的汇总数,但也可能包括上一期间的任何未更正可能错报对本期财务报表的影响。上一期间的未更正可能错报与本期末更正可能错报累计起来,可能会导致本期财务报表产生重大错报。因此,注册会计师估计本期的可能错报总和时,应当包括上一期间的未更正可能错报。

注册会计师在审计计划阶段已确定了审计风险的可接受水平。随着可能错报总和的增加，财务报表可能被严重错报的风险也会增加。如果注册会计师得出结论，审计风险处在一个可接受的水平，则可以直接提出审计结果所支持的意见；如果注册会计师认为审计风险不能接受，则应追加测试或者说服被审计单位作必要调整，以便将重要错报的风险降低到一个可接受的水平。否则，注册会计师应慎重考虑该审计风险对审计报告的影响。

（二）对被审计单位已审计财务报表形成审计意见并草拟审计报告

在审计过程中，要实施各种测试。这些测试通常是由参与本次审计工作的审计项目组成员来执行的，而每个成员所执行的测试可能只限于某几个领域或账项。所以，在每个功能领域或报表项目的测试都完成之后，审计项目经理应汇总所有成员的审计结果。在完成审计工作阶段，为了对财务报表整体发表适当的意见，必须将这些分散的审计结果加以汇总和评价，综合考虑在审计过程中所收集到的全部证据。负责该审计项目的注册会计师对这些工作负有最终的责任。在有些情况下，这些工作可以先由审计项目经理初步完成，然后再逐级交给部门经理和注册会计师认真复核。

在对审计意见形成最后决定之前会计师事务所通常要与被审计单位召开沟通会。在会议上，注册会计师可口头报告本次审计所发现的问题，并说明建议被审计单位作必要调整或表外披露的理由。当然，管理层也可以在会上申辩其立场。最后，通常会对需要被审计单位作出的改变达成协议。如果达成了一致协议，注册会计师一般即可签发标准审计报告；否则，注册会计师则可能不得不发表其他类型的审计意见。

七、与被审计单位治理层沟通

在财务报表审计中，注册会计师应注意与治理层和管理层的沟通，尤其是在审计终结阶段。治理层是指对被审计单位战略方向以及管理层履行经营管理责任负有监督责任的人员或组织，包括董事会、监事会和股东大会。管理层是指对被审计单位经营活动的执行负有经营管理责任的人员，承担编制财务报表的责任，并接受治理层的监督，包括经理和高级管理人员。注册会计师应当就与财务报表审计相关，且根据职业判断认为与治理层、管理层相关的重大事项，以适当的方式及时沟通。

（一）沟通的目的与形式

1. 沟通的目的

实际上，从接受委托审计至出具审计报告的整个过程中，在审计计划、审计实施和审计报告的各个阶段都要不断与治理层、管理层进行沟通，与治理层、管理层沟通是财务报表审计工作中不可缺少的部分，是贯穿于整个审计过程的一项重要工作。其目的在于：

（1）明确各自的责任与义务。通过适当的沟通，可以增进彼此间的了解，建立良好的工作关系，促使双方认真履行职责，从而保护有关各方的合法权益，避免注册会计师可能受到不公正的指责或控告。

（2）提高审计效率，确保审计质量。与治理层进行适当的沟通，可以使注册会计师获取更多的相关信息，有助于注册会计师对各种复杂、疑难的问题进行正确分析，作出合理判断，从而降低审计风险，确保审计工作质量。同时，注册会计师通过与治理层的沟通，还可以避免一些不必要的麻烦，节约审计时间，提高审计效率。

（3）为被审计单位提供更好的服务。通过与治理层进行适当的沟通，可以帮助被审计单位加强内部控制、提高经营效率和管理效果。

(4) 推动注册会计师和治理层之间有效的双向沟通。注册会计师在与治理层进行沟通的同时,应提请治理层以同样的方式与注册会计师沟通,以建立有效的双向沟通关系。注册会针师在建立这种关系时应当保持独立性和客观性。

2. 沟通的形式

沟通的形式涉及口头或书面沟通、详细或简略沟通、正式或非正式沟通。有效的沟通形式不仅包括正式声明和书面报告等正式形式,也包括讨论等非正式的形式。必须注意:书面沟通文件统称为沟通函,包括管理建议书及其他各种致治理层函等。沟通函对外不具有公正性,注册会计师应在沟通函的最后一段注明,沟通函仅供治理层内部使用,若因被审计单位使用不当造成的后果与注册会计师及其所在的会计师事务所无关。

(二) 沟通的事项

沟通的事项,具体如表 5-7 所示。

表 5-7　沟通的事项

沟通事项	内容
注册会计师的责任	① 注册会计师负责对管理层监督下编制的财务报表形成和发表意见。 ② 财务报表审计并不减轻管理层或治理层的责任。
计划的审计范围和时间的总体安排	计划的审计范围和时间
审计工作中发现的重大问题	① 对被审计单位会计处理质量的看法。 ② 审计工作中遇到的重大困难。 ③ 已与管理层讨论或需要书面沟通的、审计中出现的重大事项,以及注册会计师要求提供的书面声明。 ④ 审计中出现的,根据职业判断任务重大且与治理层履行财务报告监督责任直接相关的事项。
注册会计师的独立性(上市实体)	① 被审计项目组成员,会计师事务所其他相关人员以及会计师事务所和网络事务所按照相关职业道德要求保持了独立性作出声明。 ② 根据职业判断,注册会计师认为会计师事务所、网络事务所与被审计单位之间存在的可能影响独立性的所有关系和其他事项,其中,包括会计师事务所和网络事务所在财务报表涵盖期间为被审计单位和受被审计单位控制的组成部分提供审计、非审计服务的收费总额,这些收费应当分配到适当的业务类型中,以帮助治理层评估这些服务对注册会计师独立性的影响。 ③ 为消除对独立性的不利影响或将其降至可接受的水平,已经采取的相关防范措施。

学习子情境二　出具审计报告

【情境引例】

XZ 公司系股份有限公司,CC 会计师事务所的 ZZ 和 WL 注册会计师负责对其 2019 年度会计报表进行审计。并于2020年3月6日完成外勤审计工作。XZ公司未经审计的会计报表中的部分会计资料如表5-8至表5-9所示。

表5-8

项目	金额(万元)
2019年度主营业务收入	180 000.00
2019年度主营业务成本	150 000.00
2019年度利润总额	5 400.00
2019年度净利润	3 618.00
2019年12月31日资产总额	135 000.00
2019年12月31日股东权益	66 000.00

表5-9

项目	重要性水平(万元)
应收账款	50
存货	40
长期股权投资	45
长期债权投资	20
在建工程	60
固定资产	140
累计折旧	30
应付债券	10

ZZ和WL注册会计师确定XZ公司2019年度财务报表层次的重要性水平为540万元,并且将该重要性水平分配至各财务报表项目。其中部分财务报表项目的重要性水平如表5-7所示。

ZZ和WL注册会计师在审计过程中发现以下情况:

(1) XF公司系XZ公司在国外的分公司,从事XZ公司大部分的生产经营业务,其提供的2019年度财务报表反映主营业务收入为108 000万元,主营业务成本为90 000万元,利润总额为3240万元,均占XZ公司相应财务报表项目金额的60%。该会计报表未经其他会计师事务所审计,ZZ和WL注册会计师也未赴国外进行审计。

(2) 2019年1月1日,由于XH公司增加了新的投资者和资本,使XZ公司在XH公司中持有的股权比例从原有的48%降至10%。XZ公司因此将对XH公司的长期股权投资核算方法由权益法改为成本法,冲回2011—2018年原按权益法核算已计入投资损失中的属于38%的部分,共计3 000万元,相应调整为2019年度的投资收益。XZ公司未对此计提长期投资减值准备。ZZ和WL注册会计师提出相应的审计调整建议,XZ公司拒绝接受。

(3) 2019 年度,XZ 公司以 108 元/千克的售价将 1 000 万千克甲产品(增值税税率为 13%),销售给控股股东好利公司。已确认为 2019 年度的主营业务收入,并相应结转了 L 产品成本 90 000 万元,货款尚未结算。L 产品与市场同类产品的成本基本相同。但市场公允售价为 104 元/千克。XZ 公司已在其会计报表附注中就该关联方交易事项予以披露。

(4) 2019 年 1 月 1 日,XZ 公司经批准按面值发行了 15 000 万元 5 年期、票面年利率为 4.2%、到期一次还本付息的公司债券。发行债券所筹集资金中的 6 000 万元用于建造生产厂房(2019 年 12 月 31 日尚未完工),9 000 万元用于补充流动资金。XZ 公司对债券发行作了相应的会计处理,但未计提 2019 年度的债券利息。ZZ 和 WL 注册会计师提出补提债券利息的审计调整建议,XZ 公司拒绝接受。

(5) 公司 2019 年度向关联公司 XF 公司出售旧汽车一部,账面原值为 15 万元,累计折旧有 13 万元,双方协议作价 1.8 万元。差额 0.2 万元已计入当期损益。ZZ 和 WL 注册会计师提醒 XZ 公司在其会计报表附注中予以披露,XZ 公司拒绝接受。

请分析/思考:

假定 XZ 公司分别只存在上述第(1)至第(5)种情况,ZZ 和 WL 注册会计师分别应当发表何种审计意见?请撰写审计报告(见书末二维码)。

分析提示:审计报告的基本内容、格式及审计意见类型的确定。

一、审计报告的含义和特征

(一) 审计报告的含义

审计报告是指注册会计师根据《中国注册会计师审计准则》的规定,在实施审计工作的基础上对被审计单位财务报表发表审计意见的书面文件。

(二) 审计报告的特征

审计报告是注册会计师在完成审计工作后向委托人提交的最终产品,具有以下特征:

(1) 注册会计师应当按照《中国注册会计师审计准则》(以下简称《审计准则》)的规定执行审计工作。《审计准则》是用来规范注册会计师执行审计业务的标准,包括:一般原则与责任、风险评估与应对、审计证据、利用其他主体的工作、审计结论与报告以及特殊领域审计等六个方面的内容,涵盖了注册会计师执行审计业务的整个过程和各个环节。

(2) 注册会计师在实施审计工作的基础上才能出具审计报告。注册会计师应当实施风险评估程序,通过了解被审计单位及其环境,识别和评估由于舞弊或错误导致的重大错报风险,以此作为评估财务报表层次和认定层次重大错报风险的基础。风险评估程序本身并不足以为发表审计意见提供充分、适当的审计证据,注册会计师还应当对评估的风险设计和实施恰当的应对措施。注册会计师通过实施上述审计程序,获取充分、适当的审计证据,得出合理的审计结论,作为形成审计意见的基础。

(3) 注册会计师通过对财务报表发表意见履行业务约定书约定的责任。财务报表审计的目标是注册会计师通过执行审计工作,针对财务报表是否在所有重大方面按照财务报告编制基础编制并实现公允反映时发表的审计意见。因此,在实施审计工作的基础上,注册会计师需要对财务报表形成审计意见,并向委托人提交审计报告。

(4) 注册会计师应当以书面形式出具审计报告。审计报告具有特定的要素和格式,注册会计师只有以书面形式出具报告,才能清楚表达对财务报表发表的审计意见。

注册会计师应当根据由审计证据得出的结论，清楚表达对财务报表的意见。财务报表是指对企业财务状况、经营成果和现金流量的结构化表述，至少应当包括资产负债表、利润表、所有者(股东)权益变动表、现金流量表和财务报表附注。无论是出具标准审计报告，还是非标准审计报告，注册会计师一旦在审计报告上签名并盖章，就表明对其出具的审计报告负责。

注册会计师应将已审计的财务报表附于审计报告后，以便于财务报表使用者正确理解和使用审计报告，并防止被审计单位替换、更改已审计的财务报表。

二、审计报告的基本内容和格式

(一) 审计报告的基本内容和格式

不同类型的审计报告，其内容和格式不尽相同。简式审计报告是指简单地说明审计范围、审计责任、审计意见等事项的审计报告，也就是会计师事务所对财务报表审计后发表审计意见的审计报告。审计报告的基本内容和格式，如表 5-10 所示。

表 5-10　审计报告的基本内容和格式

基本内容	含义	具体要求
1. 标题	审计报告	在执行审计业务时，应遵守独立性的要求。
2. 收件人	致送审计报告的对象，一般是指审计业务的委托人。	审计报告应载明收件人的全称。 对整套通用目的财务报表出具的审计报告，审计报告的致送对象通常为被审计单位的全体股东或董事会。
3. 引言段	用于描述已审计财务报表的披露。	应说明被审计单位的名称和财务报表已经过审计，及下列内容： ① 指出构成整套财务报表的每张财务报表的名称。 ② 提及财务报表附注。 ③ 指明财务报表的日期和涵盖的期间。
4. 管理层对财务报表的责任段	用于描述管理层对财务报表的责任的段落。	应说明，按照适用的会计准则和相关会计制度的规定编制财务报表是管理层的责任，包括： ① 设计、实施和维护与财务报表编制相关的内控，以使财务报表不存在由于舞弊或错误而导致的重大错报。 ② 选择和运用恰当的会计政策。 ③ 作出合理的会计估计。
5. 注册会计师的责任段	用于描述注册会计师责任的段落。	应说明： ① 注册会计师的责任是在实施审计工作的基础上对财务报表发表审计意见。注册会计师按照审计准则的规定执行了审计工作。审计准则要求注册会计师遵守职业道德规范，计划和实施审计工作以对财务报表是否存在不存在重大错报获取合理保证。 ② 审计工作涉及实施审计程序，以获取有关财务报表金额和披露的审计证据。 ③ 注册会计师相信已获取的审计证据是否充分、适当，为其发表审计意见提供了基础。
6. 审计意见段	用于描述注册会计师对财务报表发表意见的段落。	应说明财务报表是否按照适用的会计准则和相关会计制度的规定编制，是否在所有重大方面公允反映了被审计单位的财务状况、经营成果和现金流量。

（续表）

基本内容	含义	具体要求
7. 注册会计师的签名和盖章	应由注册会计师签名并盖章。	按《财政部关于注册会计师在审计报告上签名盖章有关问题的通知》(财会〔2001〕1035 号)的规定执行。
8. 事务所的名称、地址、盖章	应载明事务所的名称和地址，并加盖事务所公章。	注册会计师在审计报告中载明会计师事务所地址时，标明会计师事务所所在的城市即可。
9. 报告日期	注册会计师在审计报告上签署的日期，为完成审计工作的日期。	审计报告的日期不应早于注册会计师获取充分、适当的审计证据(包括管理层认可对财务报表的责任且已批准财务报表的证据)，并在此基础上财务报表形成审计意见的日期。应当考虑： ① 应实施的审计程序已经完成。 ② 应提请被审计单位调整的事项已经提出，被审计单位已经作出调整。 ③ 管理层已经正式签署财务报表。

（二）审计报告的类型

审计报告按其是否增加解释说明的事项可分为标准审计报告和非标准审计报告。

标准审计报告是指不含有说明段、强调事项段、其他事项段或其他任何修饰性用语的无保留意见的审计报告。其中，无保留意见是指当注册会计师认为财务报表在所有重大方面按照适用的财务报告编制基础编制并实现公允反映时发表的审计意见。包含其他报告责任段，但不含有强调事项段或其他事项段的无保留意见的审计报告也被视为标准审计报告。

非标准审计报告是指带强调事项段或其他事项段的无保留意见的审计报告和非无保留意见的审计报告。非无保留意见的审计报告包括保留意见的审计报告、否定意见的审计报告和无法表示意见的审计报告。

三、审计意见类型的确定

当注册会计师完成审计工作，获取了充分、适当的审计证据，就应当对财务报表发表审计意见。审计意见类型的确定，如表 5-11 所示。

表 5-11　审计意见类型的确定

项目	无保留意见	保留意见	否定意见	无法表示意见
出具条件	如果认为财务报表符合下列所有条件： ① 财务报表已经按照适用的会计准则和相关会计制度的规定编制，在所有重大方面公允反映了被审计单位的财务状况、经营成果和现金流量。 ② 注册会计师已经按照中国注册会计师	如果认为财务报表整体是公允的，但还存在下列情形之一： ① 会计政策的选用、会计估计的作出或财务报表的披露不符合适用的会计准则和相关会计制度的规定，虽影响重大，但不至于出具否定意见的审计报告。	如果认为财务报表没有按照适用的会计准则和相关会计制度的规定编制，未能在所有重大方面公允反映被审计单位的财务状况、经营成果和现金流量。	如果审计范围受到限制可能产生的影响非常重大和广泛，不能获取充分、适当的审计证据，以至于无法对财务报表发表审计意见。

（续表）

项目	无保留意见	保留意见	否定意见	无法表示意见
	审计准则的规定计划和实施审计工作，在审计过程中未受到限制。	② 因审计范围受到限制，不能获取充分、适当的审计证据，虽影响重大，但不至于出具无法表示意见的审计报告。		
术语	应当以“我们认为”作为意见段的开头，并使用“在所有重大方面”公允反映等。	在审计意见段中使用“除……的影响外”等术语。如果因审计范围受到限制，注册会计师还应当在注册会计师的责任段中提及这一情况。	使用“由于上述问题造成的重大影响”“由于受到前段所述事项的重大影响”等。	应当删除注册会计师的责任段，并在审计意见段中使用“由于审计范围受到限制可能产生的影响非常重大和广泛”“我们无法对上述财务报表发表意见”等。
说明段		当出具非保留意见的审计报告时，注册会计师应当在注册会计师的责任段之后、审计意见段之前增加说明段，清楚地说明导致所发表意见或无法发表意见的所有原因，并在可能情况下，指出对其财务报表的影响程度。		
强调事项段	同时符合下列条件： ① 可能对财务报表产生重大影响，但被审计单位进行了恰当的会计处理，且在财务报表中作出充分披露。 ② 不影响注册会计师发表的审计意见。			

四、重要性和审计意见类型之间的关系

通常情况下审计人员在审计工作中多多少少都会查出被审计单位存在一些问题，面对这些问题，审计人员是不是都要出具非标准审计报告呢？回答是否定的。那么，应该根据什么判断、确定审计意见的类型呢？重要性是在这种条件下需要考虑的关键因素。简单来说，如果问题不重要，就可以出具标准审计报告；如果问题重要，就要出具非标准审计报告。所以，重要性成为关键的判断和决策标准。重要性和审计意见类型之间的关系，如表5-12所示。

表5-12　重要性和审计意见类型之间的关系

重要性水平	从正常使用者的决策角度考虑重要性水平	审计意见类型
不很重要	使用者决策不会受影响	无保留意见
比较重要	有问题的信息对使用者具体决策具有重要影响，但财务报表整体仍然是公允反映的	保留意见
非常重要	大部分或所有使用者基于财务报表所作的决策都会受到严重影响，财务报表整体有失公允	无法表示意见或否定意见

五、审计报告的作用

（一）鉴证作用

注册会计师签发的审计报告，不同于国家审计和内部审计的审计报告，它是指注册会计师以超然独立的第三方身份，对被审计单位财务报表的合法性、公允性发表的意见。这种意见具有鉴证作用，得到了政府及其各部门和社会各界的普遍认可。政府有关部门，如财政部门、税务部门等了解、掌握企业的财务状况和经营成果的主要依据是企业提供的财务报表，财务报表是否合法、公允，主要依据注册会计师的审计报告作出判断。股份制企业的股东，主要依据注册会计师的审计报告来判断被投资企业的财务报表是否公允地反映了财务状况和经营成果，以进行投资决策等。

（二）保护作用

注册会计师通过审计可以对被审计单位财务报表出具不同类型审计意见的审计报告，以提高或降低财务报表使用者对财务报表的信赖程度，能够在一定程度上对被审计单位的财产、债权人和股东的权益及企业利害关系人的利益起到保护作用。例如，投资者为了减少投资风险，在进行投资之前，需要查阅被投资企业的财务报表和注册会计师的审计报告，了解被投资企业的经营情况和财务状况。投资者根据注册会计师的审计报告作出投资决策，可以降低其投资风险。

（三）证明作用

审计报告是对注册会计师审计任务完成情况及其结果所作的总结，它可以表明审计工作的质量并明确注册会计师的审计责任。因此，审计报告可以对审计工作质量和注册会计师的审计责任起证明作用。通过审计报告，可以证明注册会计师在审计过程中是否实施了必要的审计程序，是否以审计工作底稿为依据发表审计意见，发表的审计意见是否与被审计单位的实际情况相一致，审计工作的质量是否符合要求。通过审计报告，可以证明注册会计师对审计责任的履行情况。

六、审计报告的编写要求和程序

（一）审计报告的编写要求

注册会计师审计的目的就是对被审计单位会计报表的合法性、公允性及会计处理方法的一致性发表审计意见，为社会提供经济鉴证服务。注册会计师编制和签发审计报告应围绕这一目的，做到要素完备、内容合法、证据充分、意见准确。

1. 要素完备

注册会计师编制审计报告的基本要素齐全，缺一不可。审计报告的基本要素包括标题、收件人、范围段、意见段、注册会计师签名和会计师事务所签章、报告日期。每一个要素都有其特定的含义和独到的作用，如果缺少其中之一，审计报告也就失去了它的意义，同时，也将影响审计报告所提供的信息质量。

2. 内容合法

注册会计师编制和出具审计报告必须符合《中华人民共和国注册会计师法》和《独立审计准则》的规定。

3. 证据充分

注册会计师所取得的审计证据足以支持审计意见。取得充分的审计证据是减少审计风险的前提；否则的话，审计报告及其所反映的意见犹如空中楼阁。注册会计师为编制审计报告应取得以下两类审计证据：

第一类是为了证实会计报表各项目的证据。例如，针对现金、应收账款、存货、固定资产、无形资产、负债、所有者权益、收入和费用等项目实施审计测试取得的证据。

第二类是为了证实会计报表整体合理性的审计证据。这些证据同样也将影响审计报告的意见，包括：管理层声明书；其他注册会计师的审计报告；关联方关系及关联交易的披露；期后事项的调整或披露；或有事项的调整或披露；持续经营的状况；初次审计对期初余额的审核情况等。

4. 意见准确

注册会计师在审计报告中应真实地反映审计的情况，通过审计报告将审计意见确切地传达给报告使用者。通常，注册会计师准确发表意见依靠下面两条途径共同实现：

第一，注册会计师在审计实施阶段要对被审会计报表的真实情况取得充分适当的证据，并正确理解和评价被审事项。

第二，注册会计师在审计报告阶段正确地把审计意见表述在审计报告中，表述审计意见有三点要求：应准确地选择审计意见类型；准确地使用说明段；规范地运用审计报告准则规定的专业术语。

（二）审计报告的编写程序

审计报告是注册会计师根据独立审计准则的要求，在实施了必要的审计程序后出具的，用于对被审计单位年度会计报表发表审计意见的书面文件。审计报告一般包括标题、收件人、范围段、意见段、签章、会计师事务所地址和报告日期等基本内容。审计报告的具体编写程序如下：

第一步，编制审计差异调整表，包括调整分录汇总表、重分类分录汇总表，未调整不符事项汇总表等。

第二步，判断和运用重要性水平，主要是将被审计单位未调整不符事项汇总表与会计报表层次或账户余额层次的重要性水平进行比较，据以确定未调整不符事项对会计报表的影响程度。

第三步，解决重要差异，注册会计师确定审计差异之后，一般应与被审计单位沟通，建议其作出相应的调整，如果被审计单位拒绝调整那些重大差异，注册会计师必须考虑改变审计意见和在审计报告中如何反映的问题。

第四步，进行审计小结，注册会计师应就有关审计事项进行小结，编制审计工作完成情况表，并明确地评价和说明审计计划的执行情况以及审计目标是否实现，写入审计小结中。通常审计小结文书应包括审计概况、审计中发现的主要问题和情况、意见和建议、审计结论等内容。审计小结是一份重要的审计工作底稿，它是对审计工作中各种信息的综合提炼。注册会计师应对审计小结进行认真审核，并妥善保管。

第五步，编制试算平衡表。

第六步，提请被审计单位调整财务报表、审核财务报表及其附注。其中，会计报表附注包括公司简介、会计政策、报表项目注释、分析情况以及重要事项揭示五个部分的内容，如果注册会计师代为编制会计报表及附注，不能将附注事项与应在审计报告揭示的事项混为一谈，即不能因为注册会计师代替被审计单位编制报表附注，而不在审计报告中揭示那些应予揭示的事项。

第七步，确定审计意见。注册会计师根据对所取得各种审计证据的分析和评价结果，结合重要性水平，确定应在审计报告中发表何种审计意见。

第八步，草拟审计报告。

第九步，复核审计工作底稿。这里主要指进行重点复核和全面复核，如果复核中发现后存在遗漏问题，应返回到审计实施阶段补充审计；如果复核中发现问题处理不当，应返回至编制审计差异表这一步骤，对不正确的处理意见作出适当的修订。

第十步，出具审计报告。经复核确认后，注册会计师应将审计报告草拟稿（或征求意见稿）送至被审计单位管理层经确认后，再正式签发并出具审计报告。

七、不同类型审计报告的编写

（一）标准审计报告的编写

标准审计报告是说明注册会计师对被审计单位的财务报表出具无保留意见。

注册会计师如果认为财务报表符合下列所有条件，应当出具无保留意见的审计报告：

（1）财务报表已经按照适用的会计准则和相关会计制度的规定编制，在所有重大方面公允反映了被审计单位的财务状况、经营成果和现金流量。

（2）注册会计师已经按照中国注册会计师审计准则的规定计划和实施审计工作，在审计过程中未受到限制。

当出具无保留意见的审计报告时，注册会计师应当以"我们认为"作为意见段的开头，并使用"在所有重大方面""公允反映"等术语。

（二）非标准审计报告的编写

非标准审计报告才会出现强调事项段。审计报告的强调事项段是指注册会计师在审计意见段之后增加的对重大事项予以强调的段落。强调事项应当同时符合下列条件：

（1）可能对财务报表产生重大影响，但被审计单位进行了恰当的会计处理，且在财务报表中作出充分披露。

（2）不影响注册会计师发表的审计意见。在意见段之后增加强调事项段，只是增加审计报告的信息含量，提高审计报告的证明作用，并不影响发表的审计意见。注册会计师不得以强调事项段代替发表审计意见。

在审计报告中，增加强调事项段的情形，如表 5-13 所示。

表 5-13 增加强调事项段的情形

情形	报告类型
对持续经营能力产生重大疑虑，如果财务报表已作出充分披露。	出具无保留意见＋强调事项。
重大不确定事项（持续经营问题除外）。	考虑在审计意见段之后增加强调事项段对此予以强调。
如果认为管理层选用的其他编制基础是适当的，且财务报表已作出充分披露。	可以出具无保留意见＋强调事项。
如果管理层修改了财务报表。	新的审计报告应当增加强调事项段，提请财务报表使用者注意财务报表附注中对修改原财务报表原因的详细说明，以及注册会计师出具的原审计报告。

（续表）

情形	报告类型
当以前针对上期财务报表出具的审计报告为非保留意见的审计报告时，如果导致非无保留意见的事项虽以解决，但对本期仍很重要。	增加强调事项段提及这一情况。
如果需要修改其他信息而被审计单位拒绝修改。	应当考虑在审计报告中增加强调事项段说明该重大不一致，或采取其他措施。

（三）保留意见审计报告的编写

保留意见是指注册会计师对会计报表的反映有所保留的审计意见。即注册会计师对被审计单位会计报表的总体反映表示同意或认可，而对其中存在的影响报表表达的个别重要项目等持有异议而予以保留。

如果认为财务报表整体是公允的，但还存在下列情形之一的，注册会计师应当出具保留意见的审计报告：

（1）会计政策的选用、会计估计的作出或财务报表的披露不符合适用的会计准则和相关会计制度的规定，虽影响重大，但不至于出具否定意见的审计报告。

（2）因审计范围受到限制，不能获取充分、适当的审计证据，虽影响重大，但不至于出具无法表示意见的审计报告。

在审计意见段中使用“除……的影响外”等术语。如果因审计范围受到限制，注册会计师还应当在注册会计师的责任段中提及这一情况。

（四）否定意见审计报告的编写

否定意见是指与无保留意见相反，提出否定会计报表公允地反映被审计单位财务状况、经营成果和现金流量情况的审计意见。

只有当注册会计师认为财务报表没有按照适用的会计准则和相关会计制度的规定编制，未能在所有重大方面公允反映被审计单位的财务状况、经营成果和现金流量，注册会计师才出具否定意见的审计报告。

当出具否定意见的审计报告时，注册会计师应当使用“由于上述问题造成的重大影响”“由于受到前段所述事项的重大影响”等术语。

（五）无法表示意见审计报告的编写

无法表示意见是指注册会计师说明其对被审计单位的会计报表不能发表意见，即注册会计师对被审计单位的会计报表不发表包括肯定、否定和保留的审计意见。

如果审计范围受到限制可能产生的影响非常重大和广泛，不能获取充分、适当的审计证据，以至于无法对财务报表发表审计意见。

当出具无法表示意见的审计报告时，注册会计师应当删除注册会计师的责任段，并在审计意见段中使用“由于审计范围受到限制可能产生的影响非常重大和广泛”“我们无法对上述财务报表发表意见”等术语。

【忆经典】 渝钛白公司审计案

1. 渝钛白公司案的始末

重庆渝港钛白粉股份有限公司（以下简称渝钛白公司）是在以吸收合并方式接受重庆化

工厂后于1992年9月11日宣告成立的，是以社会募集方式设立的公众股份有限公司。1993年7月12日，渝钛白A在深圳证券交易所上市交易。公司上市之后，起初经营业绩还算可以，但从1996年开始，在经营上开始出现亏损，1996年亏损1 318万元，公司未进行利润分配。

为了扭转亏损局面，1998年伊始，重庆市委、市政府有关领导及银行的有关负责同志到渝钛白公司现场办公。从资金、管理、市场等方面给予继续支持。重庆市化工局在1998年的工作安排中，力求把渝钛白公司抓紧抓好，使其成为今年的新的增长点。特别认为在高档钛白粉(特别是金红石型钛白粉)仍然主要靠进口的情况下，公司生产的金红石型钛白粉产品不仅可以替代进口，而且还可以出口创汇，其市场前景是光明和广阔的。然而，公司的年报却迟迟未公布，到了1998年4月29日，渝钛白不得不公布附有否定意见审计报告的会计年报。

2. 渝钛白公司案的审计与查处

事情的原委是，经过注册会计师的审查，发现渝钛白公司1997年度的亏损总额为3 136万元，而1997年一笔借款的应付债券利息总额为8 064万元，该笔利息予以资本化了，渝钛白公司的总会计师认为，钛白粉项目交付使用进入投资回报期、产生效益前，还有一个过渡期，即整改和试生产期间，这仍属于工程在建期。也就是说，公司在1997年度年报中，将8 064万元的项目建设期借款的应付债券利息进入工程成本是有依据的。注册会计师认为，根据《企业会计准则》的规定，一旦固定资产购建完毕，并投入使用，为购建固定资产而发生的借款利息就应进入期间费用，予以费用化。双方各执一词，渝钛白公司为了证实总会计师的说法，还以重庆市有关部门的批复文件为依据，坚持认为该工程为在建性质，而非完工项目。

还有一个重要事项是，截至1997年年底，渝钛白公司欠付银行的借款利息89.8万美元(折人民币743万元)是否应计提入账。公司管理当局的解释为：这是1987年12月原重庆化工厂为上PVC彩色地板生产线，向中国银行重庆分行借入的美元贷款60万元造成的，该项目建成后，一直未正常批量生产。1992年公司改制时，已部分作为未使用资产。但改制前，重庆化工厂已部分偿还了利息和本金。数年之后，即1997年，该行通知公司欠付利息89.8万美元。1997年决算期间，公司未能与银行认真核对所欠本息数额，故未予转账。公司打算在1998年度核对清楚后再据实转账。而重庆会计师事务所则坚持认为，这笔利息已经发生，应予以确认并计提入账，依据是确认费用应遵循权责发生制原则。

重庆会计师事务所对渝钛白公司于1998年3月8日签发了颇有争议的否定意见审计报告：

“1997年度应计入财务费用的借款即应付债券利息8 064万元，公司将其资本化计入了钛白粉工程成本；欠付中国银行重庆分行的美元借款利息89.8万元(折人民币743万元)，贵公司未计提入账，两项共影响利润8 807万元。”

“我们认为，由于本报告第二段所述事项的重大影响，贵公司1997年12月31日的资产负债表、1997年度利润表、所有者权益变动表未能公允地反映贵公司1997年12月31日的财务状况和1997年度经营成果及资金变动情况。”

资料来源：《上海证券报》1998年5月5日。

情境小结

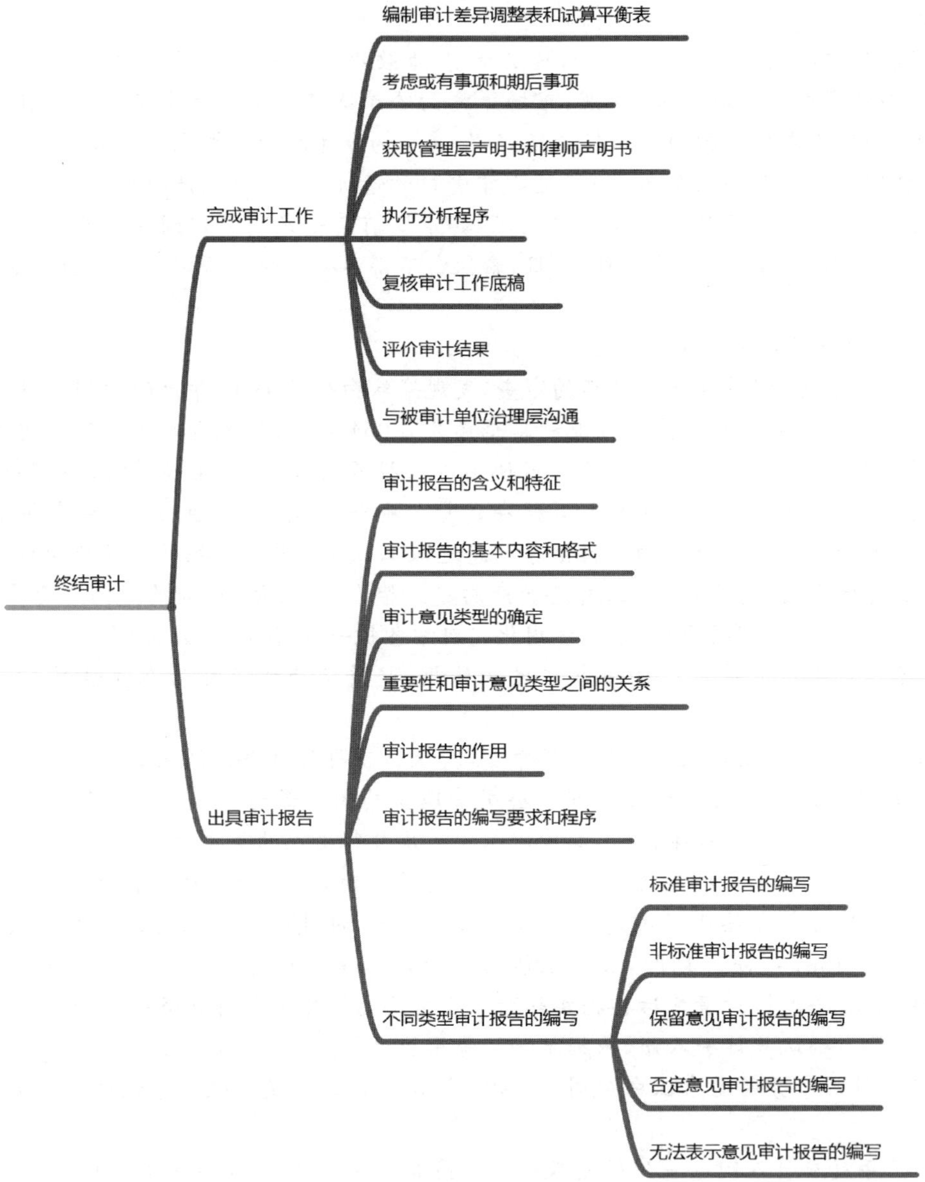

自我检测

一、填空题

1. 审计报告是指审计人员在完成预定的审计程序以后，将______________向审计委托人或(授权人)所作的书面报告。
2. 审计报告包括______________审计报告、______________审计报告、______________审计报告、______________审计报告。

3. ________________审计报告是指注册会计师对审计结果表示满意而提出的审计报告。
4. 出具都保留意见审计报告时，应当在意见段之前增加________________。
5. 管理建议书是指注册会计师对审计过程中注意到的，可能导致被审计单位财务报表产生________________或漏报的________________重大缺陷提出的书面建议。

二、单项选择题

1. 审计报告的收件人应该是(　　)。
   A. 审计业务的委托人　　B. 社会公众
   C. 被审计单位的治理层　　D. 被审计单位的管理层
2. A注册会计师2020年3月25日完成对Y公司2019年度财务报表的外勤审计工作，2020年3月26日取得Y公司管理层书面声明，2020年3月30日完成并签署报告，2020年4月2日将审计报告报出。则Y公司管理层书面声明的日期通常是(　　)。
   A. 2020年3月25日　　B. 2020年3月26日
   C. 2020年3月30日　　D. 2020年4月2日
3. 如果被审计单位限制注册会计师监盘构成总资产50%的存货，尽管对财务报表的其他项目都取得了满意的证据，但是无法对存货运用替代程序，则审计人员应出具(　　)审计报告。
   A. 无保留意见　　B. 带强调事项段的无保留意见
   C. 保留意见　　D. 无法表示意见
4. 注册会计师于2020年1月28日开始对被审计单位2019年度财务报表进行审计，2月18日完成外勤审计，2月21日管理层签署了已审财务报表，2月22日被审计单位的年度财务报表正式对外公布，则被审计单位审计报告的日期通常应是(　　)。
   A. 2020年1月28日　　B. 2020年2月18日
   C. 2020年2月21日　　D. 2020年2月22日
5. 注册会计师在对X公司2019年度财务报表进行审计时，下列情况中，注册会计师应出具带强调事项段无保留意见审计报告的是(　　)。
   A. 2019年10月份转入不需用设备一台，未计提折旧金额为2万元(假定累计折旧重要性水平为10万元)，X公司未调整
   B. 资产负债表日的一项未决诉讼，律师认为胜负难料，一旦败诉对企业将产生重大影响，被审计单位已在财务报表附注中进行了披露
   C. 资产负债表日的一项未决诉讼，律师认为胜负难料，一旦败诉对企业将产生重大影响，被审计单位拒绝在财务报表附注中进行了披露
   D. X公司对于一项以公允价值计量的投资性房地产计提了100万元的折旧(假定重要性水平为800万元)

三、多项选择题

1. 与试算平衡表有关的下列勾稽关系中，正确的有(　　)。
   A. 资产负债表试算平衡表中“未分配利润”项目的“期末审定数”栏的数额，应等于利润表试算平衡表中“净利润”项目的“审定金额”栏中的数额
   B. 资产负债表试算平衡表中各项目“期末未审数”栏的数额，应等于被审计单位提供的

同期相应未经审计的资产、负债、所有者权益类账户的期末余额

C. 资产负债表试算平衡表左边的“重分类调整”栏中的借方合计数与贷方合计数之差，应等于右边的“重分类调整”栏中的贷方合计数与借方合计数之差

D. 资产负债表试算平衡表左边的“账项调整”栏中的借方合计数与贷方合计数之差，应等于右边的“账项调整”栏中的贷方合计数与借方合计数之差

2. 下列各项中，属于标准无保留意见的审计报告应该包括的基本内容有(　　)。

A. 财务报表批准报出日　　B. 注册会计师的责任段

C. 注册会计师的签名和盖章　　D. 强调事项段

3. 注册会计师应针对下列事项出具带强调事项段审计报告的有(　　)。

A. 可能导致对持续经营能力产生重大疑虑的事项或情况，但不影响已发表的审计意见

B. 以前针对上期财务报表出具的审计报告为非无保留意见的审计报告时，如果导致非无保留意见的事项虽已解决，但对本期仍很重要

C. 由于董事会未能达成一致，难以确定未来的经营方向和战略

D. 需要修改其他信息(重大不一致)，而被审计单位拒绝修改

4. 在审计报告中，下列属于管理层对财务报表的责任段的内容有(　　)。

A. 在实施审计工作的基础上对财务报表发表审计意见

B. 已获取的审计证据是充分、适当的，为其发表审计意见提供了基础

C. 设计、实施和维护与财务报表编制相关的内部控制，以使财务报表不存在由于舞弊或错误而导致的重大错报

D. 作出合理的会计估计

5. 下列情况中，注册会计师应当发表保留意见或无法表示意见的有(　　)。

A. 因审计范围受到被审计单位限制，注册会计师无法就可能存在的对财务报表产生重大影响的错误与舞弊，获取充分、适当的审计证据

B. 因审计范围受到被审计单位限制，注册会计师无法就对财务报表可能产生重大影响的违反或可能违反法规行为，获取充分适当的审计证据

C. 注册会计师已经按照中国注册会计师审计准则的规定计划和实施审计工作，在审计过程中未受到限制

D. 被审计单位管理层拒绝对财务报表具有重大影响的事项，提供必要的书面声明，或拒绝就重要的口头声明予以书面确认

四、判断题

(　　)1. 注册会计师在正式签署审计报告前，通常把审计报告草稿和已审计财务报表草稿提交被审计单位管理层。如果管理层批准并签署已审计财务报表，注册会计师签署审计报告。

(　　)2. 无保留意见意味着注册会计师认为财务报表是合法的、公允的、满足财务报表使用者的需要，并对该意见负责。

(　　)3. 注册会计师应清楚地表达审计意见并对出具的审计报告负责，所以委托人使用审计报告而造成的一切后果应由出具审计报告的注册会计师负责。

(　　)4. 委托人将财务报表与审计报告一同提交给使用人，可以减轻或免除被审计单位对财务报表的真实性、合法性所负的责任。

(　　)5. 因审计范围受到限制，不能获取充分、适当的审计证据，虽影响重大，但不至于出具无法表示意见的审计报告，应出具保留意见审计报告。

五、案例分析题

1. 注册会计师对SL加工厂2019年12月31日的存货进行截止测试时发现如下事项：

(1) 2019年12月28日收到一张购货发票，已计入当年12月账内，其会计处理为：

借：原材料　　28 000

　　应交税费——应交增值税(进项税额)　　3 640

　　贷：预付账款——A公司　　31 640

但存货实物却在次年1月3日才收到，未包括在年底盘点的范围内。

(2) 2019年12月31日购入原材料200 000元，已经验收入库，包括在年底盘点的范围内，但购货发票在次年1月5日收到，计入2020年1月的账内。

(3) 按顾客特殊订单制作的某产品，于2019年12月31日完工并送至装运部门，顾客已于该日付款，该产品于2020年1月5日送出，但未包括在2019年12月31日的存货内。

要求：简述你认为注册会计师应提出的处理意见。

2. M公司的会计政策规定，入库产成品按实际生产成本入账，发出产成品按先进先出法核算。2019年12月31日，M公司A产品期末结存数量为1 200件，期末余额为5 210万元。M公司2019年度A产品的相关明细资料如表5-14所示(数量单位为件，金额单位为人民币万元，假定期初余额和所有的数量、入库单价均无误)。

表5-14　A产品明细账(简表)

日期	摘要	入库			发出			结存		
		数量	单价	金额	数量	单价	金额	数量	单价	金额
1.1	期初							500		2 500
3.1	入库	400	5.1	2 040				900		4 540
4.1	销售				800	5.2	4 160	100		380
8.1	入库	1 600	4.6	7 360				1 700		7 740
10.3	销售				400	4.6	1 840	1 300		5 900
12.1	入库	700	4.5	3 150				2 000		9 050
12.31	销售				800	4.8	3 840	1 200		5 210
12.31	期末							1 200		5 210

要求：在进行相关测试后，V注册会计师指出存在的问题并提出审计调整建议。

3. XH会计师事务所的WP和ZB注册会计师对ZH股份有限公司2019年度的财务报表进行审计，确定的财务报表层次重要性水平为30万元，完成审计工作的日期是2020年3月26日，并于2020年3月28日递交审计报告。ZH股份有限公司2019年度审计前财务报表反映的资产总额为8 000万元，净资产为2 400万元，利润总额为200万元。

WP和ZB注册会计师经审计发现该公司存在以下三个事项：

(1) 2019年3月1日，公司为增加营运资金按面值发行了2年期、面值为6 000万元，票面利率为年利率4%的企业债券，当日筹足资金并按规定作了相应的会计处理(债券发行费用忽略不计)，但当年未计提债券利息。

(2) 2019 年 10 月 31 日，公司盘点产成品仓库，发现甲产品短缺 3 万元，作了借“待处理财产损溢”账户 3 万元，贷记“库存商品”账户 3 万元的会计处理。2020 年 1 月查清短缺原因系内部职工偷盗。由于结账时间在前，公司未在 2019 年度财务报表中包含对这一经济业务相应的会计处理。

(3) 2019 年 4 月，公司购买价格为 600 万元的机器设备一台并入账，当月启用。但当年未计提折旧，公司采用平均年限法核算固定资产折旧，该类固定资产预计使用年限为 10 年，预计净残值率为 5%。

要求：

(1) 假如 ZH 股份有限公司对以上三个事项存在的问题都拒绝进行调整，注册会计师应编制哪一种类型的审计报告？请说明理由。

(2) 假如 ZH 股份有限公司只对以上第(1)事项未计提债券利息进行调整，对后两个事项拒绝调整，注册会计师应编制哪一种类型的审计报告？请说明理由。

(3) 假如 ZH 股份有限公司只对以上第(1)事项未计提债券利息和第(2)事项待处理财产损溢进行调整，对第(3)事项未计提折旧拒绝调整，注册会计师应编制哪一种类型的审计报告？请说明理由。

(4) 假如 ZH 股份有限公司只对以上第(1)事项未计提债券利息和第(3)事项未计提折旧进行调整，对第(2)事项拒绝调整，注册会计师应编制哪一种类型的审计报告？请说明理由。

(5) 假如 ZH 股份有限公司只对以上第(2)事项待处理财产损溢和第(3)事项未计提折旧进行调整，对第(1)事项未计提债券利息拒绝调整，注册会计师应编制哪一种类型的审计报告？请说明理由。

审计工作底稿

附录1 黑龙江职业学院专业课程大纲

会计金融分院会计、会计信息管理、统计与会计专业 2018—2019 学年一学期

课程名称	审计实务		英文名称	Auditing
课程类型	□素质通识□专业统整 ☑专业核心□专业选修		课程代码	9300501011
学时/学分	理论学时/学分	实验、实作学时/ 学分	数学及基础科学学时/学分	
72/4	8/0.25	64/3	0.75	
修读方式	☑必修□必选□选修		授课教师	刘晓欧
配备教学助理	□是☑否		周学时	4
教学场所	☑教室□实训(验)室□一体化教室□生产性实训基地□其他(　　　　)		上课地点	☑校内□校外
办公地点	主楼 1010		联系方式	15245030862
课外答疑时间	每周三 14:00～15:00		学程课程	□是☑否
课程设计模式	☑ CBE　□CDIO　□学习领域□三化□其他(　　　　)			

A 课程描述	本课程旨在引领学生明确审计目标，运用审计程序，获取审计证据，完成审计工作。(目的)通过审查企业财务报表、账簿、凭证等会计资料是否存在错报，进行控制测试和实质性程序测试，撰写各类审计工作底稿，出具审计报告(历程)，完成项目审计(预期成果)。
B 课程教学目标(标注能力指标)	1. 能明晰审计目标、审计证据、审计风险和审计程序等基本原理 (DKa1) 2. 能根据评估的审计风险决定是否承接审计业务 (EKa1) 3. 能根据审计的总体策略编制审计计划 (DKa2) 4. 能对企业各类交易和账户余额执行审计测试并编制审计工作底稿 (DKa2) 5. 能根据审计测试结果出具审计报告 (DKa2)

C 核心能力权重	沟通整合(A)	学习创新(B)	责任关怀(C)	专业知识(D)	问题解决(E)	职业素养(F)	备注
	5%			75%	15%	5%	

D 课程能力指标权重	A1	A2	B1	B2	C1	C2	D1	D2	E1	E2	F1	F2	
	5%						15%	60%	15%		5%		

E 教材内容大纲	1. 审计职业认知 (M1-DKa1)
	2. 审计初步业务活动 (M2-EKa1)
	3. 计划审计工作 (M3-DKa2)
	4. 实施审计工作 (M4-DKa2)
	5. 完成审计工作 (M5-DKa2)
F 教学方式	☑讲授☑讨论或座谈□专题学习□分组合作学习☑问题导向学习 ☑实作学习□发表学习□实习□参观访问□其他(　　)

附录2 评 量 表

附件 1-1

单元1 实作十作业评量表

组别：　　　　　　　　　　　　组员：

各位同学：

请针对下列评量项目并参酌评量规准，于教师评价字段打“A、B、C、D、E”其中一项。本单元实作评量满分100分，占总成绩10%。

评量项目	教师评价(A至E)
	教师
1. 描述审计的演进和发展(20%)	
2. 列举审计与会计的联系与区别(20%)	
3. 分析审计职业道德与责任案例(20%)	
4. 监盘现金(10%)	
5. 清查银行存款(10%)	
6. 团队协作(10%)	
7. 上交及时性(10%)	
合计	

附件 1-2

单元1 实作十作业评量规准

考核点	评量规准				
	A(100)	B(80)	C(70)	D(60)	E(0)
1. 描述审计的演进和发展(10题)	(1) 能够正确地按时间顺序描述审计的演进和发展；(2) 能够明确指出每个阶段的重要事件；(3)能够简明扼要地描述重要事件；(4) 能够清楚地阐述重要事件的重要影响。	(1) 能够正确地按时间顺序描述审计的演进和发展；(2) 能够明确指出每个阶段的重要事件；(3)能够简明扼要地描述重要事件。	(1) 能够正确地按时间顺序描述审计的演进和发展；(2) 能够明确指出每个阶段的重要事件。	(1) 能够正确地按时间顺序描述审计的演进和发展。	以上(1)～(4)项均未按要求完成。
2. 列举审计与会计的联系与区别(9条)	列举审计与会计的联系与区别(9条)	列举审计与会计的联系与区别(8条)	列举审计与会计的联系与区别(6条)	列举审计与会计的联系与区别(5条)	列举审计与会计的联系与区别(0条)

（续表）

考核点	评量规准				
	A(100)	B(80)	C(70)	D(60)	E(0)
3. 分析审计职业道德与责任案例(4个)	(1)能够指出是否违反职业道德；(2)能够恰当地说明理由；(3)能够阐述需要承担的责任。(4个)	(1)能够指出是否违反职业道德；(2)能够恰当地说明理由；(3)能够阐述需要承担的责任。(3个)	(1)能够指出是否违反职业道德；(2)能够恰当地说明理由；(3)能够阐述需要承担的责任。(2个)	(1)能够指出是否违反职业道德；(2)能够恰当地说明理由；(3)能够阐述需要承担的责任。(1个)	(1)能够指出是否违反职业道德；(2)能够恰当地说明理由；(3)能够阐述需要承担的责任。(0个)
4. 监盘现金	(1)能够根据现金盘点视频，准确无误地记录相关数据；(2)能够发现错报；(3)能够将错报呈现于库存现金监盘表；(4)库存现金监盘表表头、账面金额、实有金额、原因分析、责任人签字、审计说明、审计结论、会计数字，填写没有错误且符合规范。	(1)能够根据现金盘点视频，准确无误地记录相关数据；(2)能够发现错报；(3)能够将错报呈现于库存现金监盘表；(4)库存现金监盘表表头、账面金额、实有金额、原因分析、责任人签字、审计说明、审计结论、会计数字，2项填写错误且不符合规范。	(1)能够根据现金盘点视频，准确无误地记录相关数据；(2)能够发现错报；(3)能够将错报呈现于库存现金监盘表；(4)库存现金监盘表表头、账面金额、实有金额、原因分析、责任人签字、审计说明、审计结论、会计数字，3项填写错误且不符合规范。	(1)能够根据现金盘点视频，准确无误地记录相关数据；(2)能够发现错报；(3)能够将错报呈现于库存现金监盘表；(4)库存现金监盘表表头、账面金额、实有金额、原因分析、责任人签字、审计说明、审计结论、会计数字，4项填写错误且不符合规范。	(1)能够根据现金盘点视频，准确无误地记录相关数据；(2)能够发现错报；(3)能够将错报呈现于库存现金监盘表；(4)库存现金监盘表表头、账面金额、实有金额、原因分析、责任人签字、审计说明、审计结论、会计数字，8项填写错误且不符合规范。
5. 清查银行存款	(1)能够根据会计资料准确无误地编制银行询证函；(2)能够根据会计资料准确无误地编制银行存款余额调节表；(3)能够发现错报；(4)能够将错报呈现于银行存款余额调节表；(5)银行存款余额调节表表头、未达账项、审计说明、会计数字书写，填写没有错误且符合规范。	(1)能够根据会计资料准确无误地编制银行询证函；(2)能够根据会计资料准确无误地编制银行存款余额调节表；(3)能够发现错报；(4)能够将错报呈现于银行存款余额调节表；(5)银行存款余额调节表表头、未达账项、审计说明、会计数字书写，1项填写错误且不符合规范。	(1)能够根据会计资料准确无误地编制银行询证函；(2)能够根据会计资料准确无误地编制银行存款余额调节表；(3)能够发现错报；(4)能够将错报呈现于银行存款余额调节表；(5)银行存款余额调节表表头、未达账项、审计说明、会计数字书写，2项填写错误且不符合规范。	(1)能够根据会计资料准确无误地编制银行询证函；(2)能够根据会计资料准确无误地编制银行存款余额调节表；(3)能够发现错报；(4)能够将错报呈现于银行存款余额调节表；(5)银行存款余额调节表表头、未达账项、审计说明、会计数字书写，3项填写错误且不符合规范。	(1)能够根据会计资料准确无误地编制银行询证函；(2)能够根据会计资料准确无误地编制银行存款余额调节表；(3)能够发现错报；(4)能够将错报呈现于银行存款余额调节表；(5)编制银行存款余额调节表准确、完整达到0%；(6)银行存款余额调节表表头、未达账项、审计说明、会计数字书写，4项填写错误且不符合规范。

（续表）

考核点	评量规准				
	A(100)	B(80)	C(70)	D(60)	E(0)
6. 团队协作	(1) 小组成员共同商量决定如何分工，明确职责划分； (2) 小组成员全部按照分工，通过教材、网络等手段，积极参与并完成自身职责； (3) 小组成员全部最终将自身负责的内容整理好，经过小组讨论，确定最终的作答结果； (4) 小组成员共同商量决定作答代表，代表本组发言，发言者需要轮换。 (5) 小组发言简明扼要并层次突显。	(1) 小组成员共同商量决定如何分工，明确职责划分； (2) 80%的小组成员按照分工，通过教材、网络等手段，积极参与并完成自身职责； (3) 80%的小组成员最终将自身负责的内容整理好，经过小组讨论，确定最终的作答结果； (4) 小组成员共同商量决定作答代表，代表本组发言，发言者需要轮换。 (5) 小组发言简明扼要并突显层次达到80%。	(1) 小组成员共同商量决定如何分工，明确职责划分； (2) 70%的小组成员按照分工，通过教材、网络等手段，积极参与并完成自身职责； (3) 70%的小组成员最终将自身负责的内容整理好，经过小组讨论，确定最终的作答结果； (4) 小组成员共同商量决定作答代表，代表本组发言，发言者需要轮换。 (5) 小组发言简明扼要并突显层次达到70%。	(1) 小组成员共同商量决定如何分工，明确职责划分； (2) 60%的小组成员按照分工，通过教材、网络等手段，积极参与并完成自身职责； (3) 60%的小组成员最终将自身负责的内容整理好，经过小组讨论，确定最终的作答结果； (4) 小组成员共同商量决定作答代表，代表本组发言，发言者需要轮换。 (5) 小组发言简明扼要并突显层次达到60%。	(1) 小组成员共同商量决定如何分工，明确职责划分； (2) 0%的小组成员按照分工，通过教材、网络等手段，积极参与并完成自身职责； (3) 0%的小组成员最终将自身负责的内容整理好，经过小组讨论，确定最终的作答结果； (4) 小组成员共同商量决定作答代表，代表本组发言，发言者需要轮换。 (5) 小组发言简明扼要并突显层次达到0%。
7. 上交及时性	课上按时完成并上交	课后按时完成并上交	课后按时完成未及时上交	经过催促上交	不提交

注：从A、B、C、D、E等级的分数区间中给出具体分数，再乘以其对应权重，为该项目的最终实得分数。

附件1-3

期中考试评量表

班级：　　　　　　　　　　姓名：　　　　　　　　　　学号：

各位同学：

请针对下列评量项目并参酌评量规准，于教师评价字段打“A、B、C、D、E”其中一项。本单元实作评量满分100分，占总成绩10%。

评量项目	教师评价(A至E)
	教师
1. 原始凭证的审核与更正(80%)	
2. 团队协作(20%)	
合计	

附件 1-4

期中考试评量规准

考核点	评量规准				
	A(100)	B(80)	C(70)	D(60)	E(0)
1. 原始凭证的审核与更正(6 题)	原始凭证的审核与更正没有错误	原始凭证的审核与更正,1 题错误。	原始凭证的审核与更正,2 题错误。	原始凭证的审核与更正,3 题错误。	原始凭证的审核与更正,6 题错误。
2. 团队协作	(1) 小组成员共同商量决定如何分工,明确职责划分; (2) 小组成员全部按照分工,通过教材、网络等手段,积极参与并完成自身职责; (3) 小组成员全部最终将自身负责的内容整理好,经过小组讨论,确定最终的作答结果。	(1) 小组成员共同商量决定如何分工,明确职责划分; (2) 80%的小组成员按照分工,通过教材、网络等手段,积极参与并完成自身职责; (3) 80%的小组成员最终将自身负责的内容整理好,经过小组讨论,确定最终的作答结果。	(1)小组成员共同商量决定如何分工,明确职责划分; (2) 70%的小组成员按照分工,通过教材、网络等手段,积极参与并完成自身职责; (3) 70%的小组成员最终将自身负责的内容整理好,经过小组讨论,确定最终的作答结果。	(1)小组成员共同商量决定如何分工,明确职责划分; (2) 60%的小组成员按照分工,通过教材、网络等手段,积极参与并完成自身职责; (3) 60%的小组成员最终将自身负责的内容整理好,经过小组讨论,确定最终的作答结果。	(1)小组成员共同商量决定如何分工,明确职责划分; (2) 0%的小组成员按照分工,通过教材、网络等手段,积极参与并完成自身职责; (3) 0%的小组成员最终将自身负责的内容整理好,经过小组讨论,确定最终的作答结果。

注:从 A、B、C、D、E 等级的分数区间中给出具体分数,再乘以其对应权重,为该项目的最终实得分数。

附件 2-1

单元 2 实作+作业评量表

组别: 组员:

各位同学:

请针对下列评量项目并参酌评量规准,于教师评价字段打"A、B、C、D、E"其中一项。本单元实作评量满分 100 分,占总成绩 5%。

评量项目	教师评价(A 至 E)
	教师
1. 业务承接(40%)	
2. 审计业务约定(30%)	
3. 会议记录(20%)	
4. 上交及时性(10%)	
合计	

附件 2-2

单元 2　实作十作业评量规准

考核点	评量规准				
	A(100)	B(80)	C(70)	D(60)	E(0)
1. 业务承接	(1) 能够充分了解客户信息并详细记录；(2) 能够完成业务承接；(3) 能够进行初步风险评估并得出结论；(4) 能够正确地评价独立性及自身专业胜任能力；(5) 初步业务活动审计工作底稿(5 张)、会计数字书写填写没有错误且符合规范。	(1)能够充分了解客户信息并详细记录；(2) 能够完成业务承接；(3) 能够进行初步风险评估并得出结论；(4) 能够正确地评价独立性及自身专业胜任能力；(5) 初步业务活动审计工作底稿(5 张)、会计数字书写，1 张填写错误且不符合规范。	(1) 能够充分了解客户信息并详细记录；(2) 能够完成业务承接；(3) 能够进行初步风险评估并得出结论；(4) 能够正确地评价独立性及自身专业胜任能力；(5) 初步业务活动审计工作底稿(5 张)、会计数字书写，2 张填写错误且不符合规范。	(1) 能够充分了解客户信息并详细记录；(2) 能够完成业务承接；(3) 能够进行初步风险评估并得出结论；(4) 能够正确地评价独立性及自身专业胜任能力；(5) 初步业务活动审计工作底稿(5 张)、会计数字书写，3 张填写错误且不符合规范。	(1) 能够充分了解客户信息并详细记录；(2) 能够完成业务承接；(3) 能够进行初步风险评估并得出结论；(4) 能够正确地评价独立性及自身专业胜任能力；(5) 初步业务活动审计工作底稿(5 张)、会计数字书写，5 张填写错误且不符合规范。
2. 审计业务约定	(1) 能够修正审计业务约定书模板；(2) 审计业务约定书表头、审计的目标和范围、甲乙方责任、审计收费、审计报告和审计报告的使用、约定书的有效期间、约定事项的变更、终止条款、违约责任、适用法律和争议解决、双方对其他有关事项的约定、签字盖章、会计数字书写，填写没有错误且符合规范。	(1) 能够修正审计业务约定书模板；(2) 审计业务约定书表头、审计的目标和范围、甲乙方责任、审计收费、审计报告和审计报告的使用、约定书的有效期间、约定事项的变更、终止条款、违约责任、适用法律和争议解决、双方对其他有关事项的约定、签字盖章、会计数字书写，3 项填写错误且不符合规范。	(1) 能够修正审计业务约定书模板；(2) 审计业务约定书表头、审计的目标和范围、甲乙方责任、审计收费、审计报告和审计报告的使用、约定书的有效期间、约定事项的变更、终止条款、违约责任、适用法律和争议解决、双方对其他有关事项的约定、签字盖章、会计数字书写，4 项填写错误且不符合规范。	(1) 能够修正审计业务约定书模板；(2) 审计业务约定书表头、审计的目标和范围、甲乙方责任、审计收费、审计报告和审计报告的使用、约定书的有效期间、约定事项的变更、终止条款、违约责任、适用法律和争议解决、双方对其他有关事项的约定、签字盖章、会计数字书写，5 项填写错误且不符合规范。	(1) 能够修正审计业务约定书模板；(2) 审计业务约定书表头、审计的目标和范围、甲乙方责任、审计收费、审计报告和审计报告的使用、约定书的有效期间、约定事项的变更、终止条款、违约责任、适用法律和争议解决、双方对其他有关事项的约定、签字盖章、会计数字书写，13 项填写错误且不符合规范。
3. 会议记录	首次接受审计委托会谈纪要或连续审计会谈纪要表头、会议时间、地点、主持人、参加人、会议记录、会计数字书写，填写没有错误且符合规范。	首次接受审计委托会谈纪要或连续审计会谈纪要表头、会议时间、地点、主持人、参加人、会议记录、会计数字书写，1 项填写错误且不符合规范。	首次接受审计委托会谈纪要或连续审计会谈纪要表头、会议时间、地点、主持人、参加人、会议记录、会计数字书写，2 项填写错误且不符合规范。	首次接受审计委托会谈纪要或连续审计会谈纪要表头、会议时间、地点、主持人、参加人、会议记录、会计数字书写，3 项填写错误且不符合规范。	首次接受审计委托会谈纪要或连续审计会谈纪要表头、会议时间、地点、主持人、参加人、会议记录、会计数字书写，7 项填写错误且不符合规范。

（续表）

考核点	评量规准				
	A(100)	B(80)	C(70)	D(60)	E(0)
4. 上交及时性	课上按时完成并上交	课后按时完成并上交	课后按时完成未及时上交	经过催促上交	不提交
注：从 A、B、C、D、E 等级的分数区间中给出具体分数，再乘以其对应权重，为该项目的最终实得分数。					

附件 3-1

单元 3　实作＋作业评量表

组别：　　　　　　　　　组员：

各位同学：

请针对下列评量项目并参酌评量规准，于教师评价字段打“A、B、C、D、E”其中一项。本单元实作评量满分 100 分，占总成绩 10%。

评量项目	教师评价(A 至 E)
	教师
1. 确定重要性水平(10%)	
2. 制定审计总体策略(10%)	
3. 分析内部控制案例(60%)	
4. 编制具体审计计划(10%)	
5. 上交及时性(10%)	
合计	

附件 3-2

单元 3　实作＋作业评量规准

考核点	评量规准				
	A(100)	B(80)	C(70)	D(60)	E(0)
1. 确定重要性水平	(1) 能够确定重要性水平； (2) 重要性水平确定表表头、重要性水平基准、金额、会计数字书写，填写没有错误且符合规范。	(1) 能够确定重要性水平； (2) 重要性水平确定表表头、重要性水平基准、金额、会计数字书写，1 项填写错误且不符合规范。	(1) 能够确定重要性水平； (2) 重要性水平确定表表头、重要性水平基准、金额、会计数字书写，2 项填写错误且不符合规范。	(1) 能够确定重要性水平； (2) 重要性水平确定表表头、重要性水平基准、金额、会计数字书写，3 项填写错误且不符合规范。	(1) 能够确定重要性水平； (2) 重要性水平确定表表头、重要性水平基准、金额、会计数字书写，4 项填写错误且不符合规范。
2. 制定审计总体策略	(1) 能够制定审计总体策略； (2) 审计总体策略表头、审计范围、审计时间安排、审计方向、审计资源、会计数字书写，填写没有错误且符合规范。	(1) 能够制定审计总体策略； (2) 审计总体策略表头、审计范围、审计时间安排、审计方向、审计资源、会计数字书写，1 项填写错误且不符合规范。	(1) 能够制定审计总体策略； (2) 审计总体策略表头、审计范围、审计时间安排、审计方向、审计资源、会计数字书写，2 项填写错误且不符合规范。	(1) 能够制定审计总体策略； (2) 审计总体策略表头、审计范围、审计时间安排、审计方向、审计资源、会计数字书写，3 项填写错误且不符合规范。	(1)能够制定审计总体策略； (2) 审计总体策略表头、审计范围、审计时间安排、审计方向、审计资源、会计数字书写，6 项填写错误且不符合规范。

（续表）

考核点	评量规准				
	A(100)	B(80)	C(70)	D(60)	E(0)
3. 分析内部控制案例（6个）	(1) 能够指出内部控制缺失的方面；(2) 能够恰当地说明理由。(6个)	(1) 能够指出内部控制缺失的方面；(2) 能够恰当地说明理由。(5个)	(1) 能够指出内部控制缺失的方面；(2) 能够恰当地说明理由。(4个)	(1) 能够指出内部控制缺失的方面；(2) 能够恰当地说明理由。(3个)	(1) 能够指出内部控制缺失的方面；(2) 能够恰当地说明理由。(0个)
4. 编制具体审计计划	(1) 能够编制具体审计计划；(2) 具体审计计划表头、风险评估程序、了解被审计单位及其环境(不包含内部控制)、了解内部控制、对风险评估及审计计划的讨论、评估的重大错报风险、计划的进一步审计程序、会计数字书写，填写没有错误且符合规范。	(1) 能够编制具体审计计划；(2) 具体审计计划表头、风险评估程序、了解被审计单位及其环境(不包含内部控制)、了解内部控制、对风险评估及审计计划的讨论、评估的重大错报风险、计划的进一步审计程序、会计数字书写，2项填写错误且不符合规范。	(1) 能够编制具体审计计划；(2) 具体审计计划表头、风险评估程序、了解被审计单位及其环境(不包含内部控制)、了解内部控制、对风险评估及审计计划的讨论、评估的重大错报风险、计划的进一步审计程序、会计数字书写，3项填写错误且不符合规范。	(1) 能够编制具体审计计划；(2) 具体审计计划表头、风险评估程序、了解被审计单位及其环境(不包含内部控制)、了解内部控制、对风险评估及审计计划的讨论、评估的重大错报风险、计划的进一步审计程序、会计数字书写，4项填写错误且不符合规范。	(1) 能够编制具体审计计划；(2) 具体审计计划表头、风险评估程序、了解被审计单位及其环境(不包含内部控制)、了解内部控制、对风险评估及审计计划的讨论、评估的重大错报风险、计划的进一步审计程序、会计数字书写，8项填写错误且不符合规范。
5. 上交及时性	课上按时完成并上交	课后按时完成并上交	课后按时完成未及时上交	经过催促上交	不提交
注：从A、B、C、D、E等级的分数区间中给出具体分数，再乘以其对应权重，为该项目的最终实得分数。					

附件4-1

单元4　实作十作业评量表

班级：　　　　　　　　　　　　姓名：　　　　　　　　　　　　学号：

各位同学：

请针对下列评量项目并参酌评量规准，于教师评价字段打“A、B、C、D、E”其中一项。本单元实作评量满分100分，占总成绩20%。

评量项目	教师评价(A至E)
	教师
1. 识别、评估、应对重大错报风险与确定重要性水平(10%)	
2. 确定审计重点(10%)	
3. 销售与收款循环实质性程序审计工作底稿(20%)	
4. 生产与仓储循环实质性程序审计工作底稿(20%)	
5. 采购与付款循环实质性程序审计工作底稿(20%)	
6. 货币资金实质性程序审计工作底稿(10%)	
7. 上交及时性(10%)	
合计	

附件 4-2

单元 4　实作十作业评量规准

考核点	评量规准				
	A(100)	B(80)	C(70)	D(60)	E(0)
1. 识别、评估、应对重大错报风险与确定重要性水平	(1) 能够识别、评估、应对重大错报风险；(2) 能够修正重要性水平；(3) 重要性水平确定表表头、重要性水平基准、金额、会计数字书写，填写没有错误且符合规范。	(1) 能够识别、评估、应对重大错报风险；(2) 能够修正重要性水平；(3) 重要性水平确定表表头、重要性水平基准、金额、会计数字书写，1 项填写错误且不符合规范。	(1) 能够识别、评估、应对重大错报风险；(2) 能够修正重要性水平；(3) 重要性水平确定表表头、重要性水平基准、金额、会计数字书写，2 项填写错误且不符合规范。	(1) 能够识别、评估、应对重大错报风险；(2) 能够修正重要性水平；(3) 重要性水平确定表表头、重要性水平基准、金额、会计数字书写，3 项填写错误且不符合规范。	(1) 能够识别、评估、应对重大错报风险；(2) 能够修正重要性水平；(3) 重要性水平确定表表头、重要性水平基准、金额、会计数字书写，4 项填写错误且不符合规范。
2. 确定审计重点	(1) 能够进行财务报表水平分析，准确计算变动额与变动率；(2) 确定以下财务报表项目为审计重点：营业收入、应收账款、预收账款、税金及附加、销售费用、存货、应交税费、应付职工薪酬、营业成本、应付账款、预付账款、固定资产、管理费用、库存现金、银行存款、其他货币资金。无遗漏。	(1) 能够进行财务报表水平分析，准确计算变动额与变动率；(2) 确定以下财务报表项目为审计重点：营业收入、应收账款、预收账款、税金及附加、销售费用、存货、应交税费、应付职工薪酬、营业成本、应付账款、预付账款、固定资产、管理费用、库存现金、银行存款、其他货币资金。遗漏 3 个。	(1) 能够进行财务报表水平分析，准确计算变动额与变动率；(2) 确定以下财务报表项目为审计重点：营业收入、应收账款、预收账款、税金及附加、销售费用、存货、应交税费、应付职工薪酬、营业成本、应付账款、预付账款、固定资产、管理费用、库存现金、银行存款、其他货币资金。遗漏 5 个。	(1) 能够进行财务报表水平分析，准确计算变动额与变动率；(2) 确定以下财务报表项目为审计重点：营业收入、应收账款、预收账款、税金及附加、销售费用、存货、应交税费、应付职工薪酬、营业成本、应付账款、预付账款、固定资产、管理费用、库存现金、银行存款、其他货币资金。遗漏 6 个。	(1) 能够进行财务报表水平分析，准确计算变动额与变动率；(2) 确定以下财务报表项目为审计重点：营业收入、应收账款、预收账款、税金及附加、销售费用、存货、应交税费、应付职工薪酬、营业成本、应付账款、预付账款、固定资产、管理费用、库存现金、银行存款、其他货币资金。遗漏 16 个。
3. 销售与收款循环实质性程序审计工作底稿(39 张)	(1) 能实行实质性程序；(2) 营业收入、应收账款、预收账款、税金及附加、销售费用审计工作底稿，填写没有错误且符合规范。	(1) 能实行实质性程序；(2) 营业收入、应收账款、预收账款、税金及附加、销售费用审计工作底稿，8 张填写错误且不符合规范。	(1) 能实行实质性程序；(2) 营业收入、应收账款、预收账款、税金及附加、销售费用审计工作底稿，12 张填写错误且不符合规范。	(1) 能实行实质性程序；(2) 营业收入、应收账款、预收账款、税金及附加、销售费用审计工作底稿，16 张填写错误且不符合规范。	(1) 能实行实质性程序；(2) 营业收入、应收账款、预收账款、税金及附加、销售费用审计工作底稿，39 张填写错误且不符合规范。
4. 生产与仓储循环实质性程序审计工作底稿(64 张)	(1) 能实行实质性程序；(2) 存货、应交税费、应付职工薪酬、营业成本审计工作底稿，填写没有错误且符合规范。	(1) 能实行实质性程序；(2) 存货、应交税费、应付职工薪酬、营业成本审计工作底稿，13 张填写错误且不符合规范。	(1) 能实行实质性程序；(2) 存货、应交税费、应付职工薪酬、营业成本审计工作底稿，19 张填写错误且不符合规范。	(1) 能实行实质性程序；(2) 存货、应交税费、应付职工薪酬、营业成本审计工作底稿，26 张填写错误且不符合规范。	(1) 能实行实质性程序；(2) 存货、应交税费、应付职工薪酬、营业成本审计工作底稿，64 张填写错误且不符合规范。

（续表）

考核点	评量规准				
	A(100)	B(80)	C(70)	D(60)	E(0)
5. 采购与付款循环实质性程序审计工作底稿（37 张）	(1) 能实行实质性程序；(2) 应付账款、预付账款、固定资产、管理费用审计工作底稿，填写没有错误且符合规范。	(1) 能实行实质性程序；(2) 应付账款、预付账款、固定资产、管理费用审计工作底稿，7 张填写错误且不符合规范。	(1) 能实行实质性程序；(2) 应付账款、预付账款、固定资产、管理费用审计工作底稿，11 张填写错误且不符合规范。	(1) 能实行实质性程序；(2) 应付账款、预付账款、固定资产、管理费用审计工作底稿，15 张填写错误且不符合规范。	(1) 能实行实质性程序；(2) 应付账款、预付账款、固定资产、管理费用审计工作底稿，37 张填写错误且不符合规范。
6. 货币资金实质性程序审计工作底稿（10 张）	(1) 能实行实质性程序；(2) 库存现金、银行存款、其他货币资金审计工作底稿，填写没有错误且符合规范。	(1) 能实行实质性程序；(2) 库存现金、银行存款、其他货币资金审计工作底稿，2 张填写错误且不符合规范。	(1) 能实行实质性程序；(2) 库存现金、银行存款、其他货币资金审计工作底稿，3 张填写错误且不符合规范。	(1) 能实行实质性程序；(2) 库存现金、银行存款、其他货币资金审计工作底稿，4 张填写错误且不符合规范。	(1) 能实行实质性程序；(2) 库存现金、银行存款、其他货币资金审计工作底稿，10 张填写错误且不符合规范。
7. 上交及时性	课上按时完成并上交	课后按时完成并上交	课后按时完成未及时上交	经过催促上交	不提交
注：从 A、B、C、D、E 等级的分数区间中给出具体分数，再乘以其对应权重，为该项目的最终实得分数。					

附件 5-1

单元 5　实作十口头报告评量表

组别：　　　　　　　　　组员：

各位同学：

请针对下列评量项目并参酌评量规准，于教师评价字段打“A、B、C、D、E”其中一项。本单元实作评量满分 100 分，占总成绩 5%。

评量项目	教师评价(A 至 E)
	教师
1. 出具标准或非标准审计报告(90%)	
2. 上交及时性(10%)	
合计	

附件 5-2

单元 5　实作十口头报告评量规准

评量项目	A(100)	B(80)	C(70)	D(60)	E(0)
1. 出具标准或非标准审计报告	(1) 能够准确地汇总审计差异；(2) 能够清楚地阐述审计差异；(3) 能够清楚地阐述审计差异；	(1) 能够准确地汇总审计差异；(2) 能够清楚地阐述审计差异；(3) 能够清楚地阐述审计差异；	(1) 能够准确地汇总审计差异；(2) 能够清楚地阐述审计差异；(3) 能够清楚地阐述审计差异；	(1) 能够准确地汇总审计差异；(2) 能够清楚地阐述审计差异；(3) 能够清楚地阐述审计差异。	以上(1)～(6)项均位未按要求完成。

（续表）

评量项目	A(100)	B(80)	C(70)	D(60)	E(0)
	(4) 能够准确地编制审计差异调整表、试算平衡表； (5) 能够恰当地形成并发表审计意见； (6) 能够正确地出具标准或非标准审计报告。	(4) 能够准确地编制审计差异调整表、试算平衡表； (5) 能够恰当地形成并发表审计意见。	(4) 能够准确地编制审计差异调整表、试算平衡表。		
2. 上交及时性	课上按时完成并上交	课后按时完成并上交	课后按时完成未及时上交	经过催促上交	不提交

注：从 A、B、C、D、E 等级的分数区间中给出具体分数，再乘以其对应权重，为该项目的最终实得分数。